春山可望

历史考古青年论集

第三辑 / 赵俊杰　主编

上海古籍出版社

本书的出版得到
吉林大学考古学科"双一流"建设经费的资助

第三届历史考古青年论坛与会专家与代表合影

目　录

序 ……………………………………………………………… 滕铭予（ 1 ）

丧 葬 与 礼 制

汉代"神道"补释 ……………………………………………… 齐　广（ 7 ）
四川"汉代土墩墓"研究 ……………………………………… 索德浩（ 15 ）
关中地区十六国墓葬的年代分析 …………………………… 郭东珺（ 36 ）
磁县北齐周超墓的发现与研究 ……………………… 沈丽华　李　江（ 77 ）
清官式造鼓制度初探 ………………………… 张剑葳　高　勇　马青龙（ 97 ）

宗 教 与 艺 术

抽象宇宙：汉代式盘类图像的图式观察 …………… 王　煜　康轶琼（133）
大像有形：从中亚到中国
　　——关于大佛像的几个问题 …………………………… 陈晓露（160）

交 通 与 交 流

宗藩玉册：9世纪唐与黠戛斯交通的一个侧面 ……………… 孙　昊（185）
金代长白山封祀补考
　　——以王寂诗《张子固奉命封册长白山回以诗送之》为中心
　　　………………………………………………… 赵偌楠　赵俊杰（199）

民 族 与 人 群

关于区域性汉墓研究的几点思考
　　——以三河地区为例 ……………………………………… 朱　津（209）

考古学视角下的南越国饮食文化 ………………………………………… 周繁文（217）

空间与建筑

汉代庭院建筑信息解读 ………………………………………………… 李亚利（235）
西州回鹘佛教石窟寺院的营造 ………………………………………… 夏立栋（249）
山西省文水县城址调查札记 …………………………………………… 王子奇（277）
金代移里闵斡鲁浑猛安地望考 ……………………………… 赵里萌　文　璋（287）
走兽与蹲兽：文献、图像与实物的矛盾与辨析 ………………………… 彭明浩（293）

序

  2019年11月1日至11月4日,第三届历史考古青年论坛在吉林大学举办。来自北京大学、复旦大学、四川大学等9所高校和中国社会科学院考古研究所、古代史研究所的24位青年学者代表参加了论坛,有21位在大会发表了论文,来自中国社会科学院的白云翔研究员、中国人民大学的魏坚教授、陕西省考古研究院的张建林研究员和吉林大学的滕铭予教授作为点评嘉宾,对与会代表的发言进行了点评和指导。现在摆在各位面前的这本文集,即是在第三届历史考古青年论坛发表论文的基础上,经过一定的调整后编辑出版的。

  这本文集共有16篇文章,虽然数量并不算多,但表现出许多鲜明的特色。

  一、研究选题和内容的多样性。文集包括"丧葬与礼制"、"宗教与艺术"、"交通与交流"、"民族与人群"和"空间与建筑"五个主题,研究对象包括了墓葬、城址、建筑、石窟寺、出土文献等,涵盖了历史时期考古的大部分领域。研究所涉及的年代自秦汉时期开始,一直到宋辽金元,有些讨论还涉及明清时期。从地理空间看,包括当时中原政权所辖疆域,也包括边疆地区和邻近地区,甚至还涉及中亚和北亚地区。研究的材料,有来自考古田野工作第一线的最新发现,也有属于"老问题、新研究"的对已有材料的反复咀嚼,从而提出新的认识。从研究的层次看,有些是很微观的个案分析,还有一些则是高屋建瓴式的宏观把握,更有一些研究是进行了理论的思考。

  具体到每一个研究课题,也体现出研究内容的多样性。以墓葬和城址、建筑为例。在以墓葬或墓葬出土材料为主的研究中,墓主人包括了社会普通成员和社会精英,以及高级统治者,其中既有建立一个地区某一历史阶段墓葬的编年框架的基础研究(中国人民大学郭东珅:《关中地区十六国墓葬的年代分析》,四川大学索德浩:《四川"汉代土墩墓"研究》),也有通过与墓葬有关的遗存或重要墓葬的发现,对当时的埋葬制度与皇陵制度进行的思考(四川大学齐广:《汉代"神道"补释》,中国社会科学院考古研究所沈丽华等:《磁县北齐周超墓的发现与研究》)。对城址和建筑的研究中,有结合文献记载对古代城址进行的实地调查报告,为了解宋代平原地区城址的格局提供了新线索(中国人民大学王子奇:《山西省文水县城址调查札记》),也有根据画像中的建筑形象、建筑模型,以及发掘的建筑遗存,研究汉代的庭院建筑(吉林大学李亚利:《汉代庭院建筑信息解读》)。还有的研究是对古代建筑中特有的建筑构件——脊兽的名称、形制与源流进行了甄别和探讨(北京大学彭明浩:《走兽与蹲兽:文献、图像与实物的矛盾与辨析》)。也有专注于石窟寺院的营造模式,进而讨论9至14世纪西州回鹘佛教石窟寺在营造方式上的发展与演变(中国社会科学院考古研究所夏立栋:《西州回鹘佛教石窟寺院的营造》)。这些丰富多彩的研究,亦是中国考古学蓬勃发展、百花齐放的真实反映。

二、研究方法和研究视角的多样化。对于同样的问题,如果研究方法不同,研究视角不同,很有可能会产生新的不同认识。如对墓葬的随葬器物按类别进行统计学的定量分析,通过各类器物在不同阶段数量的变化,揭示出关中地区十六国时期墓葬发展变化的规律(上引郭东珺文)。在对清代官式造鼓制度的研究中,不仅对文献记载、现存文物进行了收集和梳理,还引进了人类学的研究方法,对地方的传统造鼓工艺进行田野调查,从而阐明清代的官式造鼓制度(北京大学张剑葳等:《清官式造鼓制度初探》)。对汉代"式盘"类遗存的研究,一改过去主要偏重于术数方面的解读,通过对不同载体上的同类图像进行图像学研究,探讨汉代社会对宇宙观的表达(四川大学王煜等:《抽象宇宙:汉代式盘类图像的图式观察》)。对漠北出土的黠戛斯玉册残简不是拘泥于已有的研究成果,而是对其进行重新排列和解读,进而描绘出文献记载中阙如的9世纪黠戛斯与唐王朝关系的变化过程(中国社会科学院古代史研究所孙昊:《宗藩玉册:9世纪唐与黠戛斯交通的一个侧面》)。还有的研究根据近年发现的金世宗年间皇家修建的祭祀长白山的神庙遗址,通过对古代文学作品和相关记载的梳理与对比,对历史研究中尚无定论的长白山封祀行程路线,提出了重要的证据(吉林大学赵俉楠等:《金代长白山封祀补考》)。相类的研究还有通过对一个河流流域发现城址的位置、规模等进行综合考察,确认文献记载中的金代移里闵斡鲁浑猛安地望所在(吉林大学赵里萌等:《金代移里闵斡鲁浑猛安地望考》)。如果进行换位思考的话,这类的研究似也可以称作是历史学研究中的新方法和新视角。

三、对考古学"透物见人,以物论史"这一学术目标的追求。历史时期的考古学最终是要解释历史问题。文集中的很多文章并没有停留在对考古材料的基础研究上,而是努力地透过物而见人,由人而见社会,进一步看到社会的各个方面以及历史发展进程。如对汉代庭院的研究,作者就指出不同规模、不同等级的庭院,实际都是社会等级制度的反映(上引李亚利文)。有些研究通过对墓葬包含的文化因素进行分析,探讨其背后所反映的人群的流动(上引索德浩文)。关于墓葬的分区研究,有文章提出对于汉墓的区域划分,不仅与墓葬本身所在地的地理环境、风俗习惯、文化传统有关,而且还与汉初政治体制下的郡国分治,中央集权下州、郡、县等行政区划的设置密切相关(郑州大学朱津:《关于区域性汉墓研究的几点思考》)。通过对与南越国饮食文化有关的考古遗存的研究,不仅揭示了当时南越国的饮食结构,而且还讨论了当地的生业模式、饮食文化,以及由其所反映的中原王朝与岭南的移民政权之间的政治关系等(中山大学周繁文:《考古学视角下的南越国饮食文化》)。可以说,考古学要追求"透物见人,以物论史"的学术目标,已经深深融入了青年学者的研究理念中。

四、对古代人们精神世界的探索。俞伟超先生曾提出考古学研究不能只停留在物质资料的分析层面上,更应该揭示这些物质文化创造者的精神世界和心理世界。在这本文集中,可以看到青年学者在这方面所做的努力。比较典型的是对汉代式盘类图像的研究,作者基于对可视化图像的解读,认为这类图像是作为一种符号系统,用抽象化的方式表达了当时人们在观念中对宇宙模式的认识(上引王煜文)。这样的研究远远超出物质文化的层次,已涉及抽象、观念等属于心理活动的范畴,可以称之为考古学研究中的高端领域。

五、全球化的视野。在全球史观日渐风行的当下,考古学研究要超越民族和地区的界限,在更广大的区域内进行全方位、多层次的研究,是当前很多学者的共识。关于西州回鹘佛教石窟寺院营造问题的研究,虽然主要的研究对象是发现于高昌地区的相关遗存,但是作者在理清西州回鹘佛教石窟寺在不同时期的特点后,将其放在9至14世纪中亚和北亚地区的历史进程中进行观察,指出其与当时中亚和北亚地区各个政权间关系的变化相关联(上引夏立栋文)。在关于佛教中大佛像的发生、发展,与王权政治的关系,以及从境外传入中国后对中国古代社会产生深远影响的研究中,作者对中亚地区与佛教相关资料的娴熟运用和分析,不仅表现出作者在佛教研究方面的深厚功力,也表明出其所具有的国际化视野(中国人民大学陈晓露:《大像有形:从中亚到中国》)。对于在漠北发现的与黠戛斯有关玉册的研究,作者不仅讨论了9世纪时中原唐王朝与周边国家和地区间的关系,同时将这一问题放在欧亚东部大陆这一更大的范围内,去探讨不同区域、不同人群间势力的消长与相互的制衡(上引孙昊文)。这些研究都让我们看到了青年学者在不断扩大自己的研究视野,并已取得了丰硕的研究成果,他们必将在世界考古学中逐渐拥有自己的话语权,建立中国考古学者的学术地位,而这些也是中国考古学走向世界的重要表现。

由吉林大学、中国人民大学和四川大学几位80年代出生的青年学者创办的历史考古青年论坛,其初心就是要为全国从事历史考古的青年学者们提供一个开拓视野、促进交流、检视已有研究成果的学术平台。自2015年在四川大学、2017年在中国人民大学,到2019年在吉林大学举办,已经是第三届了,论坛已走过了最初的起步阶段,形成了一个很好的运行机制和学术传统。在这个论坛上,可以看到青年学者积极地分享他们在各自研究领域里辛勤耕耘的丰硕成果,这些成果是如此精彩纷呈,其中既有尊重学术传统、向前辈致敬之作,也有不循规蹈矩、向权威发出的勇敢挑战。同时也可以看到,青年学者们在与点评专家进行面对面的交流中,以及与会代表之间的互动中,也不断地碰撞出新的火花,触发新的灵感,得到新的思想和升华。由于这个论坛的主角是来自全国从事历史考古的青年学者,所以这个论坛总是带着青春的印记,洋溢着满满的朝气,我们衷心希望历史考古青年论坛能够坚持举办下去,希望全国各地的青年学者继续踊跃参加,因为在这个论坛上,我们看到了中国历史考古学的未来——正是春山可望,青年可期!

吉林大学考古学院

滕铭予

2021年9月9日

丧葬与礼制

汉代"神道"补释

齐 广

四川大学考古文博学院

在汉代墓葬研究中,地上道路常被称为"神道"。许多学者的研究涉及西汉时期的神道,如孙机①、刘庆柱、李毓芳②、王子今③、焦南峰④、杨武站、曹龙⑤等,他们主要关注的是帝陵中的道路命名问题。但需注意的是,两汉时期,"神道"的指代和使用范围都发生了变化,讨论"神道"这一名称的来源、演变与定义仍有必要。笔者不揣浅薄,试作补充,敬请方家指点。

一、西汉"神道"献疑

就目前的发现而言,东汉中后期的墓葬祠庙已经普遍使用"神道"的名称,如北京出土的东汉元兴元年(105年)秦君墓石柱铭"汉故幽州/书佐秦/君之神道"⑥,四川渠县冯焕阙铭"故尚书侍郎河南京令/豫州幽州刺史冯使君神道"⑦等。宋人在《金石录》⑧、《隶释》⑨等著作中记录了大量东汉题刻,其中也有很多包含"神道"的记载。

关于"神道"名称的起源,宋人程大昌曰:"《李广传》,丞相李蔡得赐冢地盗取三顷卖之,又盗取神道外壖地一亩葬其中,世之言神道者始此。"⑩即认为"神道"的名称首见于东汉中期成书的《汉书》。《汉书》中两次提到"神道",《汉书·霍光传》:"(霍)禹既嗣为博陆侯,太夫人显改光时所自造茔制而侈大之。起三出阙,筑神道,北临昭灵,南出承恩,盛饰祠室,辇阁通属永巷,而幽良人婢妾守之。"⑪即汉宣帝时,霍显为霍光增筑陵墓,逾制修建了三出阙和神道。又《汉书·李广传》:"(李)广死明年,李蔡以丞相坐诏赐冢地阳陵当

---

① 孙机:《汉代物质文化资料图说》,上海:上海古籍出版社,2011年,第480页。
② 刘庆柱、李毓芳:《西汉十一陵》,西安:陕西人民出版社,1987年,第163、201页。
③ 王子今:《西汉帝陵方位与长安地区的交通形势》,《唐都学刊》1995年第3期。
④ 焦南峰:《宗庙道、游道、衣冠道——西汉帝陵道路再探》,《文物》2010年第1期。
⑤ 焦南峰、杨武站、曹龙:《神道、徼道、司马门道——西汉帝陵道路初探》,《文物》2008年第12期。
⑥ 苏天钧:《北京西郊发现汉代石阙清理简报》,《文物》1964年第11期。
⑦ 张孜江、高文:《中国汉阙全集》,北京:中国建筑工业出版社,2017年,第360页。
⑧ (宋)赵明诚著,金文明校:《金石录校证》,北京:中华书局,2019年。
⑨ (宋)洪适:《隶释·隶续》,北京:中华书局,1986年。
⑩ (宋)程大昌撰,周孜英点校:《演繁露》卷二《神道》,济南:山东人民出版社,2018年,第33页。
⑪ 《汉书》卷六十八《霍光传》,北京:中华书局,1964年,第2950页。

得二十亩,蔡盗取三顷,颇卖得四十余万,又盗取神道外壖地一亩葬其中,当下狱,自杀。"①汉武帝时,丞相李蔡盗取景帝阳陵旁平地修墓而被问罪,此事亦见于《史记·李将军列传》:"(李)广死明年,李蔡以丞相坐侵孝景园壖地,当下吏治,蔡亦自杀,不对狱,国除。"②此外,《史记》还有两处记有此事③,《建元以来侯者年表》:"侯(李)蔡以丞相盗孝景园神道壖地罪,自杀,国除。"④《汉兴以来将相名臣年表》:"(李)蔡坐侵园壖,自杀。"但需注意的是,目前学界多认为这两篇年表经后世补窜,可能不是西汉时期的文本⑤。就其本传而言,《汉书》将李蔡盗取的土地称为"神道外壖地",而《史记》称为"孝景园壖地",其他西汉文献中亦未见"神道"的记载。西汉时墓葬是否使用"神道"这一名称,仍然存疑。西汉帝陵中自陵丘至墓园外的道路是否可以称为"神道",仍是一个值得考虑的问题。

二、"鬼道"与"神道"

除了墓前道路外,汉代也将祭坛上的道路称为"神道"。平帝时王莽议定元始仪,光武帝于鄗即位,于洛阳郊祀,都用此礼,"为圆坛八陛,中又为重坛,天地位其上,皆南乡,西上"⑥。《三辅黄图》记录王莽所奏元始仪:"神灵坛各于其方面三丈,去茅营二十步,广三十五步。合祀神灵以璧琮。用辟神道八通,广各三十步……凡天宗上帝宫坛营,径三里,周九里。营三重,通八方。后土坛方五丈六尺。茅营去坛十步外,土营方二百步限之。其五零坛去茅营,如上帝五神去营步数,神道四通,广各十步……"⑦如所记无误,则西汉晚期已有"神道"的名称,是指国家祭祀所在祭坛的道路。

值得注意的是,在两汉时期的文献中,多将祭坛道路称为"鬼道"。如《史记·孝武本纪》记载:"亳人薄诱忌奏祠泰一方,曰:'天神贵者泰一,泰一佐曰五帝。古者天子以春秋祭泰一东南郊,用太牢具,七日,为坛开八通之鬼道。'"⑧祀泰一神时祭坛之路即称为"鬼道"。此事也见于《汉书·郊祀志》,文本与前引《史记·孝武本纪》基本一致⑨。《汉书·武帝纪》记载汉武帝封禅泰山时下诏:"朕以眇身承至尊,兢兢焉惟德菲薄,不明于礼乐,故用事八神。"李贤注引东汉末文颖曰:"武帝祭太一,并祭名山于太坛西南,开除八通鬼道,故言用事八神也。一曰八方之神。"文颖认为祭坛设置八条道路是为了祭祀八神或八方之神。晋人司马彪的《续汉书》但云"为圆坛八陛"⑩,而未言"神道"或"鬼道"。

---

① 《汉书》卷五十四《李广传》,第 2449 页。
② 《史记》卷一百九《李将军列传》,北京:中华书局,1959 年,第 2876 页。
③ 笔者原未注意到《建元以来侯者年表》中有关"神道"的记载。承蒙焦南峰先生指教,惠赐意见,谨此致以衷心感谢。
④ 《史记》卷二十《建元以来侯者年表》,第 1034 页。
⑤ 张新科:《关于〈史记〉的缺补问题》,《古籍整理研究学刊》2008 年第 5 期。
⑥ 《后汉书·祭祀志》,北京:中华书局,1965 年,第 3157~3160 页。
⑦ 何清谷:《三辅黄图校释》卷五《社稷》,北京:中华书局,2005 年,第 325、326 页。
⑧ 《史记》卷十二《孝武本纪》,第 456 页。
⑨ 《汉书》卷二十五《郊祀志》,第 1218 页。
⑩ 《后汉书·祭祀志》,第 3157~3160 页。

从上文所引文献的年代来看,"鬼道"的出现早于"神道",而"神道"出现在祭坛中又早于墓葬。东汉人将墓葬地面的道路称为"神道","神道"这一名称是从祭坛扩展至墓葬的。"神道,言神行之道也"①,是较为公认的解释,那祭祀神灵用的道路无疑也是"神行之道",为何又被称为"鬼道"?关于鬼,《说文》:"人所归为鬼。"②又《尔雅·释训》:"鬼之为言归也。"③关于神,《说文》:"天神,引出万物者也。"④又《易·系辞》曰:"阴阳不测之谓神。"⑤如果将"鬼道"理解为天神归来之道,"神道"则对应为引申上升,则较为牵强。另一种理解可能更为合理,唐人孔颖达《礼记正义》:"又对而言之,天曰神,地曰祇,人曰鬼;散而言之,通曰鬼神。"⑥宋人注疏《孝经》:"言天道玄远难可测,故曰神也。祇者知也,言地去人近,长育可知,故曰祇也。鬼者归也,言人生于无,还归于无,故曰鬼也,亦谓之神。"⑦可见神鬼常常并称,有时可以相互替代使用,"神道"与"鬼道"名称的使用可能仅与用语习惯有关。

三、西汉帝陵的"司马门道"与"神道"

西汉帝陵一直受到学界的关注,对于西汉帝陵陵园道路的定名问题,刘庆柱、李毓芳先生认为,"与帝陵四条羡道相连接的地面上的道路,叫作'神道'"⑧,神道的范围自墓葬一直延续到司马门外。焦南峰、杨武站与曹龙先生则认为自帝陵四侧至外城司马门之间的道路为神道,司马门外的道路则为司马门道,后来的研究多沿用此说。讨论定名问题,还需要从文献记载出发。《汉书·李广传》记载:"(李)广死明年,李蔡以丞相坐诏赐冢地阳陵当得二十亩,蔡盗取三顷,颇卖得四十余万,又盗取神道外壖地一亩葬其中,当下狱,自杀。"⑨汉景帝阳陵已经开展了大量的考古工作,陵园的情况目前已经比较清楚⑩,陵区有两重城垣,帝陵向四面开路穿过两重城垣向外延伸,外城垣开门处称为司马门(图一)。《汉书·外戚传》:"五官以下,葬司马门外。"⑪只有后宫高等级妃嫔才能随葬于司马门内。根据记载和目前发现,汉代大臣陪葬都在司马门外。壖地即是平地,李蔡侵占神道外壖地修墓应当是在陪葬墓区建墓,因距神道过近而获罪,但绝不至于在陵园司马门内侵占土地

---

① (宋)程大昌撰,周翠英点校:《演繁露》卷二《神道》,第33页。
② (汉)许慎撰,(清)段玉裁注:《说文解字注》,上海:上海古籍出版社,1981年,第434页。
③ (晋)郭璞注,(宋)邢昺疏:《尔雅注疏》卷四《释训》,阮元校刻:《十三经注疏》,北京:中华书局,1980年,第2592页。
④ (汉)许慎撰,(清)段玉裁注:《说文解字注》,第3页。
⑤ (魏)王弼、(晋)韩康伯注,(唐)孔颖达正义:《周易正义》卷七《系辞上》,阮元校刻:《十三经注疏》,第78页。
⑥ (汉)郑玄注,(唐)孔颖达等正义:《礼记正义》卷四十七《祭义》,阮元校刻:《十三经注疏》,第1595页。
⑦ (唐)唐玄宗注,(宋)邢昺疏:《孝经》卷八《感应章》,阮元校刻:《十三经注疏》,第2559页。
⑧ 刘庆柱、李毓芳:《西汉十一陵》,西安:陕西人民出版社,1987年,第163、201页。
⑨ 《汉书》卷五十四《李广传》,第2449页。
⑩ 陕西省考古研究所阳陵考古队:《汉景帝阳陵考古新发现》,《文博》1999年第6期;陕西省考古研究所:《汉阳陵》,重庆:重庆出版社,2001年;咸阳市文物考古研究所:《西汉帝陵钻探调查报告》,北京:文物出版社,2010年。
⑪ 《汉书》卷九十七《外戚传》,第3935页。

修墓。又司马贞《史记》索隐引《黄图》云:"阳陵阙门西出,神道四通。茂陵神道广四十三丈。"茂陵陵园的情况目前也较为清楚,内外城之间四通道路最宽处仅 38 米,东司马门外道路宽 73~80 米①,考虑到道路两侧还有墙地,司马门外道路显然更符合文献记载。上文已指出,目前尚无证据表明西汉时期墓葬使用"神道"这一名称,在讨论定名问题时,宜以时代较近的记载为准,则"神道"应当是指自帝陵墓道一直延续至陵园外的贯通式道路,而并非仅指陵园外城垣内的道路。

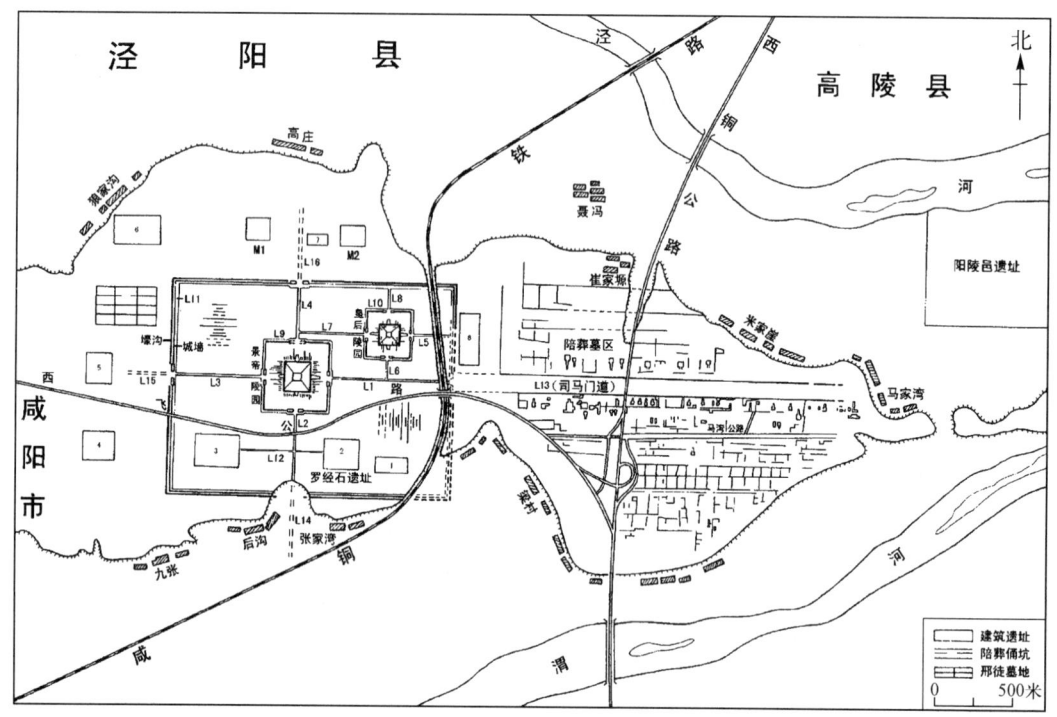

图一　汉景帝阳陵平面图②

此外,西汉时期神道可能是帝陵的专属,具有很强的等级性。汉代的道路常常具有等级意义,《三辅黄图》记载驰道:"道广五十步,三丈而树,厚筑其外,隐以金椎,树以青松。汉令:诸侯有制得行驰道中者,行旁道,无得行中央三丈也。不如令,没入其车马。"③

在目前发现保存较好的汉代高等级陵园中,江苏盱眙大云山江都王墓园(图二)④、西安南郊凤栖原富平侯墓园(图三)⑤、江西南昌海昏侯墓园(图四)⑥等都在墓园内发现了

---

① 陕西省考古研究院、咸阳市文物考古研究所、茂陵博物馆:《汉武帝茂陵考古调查、勘探简报》,《考古与文物》2011 年第 2 期。
② 引自焦南峰:《"同制京师"——大云山西汉王陵形制初识》,《东南文化》2013 年第 1 期。
③ 何清谷:《三辅黄图校释》卷一《秦宫》,第 58 页。
④ 引自南京博物院、盱眙县文广新局:《江苏盱眙县大云山汉墓》,《考古》2012 年第 7 期。
⑤ 引自丁岩、张仲立、朱艳玲:《西汉一代重臣张安世家族墓考古揽胜》,《大众考古》2014 年第 12 期;引自刘尊志:《西汉列侯墓葬墓园及相关问题》,《考古》2020 年第 1 期。
⑥ 引自杨军、徐长青:《南昌市西汉海昏侯墓》,《考古》2016 年第 7 期。

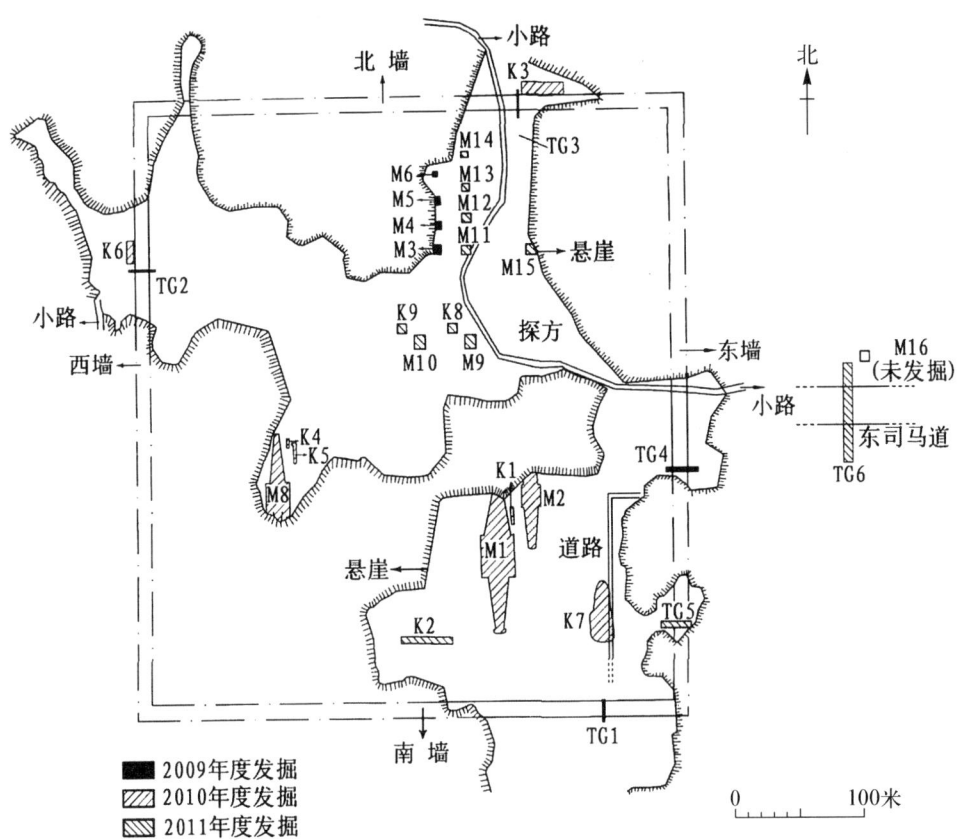

图二　大云山江都王陵平面图

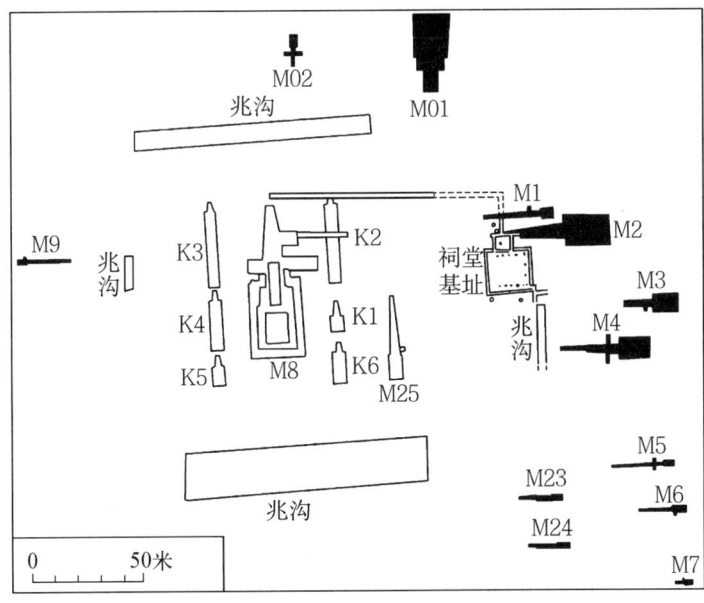

图三　张安世家族墓地平面图

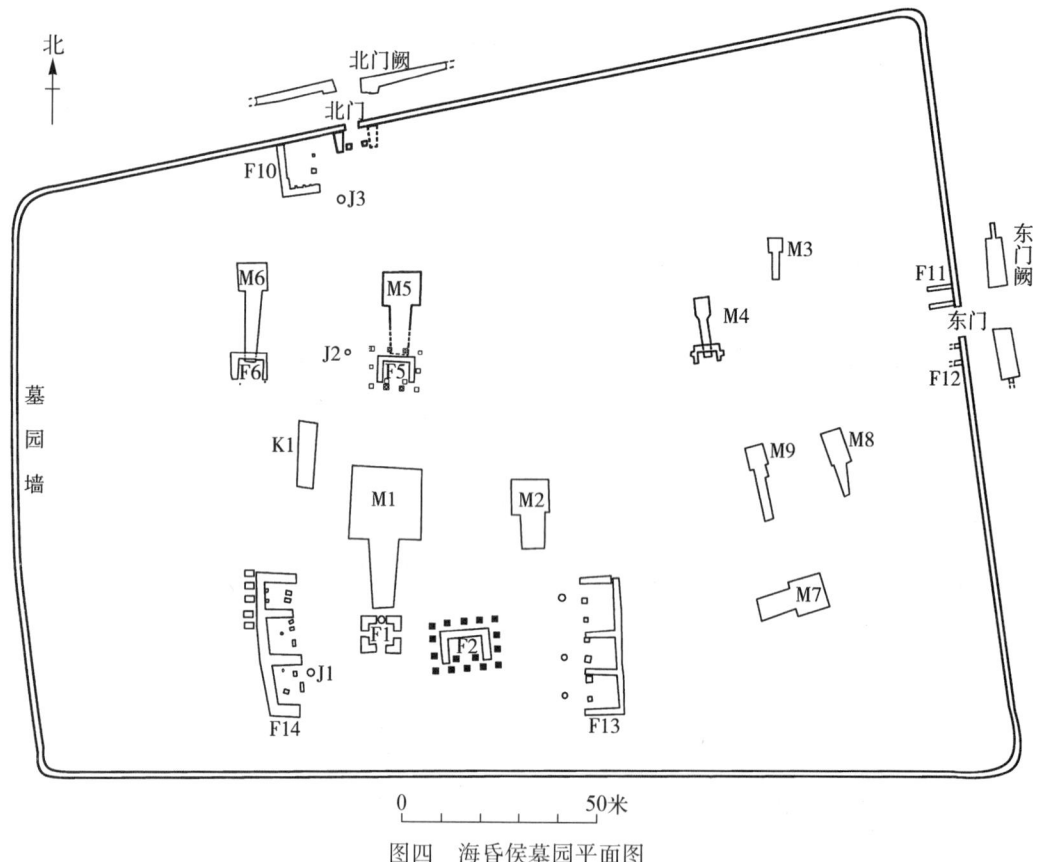

图四 海昏侯墓园平面图

一些道路,很多研究者将其称为"神道"。但需要注意的是,这些道路都不是自墓道直线延伸至地表再至墓园外的。《汉书·霍光传》记载霍光陵墓逾制:"(霍)禹既嗣为博陆侯,太夫人显改光时所自造茔制而侈大之。起三出阙,筑神道,北临昭灵,南出承恩,盛饰祠室,辇阁通属永巷,而幽良人婢妾守之。"① 霍光墓的逾制部分不仅包括模仿帝陵修筑三出阙、使用大量人员守陵,还应包括建设了只有帝陵才能使用的"神道"。根据目前的文献记载与考古发现,西汉时期只有帝陵拥有自地下连贯至地上的道路,贯通式的道路可能具有重要的等级意义,也只有这种道路可称为"神道"。

四、东汉的"神道"

至东汉时,"神道"这一名称已广泛使用。如北京西郊秦君石柱②、四川渠县冯焕阙③、重庆忠县邓家沱阙④皆有"神道"的题记。神道亦有其他名称,如《杨震碑》"故敢慕

---

① 《汉书》卷六十八《霍光传》,第 2950 页。
② 北京市文物工作队:《北京西郊发现汉代石阙清理简报》,《文物》1964 年第 11 期。
③ 张孜江、高文:《中国汉阙全集》,北京:中国建筑工业出版社,2017 年,第 358~363 页。
④ 李锋:《重庆忠县邓家沱石阙的初步认识》,《文物》2007 年第 1 期。

奚斯之追述,树玄石于坟道"①;《闻喜长韩仁碑》"河南母君丞谓京写……□□坟道头讫"②;《郭辅碑》"感惟考妣克昌之德,登山采石,致于墓道"③;《杨宗墓阙铭》"汉故益州太守杨府君,讳宗字德仲墓道"④;又《水经注》记载叶公庙,"庙前有《叶公子高诸梁碑》。旧秦、汉之世,庙道有双阙、几筵"⑤;又记文将军冢,"墓隧前有石虎,石柱,甚修丽"⑥;所谓"坟道"、"墓道"、"墓隧"、"庙道"都是指神道。《西岳阙碑铭》云,"建神路之端首,观壮丽乎孔彻"⑦,此处的"神路"也指神道。

在以往研究中,一些学者习惯将神道定义为墓上或祠庙前的道路,这种定义仍有含混不清之处,因为墓园内结构复杂,道路众多,如《水经注》记录朱龟墓:"冢南枕道有碑,碑题云:《汉故幽州刺史朱君之碑》。"⑧此处的枕道,应当是封土旁与神道垂直的道路。又如尧陵与尧母陵:"二陵南北列,驰道迳通,皆以砖砌之,尚修整。"⑨这里的驰道显然也不是神道。要准确定义东汉的神道,需从墓园的修建流程展开讨论。

汉代建墓的一般流程,首先是选择墓地,之后营建墓园,最后才是沟通神道。《杨德安墓记》记载,"起石室,立坟,直万五千泉,始得神道"⑩,可见神道是在祠堂和封土都建成后才最终完成的。战国时已有占卜择墓的传统,《礼记·杂记》曰,"大夫卜宅与葬日",孔颖达疏曰:"宅谓葬地,大夫尊,故得卜宅并葬日。"⑪至汉代,选择吉地埋葬的风俗更为流行。永初七年(113年)《张禹碑》:"九月乙卯,祀行东征,度宅成阳。"⑫此处度宅即是指选择阴宅。初平四年(193年)《北海太守为卢氏妇刻石》:"吉地既迁,良辰既卜。彼崇者堋,彼极者浦。"⑬亦强调选择吉地埋葬。张衡《冢赋》亦明确说,"幽墓既美,鬼神既宁,降之以福,于以之平"⑭,明确指出陵墓位置好可以福佑后人。若家族或个人具备足够的财力,在修建墓葬时会优先考虑墓地的吉凶,然后才是墓地修建的便利性。冯衍讲述先祖之墓:"地势高敞,四通广大,南望郦山,北属泾渭,东瞰河华,龙门之阳,三晋之路,西顾鄷鄗,周秦之丘,宫观之墟,通视千里,览见旧都,遂定茔焉。"⑮显然是优先考虑墓地的吉凶。

为了方便建墓与祭祀活动,就需要在墓园和公共大道间修建连接的道路,这种道路就是神道。《汉书·游侠传》记载:"初,武帝时,京兆尹曹氏葬茂陵,民谓其道为京兆仟,

---

① 毛远明:《汉魏六朝碑刻校注(一)》,北京:线装书局,2008年,第361页。
② (清)严可均:《全后汉文》卷一百三,北京:中华书局,1958年,第1026页。
③ (宋)洪适:《隶释》卷第十二,第142页。
④ (宋)洪适:《隶释》卷第十三,第146页。
⑤ (北魏)郦道元著,陈桥驿校证:《水经注校证》卷二十一《汝水》,北京:中华书局,2007年,第504页。
⑥ (北魏)郦道元著,陈桥驿校证:《水经注校证》卷二十九《沵水》,第691页。
⑦ (清)严可均:《全后汉文》卷六十四,第824页。
⑧ (北魏)郦道元著,陈桥驿校证:《水经注校证》卷二十三《阴沟水》,第554页。
⑨ (北魏)郦道元著,陈桥驿校证:《水经注校证》卷二十四《瓠子河》,第574页。
⑩ 毛远明:《汉魏六朝碑刻校注(一)》,第47页。
⑪ (汉)郑玄注,(唐)孔颖达等正义:《礼记正义》卷四十《杂记》,阮元校刻:《十三经注疏》,第1551页。
⑫ 王竹林、朱亮:《东汉南乡侯张禹墓碑研究——兼谈东汉南兆域陵墓的有关问题》,《西部考古》第一辑,西安:三秦出版社,2006年,第341~355页。
⑬ 毛远明:《汉魏六朝碑刻校注(二)》,第79页。
⑭ (清)严可均:《全后汉文》卷五十四《冢赋》,第770页。
⑮ 《后汉书》卷二十八《冯衍传》,第986页。

(原)涉慕之,乃买地开道,立表署曰南阳仟。"①原涉"买地开道",所买为墓地,所开之道应是墓葬至公共道路之间的道路,即神道。

文献中保留了很多神道石刻位置的记载,如《张公神碑》云:"玄碑既立,双阙建分。□□□□大路畔兮。亭长阁□□捍难兮。"②《水经注》记载王子雅墓:"水南道侧,有二石楼,相去六七丈,双跱齐竦。"③《风俗通义》说汝南彭氏墓的石人在"路头"④。《释名》说碑:"故建于道陌之头,显见之处。"⑤如洪适所言:"汉人所作墓阙神道者,弟欲表封陌、限樵牧尔。"⑥这些石刻是标定茔域范围的标志物,之所以普遍立于路口或路侧,正是因为这里是神道与公共大道的交会处,也是神道的起点。

东汉墓中出土的很多买地券都以公共道路作为墓地的边界。如熹平五年(176年)《刘元台买地券书》:"(南)至官道,西尽坟渎,东与房亲,北与刘景□为冢。"⑦光和元年(178年)《曹仲成买地券》:"田东比胡奴,北比胡奴,西比胡奴,南尽松道。"⑧建宁四年(171年)《孙成买地券》:"田东比张长卿,南比许仲异,西尽大道,北比张伯始……田东、西、南、北以大石为界。"⑨购买墓地以道路为界,除了因为道路本身是较为固定的参照物外,还是为了在连接墓葬与公共大道、开辟神道时不会侵占他人的土地。

---

① 《汉书》卷九十二《游侠传》,第3716页。
② (清)严可均:《全后汉文》卷九十八,第1002页。
③ (北魏)郦道元著,陈桥驿校证:《水经注校证》卷三十一《淯水》,第726页。
④ (汉)应劭撰,王利器校注:《风俗通义校注》卷九《怪神》,北京:中华书局,1981年,第406页。
⑤ (汉)刘熙撰:《释名》卷六《释典艺》,北京:中华书局,2016年,第93页。
⑥ (宋)洪适撰:《隶释》卷十三,第145页。
⑦ 蒋华:《扬州甘泉山出土东汉刘元台买地砖券》,《文物》1980年第6期。
⑧ 张传玺:《中国历代契约会编考释》,北京:北京大学出版社,1995年,第51、52页。
⑨ 吴天颖:《汉代买地券考》,《考古学报》1982年第1期。

四川"汉代土墩墓"研究

索德浩

四川大学考古文博学院

　　土墩墓,是指流行于江南地区,以地上掩埋、封土成墩为特征,以随葬印纹硬陶与原始瓷为特色的古墓遗存,其存续时间约当中原的夏商周时期①。近来,江浙一带又发现了大量外形与之相类的"汉代土墩墓"②,也有研究者称为"土墩墓"③、"坟墓"④、"封土墓"、"汉代墩式封土墓"⑤、"台坑墓"或"集群墓"⑥等,最先提出"土墩墓"名称的胡继根,后来建议改名为"坟丘墓"⑦。"汉代土墩墓"虽然在外形上与商周土墩墓相似,但墓葬形制、构造方式、随葬器物、分布范围及族属有相当大的区别,其名称是否合适还需要再讨论。未有更确切的名称前,本文暂时沿用"汉代土墩墓"一名。

　　一般认为汉代土墩墓主要分布于长江下游地区,湖南、山东⑧也有发现。但从近年的考古发现来看,四川也是汉代土墩墓的重要分布区,只是早期田野发掘中过于注重墓葬本体,忽略了封土结构,以至于未能引起研究者的关注,为学界所不知。

一、四川汉代土墩墓的发现

　　封土是"土墩墓"的重要组成部分,在四川地区屡有发现。

　　老官山墓的4座竖穴土坑木椁墓皆有封土,其中M2、M3很可能位于同一封土下。墓上封土层层夯筑,东汉时期其封土被挖开,修建了一座砖室墓。墓葬规格较高。M2~M4

---

① 杨楠:《土墩墓及其相关概念之辨析》,《东南文化》2013年第5期。
② 胡继根:《试论汉代土墩墓》,《汉代城市和聚落考古与汉文化》,北京:科学出版社,2012年。
③ 李则斌:《西汉诸侯王陵陪葬墓封土、墓域略论——以大云山江都王陵陪葬墓为例》,《秦汉土墩墓考古发现与研究——秦汉土墩墓国际学术研讨会论文集》,北京:文物出版社,2013年。
④ 黄晓芬:《汉墓的考古学研究》,湖南:岳麓书社,2003年,第170页。
⑤ 郑同修:《山东沿海地区汉代墩式封土墓有关问题探讨》,《秦汉土墩墓考古发现与研究——秦汉土墩墓国际学术研讨会论文集》。
⑥ 刘振东:《关于中日坟丘墓起源的研究现状》,《秦汉土墩墓考古发现与研究——秦汉土墩墓国际学术研讨会论文集》。
⑦ 胡继根:《浙江"汉代土墩墓"的发掘与认识》,《秦汉土墩墓考古发现与研究——秦汉土墩墓国际学术研讨会论文集》。
⑧ 山东省文物考古研究所:《山东日照市海曲2号墩式封土墓》,《考古》2014年第1期;兰玉富、李文胜、王磊、马健:《山东胶州赵家庄抢救性发掘汉代墓地》,《中国文物报》2006年1月20日第1版。

时代为景帝至武帝铸行五铢钱之前。M1 为武帝时期①。

青白江磷肥厂墓地发现竖穴土坑木椁墓 9 座,砖室墓 10 座,因施工方破坏,仅在边缘残存有封土。时代从西汉早期偏晚延续到东汉②。

绵阳双包山 M1、M2 分别位于人工堆积的封土丘内。M1 封土大部被破坏,残高 1 米;封土夹拌少量的青膏泥,有夯筑的痕迹,夯层不明显;墓圹开口于封土堆下,打破生土。M2 封土堆原呈缓坡状向四周延伸,相对高度约 15 米,其主体也被破坏,西南角残存厚度约 4.25 米;封土用圆柱和板夯筑,夯层明显,夯层中还夹杂捣碎的石头;靠近墓圹开口处用比较纯净的青膏泥。两墓皆为竖穴木椁墓带斜坡墓道,规模较大。其中 M2 由墓道和前堂、后寝三部分组成。随葬品非常丰富。发掘者认为墓主身份当是列侯之类的地方官。原报告认为 M1 时代为武帝左右,但从钱币及相关遗物来看,下限很可能在西汉晚期;M2 时代为武帝时期③。

成都文物考古研究所在邛崃羊安工业园内调查到 40 余座汉墓封土堆,并对 9、24④、26、29、30、31、40 等文物点进行了发掘。发掘者重点介绍了 9、30 号点。9 号点是以砖室墓为主的家族墓地,地势较平。西汉晚期,一个家族选中此处,先平整土地,再铺一层青膏泥,然后在青膏泥面上逐层夯土,形成一个四方形的夯台。夯台四周用土坯砖围起,平台中间下挖修建了土坑墓 M16,上覆封土。不久,向东扩展了平台,平面仍是方形,外围仍然用土坯砖围起,在平台上修建了土坑墓 M14、M15。至东汉早期,该墓地开始修建砖室墓,向土坑墓东西两侧发展,西面仅修建了 M1,而东面依次修建了 M6、M7、M8。后又向南发展,修建了 M3、M2、M4。至东汉中期平台继续向东扩建以修建 M9、M11、M12、M13,并在 M7 的南面修建了 M5。至东汉中期稍晚,最后一次在 M11、M9、M5 之间修建了 M10,此次并未扩建墓地,而是在以往形成的封土上开挖修建,建完后封土。至此,一个大的封土包最终形成(图一~图三)。30 号点共发现 6 座土坑墓。程序与 9 号点基本相同,只是早期墓葬 M19、M20、M28 直接开挖于生土中。M19、M20 和 M28 相距 10 多米,各自修建形成了两个封土包。稍后,在 M28 的西侧,利用其封土夯筑出一个平台,平台下挖出 M3,上盖封土。M28、M3 共同形成了一个较大的封土包。然后在 M28、M3 和 M19、M20 这两个封土包之间修建了 M27,上覆封土,形成了一个较大的封土包。最后一次在 M27 南面修建了 M17,整个封土包形成完毕。时代为西汉早期偏晚至西汉中期⑤。

红豆树墓地由东西连续 5 个土墩组成(图四,1、2),清理了第二个土墩。此土墩开建

---

① 成都文物考古研究所、荆州文物保护中心:《成都市天回镇老官山汉墓》,《考古》2014 年第 7 期;成都文物考古研究所、荆州文物保护中心:《成都天回镇老官山汉墓发掘简报》,《南方民族考古》第 12 辑,北京:科学出版社,2016 年。
② 成都文物考古研究所、青白江区文物保护管理所:《成都市青白江区大同磷肥厂工地汉墓发掘报告》,《成都考古发现 2008》,北京:科学出版社,2010 年。
③ 四川省文物考古研究院、绵阳博物馆:《绵阳双包山汉墓》,北京:文物出版社,2006 年。
④ 此点为 2010 年度发掘。
⑤ 成都文物考古研究所、邛崃市文物局:《四川邛崃羊安汉墓》,《中国考古新发现年度记录 2009》,《中国文化遗产》2009 年增刊。

图一 羊安汉墓 9 号点外貌

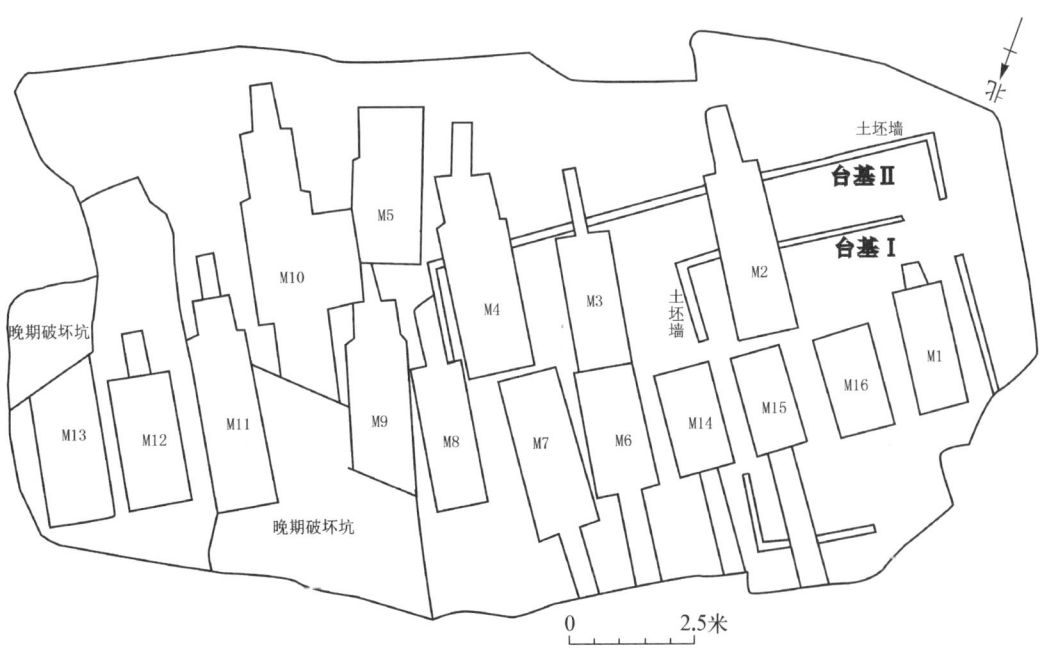

图二 羊安 9 号点墓葬平面图

图三　羊安 9 号点台基 I 及墓葬分布

于西汉中期，至两汉之际还在扩建。修建前先平整场地，夯筑第12、11、10三层土，形成一个土台，在夯台下挖 M11、M12 的竖穴墓圹，入葬后封土，第 6~9 层可能为这两座墓的封土，也有可能是为了砖室墓修建的平台①。稍晚在 M11 的西面又下葬 M10，M10 打破 M11 墓圹。约王莽时期，利用这三座土坑墓所形成的封土堆做成夯台，在夯台上修建砖室墓 M1、M4、M8、M9，上覆封土，但封土破坏不存（图四，3）。土墩破坏严重，封土及夯台平面形状不详。M10~M12 为竖穴土坑木椁墓，均葬一木棺。时代为西汉中晚期。砖室墓破坏严重，时代为王莽至东汉早期②。从墓葬规格和随葬品来看，墓主等级不高，为平民可能性较大。

双流青杠村墓地由 5 个土包组成，仅发掘了 2 号土包。该土包由人工垒筑而成，平面大体呈圆形，南北直径约 80 米、残高约 2 米，内有 7 座东汉砖室墓（图五），集中分布于台地的中部，其中 M1~M5 大致排列于一条直线上，M6、M7 位于南面。该土包修建过程是先在地面筑起一夯土平台，再在夯台上开挖竖穴土圹，内砌砖室，最终垒筑封土覆盖墓葬。墓葬时代为西汉晚期至东汉③。

---

① 由于封土破坏严重，无法最终确认。
② 成都文物考古研究所、彭州市文物保护管理所：《四川彭州市红豆树墓群发掘简报》，《成都考古发现 2010》，北京：科学出版社，2012 年。
③ 成都文物考古研究所、双流县文物管理所：《四川双流县青杠村汉、唐、宋代墓地发掘报告》，《成都考古发现 2010》。

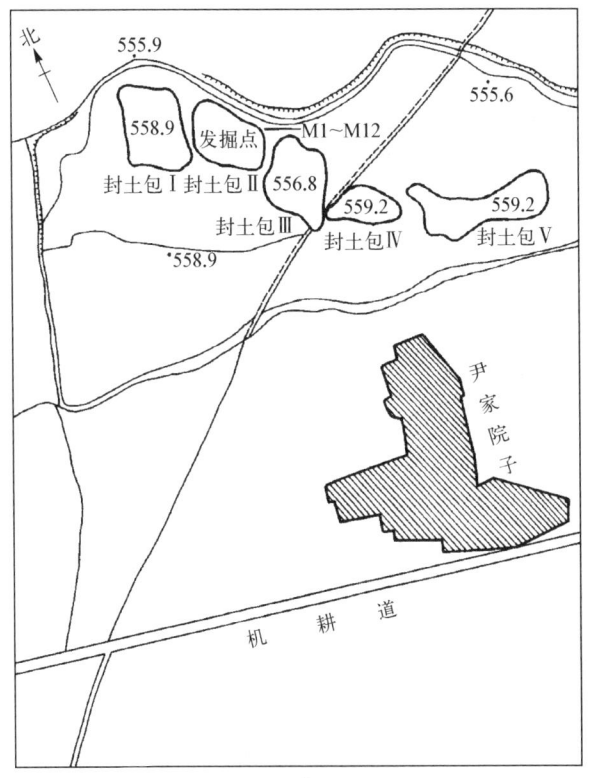

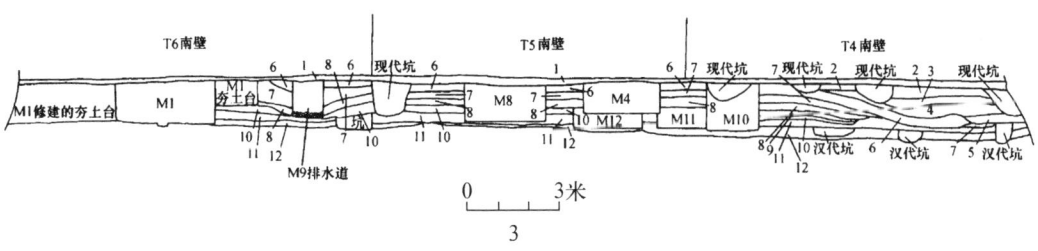

图四 红豆树墓地
1. 土墩分布图 2. 地形及外貌 3. 层位图

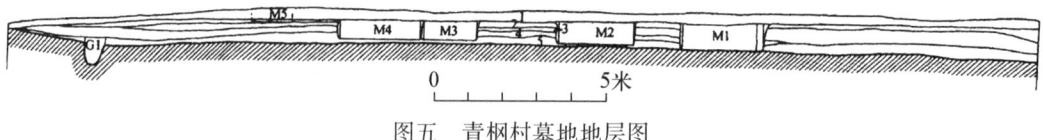

图五 青枫村墓地地层图

成都凤凰山园艺场 M1 位于人工夯筑土包内,土包高约 7 米,夯层 9~10 厘米。M1 为券顶砖室墓,时代为王莽时期①。附近还有两座砖室墓,不知是否在同一封土内。

成都市紫荆路墓地发现 10 座汉墓,分布于一椭圆形夯土堆内,南北长径约 79.2 米、短径约 40 米、残高约 2 米。土坑木板墓 M8~M10 位于封土西南部,时代为西汉晚期至王莽时期。砖室墓 M1~M6 位于封土东部(图六),时代为新莽至东汉中期偏早②。两类墓均开口于封土堆下,方向各自一致。从墓葬规格和随葬品来看,墓主为中下层百姓。

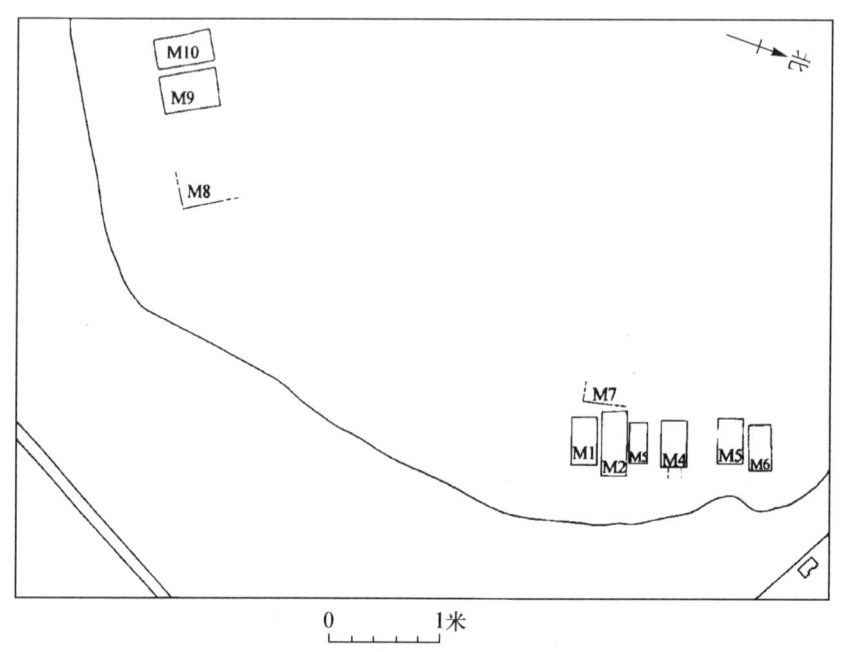

图六 成都紫荆路汉代墓地

成都"都市花园"墓地由 A、B、C、D、E 五个封土冢组成,共发现汉代墓葬 29 座。A 点(M1~M8)平面形状不规则,东西宽约 10 米、南北长约 20 米、残高 1 米,黄灰色花土平行夯筑,夯层厚度 5~10 厘米。M8 为竖穴土坑墓,其他为砖室墓。时代为王莽后期至东汉早期之际。B 点(M9~M11)呈不规则形状,东西宽约 6 米、南北长约 10 米、残高 0.9 米,由人工板夯而成,夯层厚薄不均,厚度 2~15 厘米,均为砖室墓。时代为王莽至东汉初期。C 点(M14~M16)略呈椭圆形,东西长约 15 米、南北宽约 8 米、残高 1.7 米,夯筑较为随

---

① 成都市博物馆:《成都凤凰山发现一座汉代砖室墓》,《文物》1992 年第 1 期。
② 成都文物考古研究所:《成都高新区紫荆路汉墓发掘简报》,《成都考古发现 2000》,北京:科学出版社,2002 年。

意,夯层厚20~30厘米,夯窝直径8~10厘米。均为砖室墓。时代大致在王莽前后。D点(M19~25)保存相对较好,呈圆形,直径约40米、残高3.5米,夯层厚8~30厘米,用圆棍柱夯,夯窝直径约8厘米。时代在王莽至东汉中期前后。E点(M29~M36)保存很差,残存夯土东西长15米、南北宽10米、深1米,层层柱夯。均为砖室墓。时代在王莽至东汉中期左右。据发掘者介绍,"都市花园"附近有一处较大的汉代墓地群,"二、三环路之间和新成温公路南侧约2平方公里的范围内,过去有许多大大小小的土包突兀而起",后来随着改土造田及基本建设的进行,许多土包均被推平①。说明此处是较为集中的汉代土墩墓群。

成都西窑村墓地与"都市花园"墓地相距不远,位于人工夯筑的台地上。因取土破坏,台地呈不规则五边形,南北长约70米、东西长约60米、高约4米。夯台内有东汉、蜀汉砖室墓24座②,当为一处家族墓地。

成都西窑村"西城家园"墓地,墓葬集中分布在一台地上,台地大致呈圆形,南北长约42米、东西宽约37米、高于现存地表约1米。其中砖室墓M12~M19并列一排分布于台地西部(图七)。M16为王莽时期,M13、M14、M18、M19为东汉早中期。M12、M17为东汉

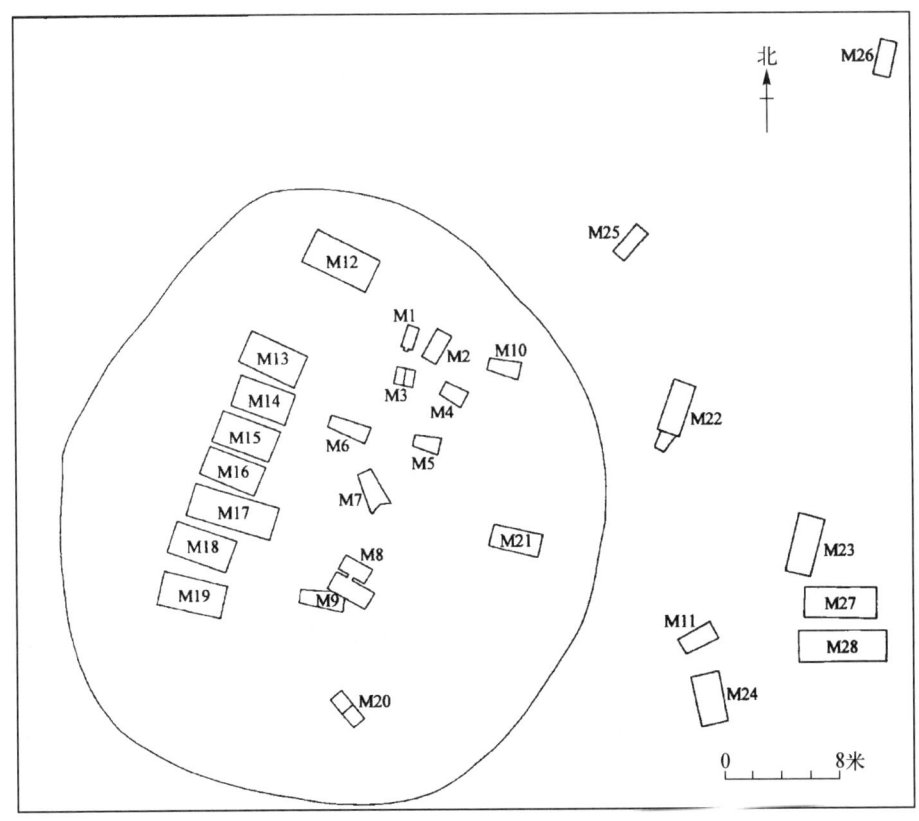

图七　成都西窑村"西城家园"墓地

---

① 成都市文物考古工作队:《成都博瑞"都市花园"汉、宋墓葬发掘报告》,《成都考古发现2001》,北京:科学出版社,2003年。
② 成都市文物考古工作队:《成都西郊西窑村M3东汉墓发掘简报》,《四川文物》1999年第3期。

晚期，M15 为蜀汉时期。其修建顺序是先建 M16，然后向两侧扩建，最后在 M16 和 M14 的空隙之间建造 M15①。

潘家祠堂墓地位于较高的台地上，从西至东分别有三个封土包（A、B、C 点）。其中 A、C 点保存略好。

A 点平面近椭圆形，残高约 3 米，面积约 1 500 平方米。仅清理施工范围内北半部，共发掘汉墓 9 座，有 M10～M17、M34 等（图八）。墓地略高于周围，修建前先平整场地，然后在正中修建了一个夯土台基，夯台上下挖 M16 墓圹，修建完成后覆以封土；后来又在封土的西、东、北三处分别修建了 M11～M15、M17、M34，均打破 M16 的夯土台或封土，但墓室之间绝无破坏关系。墓葬均为砖室墓。时代为东汉中晚期。

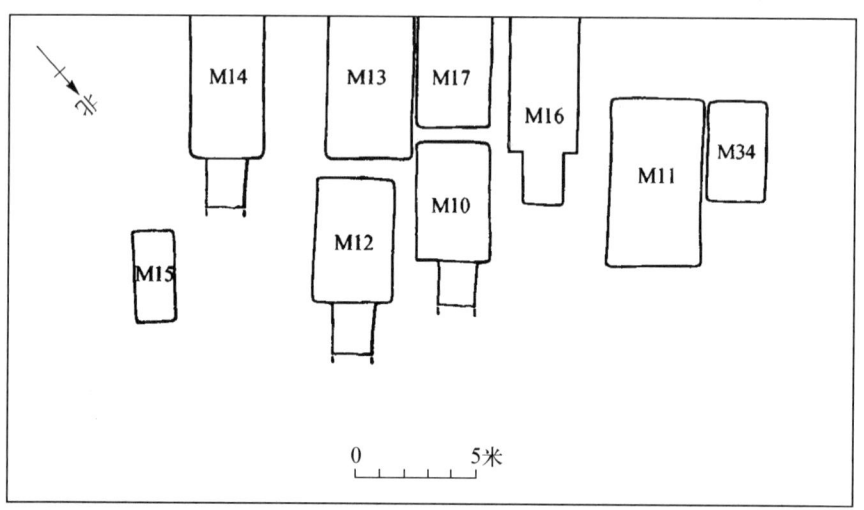

图八　潘家祠堂 A 点墓葬平面分布图

C 点共发现 5 座汉墓。先平整场地形成第 3 层，然后在第 3 层上夯筑一个较大的平台，平台内仅保存了 4 层夯土，在夯台的中间下挖 M2 墓圹。后来在 M2 的西边修建 M3、M4、M8、M9，均打破夯台，其中 M3 打破 M2 的墓圹。M2 为土坑墓，局部用砖。其他均为砖室墓。时代为东汉早中期②。

成都棕树村汉墓位于一条土埂上，共发现 11 座汉代砖室墓，其中 M5～M10 呈一排分布，共用同一封土堆（图九）。封土堆略呈圆形，残存不多，高仅 1.5 米，直径约 28.5 米。夯筑而成，每层厚 8～20 厘米。M11 位于 M5～M10 的北面，打破该封土堆，但未破坏前 6 座墓室。M5、M6 为王莽时期，M7、M8 为东汉早期，M9、M10 为东汉早中之际，M11 为东汉中期前后③。

---

① 成都文物考古研究所：《成都市西郊土坑墓、砖室墓发掘简报》，《成都考古发现 2001》。
② 成都文物考古研究所、都江堰市文物局：《都江堰市潘家祠堂汉墓发掘简报》，《成都考古发现 2012》，北京：科学出版社，2014 年。
③ 成都市文物考古工作队：《成都市南郊十街坊遗址年度发掘纪要》，《成都考古发现 1999》，北京：科学出版社，2001 年。

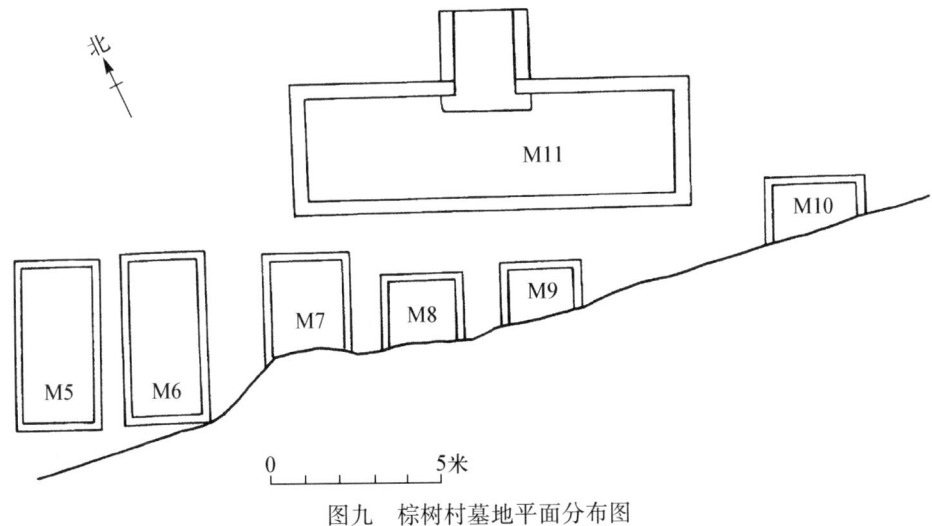

图九 棕树村墓地平面分布图

邛崃土地坡共发现3座砖室墓,直接修建于一个天然土丘内,打破生土(图十)。时代约为东汉中期①。

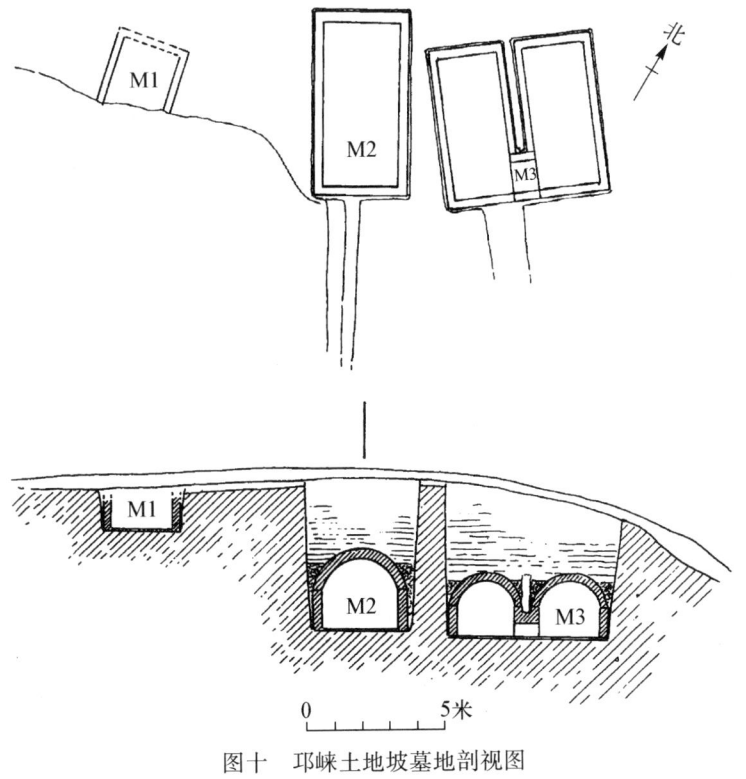

图十 邛崃土地坡墓地剖视图

---

① 成都文物考古研究所、邛崃市文物局:《邛崃土地坡汉墓群发掘简报》,《成都考古发现2006》,北京:科学出版社,2008年。

邛崃桑园童桥村汉墓群与土地坡墓地修建方式一致。此地域为浅丘地貌,地表隆起一个个天然小土丘,外形很像平原上的"土墩",几乎每个土丘内都钻探到墓葬,时代以两汉为主。墓葬多位于土丘顶部,稍加平整后直接下挖、建墓,部分墓葬残留有封土(图十一)。发掘的2座墓葬均为券顶砖室墓,时代为两汉之际至东汉早期①。

图十一　邛崃市桑园镇童桥村墓地

成都站东乡附近有很多土丘。徐鹏章先生认为成都平原地下水位较高,墓葬不能像中原一样深埋,而是要将一部分棺椁高出地面,再掩埋泥土或砌筑砖石,这样就形成了一个个小土堆或者大的丘陵。青杠包为人工土堆,该墓地共清理了24座砖室墓。时代为东汉②。

达县三里坪汉墓M1~M3都有各自的土丘。M4封土情况未介绍,应该也有封土。从M4出土器物来看,时代为东汉③。

西昌地区天王山、河西温泉、邓家堡子等墓地的封土至今仍保持原样。经实测封土一般高约16米、直径约32米。有的墓前还立有石阙。墓葬大多为砖室墓,在当时地表下挖半米深的墓圹,修建砖室墓,墓外用卵石拌黏土填实再封土。时代为东汉、魏晋时期④。

屏山县斑竹林M1为石室墓,先挖墓圹将泥土堆至一旁,然后把建造墓室和画像石棺

---

① 成都文物考古研究所、邛崃市文物局:《成都邛崃市娃娃山汉墓发掘简报》,《成都考古发现2014》,北京:科学出版社,2016年。
② 徐鹏章:《成都站东乡汉墓清理记》,《考古通讯》1956年第1期。
③ 张明扬、任超俗:《达县三里坪4号汉墓清理简报》,《四川文物》1997年第1期。
④ 黄承宗:《西昌东汉、魏晋时期砖室墓葬调查》,《考古与文物》1983年第1期。

的石料运送至现场加工,并用凿剥下来的小石片在挖好的墓圹周围平铺成一层厚约 3~5 厘米的片石面,待墓室砌成和画像石棺加工完成后,将挖墓圹所出的泥土覆盖在墓室和片石面上直至堆积成冢。封土墓圹上方及周围封土大部分已被破坏。封土直径可达 12~15 米。时代为东汉晚期①。

南充火车东站发现一批汉墓。其中 M36~M40 位于同一大封土中。五座墓均为砖室墓②。时代应该为东汉。

"鲍三娘"墓也有封土,"在(昭化)县北十五里……巨墓嶷然"③。民国时期为色伽兰所盗掘④。现为一不规则的圆形土冢。东西宽 19 米、南端宽 15 米、高 4.3 米。时代大致为东汉、蜀汉。但墓主未必是鲍三娘。

大邑县马王坟发现两座券顶砖室墓,两墓相距 4 米,方向大体一致。两墓应该共用一个封土,保存下来的封土直径 17 米、高 4.5 米。发现有"建安元年"纪年砖,时代为东汉末年⑤。

芦山王晖墓为券顶砖室墓。据剖面图可知墓葬埋葬于"土壤"中,"土壤"很可能是封土。葬具为画像石棺,下葬时间为建安十七年⑥。

成都曾家包系一高约 8 米、直径约 50 米的圆形土冢。封土经分层夯筑,采用板夯和杵夯两种方法。土冢内有 2 座券顶画像砖石室墓。时代为东汉末或略晚⑦。

五道渠蜀汉墓位于崇州市王场公社,此处土冢密集,古墓甚多。该墓原有封土,但被取土破坏。现存封土高约 0.5 米、直径约 8 米⑧。

江安县桂花村石室墓修建于土丘下,土丘高 8 米、周长 100 米。穹窿顶墓室。墓内有两口画像石棺。时代为蜀汉⑨。

龙家巷木椁墓(椁墓上的积土约 3 米)⑩、新都七星墩⑪、罗家包⑫等墓地也可能有封土,有些是被机械破坏,有些语焉不详,无法最终确认。

以往对于"汉代土墩墓"的称呼五花八门,有封土、封土包、土堆、高台、土丘、土冢等,但足以说明汉代四川地区流行"土墩墓"。

从上文梳理可知,封土在四川最早出现于文景时期,如老官山汉墓 M2~M4,再早则未

---

① 四川省文物考古研究院、宜宾市博物院、屏山县文物管理所:《四川屏山县斑竹林遗址 M1 汉代画像石棺墓发掘简报》,《四川文物》2012 年第 5 期。
② 四川省文物考古研究所、南充市高坪区文管所、南充市文管所:《四川达成铁路南充东站考古发掘报告》,《四川文物》2003 年第 2 期。
③ 常明、杨芳灿:《四川通志》,成都:巴蜀书社,1984 年,第 1740 页。
④ [法]色伽兰著,冯承钧译:《中国西部考古记》,北京:商务印书馆,1930 年,第 16 页。
⑤ 丁祖春:《四川大邑县马王坟汉墓》,《考古》1980 年第 3 期。
⑥ 任乃强:《芦山新出汉石图考》,《川大史学·任乃强卷》,成都:四川大学出版社,2006 年。
⑦ 成都市文物管理处:《四川成都曾家包东汉画像砖石墓》,《文物》1981 年第 10 期。
⑧ 四川省文物管理委员会、崇庆县文化馆:《四川崇庆县五道渠蜀汉墓》,《文物》1984 年第 8 期。
⑨ 崔陈:《江安县黄新乡魏晋石室墓》,《四川文物》1989 年第 1 期。
⑩ 四川省博物馆:《成都凤凰山西汉木椁墓》,《考古》1959 年第 8 期。
⑪ 张德全:《新都县发现汉代纪年砖画像墓》,《四川文物》1988 年第 4 期。
⑫ 四川省文物考古研究院、广汉市文物保护管理所:《四川广汉市罗家包东汉墓发掘简报》,《四川文物》2016 年第 1 期。

有发现。荥经高山庙 M2 时代为西汉初,发掘者明确介绍墓上无封土①。龙泉驿区北干道墓地时代以战国为主,也有西汉早期墓,如 M5、M6、M17 等,墓上无封土②。成都中和红花沟战国墓地发现百余座战国晚期至西汉初的墓葬,均无封土③。

封土最早出现于蜀地上层社会,如较早出现封土的绵阳双包山 M2、老官山 M2～M4 规格都较高。西汉中期以来,封土向平民扩展,如红豆树、紫荆路、潘家祠堂等墓地均为中下层平民。

封土最先出现于成都平原,然后向四川各地传播。西汉时期的封土墓主要发现于成都地区,绵阳有少量发现,其他地区未有报道。东汉以后广泛发现于四川各地,成都、南充、雅安、宜宾、凉山州等地都有发现,直到蜀汉时期仍很流行。考虑到后世生产、生活的破坏和早期田野发掘的局限性,封土墓的数量及分布范围应该远大于目前的发现。

由于近两千年来的雨水冲刷和生产破坏,现存的汉代土墩墓外形以圆形、椭圆形或者长方形居多,多不甚规则。但从已发掘的土墩来看,西汉时期土墩外形应该以长方形居多,单个墓葬的封土呈覆斗形。东汉土墩未发掘到保存完好者,其封土形制是继承西汉覆斗形,还是受到洛阳帝陵圆形封土影响④,需要以后的发掘予以证实。

二、四川汉代土墩墓的修建过程

早期发掘者对于汉墓相关附属设施关注不多,以至于长期未能了解"土墩墓"的结构。笔者主要根据新近发掘资料,讨论四川汉代土墩墓的结构和修建过程。

从修建过程来看,四川汉代土墩墓可分三类:

第一类,无夯台。先选择墓地,墓地往往位于高台或者坡地上。平整场地后直接下挖墓圹,墓圹打破生土。葬入死者和随葬品后,回填墓圹。上覆封土,封土多呈覆斗形。如果再有死者,往往会依前一墓下葬,程序大致相同。此类土墩时代较早,规划性差,墓地的扩建具有一定的随机性。大邑县兔儿墩(图十二,1、2)⑤、老官山 M2、M3、屏山县斑竹林 M1、绵阳双包山 M1、M2、羊安汉墓 30 号点等都属于这类土墩。

第二类,有夯台。先选择墓地,墓地仍多选址于高台,但也有建于平地者。平整场地,有些铲除表土,露出生土。有的在场地内铺一层厚 15～25 厘米的青膏泥,或再在青膏泥

---

① 荥经古墓发掘小组:《四川荥经古城坪秦汉墓葬》,《文物资料丛刊》第 4 辑,北京:文物出版社,1981 年。
② 成都市文物考古研究所、龙泉驿区文物管理所:《成都龙泉驿区北干道木椁墓群发掘简报》,《文物》2000 年第 8 期。
③ 资料存成都文物考古研究院。
④ 严辉、慕鹏:《"陂池"——东汉帝陵封土的新形制》,《中国文物报》2006 年 10 月 20 日第 7 版;韩国河:《东汉帝陵有关问题的探讨》,《考古与文物》2007 年第 5 期。
⑤ 成都文物考古研究院:《四川大邑县兔儿墩土坑墓发掘简报》,《中国国家博物馆馆刊》2019 年第 9 期。

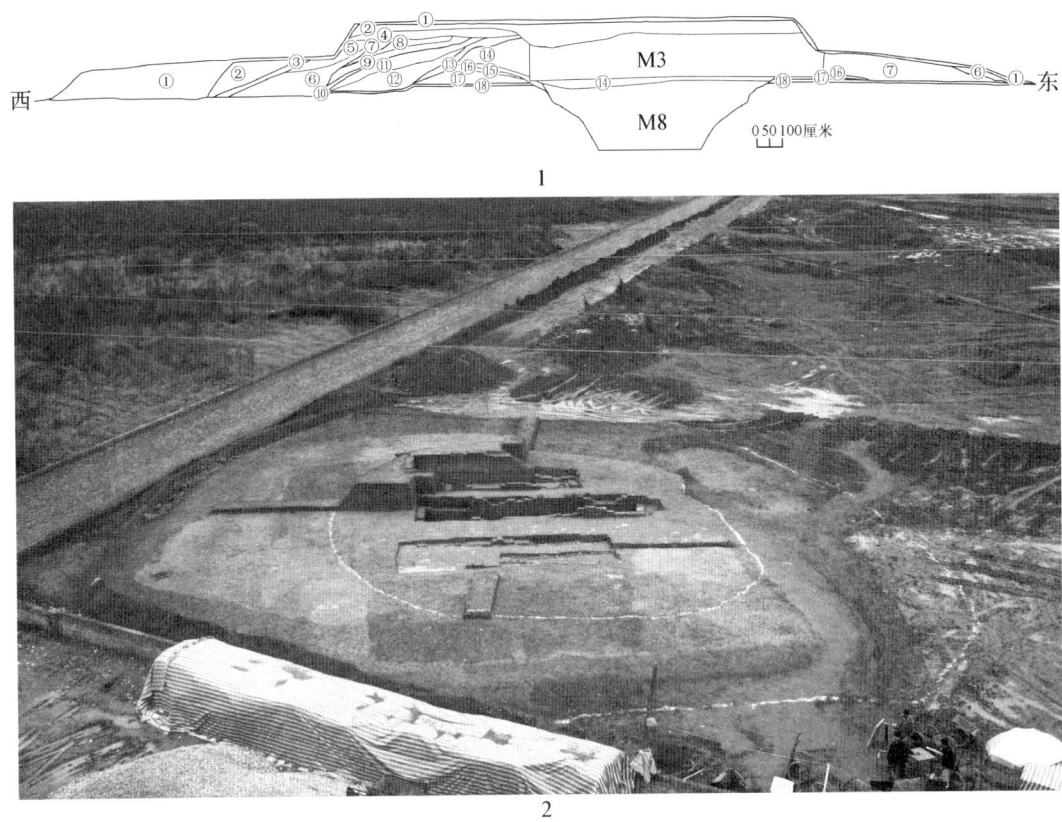

图十二 兔儿墩墓地
1. 剖面结构 2. 土墩上层及砖室墓布局

上铺一层炭灰以防潮、防水。随后在场地内修筑台基,台基一般为覆斗形,有些还用土坯砖包边。台基上下挖墓圹,葬后回填,墓上封土,封土亦呈覆斗形。如有下葬,则在台基上再次下挖墓葬。台基上空间用完后,会依前一个台基再次扩建新的台基。下葬程序与前相同。大的墓地会多次扩建台基,如羊安汉墓24号点至少扩建了5个台基(图十三、图十四)①。此类土墩多经过较为细致的规划,时代略晚,西汉中期以后流行。该类土墩有潘家祠堂、青枫村、红豆树、羊安汉墓9号点等墓地。

第三类,利用天然的小土丘下葬,往往发现于丘陵地区。土丘外形与土墩墓相近,因本就隆起,一般不再夯筑台基,而是直接在山顶或坡地上平整场地后下挖墓圹,葬入死者,最后封以覆斗形的封土。如邛崃桑园童桥村汉墓群。

综上,可总结出四川汉代土墩墓的一般修建过程:选址→平整场地→夯筑台基→台基上下挖墓圹→举行丧葬礼仪→葬入死者和随葬品→回填墓葬→封土。实际过程中会省略部分步骤。封土和夯台多用木板配合圆柱层层夯筑,土质坚实。经过多次下葬后,往往

———
① 资料暂存成都文物考古研究院,整理中。

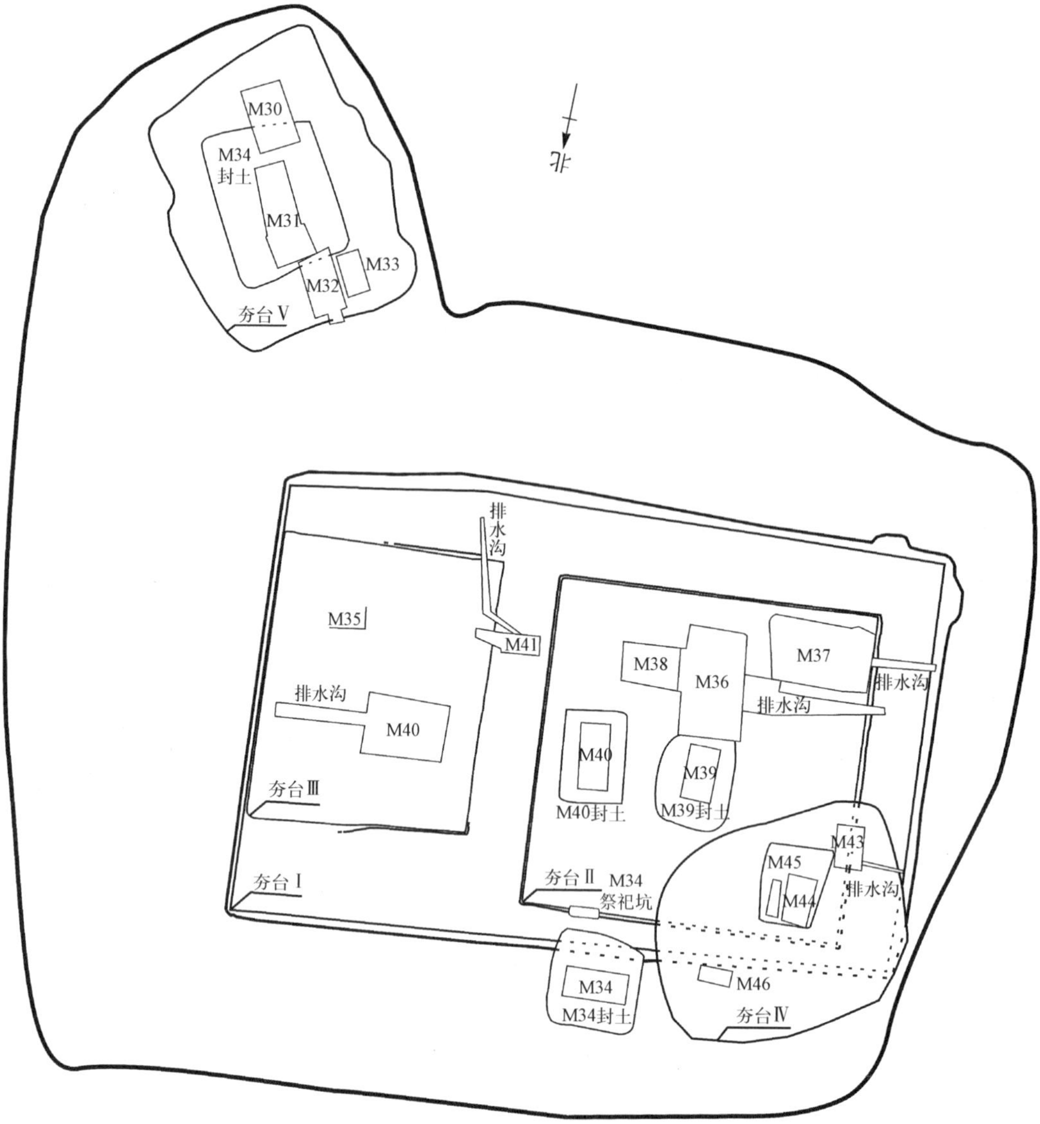

图十三　羊安 24 号点平面结构图

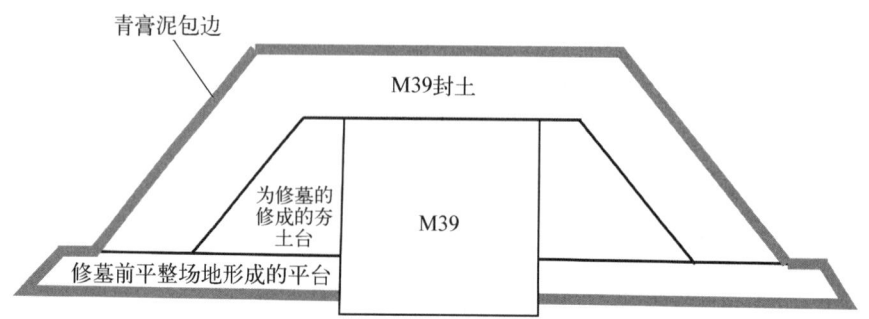

图十四　羊安汉墓 24 号点 M39 形成示意图

会形成高大的封土墩,土墩的大小与下葬人数和家族经济势力有关。如羊安24点现存面积9400多平方米,墓地虽屡经破坏,仍有7米多高,土墩内现存汉墓39座,时代从西汉早期延续到东汉早期。

三、四川汉代土墩墓的分类

根据墓葬的数量,可将土墩墓分成三型:

A型:一墩一墓。有老官山M1、M4,双包山M1、M2,三里坪汉墓M1、M2、M3,西昌的天王山、河西温泉、邓家堡子墓地,屏山县斑竹林M1,"鲍三娘"墓,芦山王晖墓,五道渠蜀汉墓,桂花村石室墓等。

B型:一墩双墓。有马王坟、曾家包等墓地。

C型:一墩多墓。根据墓葬布局又可分为两亚型:

Ca型:墓葬呈平面分布。有青杠村、紫荆路、"都市花园"、西窑村"西城家园"、潘家祠堂、棕树村、羊安汉墓9、24和30号点、南充火车东站M36~M40等墓地。

Cb型:墓葬上下两层分布。有老官山M2、M3及东汉砖室墓,红豆树墓地,兔儿墩墓地等。

A型在两汉都有发现。西汉时期主要流行于成都平原,东汉时期常见于成都平原以外的四川地区。从该型墓葬规模及随葬品来看,规格往往较高,如双包山M2被认为是列侯一级。

B型流行于东汉晚期,仅在成都平原地区有明确报道。该型墓葬规模较大,随葬品也很多,墓主等级也不低。此型墓葬均为多室墓,每个墓葬合葬多人,应该属于家族合葬墓。

Ca型流行于西汉晚期至东汉,集中发现于成都平原地区。该型墓地内的墓葬布局主要有两种方式:1. 并排分布,墓葬方向大体一致。羊安9号点、青杠村、棕树村等墓地均以一排并列分布为主;潘家祠堂发掘部分已有两排墓葬。2. 以主墓为中心,四周扩展,墓向不统一。如羊安24号点,以M39形成的台基、封土为中心,向四周扩展,墓葬方向不一致。该型墓地内的墓葬封土虽有叠压、破坏,但是墓室之间极少见打破关系,墓葬下葬时间又相互延续。因此一个土墩往往为一个家族墓地。如青杠包M10内发现"文安"印,M13内有"文庆"印,显然是同一家族。

Cb型情况比较复杂。此型墓地的下层一般为西汉时期土坑墓,上层为东汉砖室墓,时间相隔较长。由于缺乏相关检测,无法确认上下两层墓主之间是属于同一家族,还是后世其他家族利用早期墓地进行修建。如果是后者,则上下层之间墓葬分属于不同的家庭或者家族。兔儿墩下层的M8、M9每墓各葬一人。老官山M2有木棺1具,M3有木棺2具。红豆树墓地下层有3座墓葬,均葬1人。单墓下葬1人为主,很有可能为夫妻异穴合葬。与东汉晚期的B型墓存在差异。

四、四川汉代土墩墓文化因素分析

四川汉代土墩的台基及封土往往经过层层夯筑,西汉时期封土外形一般呈覆斗形,东汉时期暂不清楚。这与中原地区完全相同,除了文帝陵因山为藏外,其他西汉帝陵的封土都是覆斗形,封土皆经过精细的夯筑①。近来新发现的凤栖原墓地张安世墓(M8)上的封土也呈长方形②。而江南先秦土墩墓平面以圆形、椭圆形为主,封土多堆筑,堆层厚而疏松,少见夯打痕迹。显然,四川汉墓的封土外形及夯筑方式并非来源于江南土墩墓。土墩内的墓葬有竖穴土坑和砖室墓两种,形制亦受中原地区影响为主,只是西汉时期受关中影响大,而东汉的砖室墓受洛阳、南阳影响更多。墓内随葬品组合亦与中原地区一致,西汉时期流行鼎、盒、壶,两汉之际常见杯、案、盘,东汉时期多见鸡、狗、猪等动物模型。所以四川汉代土墩墓的台基、封土外形及夯筑方式和墓葬形制、随葬品主要受中原地区影响。

一墩多墓合葬因素主要受长江下游地区影响。中原地区一般都是一墓一封,部分为一封两墓,极少见一封多墓。河南荥阳苌村汉代壁画墓的封土下有三片互不连接的石板覆盖区,很有可能为一封三墓。该墓时代为东汉晚期,墓主曾做过巴郡太守③。笔者颇怀疑苌村一封多墓葬因素来源于巴蜀地区。而一墩多墓在长江下游地区特别流行。一般认为江南汉代土墩墓来源于先秦土墩墓,而山东、湖南等地则受江南汉代土墩墓的影响④。四川"一墩多墓"因素亦来源于江南地区,两地土墩墓有很多相似点:1. 都流行一墩多墓。2. 建造过程有相似之处,一般都是先选择较高台地或丘岗,然后平整场地,夯筑土台,在土台上下挖墓圹,修建墓葬后封土。3. 墓葬的扩建程序相近,有些是一次性规划夯台,不断在上面修建墓葬,如湖州杨家埠D69(图十五)⑤和双流青杠村2号墩;也有不断扩建夯台,先修建起一座或多座带封土的墓葬后,依次围绕早期墓有次序地平整、铺垫台基、开挖墓室、构筑封土,从而形成更大的土墩,如安吉上马山D49⑥和邛崃羊安汉墓9号点。4. 墓葬布局规律相近,四川地区以主墓为核心,并排分布居多;此种排列方式在江南地区也常见,如广德D18⑦。最后,四川地区土墩墓晚于江南地区,两地之间又有长江水道相连,文化传播不存在障碍。

四川汉代土墩墓可能还受到沅水下游的影响。常德南坪D3(廖氏家族墓)、D7等都有青灰色(青膏泥)的标志墙,羊安汉墓9号和24号点在台基周围有土坯墙,二者性质相

---

① 焦南峰:《秦、西汉帝王陵封土研究的新认识》,《文物》2012年第12期。
② 陕西省考古研究院:《西安凤栖原西汉墓地田野考古发掘收获》,《考古与文物》2009年第5期。
③ 郑州市文物考古研究所、荥阳市文物保护管理所:《河南荥阳苌村汉代壁画墓调查》,《文物》1996年第3期。
④ 刘兴林:《汉代土墩墓分区和传播浅识》,《秦汉土墩墓考古发现与研究——秦汉土墩墓国际学术研讨会论文集》;陈超:《汉代土墩墓的发现与研究》,《秦汉土墩墓考古发现与研究——秦汉土墩墓国际学术研讨会论文集》。
⑤ 胡继根:《浙江"汉代土墩墓"的发掘与认识》,《秦汉土墩墓国际学术研讨会论文集》。
⑥ 浙江省文物考古研究所、安吉县博物馆:《浙江安吉县上马山第49号墩汉墓》,《考古》2014年第1期。
⑦ 安徽省文物考古研究所:《安徽广德县南塘汉代土墩墓发掘简报》,《考古》2014年第1期。

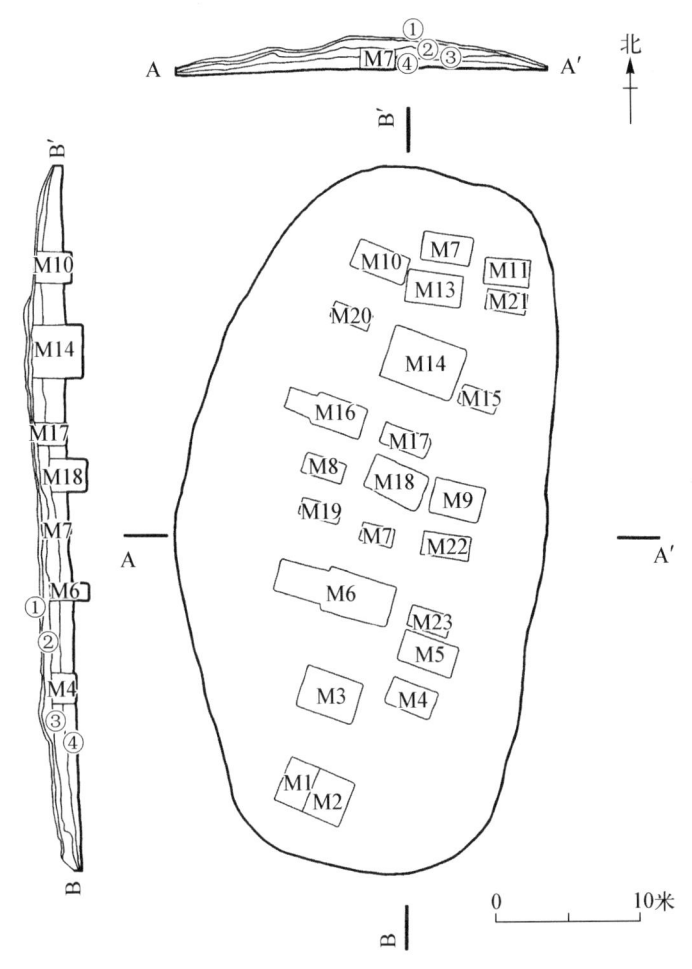

图十五 杨家埠 D69 平、剖面图①

同,都起到保护台基边缘及标识边界的作用。南坪土墩墓出现于西汉早期,流行于西汉中期至晚期②,而成都平原的时代略晚。沅水流域与巴地相接,生活着大量巴人。《太平寰宇记》曰:"五溪。谓酉、辰、巫、武、沅等五溪。古老相传云楚子灭巴,巴子兄弟五人流入五溪,各为一溪之长;一说五溪蛮皆盘瓠子孙,自为统长,故有五溪之号焉。古谓之蛮蜑聚落。"③共同的族群有助于葬俗的传播。

但四川地区也形成了一些本地特点,如 Cb 型上下层墓葬布局方式在其他地域少见。

---

① 本图中墓葬标号存在问题(如有两处墓葬均标注为 M7),但因原图如此,遂保持原样。
② 湖南省常德市文物局、常德博物馆、鼎城区文物局、桃源县文物局:《沅水下游汉墓》,北京:文物出版社,2016年。
③ (宋)乐史:《太平寰宇记》卷一百二十《江南道》,北京:中华书局,2007年,第2396、2397页。

五、四川汉代土墩墓在西南地区的传播

战国时期中原地区已流行封土,但直到西汉初期仍主要为上层所用。西汉中期以后逐渐向中下层扩展,向全国推广,成为汉代丧葬文化的重要组成部分,故封土墓在汉帝国内都很常见。但是一墩多墓仅流行于个别地区,此处主要讨论这类墓。

西汉早期重庆已发现有封土,如李家坝M10,岩坑墓上有封土,直径约20米,墓内以楚文化因素为主,时代为秦至西汉初。M10附近还并列两座墓,发掘者未能确认封土是否属于三座墓葬的共同封土①。巫山水泥厂M3、M4岩坑墓也在同一封土下,发掘者推测为夫妻并穴合葬墓,时代为西汉早期②。重庆与楚地相邻,而楚地在战国时期就已经流行封土墓了,但无一墩多墓。故封土在重庆出现较早容易理解,但一墩多墓因素与楚地无关。西汉时期重庆封土墓发现不多,东汉开始流行,以A、B型为主。如涪陵三堆子三座封土下发现4座砖石室墓③,彭水县山谷公园一封土下有2座东汉至六朝初期的石室墓④,忠县石匣子东汉墓也有封土⑤。一墩多墓的数量发现不多,时代以东汉为主。如合川南屏的8座东汉墓(98HNWM1、M2、M4、M6,98HNQM1~M3,98HNZM1)分属于五斗丘、圈圈坟、嘴嘴坟三个土丘⑥,五斗丘、圈圈坟应该是一墩多墓。故重庆地区与川东一致,流行A、B型封土墓,存在少量一墩多墓。

云南、贵州的封土墓也是以A、B型为主。封土在贵州汉墓中常见,如安顺宁谷龙滩汉墓⑦、赫章汉墓⑧、平坝夏云镇汉墓⑨、黔西县汉墓⑩、清镇平坝汉墓⑪、兴义兴仁汉墓⑫等。时代以东汉中晚期为主,部分土坑墓可达西汉晚期。云南也发现不少,如昭通鸡窝院子汉墓群⑬、

---

① 四川大学历史文化学院考古系、云阳县文物管理所:《云阳李家坝10号岩坑墓发掘报告》,《重庆库区考古报告集1997》,北京:科学出版社,2001年。
② 四川省文物考古研究所、重庆市文物局、巫山县文物管理所:《巫山小三峡水泥厂墓地发掘报告》,《重庆库区考古报告集2000》,北京:科学出版社,2007年。
③ 四川省文物管理委员会、涪陵地区文化局:《四川涪陵三堆子东汉墓》,《三峡考古之发现》,武汉:湖北科学技术出版社,1998年。
④ 重庆市文化遗产研究院、彭水县文物管理所:《重庆彭水县山谷公园墓群发掘报告》,《南方民族考古》第11辑,北京:科学出版社,2015年。
⑤ 北京大学三峡考古队:《重庆忠县石匣子东汉大墓发掘报告》,《南方民族考古》第10辑,北京:科学出版社,2014年。
⑥ 重庆市博物馆、合川市文物保护管理所:《重庆合川市南屏东汉墓葬群发掘简报》,《华夏考古》2000年第2期。
⑦ 贵州省文物考古研究所、安顺市博物馆、西秀区文物管理所:《贵州安顺宁谷龙滩汉墓清理简报》,《考古与文物》2012年第1期。
⑧ 贵州省博物馆:《贵州赫章县汉墓发掘简报》,《考古》1966年第1期。
⑨ 贵州省文物考古研究所、平坝县文化局:《贵州平坝县夏云镇汉墓的发掘》,《考古》2017年第1期。
⑩ 贵州省博物馆:《贵州黔西县汉墓发掘简报》,《文物》1972年第11期。
⑪ 贵州省博物馆:《贵州清镇平坝汉墓发掘报告》,《考古学报》1959年第1期。
⑫ 贵州省博物馆考古组:《贵州兴义、兴仁汉墓》,《文物》1979年第5期。
⑬ 昭通地区文物管理所:《云南昭通市鸡窝院子汉墓》,《考古》1986年第11期。

呈贡归化砖室墓①、曲靖梁堆汉墓②、大理七堆地汉墓③等都有封土,时代以东汉砖室墓为多。该区域仅有少量的一墩多墓。贵州兴仁交乐银子包墓地 M6~M8、M19 同位于一个封土下(图十六)。封土平面呈圆形,直径 30 余米,高出周围地面近 5 米。M6~M8 为石室墓,M19 为砖室墓。四墓出土器物形制相近,时代相差不远,均为东汉晚期。发表的 M19 为平面呈十字形的券顶砖室墓。陶器有瓮、庖厨俑、俳优俑、吹笛俑、舞蹈俑、抚耳俑、牛、房屋等模型;铜器有簋、耳杯、簪、镜、车马器、泡钉和饰件等;其他还有环首铁刀、银指环、琥珀饰、五铢钱等。发掘者认为时代为东汉晚期,墓主为郡、县中官吏④。威宁张狗儿老包墓地的大封土下有 3 座长方形土坑竖穴墓。随葬器物较为丰富,其中汉式器物较多。时代为西汉末至东汉初⑤。云南昭通桂家院子墓地所在村子前后有大土冢十多座,其中最大的一座封土中至少有 4 座砖室墓,仅报道了封土西部的 2 座。M1 为夫妻合葬墓,M2 情况不明。出土铜器有釜甑、双耳釜、豆、盘、壶、盉、案、耳杯、钵、筷、洗、行灯、灯座、钱树;铁器有环首刀、剑;陶器有仓、罐、盆、俑、钱树座;其他还有银钏、金银环、珠子、车马饰、五铢钱等⑥。时代为东汉晚期。

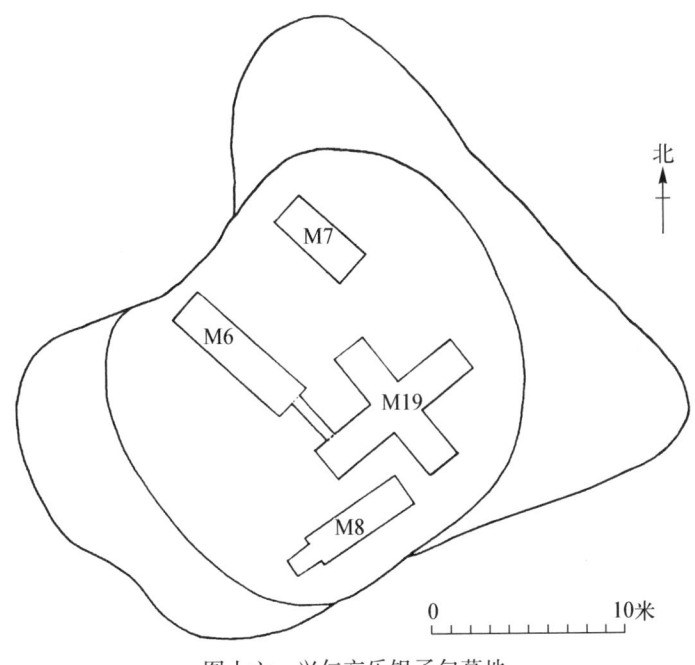

图十六 兴仁交乐银子包墓地

---

① 云南省文物工作队:《云南呈贡归化东汉墓清理》,《考古》1966 年第 3 期。
② 云南省文物考古研究所、曲靖市文物管理所、麒麟区文物管理所:《曲靖麒麟区罗汉山十一号"梁堆"墓发掘报告》,《云南文物》2001 年第 1 期。
③ 大理州文物管理所:《云南大理市下关城北东汉纪年墓》,《考古》1997 年第 4 期。
④ 贵州省文物考古研究所:《贵州兴仁县交乐十九号汉墓》,《考古》2004 年第 3 期。
⑤ 贵州省博物馆考古组、威宁县文化局:《威宁中水汉墓》,《考古学报》1981 年第 2 期。
⑥ 云南省文物工作队:《云南昭通桂家院子东汉墓发掘》,《考古》1962 年第 8 期。

云、贵、渝三地的一墩多墓因素皆来自成都平原。首先，成都是汉代西南的经济、文化中心，云、贵、渝等地深受其影响，处于从属地位。其次，昭通桂家院子、威宁中水、兴仁交乐都处于云南、贵州与四川的交通线路上，本就属于汉代巴蜀文化圈的范畴。再次，昭通桂家院子、威宁张狗儿老包、兴仁银子包、合川南屏等墓地的墓葬形制在四川地区很常见；随葬器类及组合基本与四川汉墓一致，庖厨俑、俳优俑、吹笛俑、舞蹈俑、抚耳俑形制仿自四川，铜釜甑、钱树等更是典型汉代蜀文化器物。最后，云、贵、渝三地的一墩多墓时代多在西汉末期以后，晚于成都平原。

云南曲靖县八塔台墓地也发现人工堆筑而成的大土墩，如二号堆平面近椭圆形，东西长 57 米、南北 30 米、高 11.8 米，土墩内清理出青铜时代墓葬 348 座，以竖穴土坑墓为主，逐层叠压，随葬品以西南夷系为主。时代为春秋时期至西汉[①]。该墓地属于聚族而葬的公共墓地，与成都平原汉代土墩墓的形制、文化属性明显不同。

六、成都平原汉代土墩墓流行原因

四川汉代土墩墓之所以流行，主要有四个原因：

第一，地理环境因素。成都平原地下水位较高，难以下挖墓圹，因此只能选择较高台地下葬，或先夯筑台基，然后在台基上下挖墓葬，再封土。这一点与江南地区一致，相同的地理环境下更容易接受对方的葬俗。

第二，先秦时期成都平原就流行合葬墓。比较典型的有成都商业街多棺同穴合葬墓。大型长方形竖穴墓圹，长约 30.5 米、宽约 20.3 米。墓圹内共发现船棺、匣形棺共 17 具。随葬大量器物。时代在战国早期。发掘者认为是古蜀国开明王朝王族甚或蜀王本人的家族墓[②]。什邡城关 M90 合葬 3 具船棺，M58、M92 等为双船棺合葬墓，M29~M30、M70~M73 等各呈一排相邻分布[③]。龙泉驿区北干道墓地也发现类似情况，共清理 34 座墓葬，多成组排列，以两墓一组的居多，也有三墓一组、四墓一组的。时代为战国晚期至西汉早期[④]。后两个墓地中多座墓葬紧密相邻合葬于一处，表明墓主关系密切，应该属于异穴合葬方式的一种。可见，自先秦以来成都平原地区就流行合葬，有多棺同穴和多墓异穴合葬两类，而多墓合葬于一处是汉代土墩墓的重要特征，鉴于成都平原有合葬的传统，更容易接受江南地区一墩多墓的合葬习俗。

第三，家族墓地的兴起。汉代土墩墓与家族墓地密切相关，一个土墩一般便是一个家族墓地。战国时期实行"族坟制"，规定墓地不能自由买卖，不可能出现私人墓地。西汉

---

① 云南省文物考古研究所：《曲靖八塔台与横大路》，北京：科学出版社，2003 年，第 185 页。
② 成都文物考古研究所：《成都商业街船棺葬》，北京：文物出版社，2009 年，第 131 页。
③ 四川省文物考古研究院、德阳市文物考古研究所、什邡市博物馆：《什邡城关战国秦汉墓地》，北京：文物出版社，2006 年。
④ 成都市文物考古研究所、龙泉驿区文物管理所：《成都龙泉驿区北干道木椁墓群发掘简报》，《文物》2000 年第 8 期。

中期以后"族坟制"彻底崩溃,家族墓地开始兴起①,而"一墩多墓"迎合了家族合葬的需求。

第四,富贵和厚葬的象征。两汉时期,蜀地与全国其他地区一样,也流行厚葬。蜀人"以富相尚……送葬必高坟瓦椁"②,《三国志·董和传》也说:"蜀土富实,时俗奢侈,货殖之家,侯服玉食,婚姻葬送,倾家竭产。"③而高大的坟墓最能表现厚葬、富贵与汉代提倡的"孝道"。《礼记·礼器》:"有以大为贵者,宫室之量,器皿之度,棺椁之厚,丘封之大,此以大为贵也。"④蜀地富人亦如此。《华阳国志·蜀志》:"郫民杨伯侯奢侈,大起冢茔。"⑤随着墓葬数量的增加,土墩逐渐增高、变大,对于凸显家族财富、地位及地方政治话语权具有重要的意义。

七、结 论

通过对四川汉墓资料梳理可知,四川不仅存在汉代土墩墓,而且在成都平原还非常流行。封土是土墩墓的重要组成部分,西汉初期以前,蜀地墓葬并无封土。约于景武时期,封土最先出现于成都平原,东汉以后广泛发现于四川各地。四川汉代土墩的修建主要有三种方式:无夯台;带夯台;建于天然土丘内。其一般修建过程:选址→平整场地→夯筑台基→台基上下挖墓圹→举行丧葬礼仪→葬入死者和随葬品→回填墓葬→封土。土墩的大小与下葬次数和家族经济实力有关。四川汉代土墩墓可分三型。A 型规格往往较高,西汉时期主要流行于成都平原;东汉时期则在成都平原以外的四川流行。B 型流行于东汉晚期,墓主等级也不低。Ca 型流行于西汉晚期至东汉,集中发现于成都平原地区,之外的地区发现不多。Cb 型仅流行于四川地区。B、C 型以家族合葬为主,可能有少量夫妻合葬墓。四川汉代土墩墓中的封土外形、建造方式和墓葬形制、随葬品以受中原地区影响为主,一墩多墓则来自长江下游地区,可能还受到沅水下游的影响。成都平原是西汉地区汉代土墩墓的分布中心,重庆、云南、贵州的一墩多墓都来源于成都平原。成都平原流行汉代土墩墓主要有四个原因:避水、防潮;先秦合葬传统;家族墓地的需要;富贵和厚葬的象征。

---

① 李如森:《汉代家族墓地与茔域上设施的兴起》,《史学集刊》1996 年第 1 期。
② 任乃强:《华阳国志校补图注》卷三《蜀志》,上海:上海古籍出版社,1987 年,第 148 页。
③ 《三国志》卷三十九《董和传》,北京:中华书局,1982 年,第 979 页。
④ (清)孙希旦:《礼记集解》卷二十三《礼器》,北京:中华书局,1989 年,第 637 页。
⑤ 任乃强:《华阳国志校补图注》卷三《蜀志》,第 238 页。

关中地区十六国墓葬的年代分析

郭东珺

中国人民大学历史学院

一、关中地区的墓葬材料

从20世纪50年代末开始，在西安市①及其市区南郊②、东郊③和北郊④，咸阳市区北郊⑤和南郊⑥，榆林地区官州梁墓群⑦和杨井墓群⑧共发掘十六国北朝墓葬12处，合计50余座。窦滔墓⑨、赫连勃勃墓⑩以及西关晋墓⑪一类存疑墓葬尚未发

---

① 2008年，在西安市民用航天产业基地硅材料公司发掘了一批十六国墓葬，见诸报道者为1座较完整墓葬，未说明墓葬总数。参见西安市文物保护考古研究院：《西安凤栖原十六国墓发掘简报》，《文博》2014年第1期。

② 1953年，在草厂坡村发掘了1座十六国北朝时期墓葬。参见陕西省文物管理委员会：《西安南郊草厂坡村北朝墓的发掘》，《考古》1959年第6期。1997年，在雁塔区瓦胡同村东发掘1座后赵墓。参见西安市文物保护考古所：《西安财政干部培训中心汉、后赵墓发掘简报》，《文博》1997年第6期。2005年，在雁塔区和长安区西坡村发掘了十六国时期墓葬各1座。参见西安市文物保护考古所：《西安南郊清理两座十六国墓葬》，《文博》2011年第1期。

③ 2011年，在灞桥区纺织工业新园发掘1座十六国时期墓葬。参见西安市文物保护考古研究院：《陕西西安洪庆原十六国梁猛墓发掘简报》，《考古与文物》2018年第4期；杨军凯、郭永淇、辛龙：《西安灞桥发现十六国墓首次惊现彩绘铠甲俑群》，《收藏界》2012年第1期。

④ 1996年，在顶益制面厂与三菱公司基建处共发掘4座十六国北朝时期墓葬。参见孙伟刚、段清波：《西安北郊北朝墓清理简报》，《考古与文物》2005年第1期。2014年，在泾阳县坡西村发掘1座十六国时期墓葬。参见咸阳市文物考古研究所：《泾阳坡西十六国墓发掘简报》，咸阳市文物考古研究所：《文物考古论集（二）》，西安：三秦出版社，2017年。

⑤ 1995年，在文林路北的咸阳师专操场东南发掘了10座西晋十六国时期墓葬。参见刘卫鹏：《咸阳师专西晋北朝墓清理简报》，《文博》1998年第6期。1999年至2000年，在文林路南的头道原上发掘了3座十六国时期墓葬。参见刘卫鹏、赵旭阳：《陕西咸阳市头道原十六国墓葬》，《考古》2005年第6期。1999年，在文林小区发掘了9座十六国时期墓葬。参见谢高文：《陕西咸阳市文林小区前秦朱氏家族墓的发掘》，《考古》2005年第4期。在文林小区对面发掘了1座十六国时期墓葬。参见咸阳市文物考古研究所：《陕西咸阳文林路十六国墓葬发掘简报》，《考古与文物》2004年增刊，后均收入咸阳市文物考古研究所：《文物考古论集（二）》。

⑥ 1992年，在渭城区南贺村南发掘1座十六国时期墓葬。参见李朝阳：《咸阳市郊清理一座北朝墓》，《考古与文物》1998年第1期。2001年，在秦都区平陵乡发掘1座十六国时期墓葬。参见刘卫鹏、岳起：《咸阳平陵十六国墓清理简报》，《文物》2004年第8期。2007年，在渭城区发掘7座十六国时期墓葬。参见马永赢：《西安咸阳国际机场专用高速公路十六国墓发掘简报》，《文博》2009年第4期。

⑦ 在榆林地区的定边县发掘砖室墓数座，出土物不详，年代初断为北朝。参见国家文物局：《中国文物地图集·陕西分册（下）》，西安：西安地图出版社，1998年，第747页。

⑧ 国家文物局：《中国文物地图集·陕西分册（下）》，西安：西安地图出版社，1998年，第747页。

⑨ 窦滔为前秦苻坚手下大将，曾任秦州刺史，授安南将军。其墓位于宝鸡市扶风城关镇王家坡村，墓前尚存清陕西巡抚毕沅书"前秦安南将军窦滔墓"碑1通。参见国家文物局：《中国文物地图集·陕西分册（下）》。

⑩ 赫连勃勃为十六国大夏开国皇帝。其墓位于延安市延川县古里村，今仅存圆形封土2座。参见国家文物局：《中国文物地图集·陕西分册（下）》，第825页。

⑪ M1前尚存清陕西巡抚毕沅书王猛墓碑1通。相传为十六国前秦王猛墓。参见夏振英：《陕西华阴县晋墓清理简报》，《考古与文物》1984年第3期。

掘①；西安市董家村后秦墓②、贾里村墓群③的资料尚未发表；2018年渭城区以北的空港新城雷家村的资料尚未发表④；少陵原与焦村3座高等级墓葬的资料尚未发表⑤；西安市文物保护考古研究院⑥以及咸阳市博物馆⑦、陕西省博物馆⑧都采集有十六国时期的文物。

此外，还有类似西安南郊的晋墓⑨等，被初定为晋、北魏⑩、北朝⑪或南朝⑫的墓葬，都有可能属于十六国墓葬。咸阳师院附中的纪年墓⑬，虽然沿用了晋年号，但实际属于十六国初期墓葬⑭，河西地区也存在类似情况⑮。包括长安县的汉墓⑯、晋墓⑰、龙里汉墓⑱、南

---

① 1997年，在咸阳文林路北的邮电学校院内，发掘2座北朝墓，资料尚未发表。
② 关于董家村后秦墓，仅在《考古与文物》1998年第5期的封面和封底刊载镇墓兽和铠马的照片。
③ 方形单洞室墓，所出男女侍俑和陶牛车与洛阳地区晋墓相似，初断墓主为入居关中的鲜卑人。参见国家文物局：《中国文物地图集·陕西分册（下）》，第106页。
④ 2018年发掘了12座十六国时期墓葬，资料尚未发表。
⑤ 2019~2020年，在西安市焦村发掘2座高等级十六国墓，在少陵原发掘1座高等级十六国墓，对于十六国墓葬的研究具有极重要的意义。参见西安市文物局：《考古发现·西安南郊少陵原再次发现十六国大墓》，西安市文物局微信公众号，2020年12月31日。
⑥ 2006年，咸阳市文物考古所对礼泉县新时乡张孟村抢救发掘1座十六国墓，出土骑马俑、男女俑、陶车、马、猪、牛、羊、鸡等文物51件；2013年，对城西快速干道建设中的1座十六国墓进行抢救发掘，出土铜印章1枚、五铢十余枚；2014年，对空港新城园区市政道路，发掘包括十六国墓在内的13座墓葬。参见咸阳市文物考古研究所：《文物考古论集（二）》，第444、451、452页。
⑦ 1956年，咸阳博物馆在聂家沟曾采集了一批陶器，有牛车、蔽髻女侍俑、铠甲骑马俑、伎乐坐俑等。参见咸阳市文物考古研究所：《咸阳十六国墓》，北京：文物出版社，2006年，第2页。
⑧ 1966年，陕西省博物馆在西安收集到1件前凉金错泥筒。参见秦烈新：《前凉金错泥筒》，《文物》1972年第6期。
⑨ 在西安南郊发掘的晋墓中出现果盒，随葬品与前后赵时期墓葬非常相似。参见陕西省考古研究所、西北大学文博学院：《西安南郊西晋墓发掘简报》，《文物》2007年第8期。
⑩ 1997年，在文林路北、马家堡对面发掘6座初定为北朝的墓葬。参见咸阳市文物考古研究所：《陕西邮电学校北朝、唐墓清理简报》，《文博》2001年第3期，后收入咸阳市文物考古研究所：《文物考古论集（二）》。
⑪ 2009年，在长安区韦曲街道办，发掘南北朝墓1座，出土大量鼓吹骑马俑、甲骑具装俑；2010年，在雁塔区曲江新区清理北朝古墓1座，M1，长斜坡土洞墓，由墓道、甬道、土坯封门、墓室组成。早年被盗，出土文物包括陶男女侍俑、陶鸡、陶狗、陶鸭、陶房仓、陶井、陶灶、陶甑、陶瓦当等共计11件。参见西安市文物保护考古研究院：《西安文物勘探考古工作编年（2000~2010）》，北京：科学出版社，2020年，第263、214页。2011年，在长安县焦村西北发掘了十六国晚至北魏初的墓葬1座。参见西安市文物保护考古研究院：《西安航天城北朝墓发掘简报》，《文博》2014年第5期。2009年在西安航天民用产业基地内发掘北朝墓1座，长斜坡墓道土洞墓，带双天井，出土器物130件（组）。参见西安市文物保护考古所：《西安韦曲高望堆北朝墓发掘简报》，《文物》2010年第9期；西安市文物保护考古所：《西安市凤栖原北朝墓》，《中国考古学年鉴·2010》，北京：文物出版社，2011年。
⑫ 参见李启良、徐印信：《陕西安康长岭南朝墓清理简报》，《考古与文物》1986年第3期；安康历史博物馆：《陕西安康市张家坎南朝墓葬发掘纪要》，《华夏考古》2008年第3期。
⑬ 该墓出土5件镇墓瓶，依墓中晋惠帝永兴二年（305年）纪年。参见咸阳市文物考古研究所：《咸阳师院附中西晋墓清理简报》，《考古与文物》2012年第1期。
⑭ "永兴元年，元海乃为坛于南郊，僭即汉王位……永嘉二年，元海僭即皇帝位，大赦境内，改元永凤"。通常所说的前赵是指从刘渊建立汉国开始，即304年，而其称帝时间为308年，因此永嘉年间的十六国墓葬多沿用西晋年号。参见《晋书》卷一百一，北京：中华书局，1974年。
⑮ 1970年，在敦煌新店台附近发掘了晋墓7座，沿用"升平十三年"纪年，但应为前凉墓。参见敦煌文物研究所考古组：《敦煌晋墓》，《考古》1974年第3期。
⑯ 机场高速M64、M49，参见咸阳市文物考古研究所：《咸阳机场高速公路周陵段汉唐墓清理简报》，《文博》2003年第2期，后收入咸阳市文物考古研究所：《文物考古论集（二）》。
⑰ 陕西省考古研究所：《陕西长安县206基建工地汉、晋清理简报》，《考古与文物》1989年第5期。
⑱ 王仓西：《扶风博物馆藏历代铜镜介绍》，《文博》1988年第4期。

里王墓群①、城固纪年墓②和206所墓群③，都很可能属于十六国墓葬。基于此，在未来的研究中，这一地区的部分晋墓④与北魏墓葬，在年代上仍存有一定讨论空间。

韦咸妻苟夫人墓⑤被初定为北朝墓，但其所表现出的十六国墓特征较多，且与西安南郊的北魏墓⑥、任家口的北魏墓⑦、长安区的北魏墓⑧均有很大区别。虽然其甬道上出现多重楼阁房屋模型，但与其相似形制的文林小区墓，甬道顶部已经受到破坏，难下定论。武威南滩2号墓⑨，墓室南北两侧有二层台（部分十六国墓葬资料中将阶梯状墓道描述为"二层台"，但在部分非十六国墓葬资料中也存在二层台，且两者并不相同⑩，因此本文所指二层台，仅限于长斜坡墓道砖室、土洞墓，并可与阶梯状墓道互换名称），随葬器物组合与十六国晚期墓葬相似。从西晋至北朝，台阶逐步被天井所取代，这一现象主要集中在关中地区⑪，这里所说的"台阶"即阶梯，可能与"二层台"在功能上存在共性。至于其他种类墓存在二层台的现象，或墓道从葬坑存在的二层台现象⑫，均不是十六国墓的墓道特征。

二、研 究 回 顾

"关中"之名应自秦始⑬，关中地区的核心当为西安。南倚秦岭、北临渭水⑭，以山为屏，曲流环绕，形成原隰衍沃之地。相对平坦的"原"（包括洪庆原、白鹿原、凤栖原等），自然成为人们活动的首选地区，绝大多数墓葬也都集中于此。

---

① 该墓群有1座双天井土洞墓，墓制异于晋制，十分少见。参见国家文物局：《中国文物地图集·陕西分册（下）》，第105页。
② 东晋升平四年（360年）即为前秦时期，只是墓葬沿用了晋号。参见王寿芝：《城固发现东晋升平四年墓》，《文博》1994年第5期。
③ 土洞墓3座，出土"位至三公"铜镜。参见陕西省考古研究所：《陕西配合基建考古主要收获1979~1991》，西安：三秦出版社，1992年。
④ 参见胡松梅、阎毓民：《西安北郊晋唐墓葬发掘简报》，《考古与文物》2003年第6期；旬阳县文物管理所、旬阳县博物馆：《陕西省旬阳县大河南东晋墓清理简报》，《文博》2009年第2期；张小丽等：《西安曲江雁南二路西晋墓发掘简报》，《文物》2010年第9期。
⑤ 陕西省考古研究所：《长安县北郊北朝墓葬清理简报》，《考古与文物》1990年第5期。
⑥ 王久刚等：《西安南郊北魏北周墓发掘简报》，《文物》2009年第2期。
⑦ 景壁：《西安任家口M229号北魏墓清理简报》，《文物参考资料》1955年第12期。
⑧ 1998年，在长安区韦曲北塬7171厂发掘了北魏"太安五年"墓。参见长安博物馆：《长安瑰宝》第一辑，西安：世界图书出版公司，2002年。
⑨ 钟长发：《甘肃武威南滩魏晋墓》，《文物》1987年第9期。
⑩ 宁夏同心县匈奴墓的土坑有二层台，但不足以证明与阶梯状墓道为同一性质，参见宁夏回族自治区博物馆：《宁夏同心县倒墩子汉代匈奴墓地发掘简报》，《考古》1987年第1期。堡北积沙石墓的土坑有二层台，但该墓为新莽时期，较罕见，参见《中国文物报》1995年1月8日。龚家湾1号画像石墓在墓道外延部分有倾斜式的二层台，但中部填充大量汉瓦，这不仅说明该二层台应为地面建筑使用，同时也说明此类墓葬墓制特征与十六国墓不符，参见孙德润、贺雅宜：《龚家湾一号墓葬清理简报》，《考古与文物》1987年第1期。
⑪ 参见刘卫鹏：《台阶墓初探》，咸阳市文物考古研究所：《文物考古论集》，西安：三秦出版社，2000年。
⑫ 咸阳市渭城区发掘的典型西汉时期墓葬，即三义汉墓。参见国家文物局：《中国文物地图集·陕西分册（下）》，第356页。
⑬ 何汉南：《秦汉关中地名考易》，咸阳市文物考古研究所：《文物考古论集》。
⑭ 参见西安市文物保护考古研究院：《西安文物勘探考古工作编年（2000~2010）》，第3页。

关中地区的墓葬年代并不十分清晰,这是由其特殊的地理位置与政治地位决定的。"自刘、曹受命,雍、豫为宅,世胄相承,子孙蕃衍。及永嘉东渡,流寓扬、越;代氏南迁,革夷从夏。于是中朝江左,南北混淆;华壤边民,虏汉相杂"①。长安地区自汉以来就是政治、军事、民生的重镇。民族成分之复杂,文化交流之频繁,阻碍着十六国墓年代与族属的研究。

关于年代分析的文章,借助逐步丰富的材料②(表一),尚且可以形成基本框架③(表二)。但仍存在一些问题④,需要加之以文化因素⑤、民族融合的分析⑥,才能形成统一的年代序列。因此,目前针对十六国墓葬的材料,大部分的研究都倾向于两个方面。第一是针对特定器物⑦、铭文⑧、印章⑨等墓葬遗存的讨论;第二是结合史料,对民族文化认同⑩、交融⑪等问题的深入研究。与河西地区相同的是,墓葬中的个别元素,在历史与考古研究中似乎发挥着更加重要的作用⑫。

---

① (唐)刘知几著,(清)浦起龙通释,王煦华整理:《史通通释》卷三《内篇·书志第八》,上海:上海古籍出版社,2009年,第68页。
② 2006年,咸阳市文物考古研究所对咸阳十六国墓进行了系统的分期。参见咸阳市文物考古研究所:《咸阳十六国墓》,北京:文物出版社,2006年。
③ 参见韦正:《关中十六国考古的新收获——读咸阳十六国墓葬简报札记》,《考古与文物》2006年第2期;辛龙:《关中地区十六国墓葬年代问题的再研究》,《考古与文物》2018年第4期;2010年,郑州大学周伟在硕士论文中对关中地区十六国墓进行了分期,参见周伟:《北方地区十六国时期墓葬初步研究》,郑州大学硕士学位论文,2010年。
④ 参见韦正:《关中十六国墓葬研究的几个问题》,《考古》2007年第10期。
⑤ 参见李梅田:《关中地区魏晋北朝墓葬文化因素分析》,《考古与文物》2004年第2期。
⑥ 参见周伟洲:《论魏晋南北朝时期北方的民族融合》,《社会科学战线》1990年第3期。
⑦ 参见岳起、刘卫鹏:《关中地区十六国墓的初步认定——兼谈咸阳平陵十六国墓出土的鼓吹俑》,《文物》2004年第8期;辛龙:《略论关中地区西晋十六国陶俑的演变》,《文博》2014年第5期;周杨:《关中地区十六国墓葬出土坐乐俑的时代与来源——十六国时期墓葬制度重建之管窥》,《西部考古》第14辑,2017年。
⑧ 参见谢高文:《咸阳前秦墓出土的有铭砖考释》,《碑林集刊·十》,2004年;后收入咸阳市文物考古研究所:《咸阳十六国墓》,北京:文物出版社,2006年;后以《陕西咸阳文林小区前秦墓出土的有铭砖小考》为题收入咸阳市文物考古研究所:《文物考古论集(二)》。
⑨ 参见罗福颐:《秦汉南北朝官印征存》,北京:文物出版社,1987年;一文、程义:《"榆糜令印"考》,咸阳市文物考古所:《文物考古论集》;刘卫鹏:《"榆糜令印"的风格及其蕴涵的史地信息》,咸阳市文物考古所:《咸阳十六国墓》,北京:文物出版社,2006年。
⑩ 参见宋秀英、李大龙:《刘渊政权的出现与北疆民族主动认同"中国"的开始——中国古代疆域形成理论探讨之二》,《中国边疆史地研究》2005年第2期;吕建福:《宗教与民族认同》,《陕西师范大学学报(哲学社会科学版)》2006年第5期;王静芬撰、郑杰译:《族性与认同——南北朝时期作为佛教艺术供养人的北方游牧民族》,《西北民族论丛》2014年第10期;马艳辉:《自称与认同:十六国北朝时期的"中国"观》,《云南民族大学学报(哲学社会科学版)》2016年第5期;尚永亮、龙成松:《中古胡姓家族之族源叙事与民族认同》,《文史哲》2016年第4期。
⑪ 参见彭丰文:《试论十六国时期胡人正统观的嬗变》,《民族研究》2010年第6期;李方:《前秦苻坚的中国观与民族观》,《西北民族研究》2010年第1期;刘汉东:《魏晋南北朝时期民族文化素质与民族大融合——中国文化与民族精神心理探析之三》,《北朝研究》1995年第1期。
⑫ 这类研究很常见,主要分为两类:一类是将这些墓葬作为其他地区墓葬的比照对象,以墓中个别葬器为线索,寻找两地文化相互影响的证据。例如韦正将南、北以及交界地区的墓葬一并观察,在各自独特的体系中寻找共性,既提供了维度更广的研究思路,又强调了南北交流地界的重要性。一如河西地区高大的画像砖门墙,与关中地区墓葬甬道口的阁楼模型之间的关系。参见韦正:《汉水流域四座南北朝墓葬的时代与归属》,《文物》2006年第2期;韦正:《将毋同——魏晋南北朝图像与历史》,上海:上海古籍出版社,2019年。另一类是利用这些墓葬中的一种随葬品,结合史料,推测一些民族问题。例如朱大渭参考墓葬材料阐述胡汉融合的过程。参见朱大渭:《中古汉人由跪坐到垂脚高坐》,《中国史研究》1994年第4期;朱大渭:《儒家民族观与十六国北朝民族融合及其历史影响》,《中国史研究》2004年第2期。

表一 《咸阳十六国墓》所见墓葬分期表

时　　期	组　别	墓　　葬
一期（西晋晚）	第一组	师 M1、M2
二期（前、后赵）	第二组	师 M3、M4、M5、M6
	第三组	铁 M1、M2、M3、M4、平 M1
三期（前秦）	第四组	师 M8~M11、文林小区墓地

表二 关中地区十六国墓葬分期表

时　　期	阶　段	墓　　葬
前、后赵	第一段	师 M3~M6、南贺村墓
	第二段	机场高速墓、铁 M1~M4、平 M1、后赵 M7、韦曲 M1、M2
前秦	第三段	师 M8~M11、文林小区墓地、草厂坡墓地

关于十六国墓葬,最早的研究主要以处理墓葬材料为主,将整个北方地区的墓葬加以归纳和总结①。之后近十年的时间内,研究的重点开始分为三路。一路是立足中国北方地区,着眼于墓葬中随葬品的研究②;另一路是按河西、关中和三燕地区分别进行的综合研究;最后一路是依照关中与河西墓葬的特征,相互比对,或互佐墓葬年代,或寻找墓葬文化输入与输出的脉络。

三、墓葬的分期断代

对关中地区十六国墓葬的年代讨论（包括各简报结语中的推测）,主要围绕着三座墓葬:草厂坡墓葬、师院 M5 以及平陵 M1。这三座墓葬或保存情况理想,或出土器物数量可观,或可推测的年代跨度大,故后期的简报断代,多据此三墓而定（图一）。但草厂坡墓葬与平陵 M1 属于高等级墓葬,应当单独讨论。

本次针对墓葬的分类与分期,是基于已得出的研究结论,以纪年墓为标尺,对墓葬形制和典型器物进行型式分析。本次选取的墓葬材料共计 43 座,为方便后文书写,以下均采用简称（表三）。

---

① 参见刘彦军:《简论五胡十六国和北朝时期的北方墓葬》,《中原文物》1986 年第 1 期;陈秋歌以陶俑造型为依据,将关中与陕南区别开来。参见陈秋歌:《试论陕西北朝墓葬》,咸阳市文物考古研究所:《文物考古论集》,西安:三秦出版社,2000 年;杨泓:《关中地区十六国时期墓葬研究的新阶段》,咸阳市文物考古研究所:《文物考古论集（二）》,最初作为《咸阳十六国墓》之序,概述十六国墓研究的可行性与发展方向。

② 参见易立:《魏晋十六国墓葬中"绛釉小罐"初探》,《中原文物》2008 年第 1 期;王丹:《浅论北方地区魏晋十六国墓葬中的釉陶器》,《黑龙江史志》2014 年第 19 期;董雪迎:《十六国北朝墓葬出土鼓吹俑的类型与分期》,《中国国家博物馆馆刊》2017 年第 12 期。

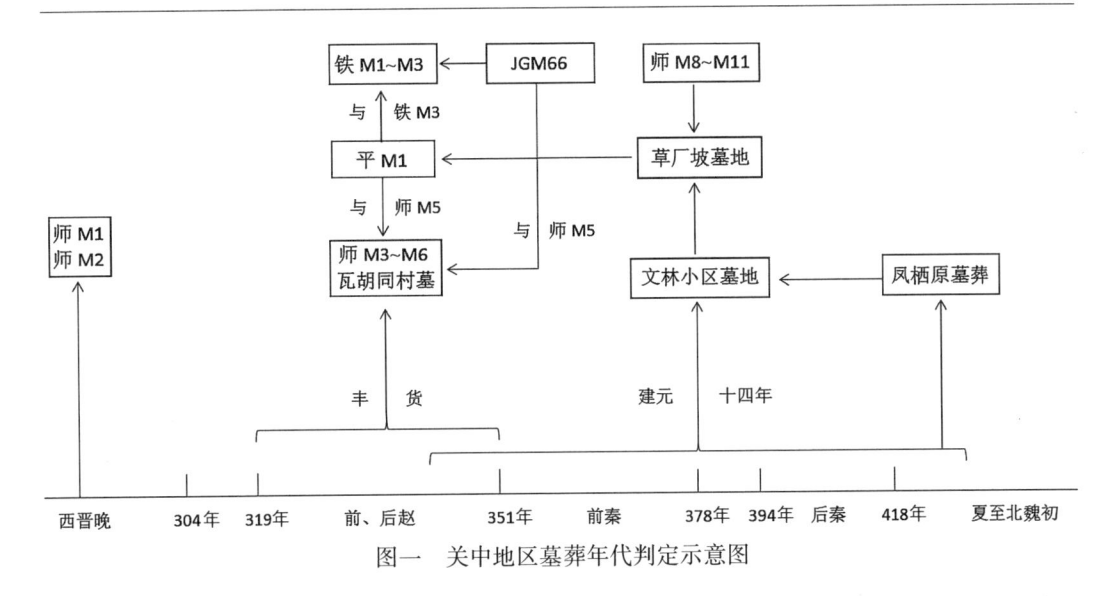

图一 关中地区墓葬年代判定示意图

表三 墓葬简称对照表

墓葬简报名称		简 称	墓葬简称
《咸阳十六国墓》	《咸阳师专西晋北朝墓清理简报》	师院墓地	师M+序号
	《陕西咸阳市文林小区前秦朱氏家族墓的发掘》	文林小区墓地	文M+序号
	《陕西咸阳市头道塬十六国墓葬》	头道塬墓地	铁M+序号
	《咸阳平陵十六国墓清理简报》	平陵十六国墓葬	平M1
《西安南郊清理两座十六国墓葬》		南郊墓葬	秀水园M5、西柞高速M29
《西安财政干部培训中心后赵墓》		瓦胡同村墓葬	后赵M7
《西安南郊草厂坡村墓地》		草厂坡墓地	草M1
《西安咸阳机场高速十六国墓地》		机场高速墓葬	JGM66
《西安凤栖原十六国墓发掘简报》		凤栖原墓葬	凤M9
《长安县北郊北朝墓葬清理简报》		长安县墓地	长安M1、M2
《西安北郊北朝墓清理简报》		北郊墓地	XDYM+序号、XSLM57

（一）墓葬形制

A型：长斜坡墓道土洞墓。墓葬形制规整有序，随葬器物种类丰富全面，除生活用具、明器、禽畜俑外，还包括完整出行仪仗俑、釉陶铠马以及金属兵器。该类型墓葬中还出土骑马鼓吹俑，所谓"汉魏故事，将葬，设吉凶卤簿，皆以鼓吹"①。说明墓主除强大财力外，

---
① 《晋书·礼志》，北京：中华书局，1974年。

还应担任军职。分为 2 个亚型。

Aa 型：长斜坡墓道多室墓，由墓道、前室、后室和侧室组成。形制规整，墓室四壁有白石灰，随葬陶器包括较完整的仪卫俑以及生活用具、畜禽俑。随葬铜器包括饰品和兵器。该类墓葬规格较高，随葬品种类丰富多样，墓主应至少包含军政身份。此类墓葬目前仅草 M1 一处。长 19.4 米，宽 3.27 米。

Ab 型：长斜坡墓道单室墓，由墓道、过洞、天井和墓室组成。形制较规整、简单，墓室四壁略向外弧凸，转角圆折，为单人墓葬。随葬陶器有吹角、击鼓、骑马乐俑、侍俑、日用明器模型、牛车、轺车以及畜禽俑。随葬釉陶器有铠马、虎子。随葬铜器有镰斗等实用器。该类墓葬虽较 Aa 型形制简单，规模小，但随葬的出行仪仗俑十分完备，较普通地主随葬的侍俑多出一层政治含义。墓葬的空间可能受制于社会背景，但墓主至少属于贵族阶级。此类墓葬目前仅平 M1 一处。长 9.63 米，宽 2.6 米。

B 型：长斜坡墓道土洞墓。墓葬形制不对称，多有阶梯状墓道，以多室墓为主。随葬器物数量较多，主要为日用具明器、禽畜俑以及男女侍俑，包含少量牛车，风格偏生活化。墓主多有侍俑随葬，但无严格等级制度，应为地主阶级。分为 4 个亚型。

Ba 型：长斜坡墓道土洞墓，均有阶梯状墓道。由多室墓向单室墓发展，随葬品由简入繁，彼此存在明显序列关系。长 5.4~28.75 米，宽 2.43~6.1 米。共分为 4 式（表四）：

表四　Ba 型墓葬平面列表

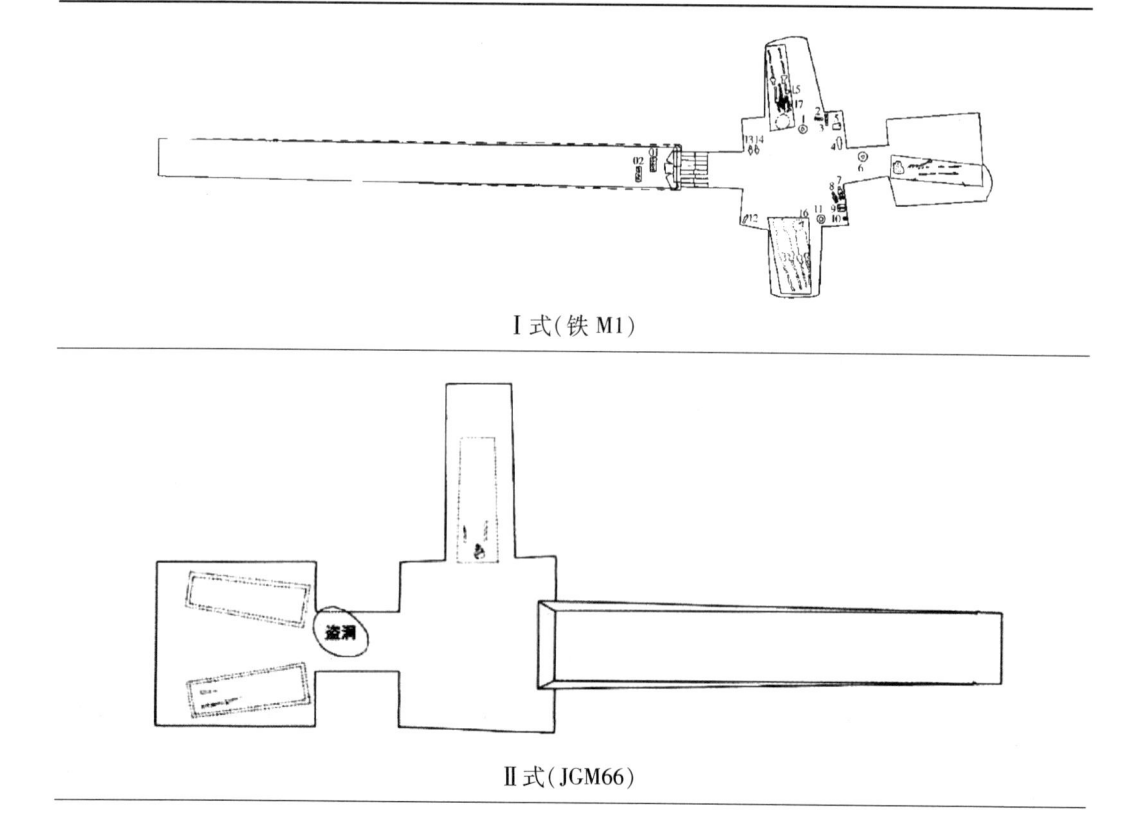

Ⅰ式（铁 M1）

Ⅱ式（JGM66）

续表

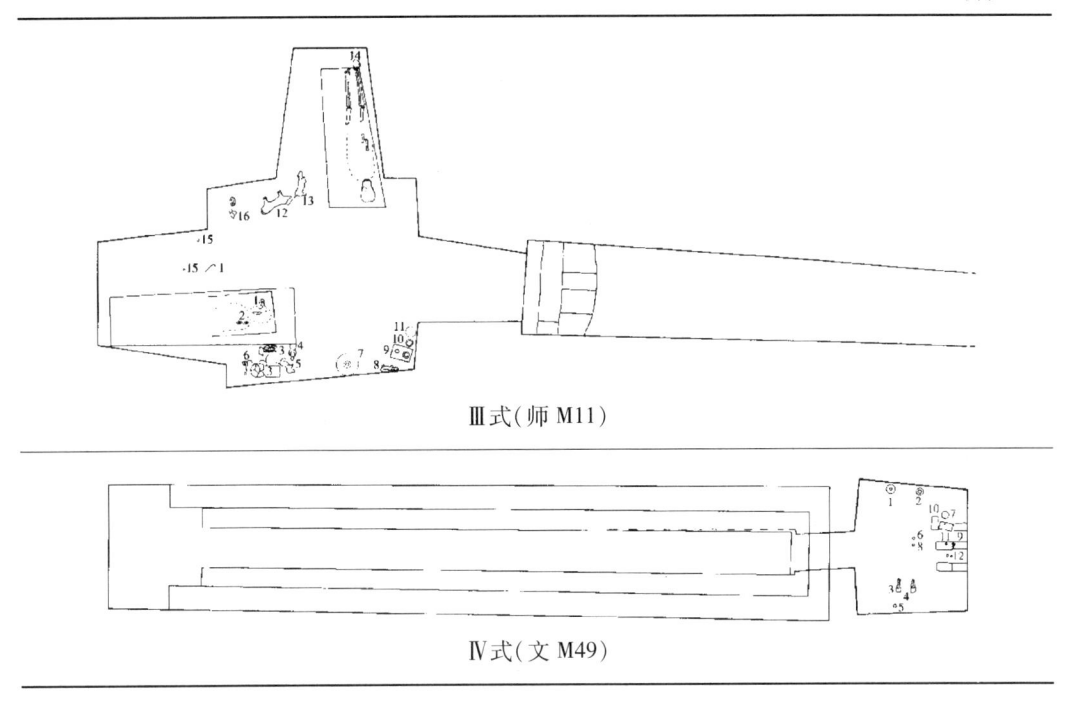

Ⅲ式(师 M11)

Ⅳ式(文 M49)

Ⅰ式：多室墓。由墓道、甬道、墓室、侧室组成。形制较规整，墓室分前、后室，由过洞连接。后室及两侧室放置棺木，前室放置随葬器物。随葬侍俑及禽畜俑多为砖雕，制作工艺简单粗糙，象征多于写实。此类墓葬包括铁 M1、师 M3。

Ⅱ式：多室墓。由墓道、封门、前室、过道、后室、东侧室组成。形制较规整，侧室仅剩一侧，但棺木与随葬器物放置位置与Ⅰ式相同。随葬器物转为陶制品，保留Ⅰ式风格，但做工较其更加精细，陶俑更形象。此类墓葬包括机场高速墓 7 座。

Ⅲ式：多室墓。由墓道、封门、甬道及前、后墓室组成。前、后室连接部分无过道。形制较规整，无侧室，前室侧壁仅开一小龛。棺木与随葬器物放置位置与Ⅱ式相同。随葬器物多为陶器，形制与Ⅱ式无异，但风格开始出现变化。此类墓葬包括师 M1、师 M11。

Ⅳ式：单室墓。由墓道、甬道、墓室组成。形制规整统一，其中，文 M44 与文 M61 多一侧室，与Ⅲ式类似，但其随葬器物与其他墓葬非常相似，考虑到此家族墓地的性质，不排除某些原因导致墓葬二次修整的可能性。因而没有单独划分出一个类型。棺木靠近后壁，随葬器物靠近封门端。多随葬陶器，类型丰富，做工精致，除写实外，更加注重细节刻画，继承了Ⅲ式变化后的风格。此类墓葬包括文林小区墓葬 9 座以及西柞高速 M29。

Bb 型：多室墓，由墓道、封门、甬道和墓室组成。两道封门，墓室分前、后室，南西、南东、北侧室。棺木与随葬器物位置与 Ba 型无异。随葬器物整体风格处于 Ba 型Ⅱ、Ⅲ式之间。此类墓葬目前仅师 M5 一处。长 5.76 米，宽 6.21 米。

Bc 型：多室墓，由墓道、甬道、封门和墓室组成。墓室以主室为中心，南、北、西各一侧室。随葬器物靠近封门位置，出土少量陶器，风格与 BaⅣ式相近，此类墓葬目前仅师 M4

一处。长 9.54 米,宽 6.2 米。出土有青铜印章 1 枚,印台较大,钮面宽度接近 1 厘米,与"十六国时期的'兼横野将军司马'、南朝'新丰令印'"①相似,印面阴文篆刻"榆糜令印"四个字,与"新丰令印"相似,因而可以确定其年代范围,与器物风格相互印证。

Bd 型:多室墓,墓道有生土二层台。由墓道、甬道、墓室和过洞组成。形制较规整,墓室分前、后室,由过洞连接。随葬器物集中分布在前室南、北两侧,棺木位于后室,地面铺有白灰。随葬器物种类丰富全面,风格介于 Ba 型Ⅰ、Ⅱ式之间,此类墓葬仅铁 M3 一处。长 7.92 米,宽 3.65 米。出土印章 2 枚(表五)。

表五 Bb、Bc、Bd 型墓葬平面列表

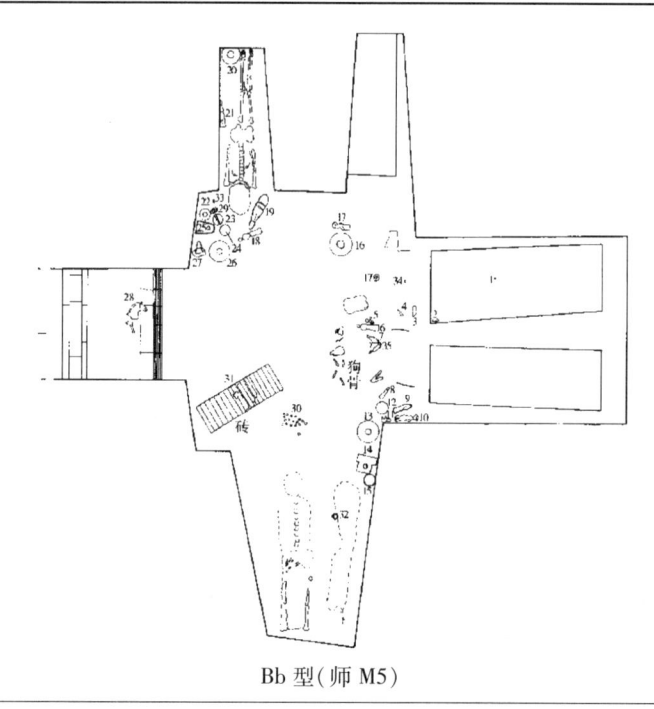

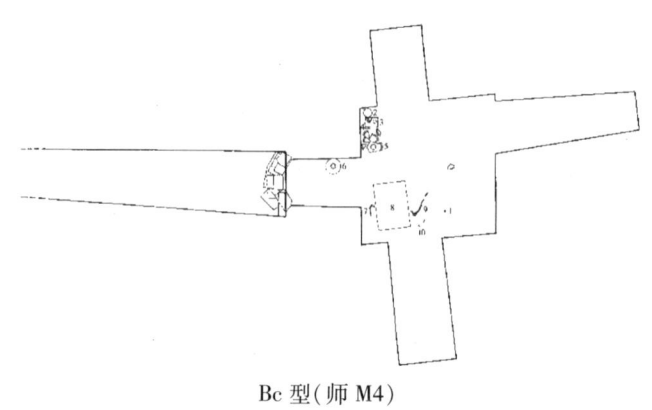

Bb 型(师 M5)

Bc 型(师 M4)

---

① 叶其峰:《秦汉南北朝官印鉴别方法初论》,《故宫博物院院刊》1989 年第 3 期。

Bd 型（铁 M3）

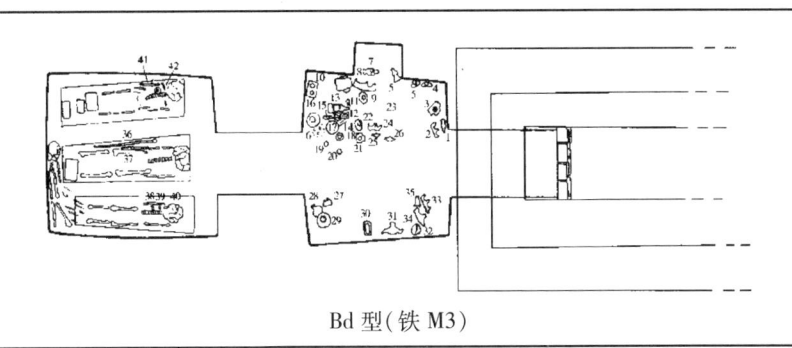

C 型：长斜坡墓道土洞墓。墓葬形制粗简且不对称，墓道无生土二层台，以多室墓为主。随葬器物数量较少，主要为砖雕日常用具明器和禽畜俑，风格偏生活化。墓葬整体构造及填充内容与 A、B 型相似，规模较小，工艺水平低，墓主应为地主阶级之下或平民阶级。分为 2 个亚型。

Ca 型：长斜坡墓道土洞墓，由多室墓向单室墓发展，随葬品由简入繁，数量少，质地粗，彼此间存在明显序列关系。长 9.02~16 米，宽 1.46~2.48 米。共分为 2 式：

Ⅰ式：多室墓。由墓道、甬道、墓室组成。墓室分前、后室，无过洞连接。人骨及随葬器物均位于前室。随葬器物数量少且为砖雕器，有少量砖雕侍俑，风格与 Ba 型Ⅰ式相近。此类墓葬目前仅铁 M2 一处。

Ⅱ式：多室墓。由墓道、封门、甬道、墓室组成。墓室分前、后室，无过洞连接。棺木分别位于两墓室中，随葬器物位于前室。随葬少量陶俑、生活用具明器以及铜饰，风格与 Ba 型Ⅲ式、Bb 型相近。此类墓葬包括师 M2、师 M10 两处。

Cb 型：单室墓。由墓道、封门、甬道、墓室组成。棺木及随葬器物均位于墓室。随葬少量陶罐、陶盆和陶灶，风格与 Ca 型Ⅱ式相近。长 3.65~7 米，宽 1.8~2.2 米。此类墓葬包括师 M6、师 M8、师 M9（表六）。

墓葬形制大体由多室墓向单室墓转变，Ⅰ式相对对称，从Ⅱ式至Ⅲ式多室墓多不对称，Ⅳ式发展至单室墓。这种趋势在 B 型墓葬中尤其明显，低等级墓葬也许受到经济因素影响，始终保持单室墓的传统。两种规格墓葬的变化在数量上也同样可以得到体现（表七）。

表六　Ca、Cb 型墓葬平面列表

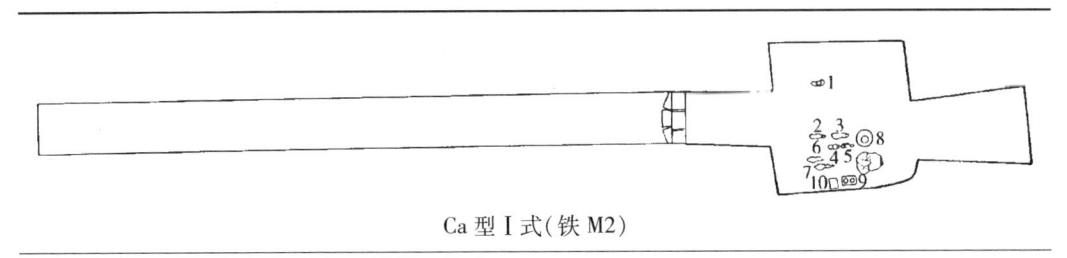

Ca 型Ⅰ式（铁 M2）

续表

Ca 型 Ⅱ 式（师 M10）

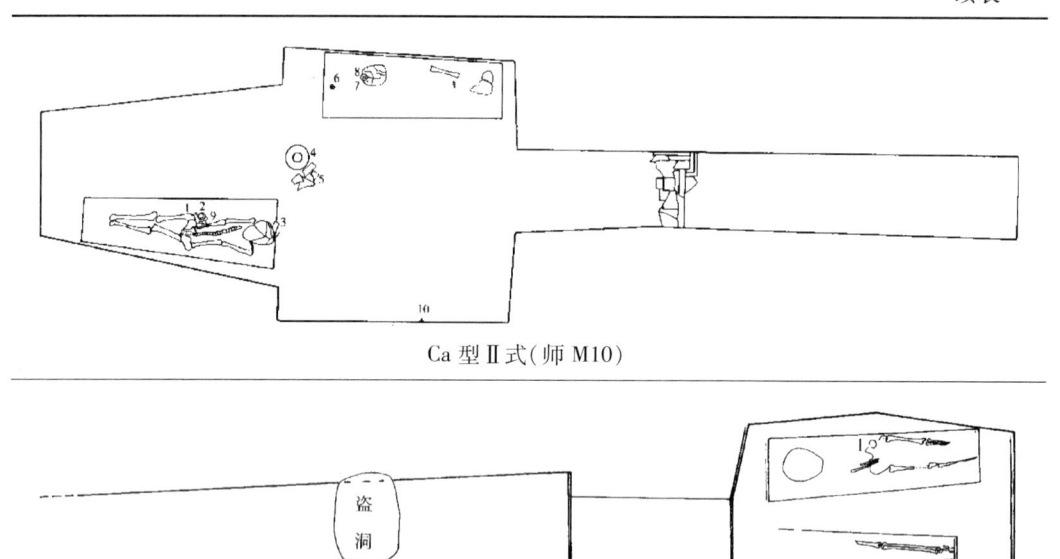

Cb 型（师 M9）

表七　墓葬型式对照表

	Ba 型	Bb 型	Bc 型	Bd 型	Ca 型	Cb 型
Ⅰ式	铁 M1、师 M3	师 M5	师 M4	铁 M3	铁 M2	师 M6、师 M8、师 M9
Ⅱ式	JGM66				师 M10、师 M2	
Ⅲ式	师 M1、师 M11					
Ⅳ式	文林小区墓葬、西柞高速墓葬					

（二）典型随葬器物

1. 陶罐

陶罐，共 73 件。按照陶质、陶色以及口、沿、颈、腹、底的特征分为三型五式（图二）。

A 型：均为泥质灰陶，以侈口、束颈、鼓腹和斜折沿为主，多平底或略内凹。分为 3 个亚型。

Aa 型：泥质灰陶，侈口，以斜折沿为主，颈部偏细，鼓腹，多平底。口径 5~11.5 厘米，腹径 14.5~26 厘米，底径 4.5~25 厘米，高 11.9~27 厘米。分为 5 式。

丧葬与礼制

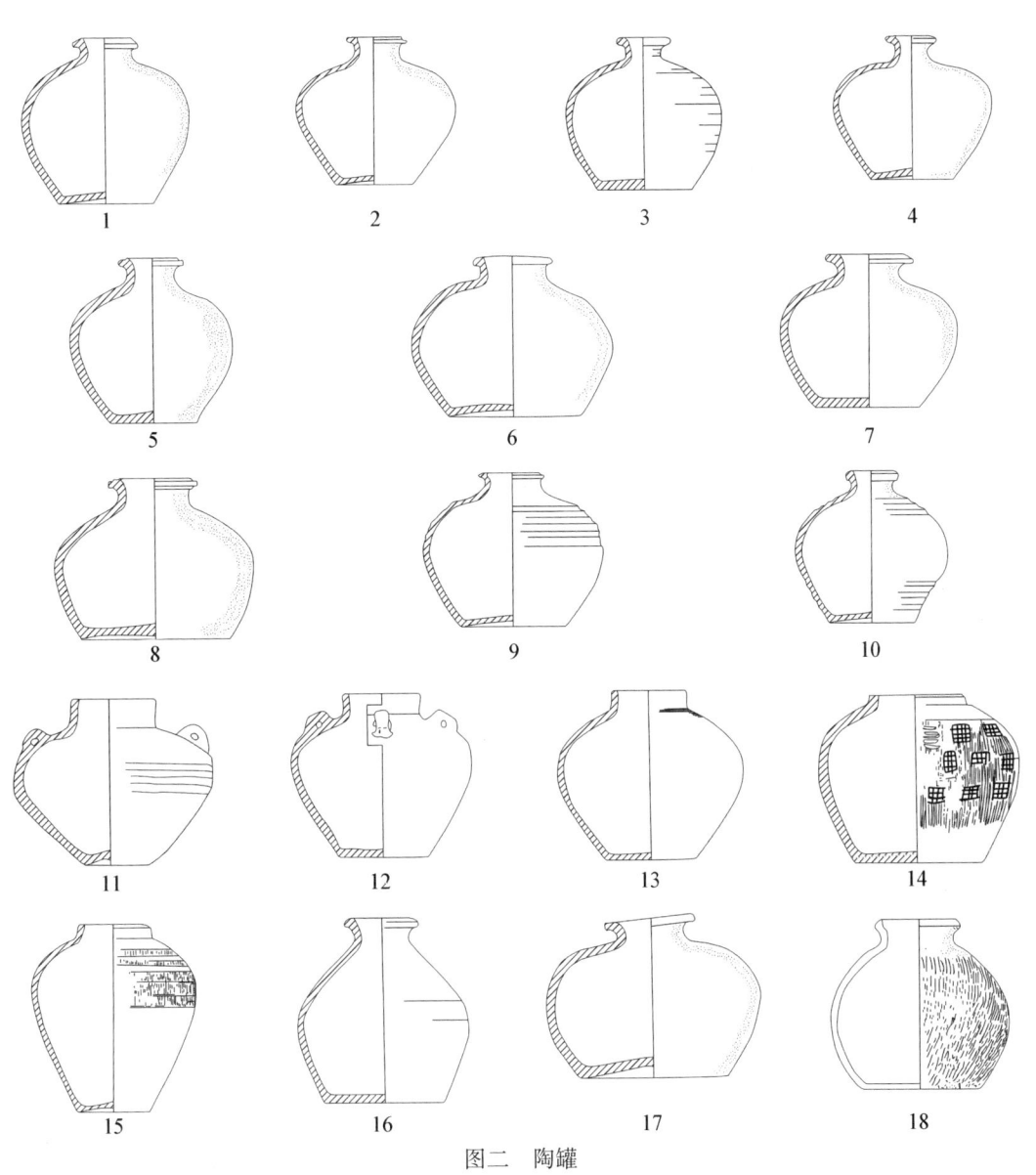

图二 陶罐

1. Aa 型 Ⅰ 式（铁 M1∶11） 2. Aa 型 Ⅱ 式（铁 M3∶27） 3. Aa 型 Ⅲ 式（JGM66∶16） 4. Aa 型 Ⅳ 式（师 M5∶13）
5. Aa 型 Ⅴ 式（文 M44∶8） 6. Ab 型 Ⅰ 式（铁 M1∶6） 7. Ab 型 Ⅱ 式（师 M2∶11） 8. Ab 型 Ⅲ 式（文 M44∶10）
9. Ac 型 Ⅰ 式（铁 M3∶16） 10. Ac 型 Ⅱ 式（文 M49∶1） 11. Ba 型 Ⅰ 式（铁 M3∶28） 12. Ba 型 Ⅱ 式（JGM66∶23）
13. Bb 型 Ⅰ 式（JGM66∶14） 14. Bb 型 Ⅱ 式（师 M10∶4） 15. Bc 型（铁 M3∶29）
16. C 型 Ⅰ 式（JGM66∶18） 17. C 型 Ⅱ 式（师 M6∶1） 18. C 型 Ⅲ 式（文 M35∶4）

Ⅰ式：斜折沿，束颈，下腹稍内收，平底。

Ⅱ式：斜折沿，束颈，体稍瘦长，平底。

Ⅲ式：斜折沿，细颈，体宽扁，平底。

Ⅳ式：斜折沿，细颈，广肩稍斜，鼓腹内收，体宽扁，平底略内凹。

Ⅴ式：斜沿，束颈，肩近平，体宽扁，平底略内凹。

Ab型：泥质灰陶，侈口斜折沿，束颈，下腹稍内收，平底略内凹。口径7~12厘米，腹径20.5~26厘米，底径12.5~18厘米，高17~23.5厘米。分为3式。

Ⅰ式：斜折沿，平肩，体宽扁。

Ⅱ式：斜折沿，肩近平，体宽扁。

Ⅲ式：斜沿，溜肩，体矮。

Ac型：泥质灰陶，侈口，束颈，腹饰凹弦纹，平底略内凹。口径6.2~10.7厘米，腹径14.5~24厘米，底径4.5~14.5厘米，高11.9~27厘米。分为2式。

Ⅰ式：斜折沿，平肩，腹身饰6道凹弦纹。

Ⅱ式：斜沿，溜肩，体瘦高，腹饰凹弦纹。

B型：以泥质灰陶为主，颈稍细长，肩部较平，腹多向下斜收成平底。分为3个亚型。

Ba型：系罐，颈稍长，斜肩较平，小平底微凹。口径6.2~11厘米，腹径14.5~26厘米，底径4.5~25厘米，高11.9~24.5厘米。分为2式。

Ⅰ式：灰白陶，肩附双系，腹饰四道凹弦纹。

Ⅱ式：泥质灰褐陶，肩附四系，中有穿孔，素面。

Bb型：泥质灰陶，直口，平底。口径7.4~11厘米，腹径17.2~26厘米，底径9~25厘米，高16~24.5厘米。分为2式。

Ⅰ式：方唇，细矮颈，广肩圆折，微鼓起，腹下部斜收成小平底。

Ⅱ式：平沿，圆鼓肩，肩及腹部饰方格纹和绳纹，腹微鼓向下斜收成平底。

Bc型：泥质灰陶，直口，短颈，溜肩，鼓腹斜收，肩、腹印有数道平行竖线，平底微凹。口径6.2~10.7厘米，腹径14.5~24厘米，底径4.5~11厘米，高11.9~27厘米。

C型：均为泥质灰陶，沿面外斜刹，多溜肩，腹向下略内收成平底。口径7.4~11.5厘米，腹径17.2~26厘米，底径9~25厘米，高16~24.5厘米。分为3式。

Ⅰ式：罐口不规整，窄折沿，折沿处饰带箍，广溜肩，平底。

Ⅱ式：侈口，斜沿，素面，广肩较平，大平底略内凹。

Ⅲ式：侈口，斜沿，溜肩，圆腹，腹饰竖斜绳纹，大平底。

陶罐主要分三类，第一类较标准，多鼓腹；第二类与第一类接近，但口部与腹部多样化，多纹饰；第三类底部较大，纹饰与第二类接近。三类陶罐变化均趋向统一和简化，中期包含颈部的细化。总体数量较稳定(表八)。

表八 陶罐型式对照表

	Aa型	Ab型	Ac型	Ba型	Bb型	Bc型	C型
Ⅰ式	铁M1:1 铁M1:11 铁M2:8	铁M1:6	铁M3:16	铁M3:28	JGM66:14	铁M3:29	JGM66:18

续表

	Aa 型	Ab 型	Ac 型	Ba 型	Bb 型	Bc 型	C 型
Ⅱ式	铁 M3∶27	师 M1∶6 师 M2∶11 师 M2∶12 师 M4∶6	文 M49∶1	JGM66∶23	师 M10∶4		师 M6∶1
Ⅲ式	JGM66∶16 JGM66∶20 JGM66∶22 JGM66∶24	文 M44∶9 文 M44∶10 文 M61∶8 文 M69∶5 文 M69∶12 文 M113∶7 文 M113∶9					文 M35∶4
Ⅳ式	师 M5∶13						
Ⅴ式	文 M44∶8 文 M44∶9 文 M61∶8 文 M140∶7						

从陶罐出发，A 型不如 B 型变化明显，Ⅲ式似乎处于过渡阶段，将一、二期与四、五期分隔开来，总体呈现出由高至矮的变化趋势。

2. 陶仓、陶灶、陶井

（1）陶仓

陶仓，共 21 件，按照陶质、陶色、仓体、仓盖、底的特征分为二型五式（图三，1~8）。

A 型：以泥质陶为主，多圆柱形仓体，伞状盖，盖径多大于仓体。分为 3 个亚型。

Aa 型：砖雕器，长方体，"上部凿出深 9 厘米的方槽，底部凿空，下有四个方形支腿"①。口略小于底。宽 12~13.5 厘米，高 18.5 厘米。

Ab 型：以泥质陶为主，多呈圆柱形，伞状盖，上部多有气孔。宽 12.5 厘米，口径 7~11.5 厘米，腹径 7.8~11.3 厘米，底径 10.8~11.2 厘米，高 10.5~26.5 厘米。分为 5 式。

Ⅰ式：外饰黑彩，上部凿出方形凹槽，平底。

Ⅱ式：外有打磨痕迹，上部凿出方形凹槽，平底。

Ⅲ式：泥质灰褐陶，"仓体呈直圆筒形，封底。覆钵形顶盖，盖面隆起，微出檐，中心高耸一尖锥状脊顶（握手），盖沿下开一纵向长方形窗口"②。

Ⅳ式：泥质红陶，圆柱形仓体，伞状盖，"仓体上部开一方形圆角透气孔"③，圆形

---

① 刘卫鹏：《陕西咸阳市头道塬十六国墓葬》，《考古》2005 年第 6 期。
② 马永赢等：《西安咸阳国际机场专用高速公路十六国墓发掘简报》，《文博》2009 年第 4 期。
③ 咸阳市文物考古研究所：《咸阳十六国墓》。

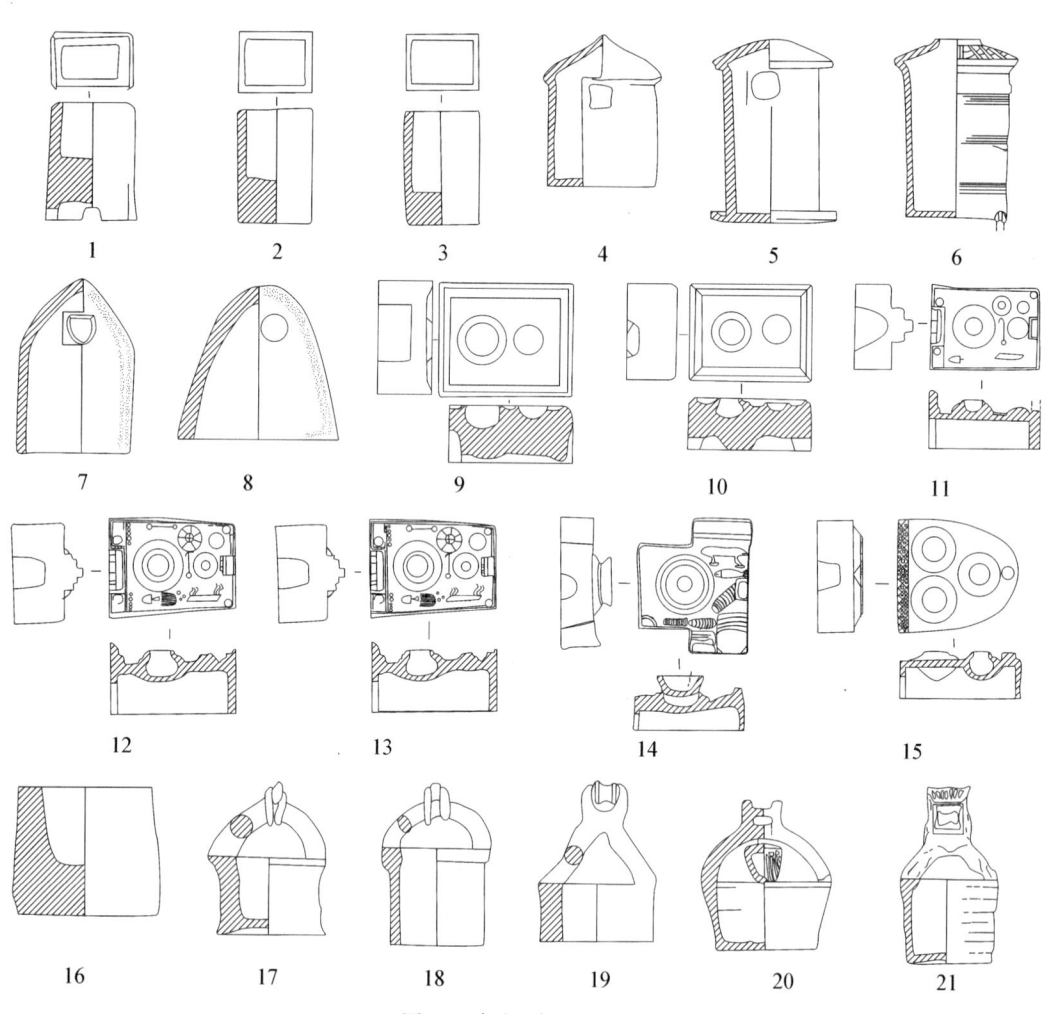

图三 陶仓、陶灶、陶井

陶仓：1. Aa 型（铁 M1 : 5） 2. Ab 型 I 式（铁 M2 : 10） 3. Ab 型 II 式（铁 M3 : 30） 4. Ab 型 III 式（JGM66 : 32） 5. Ab 型 IV 式（师 M5 : 24） 6. Ab 型 V 式（文 M69 : 13） 7. Ac 型（文 M20 : 12） 8. B 型（师 M11 : 11）
陶灶：9. Aa 型 I 式（铁 M1 : 9） 10. Aa 型 II 式（铁 M3 : 10） 11. Aa 型 III 式（师 M11 : 9） 12. Aa 型 IV 式（文 M113 : 6） 13. Ab 型 I 式（铁 M3 : 3） 14. Ab 型 II 式（师 M5 : 14） 15. B 型（师 M6 : 2）
陶井：16. A 型 I 式（铁 M1 : 10） 17. A 型 II 式（铁 M3 : 14） 18. A 型 III 式（师 M5 : 23） 19. A 型 IV 式（文 M20 : 23） 20. B 型 I 式（JGM66 : 28） 21. B 型 II 式（西柞 M29 : 6）

底座。

V 式：泥质灰陶，圆柱形仓体，仓盖饰瓦纹，腹饰三组弦纹。

Ac 型：泥质灰陶，圆柱形仓体，伞状盖，盖与器最大直径相当，顶部有方形孔。直径 11.5~14 厘米，高 16~19 厘米。

B 型："馒头形，无底，靠近顶部有一方形透气孔"①。底径 10.9 厘米，高 9.9 厘米。

---

① 咸阳市文物考古研究所：《咸阳十六国墓》。

(2) 陶灶

陶灶,共29件,按照陶质、陶色、火门、火眼、烟道、平面转角的特征分为二型四式(图三,9~15)。

A型:以泥质陶为主,平面转角多近直角,中部1至2个火眼,前有火门,后有烟道。分为2个亚型。

Aa型:以长方形平面为主,中部凸起火眼,前、后多置火门及烟道。分为4式。长9.5~24.5厘米,宽10.5~21.5厘米,高5.5~12.8厘米。

Ⅰ式:砖雕器,长方形平面,灶面凿两个圆形火眼及三面边棱,前开方形火门,后凿烟囱,无边棱。

Ⅱ式:砖雕器,长方形平面,灶面黑彩,中部凸起两圆形火眼,前、后有火门及烟囱痕迹。

Ⅲ式:泥质褐陶,长方形平面,灶面周边模印界栏,中部凸起一圆形火眼,火眼四周饰铲、钩、箅、刀、盘等图案,前开圆丘形火门,上有两层阶梯式挡火墙。

Ⅳ式:泥质灰陶,梯形平面,灶面凸起两圆形火眼,火眼四周饰钩、刀、瓢、勺等图案,前开方形火门,有圆泡形饰物,有阶梯式挡火墙,后有阶梯式烟道。

Ab型:均为泥质陶,"凸"字形平面。长9.5~24.5厘米,宽13.5~21.5厘米,高5.5~10.6厘米。分为2式。

Ⅰ式:泥质红陶,前凸起圆形火眼,灶面模印钩、铲、勺、鱼等图案,灶前有"凸"字形阶梯式挡火墙,后有烟囱和管状火道。

Ⅱ式:泥质灰陶,中部凸起一圆形火眼,上置一钵,四周饰杖、几、鱼等图案,前开圆角方形火门,后有索状烟囱。

B型:泥质灰陶,船头形平面,中部凸起三个圆形火眼,前饰方格乳钉纹带,开阶梯状火门,后有圆柱形烟囱。长18.5厘米,宽17厘米,高7厘米。

(3) 陶井

陶井,共22件,按照陶质、陶色、井架、辘轳、底的特征分为二型四式(图三,16~21)。

A型:以泥质陶为主,多呈圆筒形,上多安井架,多有辘轳,多平底。口径10厘米,腹径8.6厘米,底径8.7~9.5厘米,直径8~10.5厘米,高4.8~14.4厘米。分为4式。

Ⅰ式:砖雕器,略呈圆柱状,上部圆形凹槽,平底。

Ⅱ式:泥质红陶,呈圆筒形,上安弧形井架,井架正中捏塑一辘轳,平底微凹。

Ⅲ式:泥质红陶,呈圆筒形,上安弧形井架,井架上有辘轳,无底。

Ⅳ式:泥质灰陶,呈圆筒形,上立井架,井架上有可转动的滑轮,平底。

B型:均为泥质陶,呈圆筒形,井架细节刻画内容丰富。口径10~14.8厘米,腹径7.8厘米,底径8.7~11.8厘米,高9.4~16厘米。分为2式。

Ⅰ式:泥质红褐陶,上安弧形圆柱状架梁,梁顶竖立"H"形系架,口大底小;配套一桶,呈尖底圆锥形,口部横嵌一扁提梁,腹部饰两组弧弦纹。

Ⅱ式:泥质灰陶,上安拱形井架,井架上有两坡顶井亭,模印屋脊瓦棱和辘轳,外腹壁有凸棱数圈,平底微凹。

陶仓的形态相对单一,基本均由圆柱体发展出伞状盖;陶灶的发展基本没有变化,"凸"字形灶逐渐并入矩形灶;陶井的变化多集中于井架,刻画逐渐细致。横向比较中,在第Ⅴ式,师M1的陶仓相对弱化。三种器物整体由简入繁,数量也逐渐增多(表九),重要性有所提升。

从陶仓、陶灶、陶井出发,仓从Ⅲ式开始出现伞状盖,陶灶二至四期呈"凸"字形,陶井一、二期接近,三、四期接近,陶井架都呈拱形,六期陶井架呈三角形。

3. 畜禽俑

(1) 陶狗

陶狗,共31件,按照陶质、陶色、首、腰、腹、肋骨、腿、尾的特征分为二型四式(图四,1~8)。

A型:以泥质灰陶为主,均站立,腰腹细长,肋骨明显,双腿合成一体。长14.6~20.4厘米,高8~11.7厘米。分为4式。

Ⅰ式:泥质红褐陶,宽吻短耳,双目外凸,尾贴臀稍卷。

Ⅱ式:泥质红陶,耳下垂,尾贴臀稍卷。

Ⅲ式:泥质灰陶,头前伸,尾上翘,戴项圈。

Ⅳ式:泥质灰陶,仰首,尾上翘。

B型:以灰陶为主,多为蹲坐状,肋骨不明显,体厚重,圆耳短尾。长15.5~20.4厘米,宽11.1厘米,高8~12.3厘米。分为4式。

Ⅰ式:泥质灰陶,肥颊宽吻,体肥硕。

Ⅱ式:灰褐色,昂首,双目外凸。

Ⅲ式:灰褐色,昂首,双目外凸,牙外露。

Ⅳ式:泥质灰陶,站立,仰首,细腰。

(2) 陶猪

陶猪,共26件,按照陶质、陶色、背、腹、腿的特征分为二型四式(图四,9~15)。

A型:以泥质红陶为主,牙外露,双耳厚大,体稍长,背部鬃毛浓密,站立,短尾后翘。长11.1厘米,高6.6~10.5厘米。分为4式。

Ⅰ式:泥质红陶,面染黑褐彩,腹中空。

Ⅱ式:泥质红褐陶,体肥臀圆,腿部短细,腹中空,染黑彩。

Ⅲ式:泥质红陶,硕腹下垂至地,憨厚笨拙,实心。

Ⅳ式:泥质灰陶,阔鼻长嘴,斜眼,实心。

B型:以泥质灰褐陶为主,口微张,小耳宽吻,鼻孔圆大,躯体肥壮,背部隆起,鬃毛浅淡,短尾贴臀。长15.5~18.4厘米,高7~10.5厘米。分为3式。

表九 陶仓、陶灶、陶井型式对照表

	陶 仓				陶 灶			陶 井	
	Aa型	Ab型	Ac型	B型	Aa型	Ab型	B型	A型	B型
Ⅰ式	铁M1:5	铁M2:10	文M44:2 文M20:12	师M11:11	铁M1:9 铁M2:9	铁M3:3	师M6:2	铁M1:10	JGM66:28 JGM66:44
Ⅱ式		铁M3:30			铁M3:10 铁M3:21	师M5:14		铁M3:14	西柞M29:6
Ⅲ式		JGM66:32			师M2:20 师M11:9			师M5:23	
Ⅳ式		师M5:24			文M20:21 文M44:25 文M61:7 文M69:2 文M113:6 西柞M29:8			文M20:23 文M44:20 文M44:21 文M61:6 文M113:5	
Ⅴ式		文M20:7 文M20:12 文M44:3 文M61:10 文M69:13							

图四 畜禽俑

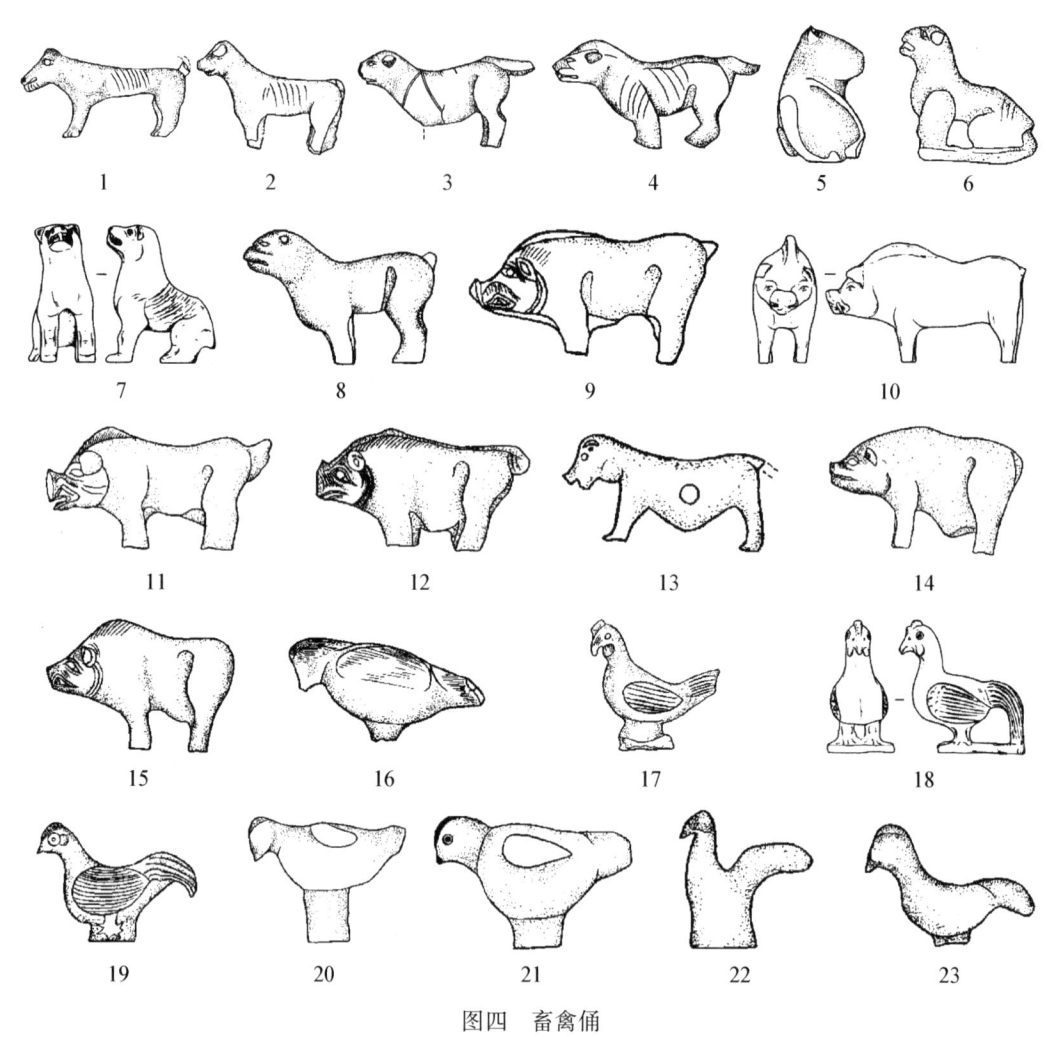

陶狗：1. A型Ⅰ式（铁M3∶33） 2. A型Ⅱ式（师M5∶8） 3. A型Ⅲ式（师M11∶13） 4. A型Ⅳ式（文M44∶28） 5. B型Ⅰ式（铁M1∶12） 6. B型Ⅱ式（铁M3∶1） 7. B型Ⅲ式（JGM66∶46） 8. B型Ⅳ式（文M44∶13）
陶猪：9. A型Ⅰ式（铁M3∶23） 10. A型Ⅱ式（JGM66∶37） 11. A型Ⅲ式（师M5∶11） 12. A型Ⅳ式（文M20∶16） 13. B型Ⅰ式（铁M3∶24） 14. B型Ⅱ式（师M11∶8） 15. B型Ⅲ式（文M113∶17）
陶鸡：16. A型Ⅰ式（铁M1∶13） 17. A型Ⅱ式（铁M3∶35） 18. A型Ⅲ式（JGM66∶33） 19. A型Ⅳ式（师M5∶7） 20. B型Ⅰ式（铁M2∶7） 21. B型Ⅱ式（铁M3∶32） 22. B型Ⅲ式（师M2∶15） 23. B型Ⅳ式（文M44∶26）

Ⅰ式：泥质灰褐陶，四蹄分立，前腿前倾，腹尖圆。
Ⅱ式：泥质褐陶，四蹄分立，前腿直立，腹下垂。
Ⅲ式：泥质灰陶，四蹄分立，前腿直立，腹下垂，背部隆起明显，鬃毛浓密。

（3）陶鸡

陶鸡，共37件，按照陶质、陶色、喙、冠、翅、尾、底座的特征分为二型四式（陶四，16~23）。

A型：以灰褐陶为主，尖喙翘尾，双目外凸，双翅合拢，周身有羽毛刻画。长10~24.5

厘米,高 9.9~16 厘米。分为 4 式。

Ⅰ式:灰陶,冠部刻画明显,圆座下刻爪,面、羽部有红彩,尾部平直。

Ⅱ式:灰褐陶,冠部高耸,圆形中空座,尾部末端下垂。

Ⅲ式:灰褐陶,齿状高冠,方形薄托板,尾部下垂撑地。

Ⅳ式:红陶,冠短,圆形中空座,尾部末端下垂。

B型:以泥质灰陶为主,长尾短喙,双翅合拢,圆柱形座,造型简单。长 9.2~24.5 厘米,高 7.5~17.5 厘米。分为 5 式。

Ⅰ式:青砖打磨,头下垂,尾部微翘,体态平直僵硬。

Ⅱ式:青砖雕刻,喙前伸,尾稍上翘,体态略呈曲线。

Ⅲ式:泥质红陶,喙前伸,尾部高翘,体态曲线明显。

Ⅳ式:泥质灰陶,头平直,短冠,长尾略下垂,体态宽长。

陶狗分为两类,一类立式,身体刻画细节,一类蹲坐,身体无细节刻画,整体倾向于向瘦长身形的转变;陶猪分为两类,一类背高腹平,身形粗短,一类背平腹鼓,身形瘦长,整体趋向于精细化;陶鸡分为两类,一类扁长,翅与尾部刻画细节,一类瘦高,通体无细节刻画,整体粗糙化。陶狗与陶猪的数量增多,陶鸡数量相应减少(表十)。

表十　畜禽俑型式对照表

	陶　狗		陶　猪		陶　鸡	
	A 型	B 型	A 型	B 型	A 型	B 型
Ⅰ式	铁 M2∶2 铁 M3∶33	铁 M1∶12 铁 M2∶2	铁 M3∶23	铁 M3∶24	铁 M1∶13	铁 M1∶14 铁 M2∶6 铁 M2∶7
Ⅱ式	师 M5∶8	铁 M3∶1	JGM66∶37	师 M11∶8	铁 M3∶25 铁 M3∶35	铁 M3∶26 铁 M3∶31 铁 M3∶32
Ⅲ式	师 M11∶13	JGM66∶46	师 M5∶11	文 M20∶25 文 M113∶17	JGM66∶33	师 M2∶15
Ⅳ式	文 M20∶26 文 M20∶27 文 M44∶28	文 M44∶13 文 M113∶2 文 M140∶12	文 M20∶16 文 M20∶25 文 M61∶12 文 M113∶15 文 M113∶16 西柞 M29∶4		师 M5∶7	文 M20∶8 文 M44∶14 文 M44∶16 文 M44∶26 西柞 M29∶10 西柞 M29∶12

从畜禽俑出发,仍然从三期开始发生变化,更多地表现出了过渡阶段的性质。"陶质多为泥质红陶,并施彩绘,陶狗的造型也从蹲踞状演变为站立状"①。

---

① 辛龙:《略论关中地区西晋十六国陶俑的演变》,《文博》2014 年第 5 期。

（4）陶马

陶马，共 25 件，按照陶质、陶色、头、眼、蹄、尾、马饰的特征分为三型五式（图五）。

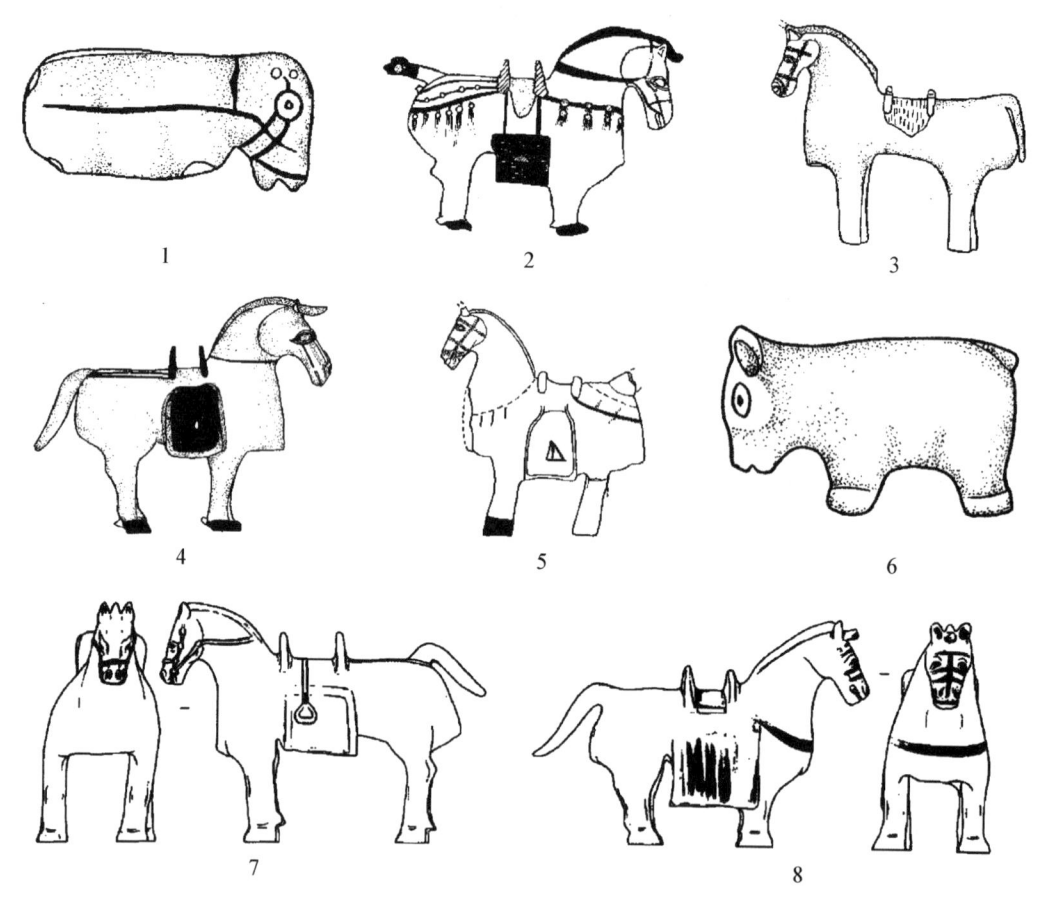

图五　陶马
1. A型Ⅰ式（铁 M1∶4）　2. A型Ⅱ式（铁 M3∶13）　3. C型Ⅱ式（文 M20∶2）　4. A型Ⅳ式（师 M5∶19）
5. A型Ⅴ式（文 M140∶11）　6. B型Ⅰ式（铁 M2∶3）　7. C型Ⅰ式（JGM66∶13）　8. A型Ⅲ式（JGM66∶12）

A型：以泥质陶为主，整体风格偏威武雄壮，马饰完备，尾部多上翘，四蹄直立。长 29.5～41 厘米，高 25.9～33.5 厘米。分为 5 式。

Ⅰ式：青砖雕刻，头下垂，圆眼，嘴微张，整体呈扁圆状，通体施红彩。

Ⅱ式：泥质红陶，"通体饰彩，鬃毛竖起涂黑，前端伸出耳际往下稍垂，末端上翘，似为缨，耳尖圆直立，白眼黑蹄，马面及颈部以黑彩绘笼头、鞯带，上绘有白色泡饰，攀胸上附双泡，泡下缀黑色的须状流苏。马鞍竖立，涂红彩，鞍间有白色的垫，顺鞍两端分别以黑色革带垂有红边黑里的方形障泥各一，障泥中部绘有红色的三角形镫……马尾后翘伸直，尾端涂黑打结并以横物固定"[①]。

---

① 咸阳市文物考古研究所：《咸阳十六国墓》。

Ⅲ式：形制与Ⅱ式相似，体肥臀圆，扁柱状长尾上撅外翘，体形低矮，"两叶形小耳前翻上竖，额头上平伸尖锥状翟羽，刻划的双眼圆睁……马面上无；络辔饰，粗短颈，剪短鬃上竖……马背上置高两桥垂直鞍，鞍下衬鞯，鞯外搭长方形凹面障泥，障泥较长，下垂过马腹，表面用白彩绘条纹装饰，无马镫及鞦带"①。

Ⅳ式：泥质红陶，通体饰白彩，大眼黑蹄，双耳尖短，"马面正中贴附二圆球形装饰，鬃毛整齐高耸，于额头向前伸出成触角状。直鞍，身体两侧黏方形障泥"，尾部上翘，四蹄直立②。

Ⅴ式：泥质灰陶，昂首，络头、鞍鞯、障泥均与Ⅳ式相近，尾部残缺。

B型：青砖雕刻，体态肥硕，头部下垂，双耳竖直，腿部粗短，短尾。长23.5厘米，高13.5厘米。

C型：以泥质灰陶为主，整体风格偏僵硬，马饰完备，尾部下垂，四蹄直立。长33.5~41厘米，高25.9~33.5厘米。分为2式。

Ⅰ式：直立状，挺颈抬头，额宽面短，棱角分明，两叶形小耳前翻上竖，双眼圆睁凸起，嘴紧闭，马具完备，络头上有白色圆泡饰，"马背上置高两桥垂直鞍，鞍下衬鞯，鞯外搭梯形凹面障泥，障泥下垂过马腹，鞍后拽宽高凸鞦带，鞍上搭略呈三角形的马镫"③。

Ⅱ式：泥质灰陶，昂首直立，"直桥鞍，中间有圆孔，鞍上部两侧均有圆圈纹装饰，系制作时刻。鞯上有刻划的短道纹装饰"④。

陶马从发展脉络观察，变化并不大，在同一时期差距也很小。但Ⅰ式与Ⅱ式较后几式形成两个极端。整体风格从生动向僵硬转变。陶马数量增多，质量降低，其中铁M1出土陶马过于原始，铁M3出土陶马十分精致（表十一）。

表十一　陶马型式对照表

	A 型	B 型	C 型
Ⅰ式	铁M1：4	铁M2：2	JGM66：13
Ⅱ式	铁M3：13		文M20：2　文M44：15　文M61：2
Ⅲ式	JGM66：12		
Ⅳ式	师M5：19		
Ⅴ式	文M20：9　文M35：2　文M140：11		

从陶马出发，无明显线索。中间变化在铁M3所出陶马上存在反复现象，说明存在再探讨其年代的必要。

4. 陶侍俑

陶侍俑，共300件（图六），按照陶质、陶色、面部、手、服饰的特征将男侍俑分为二型四

---

① 马永嬴等：《西安咸阳国际机场专用高速公路十六国墓发掘简报》，《文博》2009年第4期。
② 咸阳市文物考古研究所：《咸阳十六国墓》。
③ 马永嬴等：《西安咸阳国际机场专用高速公路十六国墓发掘简报》，《文博》2009年第4期。
④ 咸阳市文物考古研究所：《咸阳十六国墓》。

式,女侍俑分为三型四式。

（1）男侍俑

A 型：以泥质陶为主,头多戴圆形帽,鼻翼宽,嘴微上撅,鼻、嘴间距小,脸多方正。分为3个亚型。

Aa 型：以砖雕器为主,难辨细节,多圆帽紧身上衣,双手置于腹前。高21.5~29.4厘

图六 陶侍俑

男侍俑：1. Aa 型Ⅰ式(铁 M1∶8) 2. Aa 型Ⅱ式(铁 M3∶4) 3. Aa 型Ⅲ式(文 M20∶4) 4. Ab 型Ⅰ式(铁 M3∶7) 6. Ab 型Ⅱ式(JGM66∶9) 7. Ab 型Ⅲ式(师 M5∶29) 8. Ab 型Ⅳ式(文 M140∶10) 9. Ac 型(文 M69∶3) 11. B 型(师 M1∶8)
女侍俑：5. B 型(铁 M1∶7) 10. C 型(西柞 M29∶7) 12. Aa 型Ⅰ式(铁 M3∶22) 13. Aa 型Ⅱ式(JGM66∶6) 14. Aa 型Ⅲ式(师 M5∶6) 15. Aa 型Ⅳ式(文 M61∶4) 16. Ab 型Ⅰ式(铁 M3∶9) 17. Ab 型Ⅱ式(文 M113∶23) 18. Ac 型(师 M11∶4)

米。分为3式。

Ⅰ式：砖雕器，仅能分清轮廓，头戴圆形帽，微左偏，上身穿窄袖紧身衣，下着裤，双腿分立。

Ⅱ式：砖雕器，仅能分清轮廓，椭圆形头部，上身穿紧身衣，有红彩，左手按腰，右手上曲，下着裤，足蹬圆头履。

Ⅲ式：泥质灰陶，头戴平顶圆帽，两侧护耳，后护脑，上身穿交领窄袖衫，"前襟有竖线褶皱纹，下着裤，双手拱于腹部"①。

Ab型：以泥质陶为主，多圆形帽，窄袖、中袖衫。高21.4~29.4厘米。分为4式。

Ⅰ式：砖雕器，头戴圆形帽，帽带勒下颌，鼻较扁，上身穿紧身中袖袍，腹部刻十字，下着圆筒裤，足蹬圆形翻头履。

Ⅱ式：泥质灰褐陶，头戴高圆形帽，脑后台阶状帽檐，帽顶前有一"纵向倒麦穗状缝合纹"，帽系勒下颌，鼻较扁，上身穿"双层交领右衽中袖齐胯襦衫，下摆加窄襕，腰系索状窄带"，下着筒裤，足蹬平底长圆头履，双手上下抱胸前，十指分开，双腿分立②。

Ⅲ式：泥质灰陶，头戴圆形帽，上身穿圆领衣加开领右衽窄袖袍，腰系带，下着裤，足蹬靴，双手置于腹部，双腿分立。

Ⅳ式：泥质灰陶，头戴平顶圆帽，两侧护耳，后护脑，上身穿圆领衣加交领窄袖衫，下着裤，双手拱于腹部。

Ac型：泥质灰陶，头戴"缨兜鍪"，两侧护耳，后护脑，上身穿圆领衫加交领窄袖衫，下着裤，双手拱于腹部③。高24.8~24.9厘米。

B型：胡人俑，泥质灰陶，"头戴尖圆小帽，颜面瘦长，颧骨凸出，双耳圆大且外撇，深目高鼻。上身穿开领交衽紧袖袍，下穿裤，足似穿靴，双手合抱于腹，双腿塑成一体"④。高18.2~18.3厘米。

（2）女侍俑

A型：均为泥质陶，以红、灰为主；头部多十字形假髻，面部肌肉较明显，脸型偏方正，上身多穿圆领衣作内衬，下多着垂地长裙。分为3个亚型。

Aa型：以泥质红陶为主，多十字形假髻，髻发多过耳根，脸型偏方正，上身多以圆领衣为内衬，裙摆均垂地。高21.9~30厘米。分为4式。

Ⅰ式：泥质红陶，"头戴黑色十字形假髻，髻发垂过耳根，面涂白粉"，上身穿圆领衣加开领交衽衣，红色披肩，腰系带，腰前垂带，双手合拢于腹，下着红、黑色竖条纹裙⑤。

Ⅱ式：泥质红褐陶，头戴十字形假髻，髻发覆耳齐颈，上身穿圆领衣加多层交领右衽

---

① 咸阳市文物考古研究所：《咸阳十六国墓》。
② 马永嬴等：《西安咸阳国际机场专用高速公路十六国墓发掘简报》，《文博》2009年第4期。
③ 谢高文：《陕西咸阳市文林小区前秦朱氏家族墓的发掘》，《考古》2005年第4期。
④ 咸阳市文物考古研究所：《咸阳十六国墓》。
⑤ 咸阳市文物考古研究所：《咸阳十六国墓》。

中袖襦衫,胸系宽带抹胸,双手环抱于胸前,下着高腰齐胸长裙。

Ⅲ式：泥质红陶,头戴十字形假髻,上身穿圆领衣加层领交衽宽袖衣,腰系带,腰前垂带,双手合抱于腹部,下着长裙。

Ⅳ式：泥质灰陶,蔽髻,上身穿圆领衣加交领窄袖衫,腰系络带,双手拱于腹部,下着褶皱长裙。

Ab型：均为泥质灰陶,脸型偏瘦,长裙多带竖条纹。高21.9~29.5厘米。分为2式。

Ⅰ式：发髻黑彩,其余涂白粉,"头戴冠状假髻,髻发作圆弧状垂至耳际,瓜子形脸,面部肌肉丰满",上身穿圆领衣,围领垂过肩,腰带近胸,双手合拢置于腹部,下着红、白竖条纹裙,足穿白色方头履[①]。

Ⅱ式：蔽髻,面施粉黛,上身穿圆领衣加交领窄袖衫,腰系络带,施白彩,双手拱于腹部,下着褶皱长裙,裙垂地。

Ac型：泥质褐陶,头戴双环十字形假髻,两侧髻发垂过耳,额有冠饰,上身穿开领交衽紧袖衫,双手合抱于腹部,下着垂体长裙。高25厘米。

B型：砖雕器,仅能分清轮廓,围巾裹头,上身穿窄袖紧身衣,双手合于腹前,下着垂地裙。高19.5厘米。

C型：泥质灰陶,头戴双环十字形假髻,上身穿交领右衽衫,双手置于前腹,下着垂地长裙,"裙两侧刻划细线连续角纹各一道"[②]。高13.5厘米。

男侍俑分为两类,一类面部相似,区别于衣帽服饰;一类面部、衣帽服饰均区别于前者,衽部刻画逐渐精细。女侍俑分为两类,一类面部相似,区别于发饰;一类面部相似,发饰与裙摆处均有别于前者,服饰刻画逐渐精细。陶侍俑纵向变化缓慢,横向细节处差异较大,均呈由简入繁的趋势。陶侍俑数量增多,种类增多(表十二)。

从陶侍俑出发,一、二期在做工、立姿、手势等方面均相似,除五期外,三至六期存在明显承袭关系。这说明师M1、M2、M4、M6、M8、M9、M11可能是与三、四期同时期的不同族墓葬。其中,在六个时段中,均存在男女侍俑的组合(表十三)。

（三）墓葬的分期

综上,一、二期应当为同一时期;四、五期应当在年代上接近;三期处于二者之间,根据证据数量,应当更接近四、五时期;六期相对比较独立,与前期有明显承袭关系,却在很大程度上成熟于前期。

此外,凤栖原墓葬形制与文林小区均为长斜坡墓道单室墓,墓道均呈阶梯状,墓室与平M1相似。畜禽俑方面,陶狗、陶猪与型式分期中的四期相似,陶狗的制作更加精细,陶鸡与平M1相似。陶马与机场高速墓C型相似,"马面鼻及额头正中贴附二圆饼形装饰,

---

① 咸阳市文物考古研究所：《咸阳十六国墓》。
② 西安市文物保护考古所：《西安南郊清理两座十六国墓葬》,《文博》2011年第1期。

表十二　陶侍俑型式对照表

	男 侍 俑					女 侍 俑			
	Aa 型	Ab 型	Ac 型	B 型	Aa 型	Ab 型	Ac 型	B 型	C 型
Ⅰ式	铁 M1：8 铁 M2：1 铁 M2：4 铁 M2：5	铁 M3：5 铁 M3：7	文 M69：3	师 M1：8	铁 M3：22	铁 M3：9	师 M11：4	铁 M1：7	西柞 M29：7
Ⅱ式	铁 M3：4	JGM66：9 JGM66：35			JGM66：1 JGM66：6 JGM66：8	文 M49：4 文 M113：23			
Ⅲ式	文 M20：4 文 M44：29 文 M69：4 文 M113：3	师 M5：18 师 M5：29			师 M5：6				
Ⅳ式		文 M140：10			文 M44：30 文 M61：4				

表十三　陶侍俑组合

	男	女
一期	Aa 型 Ⅰ 式	B 型
二期	Ab 型 Ⅰ 式	Aa 型 Ⅰ 式（Ab 型 Ⅰ 式）
三期	Ab 型 Ⅱ 式	Aa 型 Ⅱ 式
四期	Ab 型 Ⅲ 式	Aa 型 Ⅲ 式
五期	B 型	Ac 型
六期	Ab 型 Ⅳ 式	Aa 型 Ⅳ 式（Ab 型 Ⅱ 式）

马面两侧各贴附四圆饼形装饰"[1]。男侍俑头饰与 Ab 型三至六期相似，但其手紧握，似持有一物，与众不同。女侍俑面部所饰朱点与平 M1 相似，但唇上的髭须上翘，却未曾见。女坐乐俑与平 M1 相似。随葬器物组合方面，完全符合十六国墓葬特征（图七）。综合考虑，凤栖原墓葬应与平 M1 年代接近。

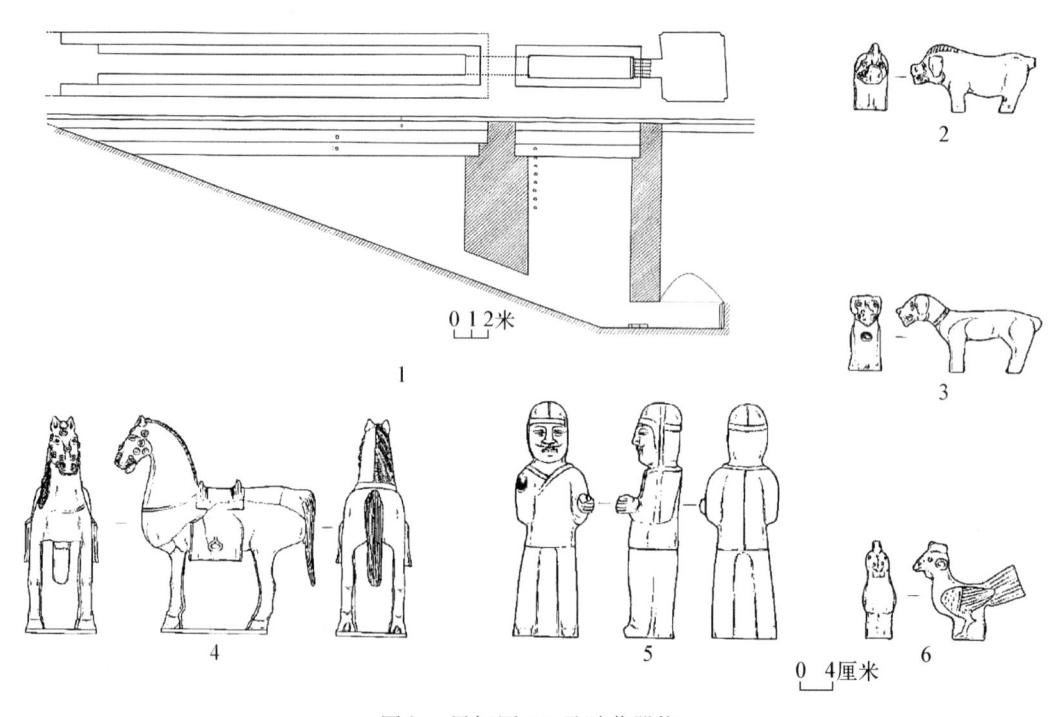

图七　凤栖原 M9 及随葬器物
1. 凤 M9 平、剖面图　2. 陶猪（凤 M9：16）　3. 陶狗（凤 M9：1）　4. 陶马（凤 M9：27）
5. 男侍俑（凤 M9：25）　6. 陶鸡（凤 M9：2）

瓦胡同村墓的陶罐符合型式分期中的 Ab 型五期，双耳罐也似 Ba 型二、三期发展而来，墓葬形制与 Ba 型五期相似。据此可知，瓦胡同村墓应为后赵至前秦时期，且型式分期

---

① 张全民等：《西安凤栖原十六国墓发掘简报》，《文博》2014 年第 1 期。

所得出的变化特征、早晚关系也得到了部分验证(图八)。

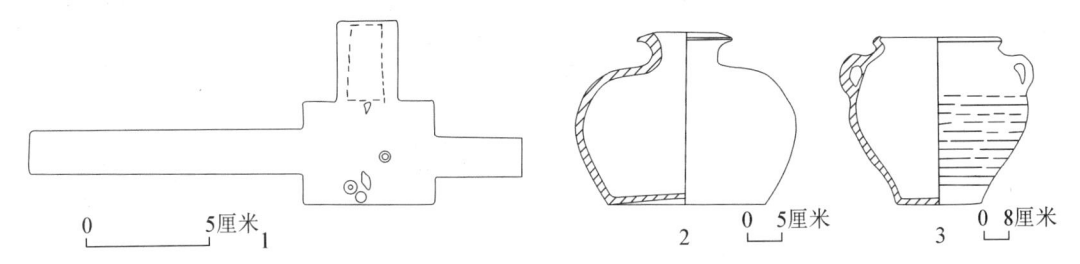

图八　瓦胡同村 M7 及随葬器物
1. M7 平面图　2. 陶罐(M7∶1)　3. 陶双耳罐(M7∶2)

秀水园 M5 墓葬形制与师 M5 相似,比师 M5 多一侧室。陶罐与型式分期中 Aa 型三期相似,小釉陶罐颈部与 Aa 型四期相似。陶俑风格多接近师 M5。有观点认为陶侍俑与平 M1 相似,但笔者认为二者有一定差别——女侍俑虽均戴十字形发冠,但平 M1 明显更加雍容和精美,且秀水园 M5 女侍俑面部无朱点,实属风格差异(图九)。综上,秀水园 M5 应与师 M5 年代更为接近。

图九　女侍俑
1. 秀水园 M5∶2　2. 师 M5∶6　3. 平 M1∶34

值得注意的是,长安县墓地与北郊墓地起初在简报中,都被定为北魏初期。主要是通过对比同一地区东、西魏墓葬,以及不同地区北魏墓葬中的随葬器物。例如北郊墓地中 M217 的镇墓兽,与东晋河南巩义市文管所藏晋代镇墓兽以及司马金龙纪年墓所出者相比[①],其形制介于二者之间,因而为北魏初期墓葬。M217 的镇墓兽虽含有晋代特征,但与董家村后秦墓的镇墓兽非常相似(图十)。十六国时期墓葬,早期基本不见镇墓兽,所以在年代分析中,有镇墓兽的墓葬只能与北朝墓葬对比,其他随葬器物风格较前赵至前秦时期虽晚,但并不一定晚至北魏,董家村后秦墓中存在镇墓兽,就说明了这一点。

---

① 孙伟刚、段清波:《西安北郊北朝墓清理简报》,《考古与文物》2005 年第 1 期。

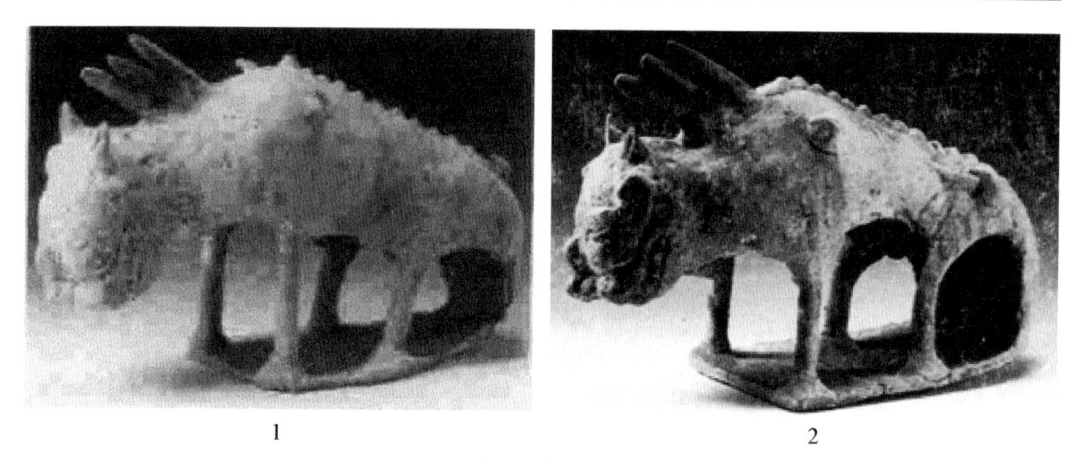

图十　镇墓兽
1. 北郊 M217∶6　2. 董家村后秦墓

上述两地墓葬中,北郊墓葬中镇墓兽与董家村墓葬相似,随葬器物与凤栖原墓葬相似;长安县墓地的阶梯状墓道和墓道天井均与凤栖原墓葬相近,均晚于文林小区的长斜坡墓道单室墓(图十一)。

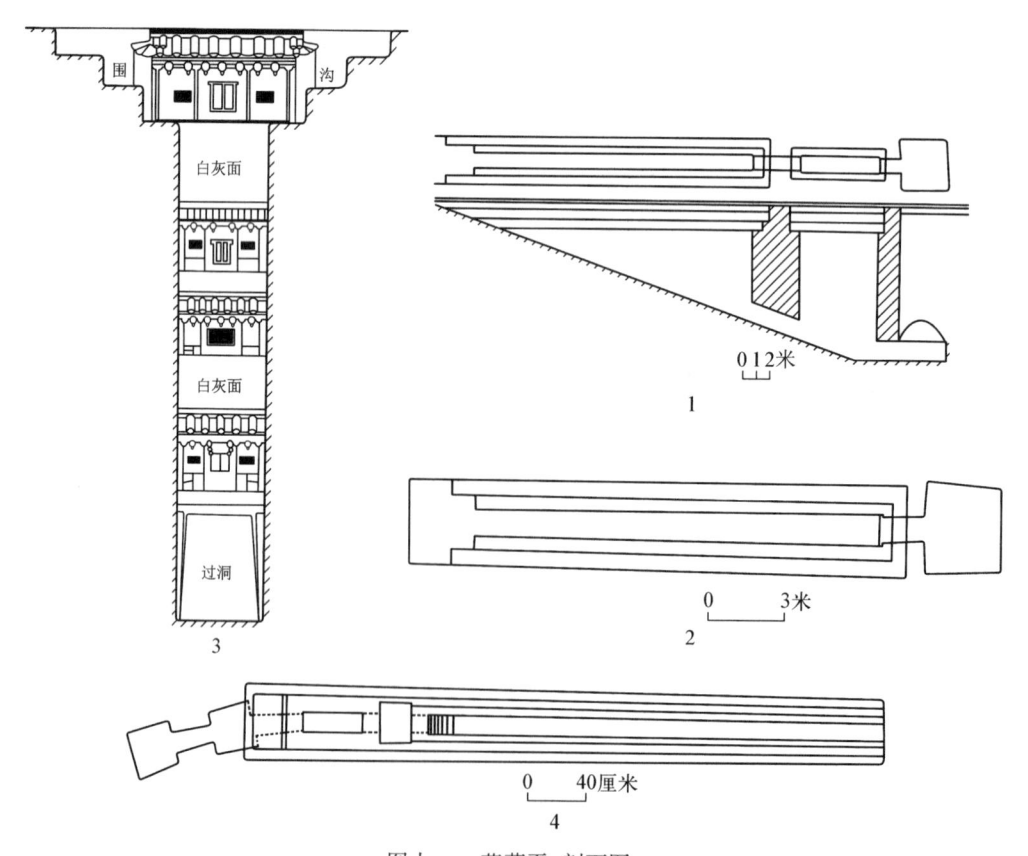

图十一　墓葬平、剖面图
1. 凤 M9 平、剖面图　2. 文林小区 M49 平面图　3. 长安县墓地 M1 横剖面图　4. 长安县墓地 M1 平面图

由此可以推测，在前秦中、晚期，即文林小区墓地之后，型式分期中所体现的十六国墓葬特征似乎发生了较大的变化，例如平 M1、凤 M9、北郊墓葬、长安县墓葬以及董家村后秦墓，甚至教院 M1、M2①与洪庆 M8②的随葬器（包括甲骑具装俑）也在其列。

已知四期为师 M5，年代为后赵时期（319~351 年），六期为前秦中晚期（378 年前后），由此得出一、二期应为西晋晚期至 319 年，三期为前赵时期的可能性很大（表十四）。再综合墓葬存在的文化滞后性考虑，墓葬所对应的年代即可大致确定（表十五）。

表十四　墓葬分期表

	A 型	Ba 型	Bb 型	Bc 型	Bd 型	Ca 型	Cb 型
一期		Ⅰ式				Ⅰ式	
二期					√		
三期		Ⅱ式					
四期			√				
五期		Ⅲ式		√		Ⅱ式	√
六期		Ⅳ式					

表十五　墓葬年代表

时　　期	墓　　葬
西晋晚期——319 年（一、二期）	铁 M1　铁 M2　铁 M3　师 M3
前赵时期——后赵中期（三期）	JGM66
后赵时期——前秦初期（四、五期）	师 M1　师 M2　师 M4　师 M5　师 M6　师 M8　师 M9　师 M10　师 M11　秀水园 M5　瓦胡同村墓
前秦中、晚期（六期）	文文林小区墓地　西柞高速 M29

（四）从平陵 M1 与草厂坡墓观察墓葬分期

平陵 M1 出土陶罐形制接近早期，但纹饰与晚期相似；陶狗身形瘦长，刻画精致，与晚期相似；陶猪平背鼓腹，与晚期相似；陶鸡身形接近中、晚期，但刻画精细，与早期接近；陶仓有明显伞状盖，陶井井架、辘轳突出，二者均与晚期接近。陶俑形制与前秦、北魏明显不同，陶俑面部均在眉心、下颌饰朱点，两颊均戳一小窝，上涂朱（图十二）。

平陵 M1 还出土了 4 枚蜀五铢，该类钱币应当铸于"益州辖区内的蜀钱铸地，且年代极短"③。这一地区为羌族的发源地，与作为羌族政权的后秦形成对应关系。但其中包括

---

① 参见咸阳市文物考古研究所：《文物考古论集》，第 227 页。
② 陕西省考古研究所：《西安洪庆北朝、隋家族迁葬墓地》，《文物》2005 年第 10 期。
③ 徐承泰：《"蜀五铢"非蜀汉所铸考》，《中国钱币》1995 年第 2 期。

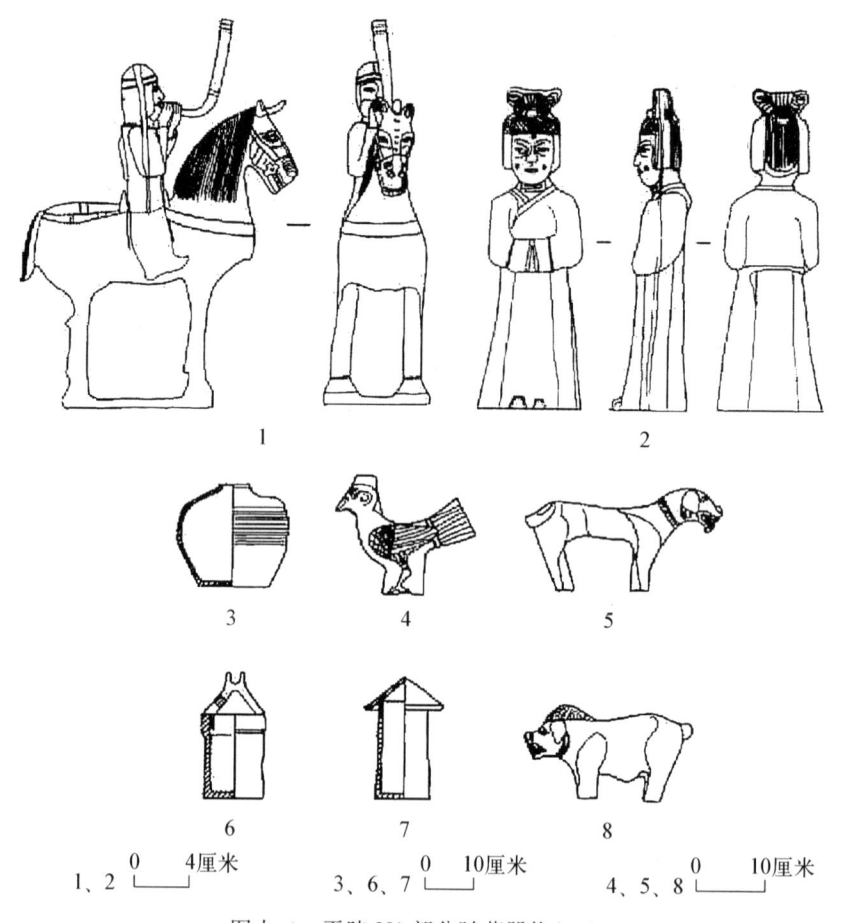

图十二 平陵 M1 部分随葬器物（一）
1. 吹角骑马俑（M1∶12） 2. 女侍俑（M1∶34） 3. 陶罐（M1∶23） 4. 陶鸡（M1∶30）
5. 陶狗（M1∶56） 6. 陶井（M1∶29） 7. 陶仓（M1∶43） 8. 陶猪（M1∶40）

了复杂的民族成分以及迁徙过程等问题。后秦之羌或为"上郡夫施之黑白羌,就是冯翊、北地的马兰羌"①,或为来自天水、陇西的西羌。二者本就具有承袭关系,且与蜀五铢所铸造的时间一前一后,并不完全对应。但民族的迁徙应当是一种持续行为,只有高潮与低谷之分,此种钱币以纪念性质被带入关中的可能性仍然存在,而借此作为羌族族属的证据,则显得过于单薄。换言之,其可能性仍需要细致推敲。

回到平陵 M1 本身,墓葬中出土了 1 件天王俑,但仅残存眼部,因而难以与其他墓葬比对（图十三）。我们或可据此猜想,平 M1 正处于后秦向北魏过渡之期。关中地区的天王俑,目前最早仅见于隋唐时期。平陵 M1 出土的天王俑眼长 9 厘米,宽 6 厘米,照此推测,其体型巨大,隋唐时期的天王俑大致高 1 米,能够形成对应关系。但毕竟已经难辨其形,本文并不能据此为证,产生结论。

① 马长寿:《碑铭所见前秦至隋初的关中部族》,北京:中华书局,1985 年。

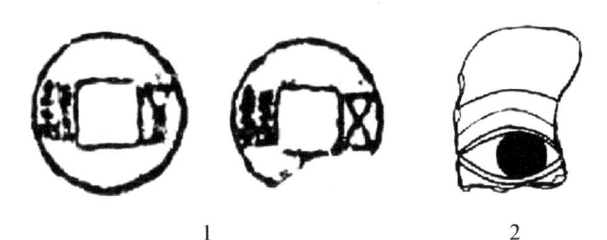

图十三 平陵 M1 部分随葬器物（二）
1. 蜀五铢 2. 泥质天王俑残片

平陵 M1 中接近晚期的器形已处于发展序列的成熟阶段，甚至比文林小区墓葬更加成熟，且更完整地保留了西晋晚期以来的陶器组合。但整体风格尚未出现北朝墓葬特征，墓葬形制也不似北朝同规格墓葬。如前文所述，以平陵 M1 为中心，似乎存在一批墓葬形制、随葬器物组合乃至形态都十分接近的墓葬。这批墓葬中包含董家村后秦墓，其器物风格也与文林小区前秦墓存在一定承袭关系。

然而，这类墓葬已经出现镇墓兽，甬道也出现涂抹白灰的现象，还出现了带天井的墓道和房屋、多重阁楼模型的甬道。这也是该类墓葬在董家村后秦墓镇墓兽出现之前，普遍被认定为北魏墓葬的原因。综合考虑，可知平陵 M1、凤栖原 M9、长安县墓地以及北郊墓地上限应当不早于后秦。

通过对十六国时期墓葬形制发展的观察，B 型以上的较高等级墓葬形制大体从多室墓向单室墓发展，总体特征是侧室的减少乃至消失，至文林小区墓地，基本已定型。

草厂坡墓葬属于高等级墓葬。随葬器物中，成套的甲骑具装俑和伎乐俑与晋永和十三年（357 年）冬寿墓壁画①中的形态基本一致，具有浓厚的鲜卑风格（图十四）。其形制与北郊墓葬相似，但就马的造型而言，北郊墓葬的马身胖而圆，马腿细而长，与鲜卑壁画墓中狩猎图所绘之马更接近；草厂坡墓葬中马的造型棱角更加分明，风格偏庄重，在汉文化因素的表现上，远多于前、后秦时期的羌、氐族。已知北郊墓葬为北魏初期，因此草厂坡存

图十四 吹角俑
1. 冬寿墓壁画 2. 平 M1∶12 3. 草厂坡墓葬出土

---

① 转引自洪晴玉：《关于冬寿墓的发现和研究》，《考古》1959 年第 1 期。

在晚于北郊墓葬的可能性。且在北魏迁洛后，随葬器形已大有不同。且草厂坡墓道损毁严重，推测较同期墓葬所缺失的信息应当不在少数。

随葬日用器物方面，草厂坡墓葬陶灯的保留也与北朝墓葬相似。研究者早期根据生活用具和墓葬之汉风，将时代推至十六国时期，并将其与十六国墓葬间的多处不同直接归结为墓葬等级的差异。即便如此，透过墓葬等级由低至高的变化趋势，也难观察出其中的递进关系。

草厂坡墓葬随葬日用器物的特征晚于文林小区墓，陶俑的鲜卑化风格十分明显。西晋以后，最先在关中地区建立政权的是匈奴的前赵，鲜卑在摆脱匈奴控制后，与匈奴在蒙古草原上曾长期处于对立关系，很难想象如此身份等级的墓葬会出现在匈奴入主关中的时期。至于墓中所袭汉晋之风，可以理解为鲜卑汉化在墓葬中的表现。

早期将草厂坡墓葬认定为十六国时期的研究中，最具说服力的是苏哲的文章。该文章将草厂坡墓葬与确定为后赵时期的师 M5 对比，认为二者相似。这很可能是因为当时文林小区墓地还未发现，很难预料到该类型的随葬品发展序列居然可以由前、后赵时期一直持续到前秦中、晚期。该文章将西晋阶梯状墓道与草厂坡进行联系是缺乏证据的，草厂坡墓葬墓道上部已经完全损毁。即便"稍具规模的土洞墓两侧壁多呈台阶状内收……结构的墓道应是源自洛阳地区晋墓的制度"①，那也可反之用来证明这是迁洛之前，关中地区开始出现融合洛阳地区汉晋文化的表现。同理，文中卤簿制度与仪卫俑群以晋制为核心的观点，都不与本文的结论冲突，相反都可以起到旁证的作用。

综上，草厂坡墓葬的年代上限应为前秦中晚期，下限与北大历史系考古教研室编写的《三国—宋元考古》中观点一致，应为北魏迁洛以前。

（五）从数据观察墓葬分期

传统的类型学，是根据实物遗存推导出相应的发展序列和规律，这个思维过程本身就带有统计性。换言之，除了文化因素的分析，所有符合固定规律的研究过程都存在一个内在的数学逻辑。如果能够准确把握这种逻辑，就能避免大数据处理过程中的失误，也能检验文化因素分析的结果。"考古学中的定量关系当然不局限于百分比关系。器物特征（几何尺寸、纹饰、质地）的定量研究对器物的正确分型定式也是可以作出贡献的"②。

本文根据类型学选取的主要随葬器，以墓葬为单位，单独计算每座墓葬中该器物所占该类器物的比例（表十六）。

---

① 苏哲：《西安草场坡1号墓的结构、仪卫俑组合及年代》，《宿白先生八秩华诞纪念文集》，北京：文物出版社，2002年。
② 陈铁梅：《定量考古学》，北京：北京大学出版社，2005年。

表十六　重要随葬器物比例表（单位：%）

	陶俑	陶罐	陶鸡	陶狗	陶猪	陶仓	陶灶	陶井	陶马
草厂坡	41.33	0.00	13.51	6.45	11.54	0.00	3.45	4.55	0.00
长安县 M1	3.33	0.00	0.00	0.00	0.00	4.76	6.90	4.55	0.00
长安县 M2	0.67	5.48	0.00	9.68	19.19	4.76	0.00	0.00	4.00
师 M1	0.67	1.37	5.41	3.23	3.85	0.00	3.45	4.45	0.00
师 M2	0.67	2.74	5.41	3.23	0.00	0.00	3.45	0.00	0.00
师 M3	0.00	2.74	0.00	0.00	0.00	0.00	0.00	0.00	0.00
师 M4	0.00	1.37	0.00	3.23	0.00	0.00	3.45	4.55	0.00
师 M5	2.33	5.48	5.41	3.23	3.85	4.76	3.45	4.55	12.00
师 M6	0.00	1.37	0.00	0.00	0.00	0.00	3.45	0.00	0.00
师 M8	0.00	1.37	0.00	0.00	0.00	0.00	0.00	0.00	0.00
师 M9	0.00	0.00	0.00	0.00	0.00	0.00	0.00	0.00	0.00
师 M10	0.00	2.74	0.00	0.00	0.00	0.00	0.00	0.00	0.00
师 M11	0.67	2.74	0.00	3.23	3.85	4.76	3.45	4.55	4.00
北郊 M205	3.33	1.37	0.00	0.00	0.00	0.00	0.00	0.00	8.00
北郊 M217	13.00	0.00	0.00	0.00	0.00	4.76	0.00	0.00	4.00
北郊 M225	0.00	2.74	0.00	3.23	0.00	0.00	0.00	0.00	4.00
北郊 M57	3.33	0.00	0.00	0.00	0.00	0.00	0.00	0.00	0.00
铁 M1	1.33	4.11	5.41	3.23	0.00	4.76	3.45	4.55	4.00
铁 M2	1.00	1.37	5.41	3.23	0.00	4.76	3.45	4.55	4.00
铁 M3	2.33	5.48	13.51	9.68	7.69	4.76	8.63	4.55	4.00
铁 M4	0.00	4.11	2.70	3.23	3.85	4.76	3.45	4.55	4.00
平 M1	7.33	1.37	10.81	10.16	3.85	9.52	3.45	4.55	8.00
文 M140	0.67	1.37	0.00	3.23	0.00	4.76	0.00	0.00	4.00
文 M131	1.00	2.74	0.00	6.45	11.54	9.52	3.45	4.55	0.00
文 M69	0.67	2.74	0.00	2.68	0.00	4.76	3.45	0.00	4.00
文 M61	0.00	2.74	0.00	0.00	3.85	4.76	3.45	4.55	4.00
文 M49	0.67	2.74	0.00	0.00	0.00	0.04	0.00	0.00	4.00
文 M44	0.67	4.11	8.11	6.45	3.85	9.52	3.45	9.10	4.00
文 M35	0.00	1.37	0.00	3.23	0.00	0.00	3.45	0.00	4.00
文 M20	1.33	1.37	2.70	3.23	11.54	9.52	8.63	9.10	8.00
文 M6	1.33	1.37	0.00	3.23	0.00	0.00	3.45	0.00	4.00

续表

	陶俑	陶罐	陶鸡	陶狗	陶猪	陶仓	陶灶	陶井	陶马
秀水园 M5	0.67	4.11	0.00	0.00	0.00	0.00	0.00	0.00	0.00
西柞高速 M29	0.33	1.37	5.41	3.23	3.85	0.00	3.45	4.55	0.00
瓦胡同村墓葬	0.00	1.37	2.70	0.00	0.00	0.00	0.00	0.00	0.00
JGM66	5.33	17.81	5.41	3.23	3.85	4.76	3.45	9.10	0.00
凤栖原墓	6.01	6.84	5.41	0.00	3.85	0.00	3.45	9.10	8.00

结合前文的分期结果，将墓葬合并为五个时期（由于不同时期墓葬所包含的器物分布差别较大，因而每一时期的比值，采取平均数的计算方法，该方法还能够尽可能弥补部分墓葬因随葬品缺失导致的数据不稳定），将上表中的器类比例分别与时期对应起来（图十五）。

随葬器物比例变化趋势

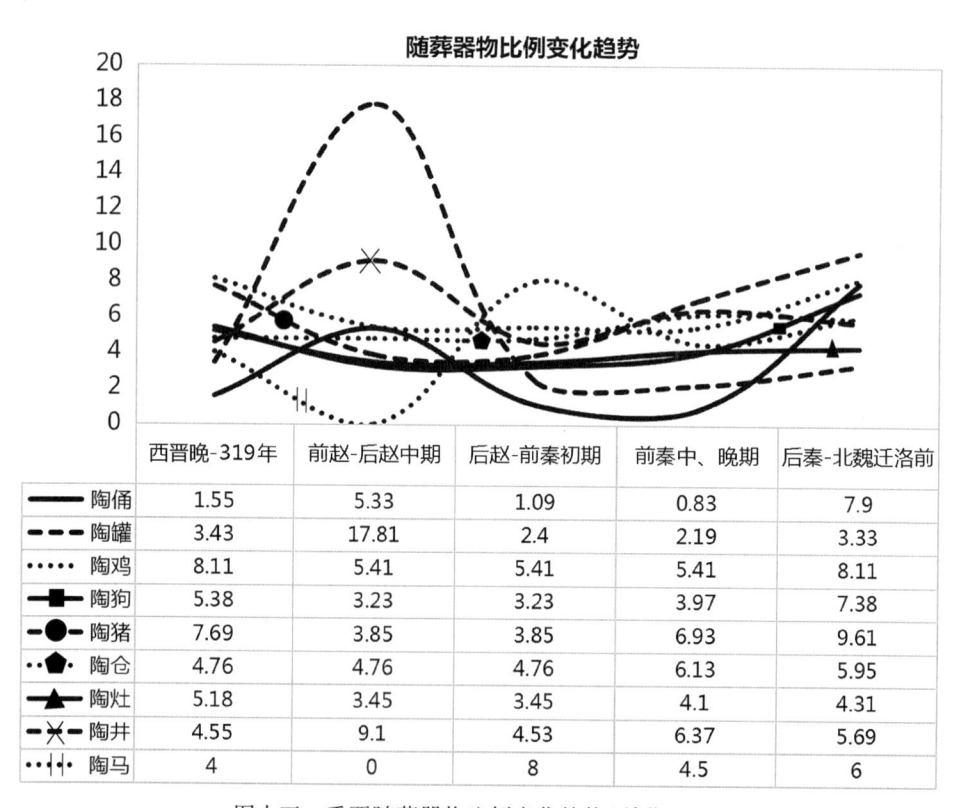

	西晋晚-319年	前赵-后赵中期	后赵-前秦初期	前秦中、晚期	后秦-北魏迁洛前
陶俑	1.55	5.33	1.09	0.83	7.9
陶罐	3.43	17.81	2.4	2.19	3.33
陶鸡	8.11	5.41	5.41	5.41	8.11
陶狗	5.38	3.23	3.23	3.97	7.38
陶猪	7.69	3.85	3.85	6.93	9.61
陶仓	4.76	4.76	4.76	6.13	5.95
陶灶	5.18	3.45	3.45	4.1	4.31
陶井	4.55	9.1	4.53	6.37	5.69
陶马	4	0	8	4.5	6

图十五　重要随葬器物比例变化趋势（单位：%）

需要注意的是，为保证一定的基础数据量，五期中加入了草厂坡墓葬和平陵 M1 两座出土器物较多的高规格墓葬，导致该时期的数值表现会偏大。因此在分析数据时应抱有以下思路：当数据极大于前期时，只能证明其发展态势，不能证明出现明显转折；当数据接近前期时,可以证明其数量在缓减,不能看作平稳数据;当数据小于前期时,可以证明其出现骤减趋势,不能看成数量上的缓减。

由图可知,大部分器物所占自身的比例稳定在1%至10%之间,除陶猪外,畜禽俑和仓、灶、井的组合,在数量上基本呈稳定发展态势。其中,陶罐、陶鸡的比值波动很有可能受到埋藏环境的影响,以陶罐为例,在前赵—后赵中期的大幅上升,完全是受到JGM66的影响,该墓葬埋藏环境较好,出土器物保存状况也十分优良,相较于其他墓葬,在陶罐的数值上表现出的变化特点并不能纳以考量。

值得注意的是,陶俑的比重在后赵至前秦时期出现短暂下滑,但在前秦统治时期十分稳定,这也能够印证前秦时期,关中地区稳定的经济状况。陶俑的比例自后秦开始不断攀升,后秦乃至北魏以后,关中地区墓葬的陶俑随葬行为已然成风,并在种类上有了新的发展。在本文所做统计中,陶俑的数量最多,其计算结果所呈现的趋势也最可靠。纵览这9类随葬器物,若单就粗略的发展态势而言,均能够较好地呈现出相对应的墓葬文化变迁。数据的转折节点也都坐落在本文所分的五个时期上,趋同于类型学研究的分期结论。

四、关陇之间——基于边界地区的思考

自1980年始,以甘肃武威、张掖、酒泉、敦煌为主的河西地区,陆续发现了十六国时期的墓葬。见诸报道者100余座(含祁家湾墓葬①33座空墓)。其中佛爷庙湾墓②、敦煌祁家湾墓葬、玉门金鸡梁赵氏家族墓③和高台许三湾前秦墓④有明确纪年,侯家沟墓⑤、高台骆驼城画像砖墓⑥和机械厂M1⑦无明确纪年。新店台墓群⑧等百余座墓葬信息尚未发

---

① 1985年,在敦煌祁家湾发掘117座西晋十六国墓葬。参见戴春阳、张珑:《敦煌祁家湾西晋十六国墓葬发掘报告》,北京:文物出版社,1994年。
② 自1955年始,在佛爷庙湾墓群进行了多次考古发掘。参见甘肃省敦煌县博物馆:《敦煌佛爷庙湾五凉时期墓葬发掘简报》,《文物》1983年第10期;甘肃省文物考古研究所:《敦煌佛爷庙湾西晋画像砖墓》,北京:文物出版社,1998年;敦煌文物研究所考古组:《敦煌晋墓》,《考古》1974年第3期;何双全:《敦煌新店台、佛爷庙湾晋至唐墓群》,《中国考古学年鉴·1988》,北京:文物出版社,2000年;敦煌县博物馆等:《记敦煌发现的西晋十六国墓葬》,《敦煌吐鲁番研究论集(四)》,北京:北京大学出版社,1987年。
③ 2009年,在甘肃玉门金鸡梁发掘砖室墓、砾石洞室墓、砖石混合墓共计24座。参见甘肃省文物考古研究所:《甘肃玉门金鸡梁十六国墓葬发掘简报》,《文物》2011年第2期。
④ 1999年4月,甘肃省高台县博物馆在许三湾西南墓群回填早期被盗墓葬时发掘了壁画砖室墓,根据砖铭可确定为前秦墓葬。参见寇克红:《高台许三湾前秦墓葬题铭小考》,见简帛网简帛文库,2010年4月12日。
⑤ 2010年,在酒泉侯家沟发掘了砖室墓、砖石混合墓、土洞墓共计9座。参见甘肃省文物考古研究所:《甘肃酒泉侯家沟十六国墓地发掘简报》,《考古与文物》2016年第2期。
⑥ 自2001年始,先后在骆驼城遗址南部发掘了西汉晚期至晋墓9座、十六国墓2座。参见甘肃省文物考古研究所、高台县博物馆:《甘肃高台县骆驼城墓葬的发掘》,《考古》2003年第6期;敦煌研究院考古研究所、高台县博物馆:《甘肃高台县骆驼城南墓葬2003年发掘简报》,《敦煌研究》2006年第3期。
⑦ 1986年,在武威市煤矿机械厂发掘砖室墓1座。参见武威市博物馆:《甘肃武威十六国墓葬清理记》,《文物》1993年第11期。
⑧ 参见夏鼐:《敦煌考古漫记》,《考古通讯》1955年第1~3期。

表。沿敦煌向西至高昌郡,也有墓葬发现①,如阿斯塔纳②及其西区③和哈拉和卓墓④。向西南至库车地区也有发现⑤。

河西地区在十六国时期处于连接边境各少数民族的关键地区⑥,是为"关中丧乱,避地凉州"⑦,因此这一地区的墓葬年代比较清晰。从汉末至北魏,凉州地区不断吸收并消化汉、晋文化,其墓葬也充分体现了汉、晋特点⑧,且以郡为单位,相互区别⑨。因此,除一篇单独的年代分析⑩和一篇综合的年代分析⑪外,仅有三篇硕士论文专门对其进行类型学研究⑫。结合考古报告中的观点,将河西十六国墓葬的年代进一步确定下来。

对河西十六国墓葬的研究,不仅限于墓葬形制⑬,墓葬中保存相对完整的遗存,如壁画就是重点研究之一。20世纪末,徐婵菲就墓葬壁画尝试对墓主进行推测⑭;21世纪初,壁画的作用在考古学很多方面的研究中都开始发挥作用,如对社会的观察⑮、美术考古的

---

① 新疆吐鲁番地区文管所:《吐鲁番出土十六国时期文书——吐鲁番阿斯塔纳382号墓清理简报》,《文物》1983年第1期。
② 自1986年始,在阿斯塔那地区先后发掘了多座有明确纪年的唐墓,竖穴偏室墓承袭了晋墓的形制。参见李亚栋:《阿斯塔那古墓群发掘简况及墓葬编号——以可移动文物普查与国保档案为中心》,《丝绸之路研究集刊》第一辑,2017年;吐鲁番地区文管所:《1986年新疆吐鲁番阿斯塔那古墓群发掘简报》,《考古》1992年第2期。
③ 2004年,在阿斯塔那墓群西区发掘M408、M409共计2座十六国墓;2006年又在此区清理了魏晋北朝墓5座。参见吐鲁番地区文物局:《新疆吐鲁番地区阿斯塔那古墓群西区408、409号墓》,《考古》2006年第12期;新疆维吾尔自治区博物馆考古部、吐鲁番地区文物局阿斯塔那文物管理所:《新疆吐鲁番阿斯塔那古墓群西区考古发掘报告》,《考古与文物》2016年第5期。
④ 1959年至1975年,在新疆吐鲁番市东的二堡乡发掘了13座西晋十六国时期的墓葬。参见新疆维吾尔自治区博物馆:《吐鲁番县阿斯塔那——哈拉和卓古墓群发掘简报(1963~1965)》,《文物》1973年第10期;新疆维吾尔自治区博物馆:《吐鲁番县阿斯塔那——哈拉和卓古墓群清理简报(1966~1969)》,《文物》1972年第1期;新疆博物馆考古队:《吐鲁番哈拉和卓古墓群发掘简报》,《文物》1978年第6期;后收入新疆文物考古研究所:《吐鲁番阿斯塔那——哈拉和卓墓地·哈拉和卓卷》,北京:文物出版社,2018年。
⑤ 2007年,在库车县友谊路与天山路交汇北侧发掘10座魏晋十六国砖室墓;2010年,在该地东侧又发掘了5座魏晋十六国墓。参见新疆文物考古研究所:《新疆库车友谊路魏晋十六国时期墓葬2007年发掘简报》,《文物》2013年第12期;新疆文物考古研究所:《新疆库车友谊路魏晋十六国墓葬2010年发掘报告》,《考古学报》2015年第4期。
⑥ "辄与费祎等议,以凉州胡塞之要,退很有资,贼之所惜;且羌、胡乃心思汉如渴,又昔偏军入羌,郭淮破走,算其长短,以为事首,宜以姜维为凉州刺史。"《三国志·蒋琬费祎传》,北京:中华书局,2009年。
⑦ "裴佗字元化,河东闻喜人也。六世祖诜,仕晋位太常卿。因晋乱,避地凉州。苻坚平河西,东归,因居解县。"《北史》卷三十八《列传第二十六》,北京:中华书局,2016年,第1383页。
⑧ "又西晋永嘉之乱,中原魏晋以降之文化转移保于凉州一隅,至北魏取凉州,而河西文化遂输入于魏"。陈寅恪:《隋唐制度渊源略论稿·唐代政治史述论稿》,北京:商务印书馆,2016年。
⑨ 武威地区:多用草木灰作枕;张掖地区:木棺前挡墨绘星象图;酒泉地区:双室砖墓前室多设方坑,内置随葬品,后室置棺;敦煌地区:多见斗瓶。
⑩ 参见郭永利等:《敦煌翟宗盈墓及其年代》,《考古与文物》2007年第4期。
⑪ 参见张小舟:《北方地区魏晋十六国墓葬的分区与分期》,《考古学报》1987年第1期。
⑫ 参见周伟:《北方地区十六国时期墓葬初步研究》,郑州大学硕士学位论文,2010年;戴玥:《河西黑河流域魏晋十六国墓葬分期的初步研究》,中央民族大学硕士学位论文,2013年;周润山:《河西地区魏晋十六国墓葬研究》,郑州大学硕士学位论文,2013年。
⑬ 参见韦正:《试谈吐鲁番几座魏晋、十六国早期墓葬的年代和相关问题》,《考古》2012年第9期。
⑭ 参见徐婵菲:《酒泉十六国墓大树壁画及墓主族别试探》,洛阳市文物局:《耕耘论丛(一)》,北京:科学出版社,1999年。
⑮ 参见[日]园田俊介:《酒泉丁家闸5号墓壁画所见十六国时期的河西社会——以胡人图像为中心》,《西北出土文献研究》第3号,汲古书院,2006年;贾小军:《榜题与画像:魏晋十六国河西墓葬壁画中的社会史》,《敦煌学辑刊》2014年第2期。

探索①等。此外，还有对于墓葬其他遗存（以文字为主）的个别研究，如简牍②、墓券③、衣物疏④、照墙⑤、藻井⑥等。凉州地区的墓葬遗存保存情况相对较好，高昌地区也不例外，所出文书有很大的考古学价值⑦。

从这一现状出发，我们可以考虑从河西地区的墓葬入手，通过与关中墓葬的比对，观察关中地区十六国墓的特征与变化规律。除此之外，若将连接关中与河西之间的墓葬考虑进来，又会有何收获呢？

大致有两条路线连接关中与河西地区。第一条向西沿秦岭以北，进入由吐谷浑逐步控制的甘肃西南部和几乎整个青海地区⑧。第二条是沿泾水向西北，直达武威，进入河西走廊。这两条线路在关中以西，形成了一个大致由天水—平凉—固原—定西环绕而成的区域。这一区域曾处于前赵与吐谷浑⑨，前秦、吐谷浑与东晋⑩，西秦、吐谷浑与后凉⑪，后秦、吐谷浑与南凉⑫的交界地带。这一地区的墓葬所蕴含的信息，或可作为内部视角，管窥关、陇两地的交流。

试举一例墓葬：甘肃张家川"大赵神平"二年墓⑬。该墓年代根据墓志可推断为北魏孝庄帝永安二年，即 529 年。墓中出土的王司徒墓志中有一段对王氏高祖王擢的描述：

> 后中国失御，魏晋迭昇。或龙腾白马，凤飏金城。所在立功，图勋帝室。受晋茅士，遂家略阳。高祖擢，晋龙骧将军宁夷校尉，赵显美侯。石虎之子，于时冲年立操，二九登庸，布蓇蕃方，联辉相袭，分金益部，片珪井野。入服貂珰，出任推毂。兆虽槃根海底，即亦抽柯入汉。后石室告屯，符宗策马。张氏承机，抚剑河西。豪杰鼎峙于三方，壮士偃蹇于斯年。爵命缤纷，竞溱如雾。公非义张祚，东辕入秦。明帝置席，建师贤之礼，分土南安，托殊常之寄。将欲问策帷中，委戈厓门。不幸寝疾，薨于京师。

---

① 杨泓：《汉唐美术考古与佛教艺术》，北京：科学出版社，2000 年；金维诺：《中国美术：魏晋至隋唐》，北京：中国人民大学出版社，2004 年；巫鸿、郑岩：《古代墓葬美术研究》第一辑，北京：文物出版社，2011 年。
② 参见张俊民：《武威旱滩坡十九号前凉墓出土木牍考》，《考古与文物》2005 年第 3 期。
③ 参见刘卫鹏：《甘肃高台十六国墓券的再释读》，《敦煌研究》2009 年第 1 期。
④ 参见田河：《武威旱滩坡十九号前凉墓衣物疏考释》，《社会科学战线·区域历史与文化》2012 年第 6 期。
⑤ 参见韩莎：《河西地区魏晋十六国时期照墙研究综述》，《乐山师范学院学报》2012 年第 2 期。
⑥ 参见赵玲：《河西地区东汉魏晋十六国墓葬的莲花藻井》，《文学界·历史回廊》2010 年。
⑦ 参见马雍：《吐鲁番出土高昌时期文书概述》，《文物》1986 年第 4 期；柳洪亮：《吐鲁番出土文书中所见十六国时期高昌郡的水利灌溉》，《中国农史》，1985 年；柳洪亮：《略谈十六国时期高昌郡的水利制度——吐鲁番出土文书研究》，《新疆大学学报（人文社会科学版）》1986 年第 2 期；杨荣春：《十六国时期高昌郡的度量衡——以吐鲁番出土文书为中心》，《求索》2014 年第 9 期。
⑧ 参见李文学：《吐谷浑史研究》，北京：科学出版社，2020 年，第 145 页。
⑨ 成玉衡十七年、前赵光初十年、前凉建兴十五年，即 327 年。参见谭其骧：《中国历史地图集》，北京：中国地图出版社，1996 年。
⑩ 前秦建元二年、前燕建熙七年，即 366 年。参见谭其骧：《中国历史地图集》。
⑪ 后秦皇初二年、后燕建兴十年、西秦太初八年、后凉麟嘉七年，即 395 年。参见谭其骧：《中国历史地图集》。
⑫ 南凉嘉平二年、北凉永安九年、西凉建初五年、南燕太上五年、夏龙升三年、北燕太平元年，即 409 年。参见谭其骧：《中国历史地图集》。
⑬ 秦明智、任步云：《甘肃张家川发现"大赵神平"二年墓》，《文物》1975 年第 6 期。

翼赞之功未宣,六奇之谋掩发。秦后痛之,追谥曰庄。

这一段主要讲述了匈奴人王擢在十六国时期的仕途。王氏家族曾迁居略阳,该地在3世纪时基本脱离了东晋的统治。引文后段描述了前秦符健皇始四年(354年)间的事件①,在王擢进入秦地时,恰逢符生篡位,这是前秦并不太平的两年,符生嗜杀成性,京师官员人人自危。王氏高祖恰在此时患疾而终,壮志未酬。这段描述按照石赵与符秦时期,可分为两个阶段。

第一个阶段是"石虎之子,于时冲年立操,二九登庸,布萼蕃方,联辉相袭,分金益部,片珪井野。入服貂珰,出任推毂。兆虽櫱根海底,即亦抽柯入汉"。由此观之,在石赵阶段,社会明显表现出战争频发、统治残暴等民生问题。

第二个阶段是"后石室告屯,符宗策马。张氏承机,抚剑河西。豪杰鼎峙于三方,壮士偃蹇于斯年。爵命缤纷,竞溱如雾"。这表明在前秦阶段,几方政权鼎立相持,大环境趋于稳定,社会所暴露出的主要是礼制等传统被打乱的文化破裂现象。在石赵与符秦的转折期间,政治、经济和文化面貌确有明显不同。

永嘉年间,能为东晋政权的建立打下基础的大族已然东迁。此后,"晚渡北人"虽遭到先入江左之族的排挤②,但也陆续入晋。这些群体可能不具备抗衡或南或北的力量,却能够将汉文化以"正统"之名延续,使其得以保有汉、晋墓之制。

据史料载,王擢为秦州休屠王羌的兄子,与羌有隙。曾获晋职,又投石赵,并引赵军攻前凉,后赵为符秦破,转投张重华③。而后两次引前凉军攻前秦,克秦州。最终在张祚施加的压力下,降前秦,获"师贤之礼"④。这说明王氏一族此时当属掌握一定武装力量的豪族⑤(即边境豪族,他们的政治地位在东晋后才有所提升⑥)。对于地处交界的豪族势力,因"关"与"陇"之间的相持,赋予了他们颠沛、辗转的际遇,继而形成了一种独特的文化空间。无论在此间发生过怎样复杂的交流,最终沉淀下来,并表现于墓葬中的,很可能是联系

---

① 文中提到的张祚仅在354年统领前凉,因此"公非义张祚"而后之事,应发生在此之后,而"明帝置席"又说明当时前秦景明帝尚在位,而废帝符生是于皇始五年,即355年"僭即皇帝位,大赦,改年"。参见(魏)崔鸿:《十六国春秋》,商务印书馆,1937年。
② 参见胡宝国:《晚渡北人与东晋中期的历史变化》,《北大史学》第14卷,北京:北京大学出版社,2009年。
③ "秦州休屠王羌叛于勒,……氐羌悉叛。勒遣石生进据陇城。王羌兄子擢与羌有仇,生乃赂擢,与掎击之。羌败,奔凉州。徙秦州夷豪五千余户于雍州。"《晋书·石勒载记》,北京:中华书局,2015年,第2747页。
④ "季龙使王擢、麻秋、孙伏都等侵寇不辍。……重华召(谢)艾,问以讨贼方略。……以艾为中坚将军,……于是进战,大破之,……是时石季龙西中郎将王擢屯结陇上,为符雄所破,奔重华。重华厚宠之,以为征虏将军、秦州刺史、假节,使张弘、宗悠率步骑万五千配擢,伐符健。……擢等大败,单骑而还,弘、悠皆没。……(重华)复授擢兵,使攻秦州,克。……太尉桓温入关,王擢时镇陇西,驰使于祚,言温善用兵,势在难测。祚既震惧,又虑擢反噬,即召马岌复位而与之谋。密遣亲人刺擢,事觉,不克。……更遣其平东将军秦州刺史牛霸、司兵张芳率三千人击擢,破之。擢奔于符健"。《晋书·张重华、张祚传》,第2240~2247页。"雄攻王擢于陇上,擢奔凉州,雄屯陇东。张重华拜擢征东大将军,使与其将张弘、宋修连兵伐雄。雄与菁率众击败之,获弘、修送长安。"《晋书·符健载记》,第2870页。
⑤ 参见周伟州:《甘肃张家川出土北魏〈王真保墓志〉试析》,《四川大学学报(哲学社会科学版)》1978年第3期。
⑥ 参见韩树峰:《南北朝时期淮汉迤北的边境豪族》,北京:社会科学文献出版社,2003年。

关陇墓葬的重要线索。这些线索最终当"与六镇鲜卑风俗混合,成为关陇地区特色文化"①。

在关陇之间,于南北之界,我们观察到的并非一定是比核心地区更加杂乱无章的墓葬面貌,还可能是墓葬文化的有序流动。在那频繁交流的一百多年间所进行的埋葬行为,可能很难以极强的"共性"被记录下来。笔者认为,如果从地域之间寻求线索,可能对已产生的结论有纠正、推动的作用。

五、结　　语

通过前文对十六国墓葬年代的推断,可以总结出基于类型学分期下的墓葬变化趋势:在墓制方面,大致由前后室向方形单室转变,同时左右耳室逐渐消失;在陶侍俑方面,陶侍俑由简入繁,变化缓慢,且数量、种类逐步增加;在动物俑方面,数量上增多,风格上略显僵硬。据此可以将十六国时期大致分为前后两段,前凉(前赵、后赵及前秦早中期)为一段,后凉(后秦)、南凉(西秦至赫连夏)为一段。对比陇东地区的前凉墓,第一段主要为前后室砖墓与土洞墓,第二段基本为方形单室土洞墓,尤以家族墓为典型。

同时,也可以总结出十六国墓葬的共同特征:在墓制方面,长斜坡土洞墓的墓道基本都为阶梯状,墓室向方形单室发展,随葬器也相应不断向前室及前室前部移动,人骨多并列于墓室后部;在陶罐、仓、灶、井、灯以及畜禽俑等方面,始终饱含汉晋墓葬的风格。据此可以形成一套粗略的十六国墓葬标型及组合(图十六)。

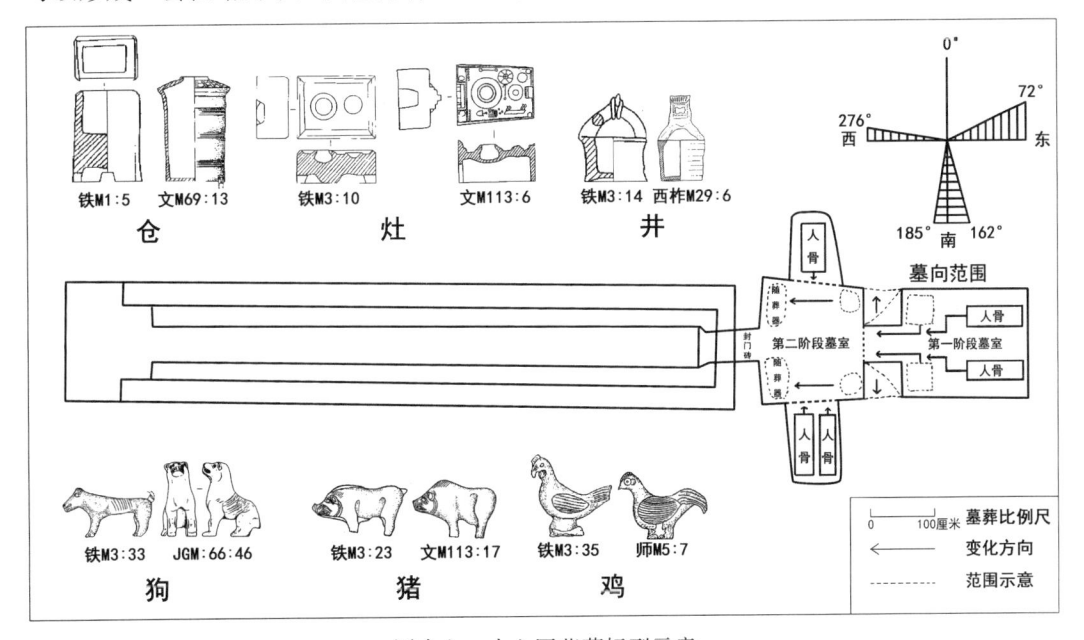

图十六　十六国墓葬标型示意

---

① 李凭:《〈北史〉中的宗族与北朝历史系统——兼论中华文明长存不衰的历史原因》,氏著:《北朝论稿》,北京:北京师范大学出版社,2018年,第76页。

关中与河西地区的十六国墓葬，在西晋晚期至前秦晚期之间，虽然先后经历匈奴、羯、氐族政权，但墓葬所表现出的文化特质仍明显承袭汉晋之风，并与长江、汉水流域地区同时期墓葬①有明显区别，且稳定发展。自后秦直至北魏初期，墓制虽然继承前期，但随葬器物组合、器形、器类等均发生明显转变，北朝墓葬风格开始萌芽。从这一角度讲，以前秦为界，似乎存在着器物方面的明显转变②。

关中地区是中国历史上重要的政治、经济、文化中心，十六国是魏晋南北朝中纷繁复杂的时期，也是汉唐文化发展序列中的重要环节。当复杂的政体与民族碰撞时，必然会产生丰富的文化现象与内涵。墓葬的年代研究可以为关中地区魏晋北朝墓的演变提供更加明确的参考，同时也是进一步研究中国北方地区十六国墓葬的先决条件。

---

① 该流域的两晋、十六国北朝时期墓葬多壁画墓和画像砖墓，汉中地区多随葬白釉盘口瓷壶，安康地区多随葬青釉盘口瓷壶。如西原公前秦墓、栗子园晋墓。参见王寿芝：《陕西城固出土汉晋宋瓷》，《文博》1991年第3期；王寿芝：《城固发现东晋升平四年墓》，《文博》1994年第5期。

② 已有学者进行过论证，在陶俑方面也存在着两个阶段的变化。参见武海：《试论关中地区十六国北朝陶俑的演变》，咸阳市文物考古研究所：《文物考古论集（二）》。

磁县北齐周超墓的发现与研究

沈丽华
中国社会科学院考古研究所
李 江
磁县北朝考古博物馆

磁县北朝墓群位于河北省邯郸市磁县西南,是东魏北齐时期以邺城为都城的元氏和高氏的皇宗陵之所在,在中古时期陵墓制度发展演变史上具有较为重要的学术意义。2012~2013年,河北省文物研究所和磁县文物保管所联合发掘了北齐武平四年(573年)周超墓,墓葬报告于2017年正式出版①,为磁县北朝墓群研究提供了新的材料。虽然报告出版已有数年,但迄今尚未见有学者关注到这座墓葬材料。鉴于该墓具有一些重要的学术价值,本文不揣简陋,试做如下探讨。

一、墓志所见墓主人生平

周超墓志(M17:160)出土于墓室近甬道入口处,青石质,由志盖和志石两部分组成。志盖呈盝顶形,正中篆书"齐故怀州刺史周公铭",铭文左右各有一个铁环。志石平面呈正方形,边长52厘米,表面磨光,小界格内书魏碑体志文。志文设计27行,每行27字,去除空白字,全文总计701字②(图一)。

原报告的录文错讹较多,也未标点,现重做释读如下:

齐故使持节、都督怀州诸军事、骠骑大将军、怀州刺史周君墓志铭
　　君讳超,字荃仁,汝南安城人也。自高禖降祉,平林表异,肇创惟新之业,|始粒精民之口。祖镇都大将,父范阳、高阳二郡太守,世笃忠贞,光辅魏|室。君育德蓝田,滋华赤水。岐嶷凤成,机神早立。预玄之岁,鸡鹄有声。对|日之年,驹雏等誉。然孝乎天性,辟真松之有心,斯文在斯,类劲篠之加|羽。故登山逾峻、学海方深,既穷性道、尤工雕缋。升高能赋,时构凌云之|辞。席上称珍,每发动神之论。年十八释褐奉朝请,转司空田曹。属天步|方殷,帝图中圮,干国未除,戒寄斯切,乃以君为大行台左

---

① 南水北调中线工程建设管理局、河北省南水北调工程建设委员会办公室、河北省文物局:《磁县双庙墓群考古发掘报告》,北京:文物出版社,2017年,第104~114页。
② 报告作729字,未去除空白字,不确。

图一 墓志拓片

丞。及王略载」清,疏方顺轨,入为散骑常侍、豫州大中正。便烦紫闼,顾步丹墀,占对闲」华,姿仪有则。于是丝纶起誉,献替攸归,出为颍川太守。皇齐受禅,除太」尉掾,行西河郡事。政先廉悖,化兼循猛。既富而教,期月有成。不令而徒,」迈成蹊之小谕。善言斯应,究居室之深辞。转历瀛并二州司马,迁太中」大夫。曳组登朝,飞缨就迥。彩如云鹤,暖似神仙。真所谓龙翰凤翼,缙绅」模楷。而与善茫昧,福谦或爽。未穷人爵之尊,儵同良木之坏。岁星今见」寂漠,君平之占。天驷方乘连翩,殷相之后。以大齐武平三年四月八日」薨于第,时年七十有四,诏赠使持节、都督怀州诸军事、骠骑大将」军、怀州刺史。以武平四年岁次癸巳二月丁酉朔十三日己酉葬于邺」城际陌河之右、武城西北三里。前瞻皇阙,望百雄之纡余。傍眺京山,带」千峰之鬱律。而桑田骤徙,陵谷贸迁。故老凋徂,游童靡记。乃刊兹玄石,」永彰厥美。其词曰:
　　　　□土建家,因生命氏。高人递出,英士闲崎。猗欤若人,应兹淑美。精逾百」练,骏同千里。渐陆未飞,在阴斯俟。珪璋有质,君子斯文。纵横流略,渔猎」典坟。高情会理,雄心出群。时擒艳藻,庄思无垠。泓澄德水,嵯峨庆云。随」荆比色,椒兰愧芬。匹彼威凤,戢翼未宾。我如桃李,弓书竞臻。曳裾东合,」飞缨北辰。其治汾浦,瓜竹颍滨。不能不敢,惟猛惟循。福流京邑,恩加细」□。轻尘易泯,人生如寄。永锡未终,云亡奄暨。青鸟告远，玄宫乃位。见日」□赊，三千永阒。山云旦聚，松风晚驶。无绝终古，虽余教义。

据墓志所记，墓主人周超，字荃仁，汝南安城人。汝南周氏是中古时期的望族之一，南北朝时期见于正史的主要有：周强—周灵起—周炅（文昭）①—周法僧、周法尚（德迈）②—周绍基、周绍范，周文—周淳—周峤、周朗（义利）③—周仁昭，周虎头—周恂—周颙（彦伦）④—周绵、周舍（升逸）⑤—周宝始—周弘义、周弘信、周弘正（思行）、周弘让、周弘直—周坟、周确（士潜）等家族，俱为南朝仕人，未见与北齐周超家族有关的记载。

墓志较为简略地记录了周超的祖、父及其本人生平历官情况。周超祖父为镇都大将⑥，父亲为范阳、高阳二郡太守。与正史所记汝南安城周氏多在南朝出仕不同，周超祖、父俱在北朝为官，"光辅魏室"。墓志中称，周超于北齐武平三年（572年）四月八日薨于第，卒年74岁，则其大约出生于北魏太和二十二年（498年）。周超幼年生活在赤水⑦流域的蓝田县⑧，北魏熙平元年（516年）起家为奉朝请（从七品），之后历任司空田曹（七品）、大行台左丞（正四品）；东魏迁邺后为散骑常侍（从三品）、豫州大中正、颍川太守（正四品）。天保元年（550年）北齐禅替，周超为太尉掾（从五品）⑨、行西河郡⑩事，之后再任瀛并二州司马（从四品）、太中大夫（从三品）。北齐武平三年（572年），去世后"诏赠使持节、都督怀州诸军事、骠骑大将军（从一品）、怀州刺史（正三品）"。观其一生，周超历仕北魏、东魏、北齐三朝，未见有显著功业，长期徘徊于从五品至从三品之间，死后方追谥从一品。

二、墓 葬 位 置

周超墓的发现缘起于南水北调中线工程河北磁县段的项目建设。为配合磁县讲武城镇双庙和东小屋村之间的取土工程，河北省文物研究所、磁县文物保管所在取土场内共清理墓葬39座，出土器物710件（套），其中北朝墓葬3座，分别编号为M48、M17和M50⑪。

---

① 《陈书》卷十三《周炅传》。
② 《北史》卷七十六《周法尚传》、《隋书》卷六十五《周法尚传》。
③ 《宋书》卷八十二《周朗传》。
④ 《南齐书》卷四十一《周颙传》。
⑤ 《梁书》卷二十五《周舍传》。
⑥ 《魏书·官氏志》："旧制，缘边皆置镇都大将，统兵备御，与刺史同。城隍、仓库皆镇将主之，但不治。故为重于刺史。"
⑦ 赤水即丹水，今称丹江，源出陕西西南，是汉江最大支流。（北魏）郦道元著，陈桥驿注释：《水经注》卷二十《丹水》："丹水出京兆上洛县西北冢岭山。"杭州：浙江古籍出版社，2013年，第268页。
⑧ 《魏书·地形志》："蓝田，二汉、晋属，真君七年并霸城，太和十一年复。有白鹿原。"
⑨ 此次降爵系源于北齐代魏，《北齐书·文宣帝纪》："（天保元年）乙丑，诏降魏朝封爵各有差。"
⑩ 《魏书·地形志》："西河郡，汉武帝置，晋乱罢。太和八年复，治兹氏城。"《隋书·地形志》："西河郡，后魏置汾州，后齐置南朔州，后周改曰介州。"
⑪ 值得注意的是这3座墓葬属于新发现墓葬，墓葬编号为工作编号，与磁县北朝墓群作为国保单位的墓葬编号系统无涉。1986年，邺城考古队曾对磁县北朝墓群进行全面调查，并在以往调查编号的基础上进行了重新统一编号，这一编号系统也为1988年国保单位的认定及之后的考古工作所继承。2005~2012年，为配合南水北调中线工程河北磁县段穿越北朝墓群项目建设开展了一系列考古工作，在这些工作中对于已知墓葬均沿用原国保单位编号，如M63、M39（高孝绪墓）、M26，对于新发现墓葬则使用新编号，如M001、M002、M003（元祐墓）。2012~2013年的工作没有继续遵守这一原则，略有不妥。

在取土场范围内,以往曾调查发现了 5 座墓葬,其中不乏尚保存有高大封土者,如 M71、M73 和 M75。这几座墓葬在取土以前均对保护范围和建控地带边线进行了标注,严禁取土活动侵入①。略显遗憾的是,此次发现的三座墓葬除 M17(据出土墓志可确定为北齐武平四年周超墓)保存相对略好以外,其余两座墓葬均受盗扰严重,墓葬年代和墓主人不详。此外,发掘报告中未见取土场的墓葬分布总图,因而周超墓的准确位置无法确认,下面的位置讨论只能基于取土场(图二标灰部分)这个相对模糊的区域进行讨论。

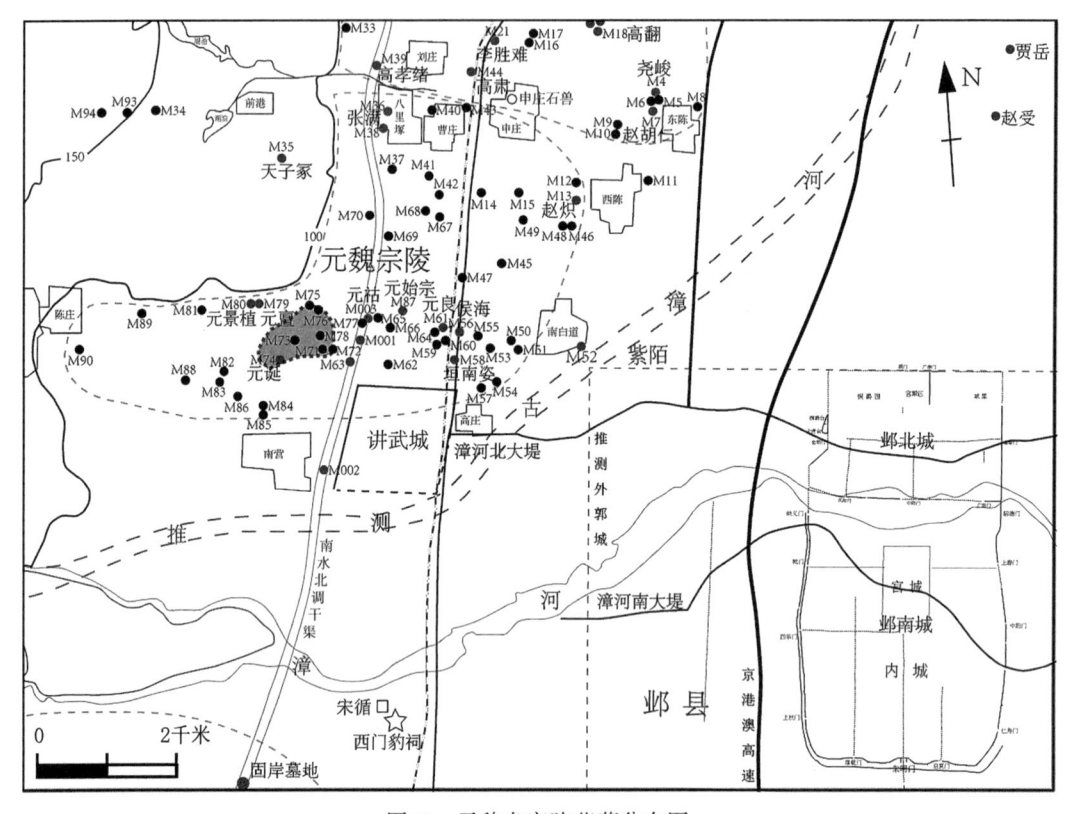

图二　元魏皇宗陵墓葬分布图

笔者曾对邺城地区东魏北齐墓葬进行了全面的梳理,发现墓群分布大致可以分为三个部分:"一是以东魏孝静帝元善见西陵为中心的皇宗陵区,二是以北齐神武帝高欢义平陵为中心的高齐皇宗陵区,三是邺城西南以'西门豹祠'和'野马岗'之间为中心的中下层官吏及平民墓葬区。勋贵和上层官吏一般首选在邺西北皇宗陵外围营造茔域,基本不进入皇宗陵核心区域。次选在邺西南、野马岗一带规建墓园。"②

周超墓的发现略显意外。据墓志记载该墓位于"邺城际陌河之右、武城西北三里"。"际陌河"即紫陌河,指漳河流经邺城西北的一段。邺城地区以往发现的北朝墓志中亦多

---

① 南水北调中线干渠工程建设管理局、河北省南水北调工程建设委员会办公室、河北省文物局:《磁县双庙墓群考古发掘报告》,第 2 页。
② 沈丽华:《邺城地区东魏北齐墓群布局研究》,《考古》2016 年第 3 期。

有提及，如：叔孙固"武定二年(544年)窆于紫陌之阳"①，尔朱世邕"天保六年(555年)窆于紫陌北"②，垣南姿"太宁二年(562年)窆于邺紫陌西北七里"③，高肱"天统二年(566年)葬于邺北、紫陌之阳"④，乞伏保达"武平二年(571年)窆于邺城西北七里、紫陌之阳"⑤，高僧护"武平四年(573年)窆于邺城西、紫陌河之北七里"⑥。紫陌的称法由来已久，据《水经注》记载，"紫陌"战国时始名"祭陌"，十六国时期改称"紫陌"。后赵建武十一年(345年)，石虎造"紫陌浮桥"⑦；后赵时除"紫陌桥"外，还有"紫陌"、"紫陌宫"⑧。北齐时，"紫陌"成为西北出邺城的重要渡口，北齐文宣帝西巡并州时常在此与百官分别⑨。同时，漳河流经邺城西北的这段河流亦成为邺都与皇宗陵之间的重要分界线，频为志墓之地标。结合现代地形和考古发现推断，紫陌河大概位于今南白道、高庄村一线之西南，今日之民有渠或即与漳河故道有关。

武城即今讲武城。据元良墓志记载，"天保四年(553年)迁葬于武城之西(北)七百余步"⑩，元良墓位于磁县孟庄村南750米处，南距讲武城北城墙约880米，距讲武城中心约1670米，墓志所记"七百余步"约合1260米⑪，介于上述两个数据之间，方位大致相合。此外，华山王元鸷、妃公孙甑生分别于"兴和三年(541年)窆于邺县武城之北原"、"天平四年(537年)窆于邺城之西、武城之北"⑫，广阳王元湛、妃王令媛"武定二年(544年)合葬于武城之北原"⑬，汝阳王元晬"武定三年(545年)迁葬于邺城西北十五里、武城之阴"⑭，章武王(元融)妃卢贵兰"武定四年(546年)葬于漳水之北、武城之西"⑮，东安王(元凝)太妃陆顺华"武定五年(547年)窆于武城之西北、去邺城十里"⑯，乐陵郡王高百年、妃斛律氏"河清三年(564年)安厝邺城之西十有一里、(武)城西北三里"⑰，刘忻"武平二年(571年)葬于武城北"⑱，上述墓葬所记方位均与讲武城的方位相合。讲武城据调查

---

① 赵超：《汉魏南北朝墓志汇编》，天津：天津古籍出版社，2008年，第365、366页。
② 陈瑞青、吴玉梅：《〈北齐尔朱世邕墓志铭〉考释》，《文物春秋》2010年第1期。
③ 河北省文物管理委员会：《河北磁县讲武城古墓清理简报》，《考古》1959年第1期。
④ 赵超：《汉魏南北朝墓志汇编》，第435页。
⑤ 赵超：《汉魏南北朝墓志汇编》，第450页。
⑥ 赵超：《汉魏南北朝墓志汇编》，第464页。
⑦ (北魏)郦道元著，陈桥驿注释：《水经注》卷十"浊漳水"条："漳水又北迳祭陌西。战国之世，俗巫为河伯取妇，祭于此陌……淫祀虽断，地留祭陌之称焉。又慕容俊投石虎尸处也。田融以为紫陌也。赵建武十一年，造紫陌浮桥于水上，为佛图澄先造生墓于紫陌。"第142页。
⑧ (晋)陆翙著，黄惠贤辑校：《辑校〈邺中记〉》，刘心长、马忠理：《邺城暨北朝史研究》，石家庄：河北人民出版社，1991年，第403页。
⑨ (晋)陆翙著，黄惠贤辑校：《辑校〈邺中记〉》，刘心长、马忠理：《邺城暨北朝史研究》，第423、424页。
⑩ 磁县文物保管所：《河北磁县北齐元良墓》，《考古》1997年第3期。
⑪ 据曾武秀《中国历代尺度概述》，按一步六尺，一尺合30.1厘米计算，见丘光明、邱隆等：《中国古代度量衡论文集》，郑州：中州古籍出版社，1990年，第130~165页。
⑫ 赵超：《汉魏南北朝墓志汇编》，第321、342~344页。
⑬ 赵超：《汉魏南北朝墓志汇编》，第356~359页。
⑭ 赵超：《汉魏南北朝墓志汇编》，第368、369页。
⑮ 赵超：《汉魏南北朝墓志汇编》，第371~372页。
⑯ 赵超：《汉魏南北朝墓志汇编》，第375~376页。
⑰ 赵超：《汉魏南北朝墓志汇编》，第419~421页。
⑱ 赵超：《汉魏南北朝墓志汇编》，第452、453页。

始筑于战国时期,两汉至北朝沿用,唐初废弃①。周超墓位于讲武城西北方向,距讲武城西北角的直线距离约1 000米,距讲武城中心距离约为1 930米,三里(1 620米)之数恰处于两者之间。综上所述,周超墓志所描述的墓葬方位与"紫陌河"、"武城"这两个坐标点的相对位置关系是基本准确的。

墓志又云周超墓"前瞻皇阙,望百雉之纡余。傍眺京山,带千峰之欝律"。这应与孝静帝的西陵有关,目前学者们一般倾向于认为天子冢或即孝静帝西陵,而其兄长元景植和父亲元亶的陵墓则因元景植墓碑仍矗立于封土之前而较为明确。西陵并非陵号,应该只是基于与邺都的相对方位而得名,并且至少在孝静帝去世(天保二年)之前的武定年间即已存在,如淮南王元显"武定二年(544年)移葬于邺城之西陵"②、吴郡王元光基"武定三年(545年)迁窆于西陵"③。不过这一区域的规划应在东魏迁都后不久即已明确,元祐"天平四年(537年)葬于邺都城西、漳河之北皇宗陵内"④,在元魏皇宗陵内除了孝静帝西陵外,还有其父文宣王元亶之陵⑤。周超墓位于元景植和元亶墓东南不远处,正北的高岗之上即为天子冢;从大的地理空间而言,西侧所傍依的则是连绵不绝的太行山脉。

从图二可以看到,取土场位于元魏皇宗陵核心区的西部,这一区域内归属明确且较为重要的墓葬主要包括元景植(M80)、元亶(M79)父子和元诞(M74)3座。根据笔者之前的讨论,北朝墓群的规划至少在东魏和北齐前期都是比较严格的,异姓应不大可能葬于皇宗陵范围之内,在以往也从未有过类似发现。不过也需要考虑到的是,皇宗陵的限定和约束并非一成不变的。以孝静帝西陵为中心的元魏皇宗陵的形成,大约始自东魏天平初年,从历年出土墓志的情况统计来看,目前所知最早为天平三年(536年)元诞墓(M74),天保年之前葬入的有17个,天保年之后仅武平五年(574年)元始宗墓(M87)1座,甚至还有3位宗室成员葬到漳河以南的野马岗一带(元洪敬、元德、元宝□)⑥。《魏书·孝静帝纪》:"(齐天保)三年二月,奉谥曰孝静皇帝,葬于漳西山岗。其后发之,陵崩,死者六十人。"类似的记载还见于《北史》卷五《魏本纪》、《资治通鉴》卷一百六十四⑦、《邺中记》⑧。又《北齐书·文宣帝纪》:"(天保十年)五月癸未,诛始平公元世、东平公元景式等二十五家,特进元韶等十九家并令禁止。……癸卯,诏诸军民或有父祖改姓冒入元氏,或假托攀认,妄称姓元者,不问世数远近,悉听改复本姓。"《北齐书·元韶传》:"十年,太史奏云:'今年当

---

① 河北省文物管理委员会:《河北磁县讲武城调查简报》,《考古》1959年第7期;沈丽华:《曹魏邺城都城空间与葬地初论》,陈晓露:《芳林新叶——历史考古青年论集(第二辑)》,上海:上海古籍出版社,2019年,第310~312页。
② 赵超:《汉魏南北朝墓志汇编》,第359、360页。
③ 赵超:《汉魏南北朝墓志汇编》,第366、367页。
④ 中国社会科学院考古研究所河北工作队:《河北磁县北朝墓群发现东魏皇族元祐墓》,《考古》2007年第11期。
⑤ 赵超:《汉魏南北朝墓志汇编》,第340~342页。
⑥ 据沈丽华《邺城地区东魏北齐墓群布局研究》附表统计,《考古》2016年第3期。
⑦ "(天保二年)是月,齐主饮公主酒,使人鸩中山王,杀之,并其三子,谥王曰魏孝静皇帝,葬于邺西漳北。其后齐主忽掘其陵,投梓宫于漳水。齐主初受禅,魏神主悉寄于七帝寺,至是,亦取焚之。"
⑧ (晋)陆翙著,黄惠贤辑校:《辑校〈邺中记〉》,刘心长、马忠理:《邺城暨北朝史研究》,第423、424页。

除旧布新。'文宣谓韶曰:'汉光武何故中兴?'韶曰:'为诛诸刘不尽。'于是乃诛诸元以厌之。遂以五月诛元世哲、景武等二十五家,余十九家并禁止之。韶幽于京畿地牢,绝食,啮衣袖而死。及七月,大诛元氏,自昭成已下并无遗焉。或父祖为王,或身常贵显,或兄弟强壮,皆斩东市。其婴儿投于空中,承之以槊。前后死者凡七百二十一人,悉投尸漳水,剖鱼多得爪甲,都下为之久不食鱼。"文宣帝高洋在这次对元魏皇族的种族大清洗中,不仅将皇族成员屠杀殆尽,还对旧有陵墓进行了彻底毁坏。如在 M63、M001 等墓葬的发掘中,就可以看到墓室被扫荡一空,连墓砖都所剩无几,这样的破坏应非寻常盗墓所致①。因此,元魏皇宗陵在天保十年之后大概就已名存实亡,几乎不可能再有皇族成员葬入。至北齐中后期,特别是武平年间,由于北齐和北周之间战事频仍,皇室和朝廷内部都已混乱不堪,这时的陵墓制度更是处于崩溃的边缘。周超墓的发现提示我们,东魏北齐时期陵墓规划和制度约束受政治时局变化的影响是具有一定的局限性的,类似如北周宣政元年(578年)扶风郡公主高妙仪就近葬于靠近邺城的北白道村西,应该也是同样的道理。

三、墓葬形制与规模

周超墓为砖砌单室墓,坐北朝南,方向约 195°。墓葬总长超过 10 米,由斜坡墓道、甬道和墓室三部分组成,墓圹及封土情况不详(图三②、图四)。斜坡墓道位于墓葬前端,全长 3.1 米,宽 1.6 米,坡度约 37°。砖砌甬道长 2.1、宽 1.6 米。甬道与墓道衔接处砖砌封门墙一道,厚 0.4 米。甬道中部设石门一道,由门楣、门柱、门扇和门槛四部分组成,均光素无纹,保存较好。门楣呈半圆形,宽 1.7、高 0.74、厚 0.12 米,左右两侧下方与门柱衔接处可见方形门簪孔。两扇石门呈对开式,略有错位,分别宽 0.61、高 1.47、厚 0.12 米。门中部设有圆形铁门环,报告称"有一长 40 余厘米的铁锁相连"(图五)。墓室平面呈弧边方形,边长 4~4.3 米,墓壁以"两顺一丁"形式砌筑,西壁下设有砖砌棺床,长 3.8、宽 2.1、高 0.23 米。此外,据报告描述,该墓甬道两壁和墓室四壁原绘有壁画,但因大多脱落,内容不清。墓室内未见葬具痕迹,仅发现一男一女两具骸骨,虽然女性骸骨的头和躯干均已移位,但仍可判断该墓应为夫妇合葬墓。

周超墓属于邺城地区东魏北齐时期比较典型的中型墓葬(图表一)。与该墓一同发现的 M48 仅存墓室,平面呈弧方形,边长 3~3.2 米③;M50 仅存甬道和墓室,甬道长 2.4、宽 1.34 米,残存石门,墓室平面呈弧方形,边长约 4.2 米,西壁下设棺床。这 3 座墓葬位置相近,规模相当。以往所见这类墓葬以赵胡仁墓和尧峻墓为代表,墓主人身份多为勋贵

---

① 朱岩石、何利群:《河北磁县北朝墓群 M63 及十六国窑址》,《中国文物报》2007 年 7 月 27 日第 2 版;徐海峰、佟宇哲、王法岗:《河北磁县又发掘一座东魏皇族墓葬》,《中国文物报》2008 年 5 月 9 日第 5 版。
② 报告原图问题较多,现结合文字描述和照片进行了适当修正。
③ 报告中称:"墓室平面略呈方形,最宽处南北、东西均为 5.5 米。"然据平面图比例尺换算,墓室内壁实应为 3~3.2 米,即便按墓室外壁计算,也仅 3.6~3.8 米。

图三　周超墓平、剖面图

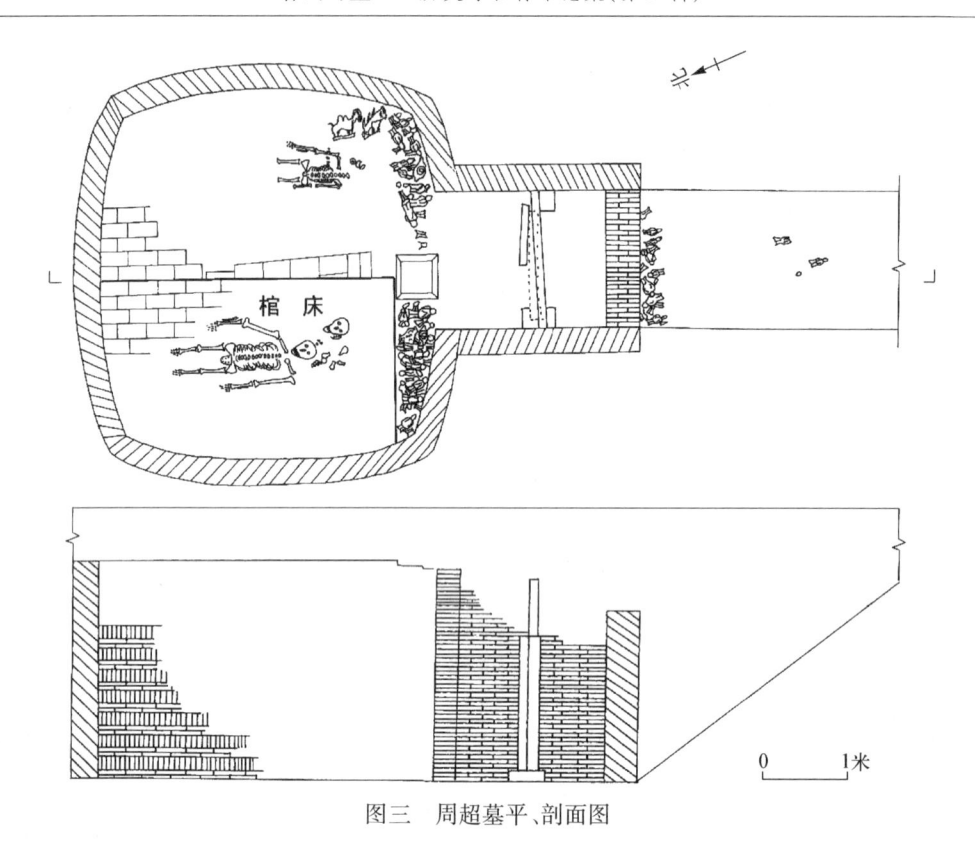

图四　周超墓全景

图五　石门

和上层官吏①。赵胡仁墓墓道长约 30、宽 2.4 米,甬道长 1.82、宽 1.12 米,墓室平面呈弧边方形,边长 4.26~4.8 米②;尧峻墓墓道长 14.8、宽 2.4 米,甬道长 3.64、宽 1.2,米,墓室平面呈弧边方形,边长 4.38~4.52 米③。就墓室大小而言,周超墓略小于赵胡仁(正二品命妇)墓和尧峻(从一品)墓,与墓志所反映的墓主人品秩相符。

图表一　邺城地区东魏北齐时期墓葬形制演变示意

类别 \ 分期	东魏至北齐天保以前		北齐中后期	
	砖室墓	土洞墓	砖室墓	土洞墓
特大型墓	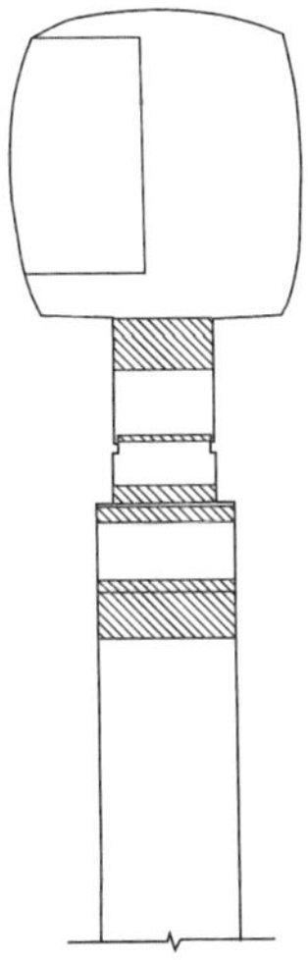 湾漳壁画墓			
大型墓	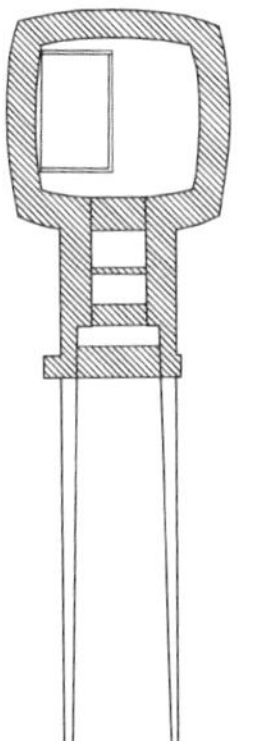 茹茹公主墓	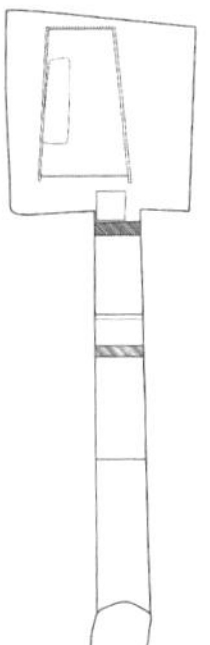 元祐墓	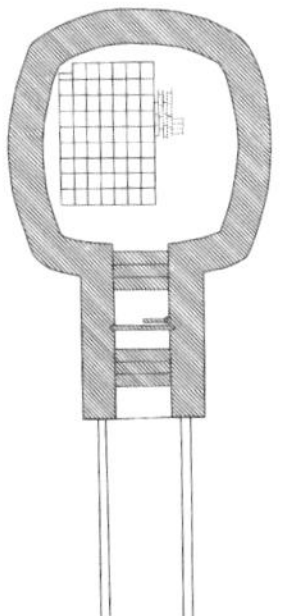 高润墓	

---

① 沈丽华:《邺城地区六世纪墓葬的考古学研究》,《考古学报》2017 年第 1 期;《邺城地区东魏北齐墓葬研究》,楼劲:《魏晋南北朝时期的政治与社会》,北京:中国社会科学出版社,2020 年,第 345~358 页。
② 磁县文化馆:《河北磁县东陈村东魏墓》,《考古》1977 年第 6 期。
③ 磁县文化馆:《河北磁县东陈村北齐尧峻墓》,《文物》1984 年第 4 期。

续表

分期 类别	东魏至北齐天保以前		北齐中后期	
	砖室墓	土洞墓	砖室墓	土洞墓
中型墓	赵胡仁墓		尧峻墓	贾进墓
小型墓	赵明度墓			固岸 M2

四、出土遗物

周超墓出土遗物以陶俑为主,除少量见于甬道封门墙之外的墓道内以外,大多出自墓室南部、近甬道入口处,且分别集中于墓室东南和西南部。从墓葬保存和石门封闭情况分析,该墓虽曾被盗扰,但墓内出土遗物应还大致在原位,墓道尽头与甬道衔接处集中发现的陶俑可能是故意摆放,这或许与二次葬有关,类似的情况亦见于山西太原北齐娄睿墓[1]。

出土遗物中完整能修复的共计 163 件(套),就质地而言,主要包括陶俑、陶器、玉贝器、金属器和墓志等。

(一)陶　　俑

墓中出土的较完整的陶俑和动物模型共计 136 件[2]。由于报告中未按陶俑性质进行分类,描述顺序凌乱,部分器物定名也存在问题,同时描述不准确或缺少数据之处颇多,故

---

[1] 山西省考古研究所、太原市文物考古研究所:《北齐东安王娄睿墓》,北京:文物出版社,2006 年,第 84、85 页。

[2] 报告中统计为 130 件,陶俑章节中包括了镇墓兽和动物模型,但数量却未计入。

丧葬与礼制

此为便于读者阅读和理解,现参照《磁县湾漳北朝壁画墓》[①]等报告与研究成果重做整理如下:(1)镇墓类(4件),包括镇墓兽1对(仅存人面,兽面残碎)、按盾武士俑3件;(2)出行仪仗类(99件),包括步卒俑8件、执盾步卒俑11件、负箭步卒俑10件、袴褶仪卫俑17件、风帽仪仗俑22件、裲裆仪仗俑11件、击鼓俑17件、胡俑3件;(3)宴乐生活类(28件),包括男侍俑16件、女侍俑10件、女仆俑2件。此外还有与宴乐生活有关的动物模型(5件),包括陶牛1件、陶骆驼1件、陶猪1件、陶狗2件;庖厨明器(5件),包括陶仓、灶、井、碓、磨各1件(图表二)。

图表二 陶俑分类及名称调整

陶俑分类	周超墓	湾漳壁画墓	报告原名	调整后名称	出土数量
镇墓类	 M17:90		武士俑	按盾武士俑	3件
出行仪仗类	 M17:126		侍卫俑	步卒俑	8件
	 M17:112		持盾俑	执盾步卒俑	11件

---

① 中国社会科学院考古研究所、河北省文物研究所:《磁县湾漳北朝壁画墓》,北京:科学出版社,2003年。

陶俑分类	周超墓	湾漳壁画墓	报告原名	调整后名称	出土数量
出行仪仗类	 M17:21		负箭俑	负箭步卒俑	10件
	 M17:1		侍从俑	袴褶仪卫俑	17件
	 M17:68		风帽俑	风帽仪仗俑	22件
	 M17:31、32①		文吏俑	裲裆仪仗俑	11件

① 报告彩版一四图5左侧照片有误,从背面照片看应为两当衣,故此两张照片并非同一件陶俑。

丧葬与礼制

续表

陶俑分类	周　超　墓	湾漳壁画墓	报告原名	调整后名称	出土数量
出行仪仗类	M17∶93		击鼓俑	击鼓俑	17件
	M17∶18		胡俑	胡俑	3件
宴乐生活类	M17∶52		女侍俑	男侍俑	16件
	M17∶42		女侍俑	女侍俑	6件

续表

陶俑分类	周　超　墓	湾漳壁画墓	报告原名	调整后名称	出土数量
宴乐生活类	M17：51		女侍俑	女侍俑	1件
	M17：48		女侍俑	女侍俑	1件
	M17：100		跽（跪）坐俑	女仆俑	1件
	M17：111		女仆俑	持盆女仆俑	1件

根据以往发现与研究可知,东魏北齐墓葬中陶俑总数、高度、胎质,以及骑俑、胡俑、骆驼俑、牛车等特殊类型俑的有无,往往是区分墓葬等级高低的重要标志①。从表一可以看到,周超墓出土陶俑总数超过140件(含模型明器),与被推测为帝陵的湾漳壁画墓、茹茹公主墓、高润墓间存在着明显的级差。周超墓中普遍存在两种高度的陶俑,虽然报告中没有明确交代,但推测高度介于23~25厘米和18~20厘米之间的陶俑应分别对应男、女墓主人②。周超出土仪仗类陶俑均为立俑,未见骑俑;动物模型中陶牛身体配有鞍饰,应为牛车的组成;作行走状的骆驼与胡俑组合在一起,亦为出行仪仗的组成部分。此外,目前来看胎质与墓葬等级也具有一定的对应关系,邺城地区漳河以南的中下层官吏墓葬出土陶俑多为红陶胎,而漳河以北的高等级墓葬中则以灰陶胎为主。周超墓出土陶俑根据胎质可分为红陶和灰陶两种,这种差异的形成应当与随葬品分属男、女墓主人有关。

表一 各墓出土陶俑情况对比

墓葬名称	陶俑总数（件）	陶俑高度（厘米）		特殊类型陶俑			
		仪仗类	侍仆类	骑俑	牛车	胡俑	骆驼俑
湾漳壁画墓	超过1805	27~31	25~27（男）、19~22（女）	有	有辇车	有	有
茹茹公主墓	约1100	24~30③	20~24	有	有	有	有
高润墓	约400	24~26	19~22	有	有	有	有
元祐墓	约150	22~24④		有	无	无	无
赵胡仁墓	约150	24~27	22~24（男）、20~23（女）	有	有	有	无
周超墓	约140	23~25（男）、18~20（女）	22（女）	无	有	有	有

（二）朝 服 葬

玉贝器中的玉珩、玉璜、珠饰、琥珀蹲兽和金属器中的铁剑属于"朝服葬"⑤内容,系该墓最为重要的发现。

1. 组玉佩

周超墓出土的组玉佩主要包括玉珩、玉璜、琥珀蹲兽和珠饰,经分类统计共计183

---

① 沈丽华：《邺城地区六世纪墓葬的考古学研究》，《考古学报》2017年第1期。
② 报告中没有意识到这一问题，将不同高度陶俑混为一谈，因而出现如17~25厘米、18~26厘米的高度变化区间，这在注重礼制的中古时期，显然是不可能的。当时陶俑的制作大概是以1尺约合30厘米为标准，陶俑间的高差以寸为单位递变。
③ 茹茹公主墓有两套风格陶俑，形态和高差差别较大。
④ 在陶俑高度方面，元祐墓略显特殊，仍保留着较多北魏洛阳传统，整体相对于东魏北齐陶俑要偏矮一些。
⑤ 韦正：《东汉、六朝的朝服葬》，《文物》2002年第3期。

件①。其中玉珩和玉璜各 2 件,均为闪石玉,起连缀作用的蹲兽质地为琥珀。此外,珠饰最多,共计 178 颗,包括半透明椭球形玉髓珠 56 颗、圆球形玉髓珠 42 颗(乳白色大珠 3 颗、乳白色小珠 3 颗、半透明小珠 25 颗、透明小珠 11 颗)、橘红色玛瑙珠 29 颗(大圆珠 3 颗、中扁珠 4 颗、小扁珠 3 颗、深色小珠 19 颗)、黄褐色玛瑙珠 10 颗(多棱 1 颗、大圆珠 1 颗、中圆珠 7 颗、小圆珠 1 颗)、青绿色琉璃珠 14 颗、蓝色琉璃珠 9 颗、蓝绿色琉璃珠 8 颗、煤精珠 9 颗、蚀花玉髓珠 1 颗(图六)。

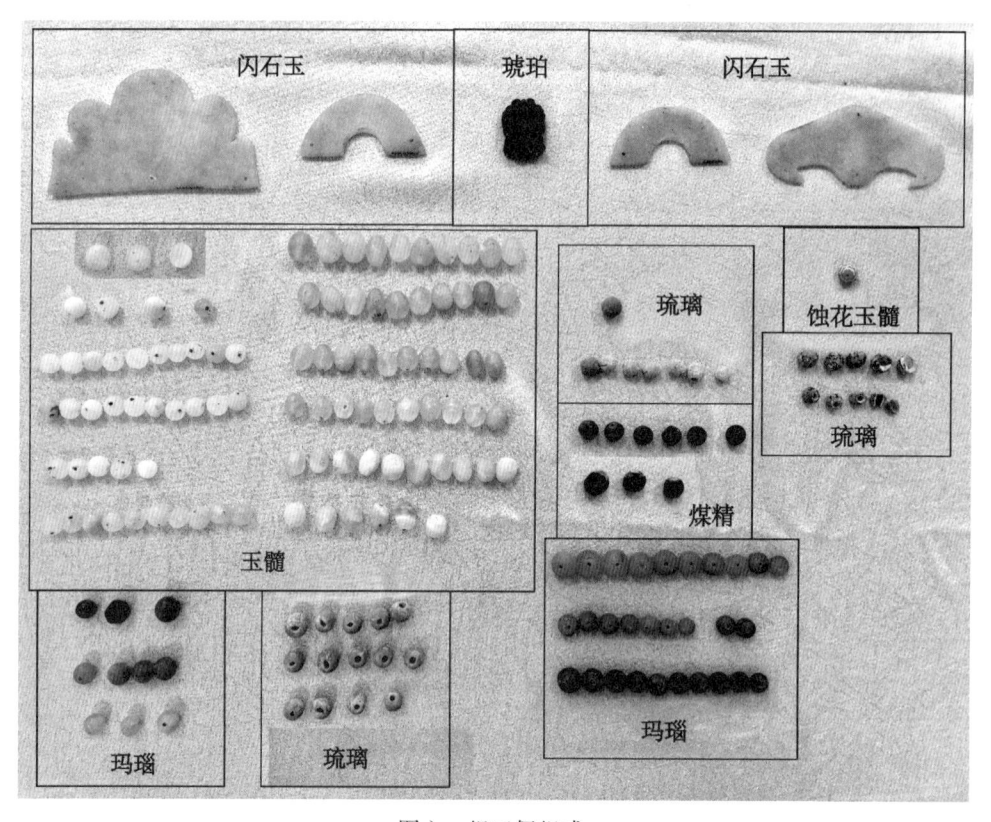

图六 组玉佩组成

左骏曾对魏晋南北朝时期的组玉佩进行统计和复原研究,发现"魏晋南北朝玉佩出土多为单独构件,整体组件发现较少"。北朝时期则更是只有吴桥东魏墓、寿阳北齐库狄回洛墓、太原北齐娄睿墓、韩祖念墓等十例左右,其将玉佩构件按组合位置分为"上珩、中珩、下珩、璜、珠、环形器"六个部分,并在型式演变划分的基础上对典型墓葬出土玉佩进行了复原研究②。通过比对可以发现,周超墓出土组玉佩的情况与太原北齐娄睿墓较为相似。

---

① 据报告,玉饰件 4 件、兽首饰件 1 件、串珠 165 颗,合计 170 件。但是 2020 年 9 月 25 日,为配合磁县北朝考古博物馆展陈布展,笔者在进行周超墓出土组玉佩缀合时,统计发现实应为 183 件。报告中称男性墓主人 117 颗、女性墓主人 48 颗,不知所据? 承磁县文物保管所王志强所长见告,其中 117 颗与玉佩一起出土于陶盘旁边(即本文图七所示),余 48 颗散落在周围,没有明显分布规律。

② 左骏:《魏晋南北朝玉佩研究》,《故宫博物院院刊》2007 年第 6 期。

周超墓出土上珩作勾云状,表面光素无纹,居中位置的上端、下端和两翼端部各有一个穿孔,上部穿孔两侧还有对称牙口。下珩呈云头山字形,上下共有四个穿孔,整体形态与吴桥东魏墓、北齐娄睿墓、隋王士良墓出土上珩接近。玉璜属于比较典型的北方形制,半弧形两端各穿一孔。琥珀蹲兽作为中珩的替代物,亦见于娄睿墓和厍狄回洛墓,上下及左右斜45°均有可贯通的穿孔①。周超墓的这套组玉佩出土于陶盘之上,根据出土照片仅依稀可辨珠饰中橘红色玛瑙珠、半透明椭球形玉髓珠、黄褐色玛瑙珠等一一间隔相缀,但完整情况不太清楚。

参照左骏对娄睿墓出土组玉佩的复原,再结合出土现场照片(图七),笔者试对周超墓出土组玉佩进行了缀合(图八)。缀合工作主要确认了各玉饰件与上珩、玉璜、下珩之间的对应关系,以及琥珀蹲兽作为中心连接配件的重要连缀关系。由于出土照片所能反映出的珠饰间的连缀和组合关系有限,现只能根据不同类型、质地珠饰的数量多寡,进行大致推拟(图九)。

图七 组玉佩出土状况

基于残留遗物及出土信息,缀合后的组玉佩可以给人更直观的视觉感受,但仍有两个问题有必要说明。首先,周超墓出土了两件上珩,尽管唐代有标配两套组玉佩的情况可参照②,但从周超墓组玉佩出土状况来看,应该只有一套。勾云状玉佩与玉璜叠压在一起,云头山字形玉佩距离勾云状玉佩和玉璜略远,但与大量珠饰紧密相依。尽管周超墓曾遭受盗扰,但从出土遗物组合、数量和出土状况分析,应该不会有两套组玉佩。虽然云头山字形玉佩在以往的发现中都是作为上珩使用,但其形状与类梯形玉佩其实也有

---

① 左骏认为,以琥珀蹲兽代替中珩连接玉佩是北齐玉佩特有的结构,反映出北齐玉佩正处于南、北及东、西玉佩样式的转型期。见左骏:《魏晋南北朝玉佩研究》,《故宫博物院院刊》2007年第6期。
② 李明:《隋唐组玉佩刍议》,《考古与文物》2016年第3期。

图八 组玉佩复原

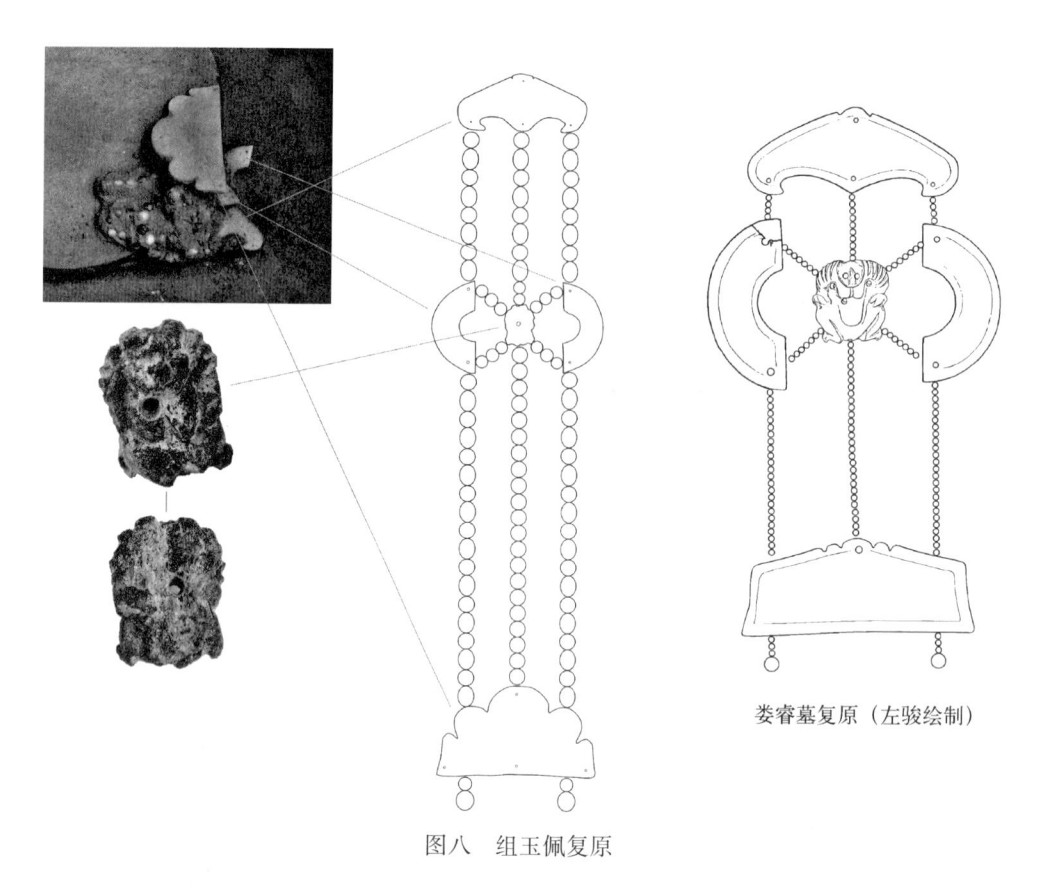

娄睿墓复原（左骏绘制）

图九 组玉佩缀合方案 1

图十 组玉佩缀合方案 2

相近之处①,故此被当作下珩使用的可能性比较大。对于这种现象,比较合理的解释是"魏晋南北朝的玉料供应似乎满足不了贵族对组玉佩的需求……墓主人可能根据现成仅有的玉料拼制而成,并不在意其是否属于真正意义上的一套。……这种拼凑现象在当时应该很普遍……社会贵族用各种方式,或拼凑组合,或以石代玉,或改制前朝旧玉,恪守着西周以来传统的组玉佩礼制思想"②。其次,如果将出土的所有珠饰全部使用上,缀合后的组玉佩通长达到76厘米,相对于墓主人身高(据线图测算周超身高约1.75米)而言,使用起来可能略有不便,因此也不排除其中部分珠饰并不属于该组玉佩的可能(图十)。

2. 班剑

"班剑"又名"象剑","班剑制度"大约从西晋开始成为一种新的礼仪性佩剑制度。因剑鞘质地和配饰的差异,班剑可分为玉质、铜质、水晶质。根据左骏对三国两晋南北朝时期玉具剑的梳理研究,北齐自河清改制之后开始颁行玉具剑的礼制,并且仅限于皇帝、太子和一品官员,其他官员依品级只能使用"金装"、"银装"的朝服佩剑,并且剑首形制也因身份等级而存在差异③。周超墓所出班剑与厍狄回洛墓相似,均为铁质剑身、木质剑鞘,以及剑柄上镶嵌铜质剑首、剑格和剑珌,并未使用玉饰,这与其身份是相一致的(图十一)。

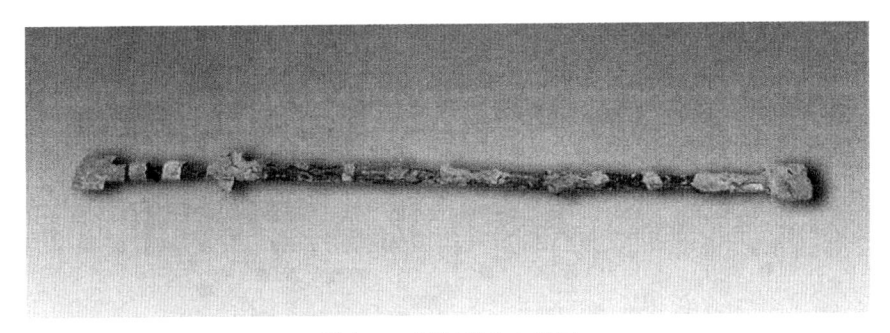

图十一　周超墓出土班剑

五、结　　语

综上所述,简单归纳如下:

(1) 周超墓的发现颇为重要,其位于元魏皇宗陵较核心区域,为我们重新认识东魏北齐时期皇宗陵制度的形成、发展与演变提供了重要启示。

(2) 周超墓墓葬形制规整,其墓葬规模、甬道内设封门墙和石门各一道、甬道及墓室

---

① 娄睿墓所出Ⅳ式玉佩(804)虽仅有2.5厘米宽,与Ⅲ式玉佩(790)之11.2厘米相差较大,但云头具有一定的相似之处的。据线图和文字描述,报告彩版一五〇之图5和图6编号颠倒。
② 褚馨:《汉唐之间组玉佩的传承与变革》,《考古与文物》2012年第6期。
③ 左骏、王志高:《中国玉器通史·三国两晋南北朝卷》,深圳:海天出版社,2014年,第75~80页。

内彩绘壁画的做法,以及随葬品总数和组成,均与墓志所反映的墓主人品秩相符,体现出当时较为严格的墓葬等级制度。通过与赵胡仁(正二品命妇)、尧峻(从一品)等墓的比照来看,周超应系按照在世时从三品的级别下葬,死后追赠从一品只是一项荣誉,未能影响到墓葬规模。

(3)根据《旧唐书·舆服志》①记载,在唐代的朝服礼仪制度中,班剑和组玉佩是一品以下、五品以上官员在参加陪祭、朝飨、拜表等大型礼仪活动时才会佩戴的。周超墓出土了与"朝服葬"相关的组玉佩和班剑,器物组合完整,是以邺城为中心的河北、山东地区首次发现。由王粲所创立的玉佩样式及佩法,自曹魏开始形成定制,降及隋唐②。北朝时期出土组玉佩的墓葬目前仅见数例,且墓主人多为当时的王公大臣,周超墓的发现为丰富相关研究提供了重要例证。

附记:本文的写作得益于磁县北朝考古博物馆的陈列、布展工作,部分照片虽已见刊于报告,但笔者从磁县文物保管所得到了更为清晰的原始照片,并有机会进行组玉佩的缀合工作,在此谨向赵学锋、李江、齐守明诸位先生表示诚挚的感谢!另外,本文墓志录文的释读有劳南京师范大学刘可维博士核校,组玉佩的材质鉴定得到了中国社会科学院考古研究所叶晓红博士帮助,组玉佩的复原和缀合工作得到了南京博物院左骏先生的指导和帮助,在此一并表示感谢!

---

① 《旧唐书·舆服志》:"朝服,亦名具服。冠、帻、缨、簪导,绛纱单衣,白纱中单,皂领、褾、裾,白裙襦,亦裙衫也。革带,钩䚢,假带,曲领方心,绛纱蔽膝,袜,舄,剑,珮,绶。一品已下,五品以下,陪祭、朝飨、拜表大事则服之。七品已上,去剑、珮、绶,余并同。"

② 古方:《曹魏王粲所创玉佩样式及佩法》,《中国历史文物》2005年第3期。

清官式造鼓制度初探

张剑葳

北京大学考古文博学院、北京大学中国考古学研究中心

高　勇

北京大学考古文博学院

马青龙

联合国教科文组织亚太地区世界遗产培训与研究中心（北京）

　　鼓的本质是一种"木匡冒革"的打击器，经击打通过腔体振动发出声响。

　　鼓在传统礼乐中有着重要的象征意义。《周官·鼓人》就指出："掌教六鼓、四金之音声，以节声乐，以和军旅。""国之大事，在祀与戎"，在祭祀与战争中，鼓都扮演着重要角色，成语"伐鼓救日"、"一鼓作气"即分别描述了鼓在祭祀和战争中的使用场景。

　　从清代陈元龙《格致镜原》可知清人对鼓的认知延续了历代的认识，例如刘熙《释名》："鼓，郭也，张皮以冒之，其中空也。"《风俗通》："鼓者……春分之音，万物皆鼓甲而出，故谓之鼓，易曰鼓之以雷霆，则其所象也。"《五经要义》："鼓所以检乐，为群音之长也。"《乐记》："鼓鼙之声欢，欢以立动，动以进众，君子听鼓鼙之声，则思将帅之臣……"[①] 总体而言，鼓在礼乐中提供节奏，"以节声乐"；在报时和军旅活动中，通过轰鸣的振动发出信号。由于鼓与祭祀、战争、报时相关联，自身也被赋予了重要的象征意义，而不仅是乐器、发声器；同时，鼓在城市管理、宗教仪式、民间艺术中也多有运用。

　　当代研究虽有《中国鼓文化研究》[②]等专论分析历代的鼓，但尚无分析造鼓制度与工艺的专论。而鼓在清代典章文献中有着较为详细的记载，有专门的营造制度和则例，且清代仍有一些官式鼓保存至今，为我们今天的研究提供了比较丰富的资料。本文拟利用清官式营造文献，结合对北京、沈阳现存官式鼓的考察，以及对华北传统造鼓工艺的田野调查，将三种材料对照，解读清代营造则例中的官式造鼓制度。

一、清代官式用鼓的类型

　　《大清会典事例》载顺治十四年（1657年）皇帝谕旨："朕于两郊大祀，先御斋宫……

---

① （清）陈元龙：《格致镜原》卷四十七，清雍正十二年刻本，第2、3页。
② 严昌洪、蒲亨强：《中国鼓文化研究》，南宁：广西教育出版社，1997年。

今斋宫宵漏下,鸣画角严鼓以为节,虽异于宫悬合奏,而吹角鼓鼙,军中之容,岂所谓专致其精明者与,此盖相沿前明敝典未更,后此严更鼓角,不当用之斋次。"又"鼓本乐器,而用兼施于军,角为军乐,而后遂设于卤簿、斋坛之夕,严更鼓、吹画角,其义诚无所取,嗣后斋宫吹角严鼓,悉行停止,以昭肃穆"①。

可见,清代官式用鼓之制沿袭明代典制,主要用于礼乐,而又用于军旅和报时。根据历史文献和传世资料的保存情况,本文重点讨论礼乐用鼓(乐鼓)与报时用鼓(更鼓)。

(一)礼乐用鼓

礼乐用鼓,简称乐鼓,主要用于朝会、卤簿、巡幸、燕飨、凯旋等集会庆祝场合。《皇朝礼器图式》②和《钦定大清会典图》③是清代关于礼乐用鼓记载最详细的文献资料(下文简称《图式》和《会典图》),二者对鼓的分类总体相似(表一),但采取了不同的方式来定义鼓:

表一 《皇朝礼器图式》和《钦定大清会典图》中的乐鼓对照

《皇朝礼器图式》	《钦定大清会典图》	
朝会中和韶乐鼓	建鼓	中和韶乐用,庆神欢乐建鼓同
朝会中和韶乐搏拊	搏拊	中和韶乐用
朝会丹陛大乐大鼓	大鼓	丹陛大乐用
朝会丹陛大乐杖鼓	杖鼓一	丹陛大乐用,凯歌乐杖鼓同
卤簿鼓吹大乐杖鼓	杖鼓二	铙歌鼓吹乐用
燕飨清乐小杖鼓	小杖鼓	中和清乐、丹陛清乐用
燕飨清乐手鼓	手鼓	中和清乐、丹陛清乐用
卤簿导迎乐鼓	导迎鼓	导迎乐用
卤簿鼓吹大乐龙鼓	龙鼓一	铙歌鼓吹乐用
耕耤禾词乐鼓	龙鼓二	禾辞桑歌乐用
巡幸铙吹乐行鼓	行鼓	铙歌大乐铙歌清乐用
凯旋铙歌乐腰鼓	腰鼓	凯旋铙歌乐用
凯旋铙歌乐得胜鼓	得胜鼓	凯旋铙歌乐用
燕飨朝鲜国绯乐鼓	俳鼓	朝鲜乐用
燕飨回部乐那噶喇	那噶喇	回部乐用

---
① (清)昆冈等:《大清会典事例》卷四百一十八,清光绪石印本。
② (清)允禄等:《皇朝礼器图式》,哈佛大学图书馆藏清乾隆武英殿刻本,后文相关图、文均引自该书。
③ (清)昆冈等:《钦定大清会典图》,德国柏林国立图书馆藏清光绪刻本,后文相图、文均引自该书。

续表

《皇朝礼器图式》	《钦定大清会典图》	
	达卜	回部乐用
燕飨用廓尔喀部乐达布拉	达布拉	廓尔喀乐用
燕飨用缅甸国乐接内塔兜呼	接内塔兜呼	粗缅甸乐用
	蚌扎	细缅甸乐用
燕飨用安南国乐丐鼓		

《图式》以所演奏的乐来定义鼓,如"朝会中和韶乐鼓"即演奏朝会中和韶乐用的鼓(图一)。行文时先释名,再介绍本朝定制之样式、尺寸,以及还有哪些乐可以使用,并配样式图,图中无尺寸,行文的总体格式延续了《营造法式》的传统。

《会典图》则直接分出不同的鼓名,在图中以所奏之乐来解释其功用,如"建鼓图:中和韶乐用"(图二)。行文时直接介绍详细尺寸做法,比《图式》略为详细,并配有样式图,部分乐鼓还配有律分图,更重其作为乐器的做法。

图一 《皇朝礼器图式》中的"朝会中和韶乐鼓"

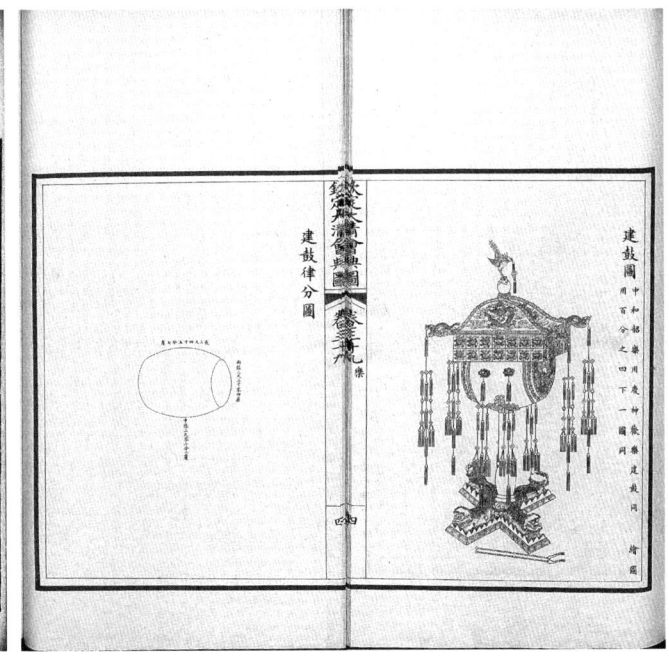

图二 《钦定大清会典图》中的"建鼓图"和"建鼓分律图"

乐鼓多组合使用,不仅与其他乐器组合,不同乐鼓也可以组合演奏。例如在太和殿举行朝贺时,会在午门和端门之间奏铙歌鼓吹乐(图三),其中涉及的乐鼓就包括龙鼓(图四)与杖鼓(图五),此外还会有镫、金、笛、角、拍板等乐器(图三);同时在太和殿前还会用建鼓和杖鼓联合琴、瑟、笙、笛、钟等演奏中和韶乐。

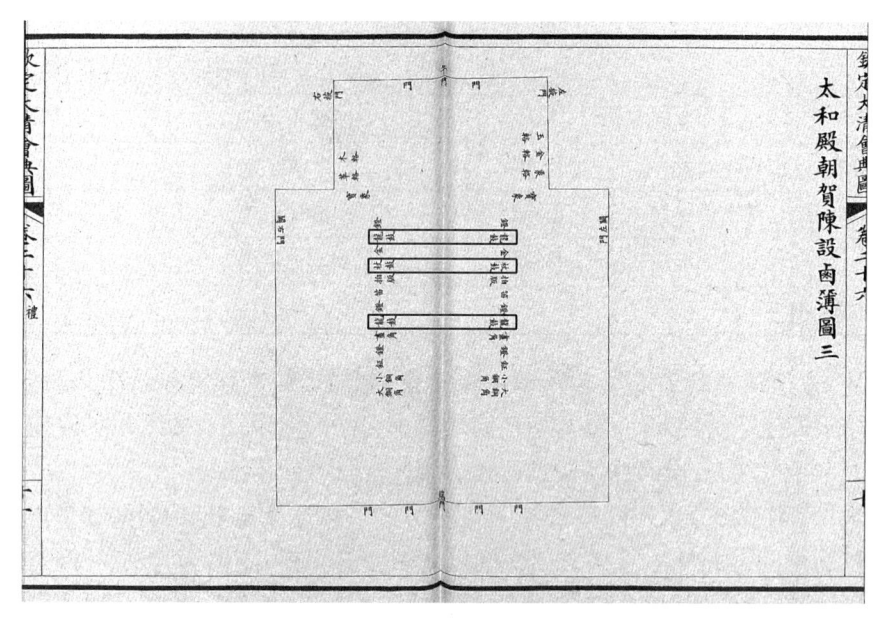

图三 《会典图》记载的太和殿朝贺时午门前陈设卤簿图

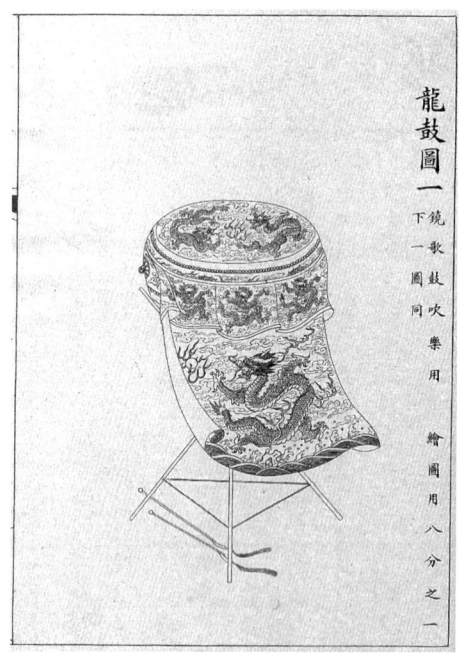

图四 《会典图》记载的"龙鼓图"　　图五 《会典图》记载的"杖鼓图"

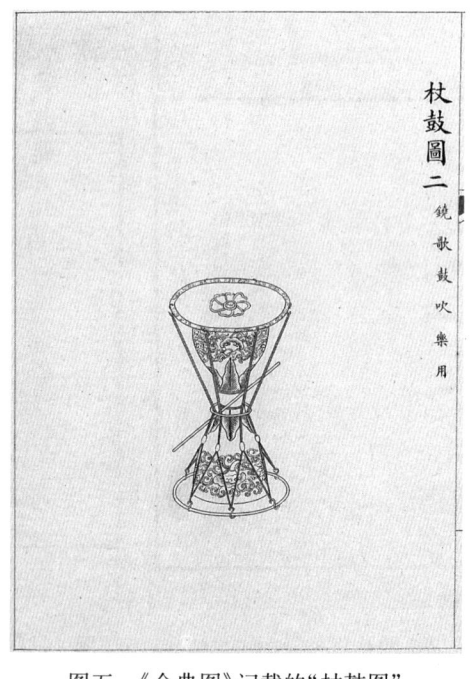

鼓作为群音之长,为群音演奏提供了节奏,在演奏过程中有着重要的作用,从各式鼓的类型式样可以看出,礼乐用鼓不仅对鼓的音乐效果有着严格的要求,作为皇家权力和威严的重要象征,礼乐用鼓也具有很强的装饰性和仪式性,在不同场合彰显着皇权。根据文献和图版可以看出,清代官式礼乐用鼓的尺寸和装饰都有明确的规定,大多为木框冒皮,

框髹朱、满绘云龙纹,鼓衣红缎绿垂幨并销金花。从鼓衣判断,《崇庆皇太后万寿庆典图》中较大的鼓应当是龙鼓,较小的鼓应当是杖鼓(图六)。

图六 《崇庆皇太后万寿庆典图》(局部)中的龙鼓和杖鼓

(二)报 时 用 鼓

报时用鼓,又称为更鼓,用以"示晨昏、肃远近",用于城市鼓楼、城门等具有报时功能的建筑中。《名义考》指出:"古者审时以刻漏,昼夜皆然。后用日晷与鼓,从简便也。鼓谓之更者,率更,官名。师古曰:掌刻漏,故曰率更。以漏筹更易为义,更鼓义又祖此。"①可见"更鼓"为刻漏制度的重要组成。

《明宫史》载"钦安殿后坤宁门……其宫墙外,则紫禁城之玄武门,报夜之更鼓在焉"②。《工部厂库须知》记录了建造西直门、宣武门、国子监更鼓的物料和工食银两③。《大清会典》则记载"神武门外钟鼓楼设更鼓"④。

更鼓可以单独使用,寺庙、衙署鼓楼等场所一般设更鼓一面,城市鼓楼、城门等地方可

---

① (明)周祈:《名义考》卷二,沔阳卢氏慎始基斋影印湖北先正遗书本,1923年,第29页。
② (明)刘若愚:《明宫史 金集》,北京:北京古籍出版社,1980年,第17页。
③ (明)何士晋:《工部厂库须知》卷八,明万历四十三年林如楚刻本,第87、88页。
④ (清)昆冈等:《大清会典》卷八十三,清光绪石印本。

能设多面更鼓,例如北京鼓楼就曾有更鼓 25 面,其中主鼓 1 面,群鼓 24 面①。

《图式》、《会典图》中均无更鼓的记载和图样。嘉庆《钦定工部续增则例》卷七十三中记录了午门大鼓、神武门鼓、鼓楼主鼓、鼓楼群鼓四种更鼓的则例。

(三) 武备用鼓

《图式》、《会典图》在"武备"章节中记载了一种鼓,可称之为军鼓(图七):

> 本朝定制:鼓,木匡冒革,面径一尺六寸二分,中围一尺八寸二分,厚七寸二分。面绘龙,匡绿缘,朱绘花文,上下铜钉二层。匡半铜镮四。承以髹朱架,高三尺五寸五分。四柱相距二尺七分,绘花文。柱半各以铜钩附镮,平悬之。柱端刻花文,高四寸四分。下横木,交十字以枢合之。击以双木椎。汉军鸟枪营,每旗一。直省绿营,各随其地有差②。

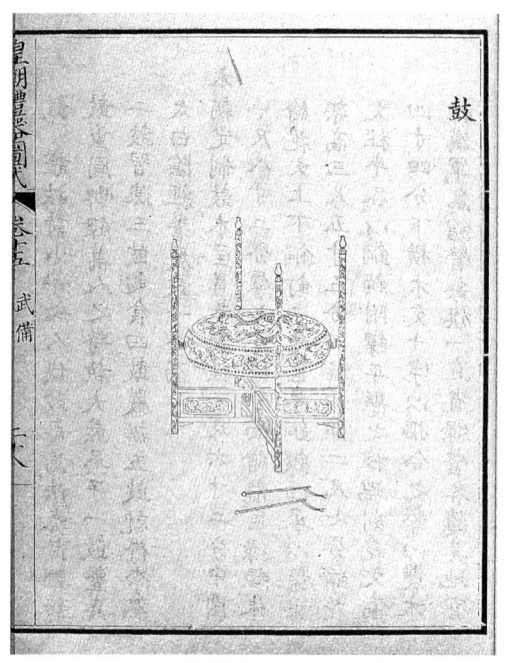

图七 《图式》"武备"中的鼓

二、清代官式用鼓的形制与典型案例

鼓的材质易损,所幸北京孔庙和国子监博物馆、鼓楼、故宫博物院和沈阳故宫等地仍有一些保留。现结合现存文物、历史照片和相关文献,首先对比乐鼓与更鼓的主要区别,继而考释乐鼓中的大鼓、建鼓、搏拊、杖鼓,以及更鼓的形制与工艺。

(一) 形 制 对 比

乐鼓和更鼓在形制上有比较明显的区别。

乐鼓最主要的外观特点是鼓形多样,表面以朱漆为底色,鼓帮鼓面绘以五彩云龙纹、云纹和蕉叶纹,且多有鼓衣,建鼓还有擎盖,以黄缎绣云龙或红缎为之,富丽堂皇。鼓面有与地面平行和与地面垂直两种。根据演奏需要,有的设鼓架,有的执于手中敲打。

更鼓的鼓面均与地面垂直,鼓帮以绿、红两色为底,饰以五彩缠枝莲花,皆有鼓架而无

---

① (清)嘉庆《钦定工部续增则例》卷七十三,第 13~21 页,见:《钦定工部则例正续编》第十三册,北京:北京图书馆出版社,1997 年。
② (清)允禄等:《皇朝礼器图式》卷十五,第 28 页。

鼓衣。这种差异体现了清代官式用鼓的等级差异,乐鼓用于朝会执事和祭祀执事,彰显皇家威严,而更鼓主要用于报时执更,偏重实用性。

即使同为更鼓,午门大鼓的工艺、材质以及鼓架的形制、工艺都高于鼓楼更鼓。这是因为午门大鼓除了报时,在礼乐活动时也有使用,故等级规格高于其余更鼓:

> 万寿元旦冬至三大节,朝贺暨国有大庆筵燕,由礼部鸿胪寺知会銮仪卫……圣驾出宫,午门鸣钟鼓……午门前陈设,设引杖鼓乐以导之①。

下面分别对乐鼓、更鼓的口径、中径和高度三项控制性尺寸求比值(表二),以考察其形制规律:

表二 主要乐鼓与更鼓的控制性尺寸对比

鼓\比值	建鼓	搏拊	大鼓	杖鼓	手鼓	导引鼓	龙鼓(卤簿)	龙鼓(耕耤)	行鼓	腰鼓	得胜鼓	午门鼓	神武门鼓	鼓楼主鼓	鼓楼群鼓
口:高	0.68	0.786	1.125	0.667	4.213	1.26	2.37	2.278	0.714 (0.343)	0.95	2.776	0.87	0.58	0.625	0.88
中:高	0.89	0.667	1.494	0.417	4.741	1.5	2.667	2.62	0.857	1.225	3.17	1.05	0.83	0.83	1.17
口:中	0.76	0.786	0.753	1.6	0.889	1.264	0.889	0.869	0.833 (0.4)	0.776	0.875	0.82	0.7	0.75	0.75

注:加下划线部分均为鼓面侧向的鼓;最右侧四项为更鼓。

各鼓鼓身形状的差异可以反映在口高比、中高比、口中比上。鼓腔的深浅对鼓声有较为重要的影响,鼓身长则声舒而远,鼓身短则声短而疾,乐鼓和更鼓会根据其音响效果选择合适的鼓长和口径组合。

口中比反映了鼓帮隆起的整体趋势,乐鼓和更鼓的口中比值表现出不同规律:各类乐鼓的比值差异较大,鼓身形式各异,这与其对音响效果的精细化需求有关,反映了清官式礼乐中鼓音的丰富。相反,四种更鼓的口中比值则较为接近,在0.7~0.82区间内。

值得注意的是,鼓面侧向(鼓面与地面垂直)的建鼓、搏拊的各项比值与更鼓的各项比值较为接近(图八)。这说明清官式造鼓制度对横卧型的鼓身形状比例有着较为一致的要求。

乐鼓和更鼓的造鼓工艺在鞔鼓、油饰彩绘、木作上基本相同。一个明确的构造特点是所有的更鼓都有"鼓胆",即铜或铁的簧丝或簧片,在鼓内共振发声使得鼓声绵长,现代或称为"鼓簧"。而乐鼓中只有大鼓和导迎鼓的记载中设"铜胆"。鼓胆的具体构造为何,则例文献中没有记载,据《中国鼓文化研究》:"在内部任选一块胚料的中央处,装插一根钢丝,使钢丝的另一端悬空于鼓的中部,如此即完成了俗称'鼓胆'的装置。"②在

---

① (清)昆冈等:《大清会典事例》卷一千一百一十《銮仪卫》,清光绪石印本。
② 严昌洪、蒲亨强:《中国鼓文化研究》,第14、15页。

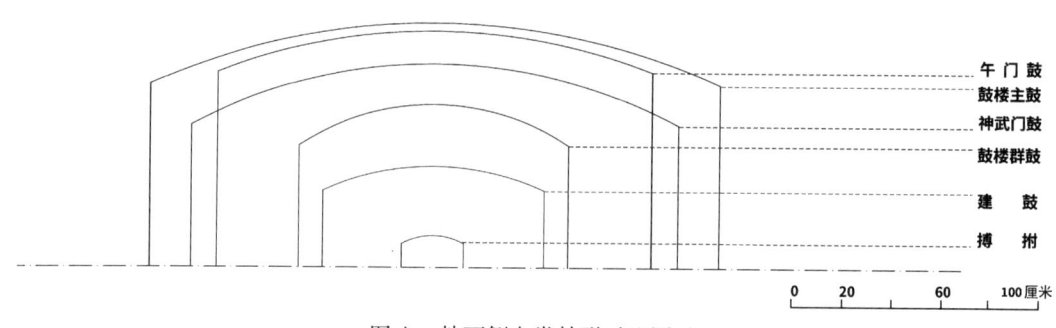

图八 鼓面侧向类鼓形对比图示

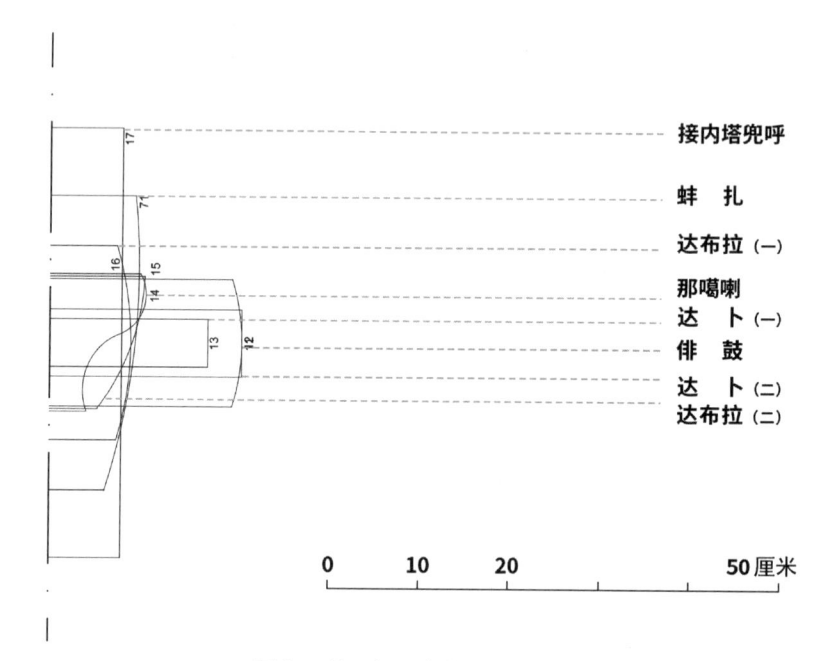

（右侧标注，从上到下）
午门鼓
鼓楼主鼓
神武门鼓
鼓楼群鼓
建　鼓
搏　拊

图九 鼓面朝上类鼓形对比图示

（右侧标注，从上到下）
接内塔兜呼
蚌　扎
达布拉（一）
那噶喇
达　卜（一）
俳　鼓
达　卜（二）
达布拉（二）

对当代传统造鼓工艺的田野调查中，我们发现鼓胆有时作为匠人造鼓的关键技术而不对外透露。

以下具体考释大鼓、建鼓、搏拊、杖鼓、更鼓。

（二）大　鼓

大鼓主要用于丹陛大乐，据《会典图》《图式》可知大鼓由鼓、鼓衣、鼓架、鼓蹈四部分构成。

鼓又可以分为鼓面、鼓边、鼓匡、鼓环四部分，大鼓腹部施鼓胆。鼓面、鼓边实为一体，均包覆鼓匡，最后用两圈金钉钉在鼓匡之上。鼓面漆黄色，绘五彩云龙，鼓匡漆红色，绘"交龙"。鼓匡中部一圈有四个金环。

鼓架由四根短柱和中部十字横木构成，短柱、横木均漆红色，还会在短柱上雕刻蟠龙纹。短柱顶端为狮子,中部有四个金钩与鼓环相连。

鼓衣缠绕在鼓架外侧,为红色绸缎制成,并绣有金云龙。

鼓蹈(图十一)是敲鼓时所踩站的地方,呈二级阶梯状。

表三　《图式》、《会典图》中记载的大鼓各部位尺寸

鼓	鼓 架	鼓 蹈
面径三尺六寸四分五厘,匡高三尺二寸四分,腰径四尺八寸六分,中围一丈五尺二寸六分八厘一毫	高六尺,四柱相距五尺五寸,柱头金狮高一尺一寸	长二尺二寸五分,上曾高阔各八寸五分,下层高九寸五分,底阔一尺七寸

1942年,德国摄影师海达·莫里森(Morrison Hedda)在曲阜孔庙拍摄了一张大鼓的照片,图中鼓衣已经不存,借此可以了解大鼓各部位具体形制特征(图十)。

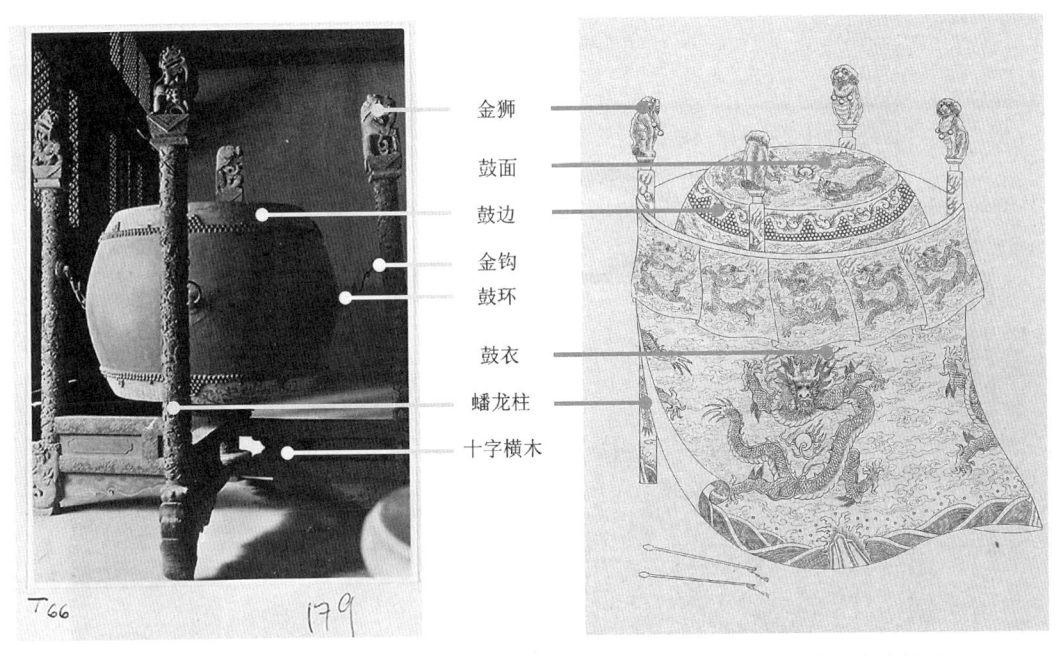

图十　大鼓各部位示意(左:哈佛大学藏海达·莫里森1942年拍摄的曲阜孔庙大鼓照片;右:《会典图》中的"大鼓图")

(三) 建　　鼓

康熙五十四年(1715年),清廷"颁中和韶乐器于国子监",顺治二年(1645年)确定在先师孔子庙使用中和韶乐[①]。

北京孔庙和国子监博物馆内现存有一面鼓(图十三、图十四),形象与《钦定国子监

---

① (清)文庆、李宗昉等:《钦定国子监志》卷三十五,清道光十六年官刻本,第12、13页。

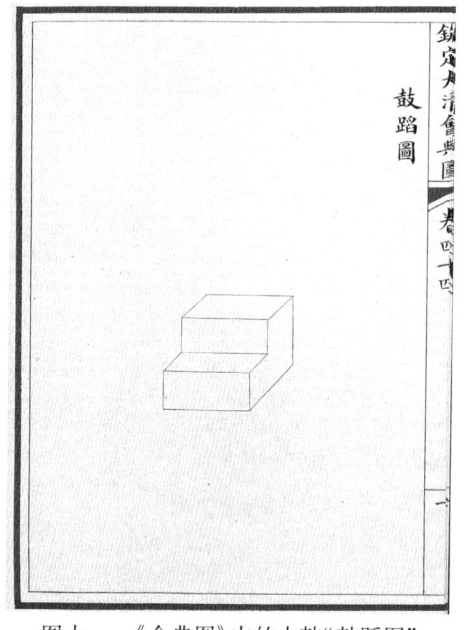

图十一 《会典图》中的大鼓"鼓蹈图"

志》卷三十九鼓图(图十二)①、《图式》卷八"朝会中和韶乐鼓"(图一)、《会典图》卷三十九"建鼓图(中和韶乐用)"(图二)以及建国前老照片一致(图十三),且据《图式》:祭祀、燕飨中和韶乐鼓与朝会中和韶乐鼓相同。结合这些资料可以探讨建鼓的相关形制和工艺(表四)。

建鼓由擎盖、鼓、跌,贯之以中心柱构成。擎盖上穹下方,覆之以黄色云龙绸缎,四根曲梁在交汇处置盖顶、金鸾,尾部加龙首,金鸾、龙首均口衔五彩流苏。鼓面中部绘五彩云龙纹,鼓边绘五彩花纹,用两圈金钉固定在鼓匡之上;鼓匡中部上下开方孔用以插柱,左右各有两处六角镂金盘龙装饰用以固定鼓环;鼓环为金环,亦悬有五彩流苏。中心柱中部有四根雕刻为镂金云纹的曲木来承托鼓匡,底部为一圆座与跌相接。跌呈十字交叉状,跌上坐卧有四座伏狮,朝向各不相同。鼓槌为"双枹",漆朱红,呈直柄圆首。

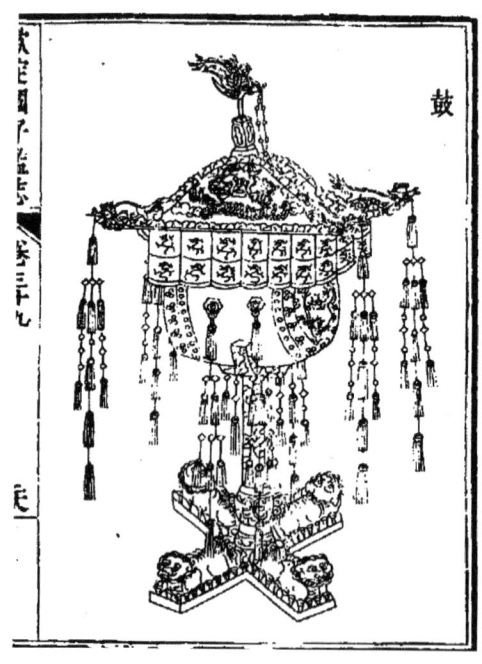

图十二 《钦定国子监志》中记载的鼓图 　图十三 20世纪30~40年代北京孔庙建鼓(海达·莫里森拍摄,哈佛大学图书馆藏)

---

① (清)文庆、李宗昉等:《钦定国子监志》卷三十九,第38页。

表四 《图式》和《会典图》中记载的建鼓各部位尺寸

擎　盖	鼓	柱	跌
盖高一尺五寸三分六厘,阔四尺二寸三分四厘八毫。 盖顶高八寸零九厘。 金鸾高一尺零七分八厘六毫,长一尺九寸四分四厘。	面径二尺三寸零四厘,匡长三尺四寸五分七厘,腰径三尺零七分二厘,围九尺六寸五分一厘	承匡曲木纵长二尺五寸六分,阔四寸三分二厘,横长一尺五寸三分六厘,阔九寸七分二厘,中心厚四寸三分二厘。 圆座高一尺九寸二分。曲木与圆座间二尺四寸三分	长四尺八寸六分,阔九寸七分二厘,厚一寸九分二厘。 伏狮身长一尺七寸二分八厘

　　孔庙和国子监博物馆大成殿内所陈列的建鼓的五彩流苏、黄龙绸缎等软质部分均不存,擎盖、中心柱、跌上均有新漆,并在中心柱两侧添加了斜撑。建鼓本体与文献记载基本一致:鼓面直径约 70 厘米①,纹饰已看不清,鼓边花纹尚存;鼓匡两侧四个六角盘龙装饰尚存,但所衔金环已不存。

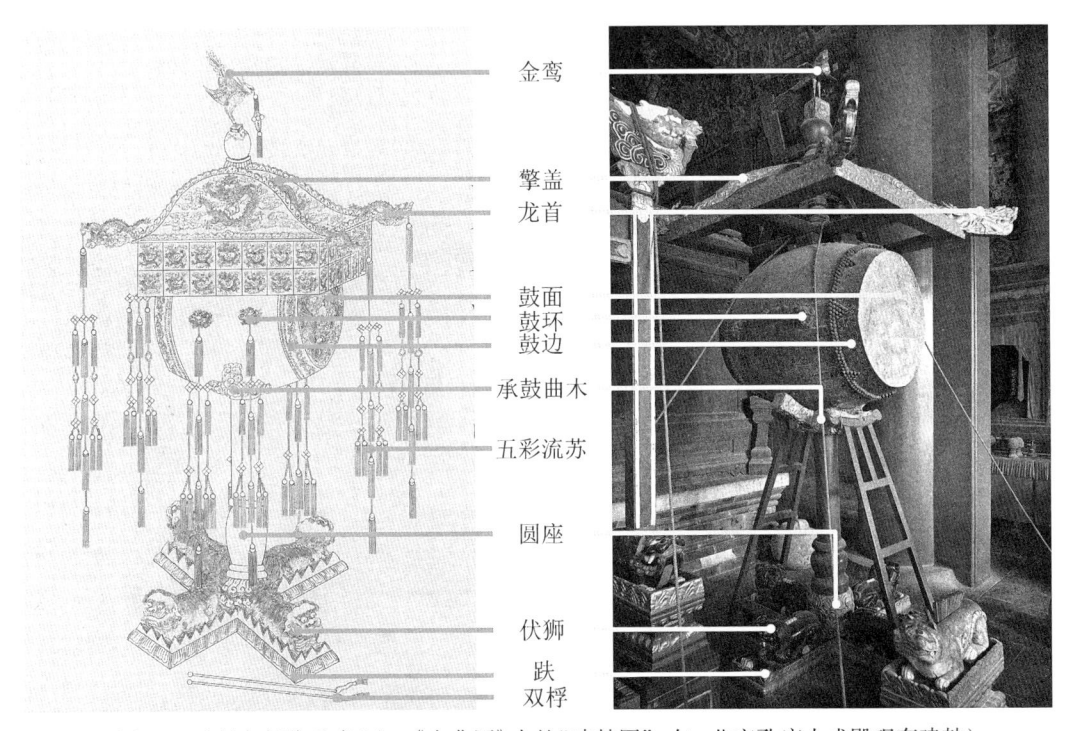

图十四　建鼓各部位示意(左:《会典图》中的"建鼓图";右:北京孔庙大成殿现存建鼓)

---

① 这一数据是在陈列大厅隔着围栏测量而来,可能存在一定误差。

图十五　北京孔庙大成殿建鼓细部

（四）搏拊

《图式》记载了前人对搏拊的认知,如《书·益稷》载"搏拊琴瑟",孔安国解释搏拊为"以韦为之,实之以糠,所以节乐",孔颖达则注释搏拊"形如鼓……击之以节乐,汉初相传为然也";《周礼·春官·大师》载"令奏击拊",郑玄注"拊形如鼓"①;《会典图》则言"搏拊如鼓而小"②。

故宫博物院藏有一面金漆彩画云龙纹搏拊,结合《图式》《会典图》,可资探讨搏拊相关形制和工艺(表五;图十六)。

表五　《图式》、《会典图》中的搏拊各部位尺寸

鼓	趺
面径七寸二分九厘,匡长一尺四寸五分八厘,腰径九寸七分二厘,中围三尺五分三厘六毫	高一尺一寸五分二厘,纵一尺三寸六分五厘二毫,横九寸一分零二毫

搏拊主要由鼓和趺两部分组成。搏拊的鼓面、鼓匡装饰以及鼓环样式与建鼓相同,这是因为二者需要组合起来演奏中和韶乐,即"每建鼓一击,则搏拊二击,以为应合之节"③,相同的装饰有利于场景的统一、庄重。搏拊鼓环只有两个,为金环,二者之间系黄色细带（黄绒纰）。演奏时将细带挂在颈上,用双手击鼓,所以搏拊的尺寸较小。趺分三层,呈四方束腰仰俯莲须弥座样式,通体髹金,最上部还刻有云纹的短垣固定鼓。

---

① （清）允禄等:《皇朝礼器图式》卷八,第63页。
② （清）昆冈等:《钦定大清会典图》卷三十九,第7页。
③ （清）昆冈等:《钦定大清会典图》卷三十九,第7页。

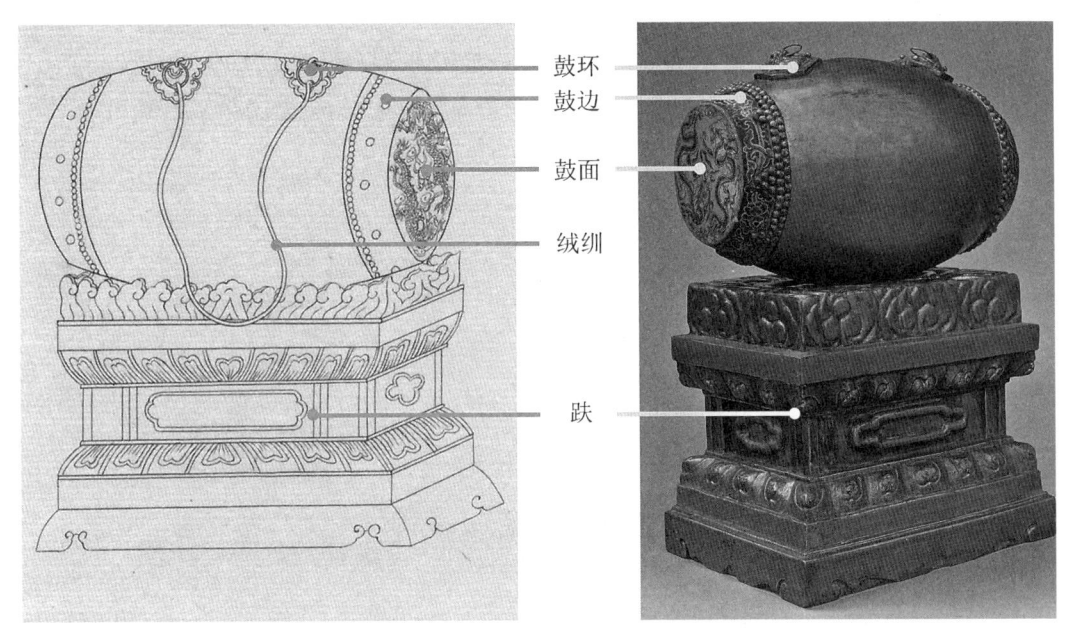

图十六　搏拊各部位示意（左：《会典图》中的"搏拊图"；右：故宫博物院藏搏拊）

（五）杖　　鼓

杖鼓有大、小之分，大杖鼓用于丹陛大乐、凯歌乐以及铙歌鼓吹乐，小杖鼓则用于中和清乐和丹陛清乐。沈阳故宫博物院现藏有大杖鼓、小杖鼓各一面，结合《图式》、《会典图》梳理杖鼓相关形制和工艺如下：

大杖鼓主要由鼓和鼓架组成。鼓整体呈沙漏状，中间鼓匡为细腰形，高一尺九寸四分四厘，两端直径八寸一分，腰径二寸八分八厘。上下鼓面用铁圈固定后"楦"在鼓匡之上，鼓面直径一尺二寸九分六厘，铁圈两侧安置六处鎏金如意铁钩，用黄绒绳将上下两部分串连起来，并在中间添加"束马"。鼓面、鼓匡依据奏乐场所的不同绘制对应彩绘，鼓衣与大鼓相同。鼓架用六根短柱、上下两层横木相接而成。杖鼓以片竹为鼓槌。

小杖鼓形制与大杖鼓相同，尺寸为其二分之一或三分之二。小杖鼓不用鼓架，演奏时左手持鼓，右手拍鼓。

表六　《会典图》中记载的杖鼓装饰

	大　杖　鼓		小　杖　鼓
奏乐	丹陛大乐、凯歌乐	铙歌鼓吹乐	中和清乐、丹陛清乐
鼓面	髤黄，绘五彩云龙，缘以绿皮掩钱	髤黄，鼓面绘流云，中为太极	面绘花文
鼓匡	髤黄，绘五彩云龙，腰饰绿皮蕉叶文	髤黄，绘金花文，腰绘金蕉叶文	髤朱，绘以金

沈阳故宫博物院现存大杖鼓的鼓衣已不存,腰中部不用"束马",鼓匡漆朱,绘龙凤纹,鼓面亦彩绘龙凤纹,边缘漆大绿,残存 10 个铜钩。鼓架两层,遍身刷朱漆,短柱两端雕云纹。小杖鼓鼓匡漆朱,绘黄色云纹,腰中部亦不用"束马",鼓面中间绘红、绿、蓝团花,边缘刷大绿。

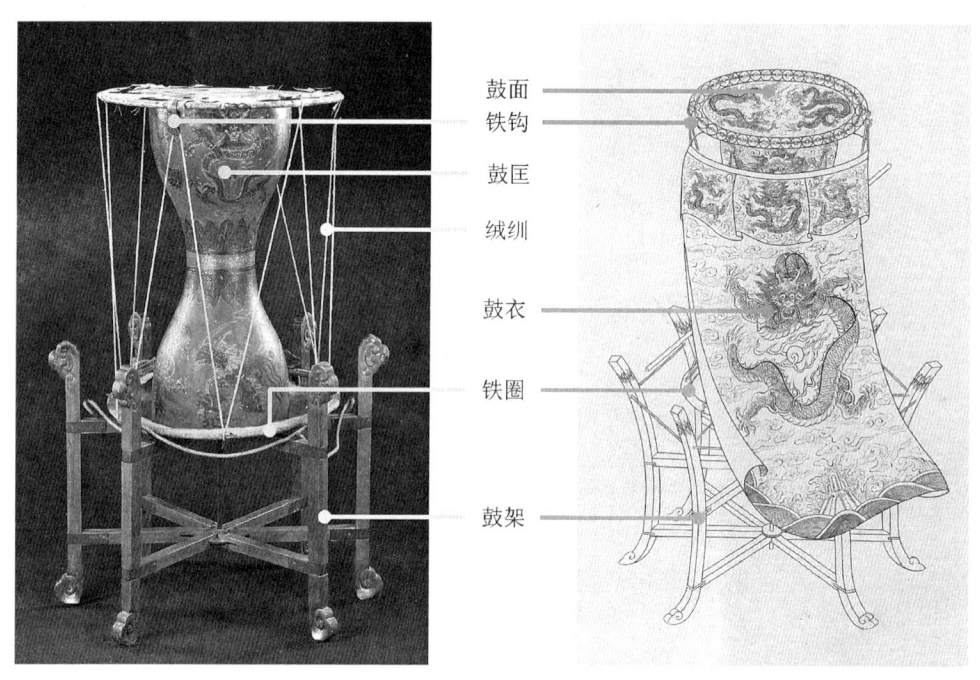

图十七　大杖鼓各部位示意(左:沈阳故宫博物院藏;右:《会典图》中的"杖鼓图")

图十八　《会典图》中的"小杖鼓图"　　　图十九　沈阳故宫博物院藏小杖鼓

（六）手　　鼓

手鼓主要用于中和清乐、丹陛清乐以及燕飨清乐。手鼓可以分为鼓和鼓柄两大部分，鼓柄贯穿鼓匡，演奏时一手持鼓柄，另一手持桴敲鼓。故宫博物院藏有一面红漆彩画云龙纹手鼓（图二十），以此为例分析手鼓形制和工艺如下文所示（图二十一）。

图二十　故宫博物院藏手鼓图

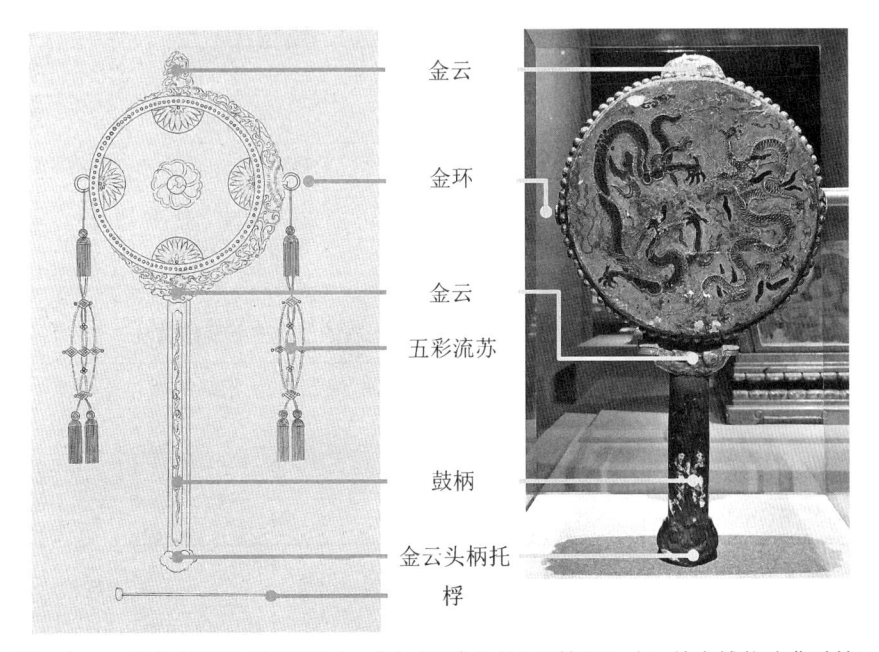

图二十一　手鼓各部位示意图（左：《会典图》中的"手鼓图"；右：故宫博物院藏手鼓）

故宫藏手鼓样式和《会典图》、《图式》上相近，但在具体尺寸、鼓面纹饰上有所不同（表七）。《会典图》记载手鼓"面素，匡髹朱并绘花文，绿缘"①，故宫藏手鼓鼓面则彩绘双龙戏珠纹样。

表七　《会典图》、《图式》和故宫藏手鼓尺寸对比②

	鼓面径	鼓匡厚	鼓腰径	柄长
《会典图》、《图式》	九寸一分零二毫/29.13厘米	二寸一分六厘/6.91厘米	一尺零二分四厘/39.68厘米	一尺五寸/48厘米
故宫藏手鼓	23厘米	7厘米		21.3厘米

（七）更　鼓

嘉庆三年（1798年），清工部新造主鼓一面置于北京鼓楼之上。嘉庆《钦定工部续增则例》记载了鼓楼主鼓和鼓架的具体用料（表八）、做法（表九）及其尺寸③。

表八　清嘉庆《钦定工部续增则例》记载的鼓楼主鼓用料

类　别		数　量	尺　寸
榆木帮板		二十块	各长七尺二寸，宽九寸，厚一寸二分
鼓胆		一个	
毛竹圈口/毛竹片		二道	一丈三尺五寸，宽三寸
血牛皮		二张	见方六尺
鱼胶		七两二钱	
铁泡钉		五百五十四个	锭径一寸二分，厚一分，信长一寸五分，见方四分
铁钹提环	铁钹	二个	各径一尺三寸五分，厚一分
	铁钉	十八个	径一寸二分，厚一分，信长一寸，见方四分
	锄锞	二个	折长一尺六寸，宽一寸二分，厚四分
	提环	二个	大径六寸五分，小径八分

表九　清嘉庆《钦定工部续增则例》记载的鼓楼主鼓装饰做法

鼓帮	使灰六道，满麻一道，布一道，糙油、垫光油，光朱红油饰
鼓面	彩画五彩莲花
鼓边	衬二碌，刷大碌
铁构件	使油贴金

---

① （清）昆冈等：《钦定大清会典图》卷四十四，第6页。
② 本文中一尺均按32厘米换算。
③ （清）嘉庆《钦定工部续增则例》卷七十三，第十三至十六页，见：《钦定工部则例正续编》第13册。

丧葬与礼制

鼓楼上现存带有鼓架的主鼓一面,形似大腰鼓,鼓高 2.22、腰直径 1.71、鼓面直径 1.4米,鼓面由整张牛皮蒙制而成,现存有多处刀痕,据传是八国联军入侵北京时造成的①。通过实地调查可知,现存鼓楼主鼓、鼓架与文献中记载尺寸(表十)、纹饰(图二十二、图二十三)基本一致②,可资结合解读鼓、鼓架工艺。

表十 鼓楼主鼓尺寸对比

	高	口径/鼓面直径	中径/腰直径
清嘉庆《钦定工部续增则例》	七尺二寸/2.304 米	四尺五寸/1.44 米	六尺/1.92 米
《钟鼓楼》	2.22 米	1.4 米	1.71 米

图二十二 鼓楼主鼓历史照片(引自《钟鼓楼》)　　图二十三 鼓楼现存主鼓照片

1. 造鼓工艺

结合笔者在河南偃师对造鼓工艺的田野调研(详见附录),解读清嘉庆《钦定工部续增则例》记载的更鼓造鼓工艺③:

---

① 北京市东城区政协学习和文史委员会:《钟鼓楼》,北京:文物出版社,2009 年,第 72 页。
② 嘉庆《钦定工部续增则例》记载鼓楼主鼓用榆木帮板二十块,且各帮板等宽厚,而现存鼓楼更鼓的榆木帮板为三十块,据此推测该鼓非嘉庆年间原物,可能是清后期在前者基础上仿造的。
③ 主鼓壹面,高七尺二寸,口径四尺五寸,中径六尺。计榆木帮板二十块,各长七尺二寸,宽九寸,厚一寸二分。鼓胆一个,毛竹圈口二道,各长一丈三尺五寸,宽三寸。两头包鞔血牛皮,折径六尺。沿边压锭铁泡钉,铁钹提环成锭。用料:每面核用:榆木见方尺二十尺五寸四分五厘。鱼胶七两二线。毛竹片二片,各长一丈三尺五寸,宽三寸。鼓胆一个。血牛皮二张,各见方六尺。沿边压锭径一寸二分,厚一分,信长一寸五分,见方四分铁泡钉五百五十四个。铁钹二个,各径一尺三寸五分,厚一分。锭径一寸二分,厚一分,信长一寸,见方四分铁钉十八个。□锁二个,各折(转下页)

① 鼓皮加工：选取上好的血牛皮，在牛皮上画出所需的圆形，褪去牛皮上的细毛，留一张白皮供选择使用。而后选取头皮，用刨子刨磨牛皮至合适的厚度。之所以选择血牛皮，乃因牛皮的纤维为十字状，在鞔鼓过程中便于吃劲而不至于撕裂。

② 鼓帮制作：需要用手锯锯取同等大小的榆木帮板，要考虑到木材有收缩性，将锯取好的木帮板进行烘干处理。烘干后利用鼓的定型模具将鼓帮依次拼合，用鱼胶黏合，待黏合干燥后，将鼓身对外的部分进行抛光打磨，确保鼓面光滑无缝。

③ 放胆鞔鼓：用托盘固定鼓帮，在托盘下放置楔子，再在鼓帮适合的位置放置鼓胆（即鼓簧，金属质，其位置长短为鼓调音发声的关键所在），而后将准备好的牛皮放置在鼓帮上，用棕绳铁钩拉紧牛皮，不断拧紧棕绳，打入楔子，当鼓面紧绷到合适程度，进行调音，确保鼓发音良好。随后用铁泡钉固定牛皮，剪去多余部分牛皮。鼓楼大鼓使用的铁泡钉达554个之多。

④ 锭制提环：将打制好的铁钹、提环等钉制在鼓帮上。

⑤ 髹漆彩绘：鼓帮使灰六道，满麻一道，布一道，糙油、垫光油，光朱红油饰。该做法近似于清官式建筑油饰"三麻二布七灰糙油垫光油朱红油饰"，后者工序为"第一遍捉灰一道，第二遍捉麻一道，第三遍通灰一道，第四遍通麻一道，第五遍苎布一道，第六遍通灰一道，第七遍通麻一道，第八遍苎布一道，第九遍通灰一道，第十遍中灰一道，第十一遍细灰一道，第十二遍拔浆灰一道，第十三遍糙油，第十四遍垫光油，第十五遍光油"①。

鼓面绘五彩莲花，鼓边"衬二碌，刷大碌"。莲花为转枝莲，由自然界西番莲图案抽象化、程式化而来，由卷草纹枝叶硬青软绿，并绘有花头图案。清代建筑彩画中，五彩即青绿丹白黑；五彩分为上、中、下三个等级，上五彩为沥粉贴金彩画；中五彩为不沥粉贴平金之彩画；下五彩为不沥粉不贴金之彩画②。

⑥ 使油贴金：铁钹、提环、铁泡钉做贴金处理。

2. 鼓架工艺

嘉庆《钦定工部续增则例》载，主鼓架"高五尺五寸，见方五尺，安流云枋、腰枨、折柱、

（接上页）长一尺六寸，宽一寸二分，厚四分。提环二个，每个大径六寸五分，小径八分。用工：木匠五工八分七厘。鞔鼓匠十六工。绽铰匠六工一分三厘。油饰：计主鼓帮板折见方尺八十九尺七寸七分。群鼓帮板折见方尺二十七尺三寸。共折平面见方尺一百一十七尺七分。使灰六道，满麻一道，布一道，糙油、垫光油，光朱红油饰。主鼓面折见方尺三十尺三寸七分，群鼓面折见方尺十三尺五寸。共折平面见方尺四十三尺八寸七分，彩画五彩莲花。主鼓边折长一丈三尺五寸，凑宽一尺二寸六分。群鼓边折长九尺，凑宽六寸四分。共折平面见方尺二十二尺七寸七分，衬二碌，刷大碌。主鼓径一寸二分铁钉五百五十四个，折见方尺八尺一寸四分。铁钹二个，折见方尺二尺九寸四分。铁环二个，折见方尺九尺三分。□锸二个，折见方尺一寸。群鼓径四分铁钉九百个，折见方尺二尺四寸三分。铁钹四个，折见方尺一尺一寸五分。铁钹四个，折见方尺三寸二分。□锸四个，折见方尺四分。共折平面见方尺十六尺五分，使油贴金。

以上铁作、油作应用工料，俱按依尺寸例核给。

（清）嘉庆《钦定工部续增则例》卷七十三，第13~16页，见《钦定工部则例正续编》第13册。

① 《工程做法》卷五十六《油作用料》，海口：海南出版社，2000年，第4页。
② 马瑞田：《中国古建彩画艺术》，北京：中国大百科全书出版社，2002年，第45页。

绦环、净瓶、荷叶、中心鼓托，榆木成造"①。其中术语多为建筑构件常见称谓(表十一)，可见鼓架的形制与建筑小木作相通。

表十一　清嘉庆《钦定工部续增则例》记载的主鼓架用料及做法

类　　别		数量	尺　　寸	做　　法
柱子		四根	各长五尺五寸，外上榫长二寸，见方四寸五分	
流云箍头枋		四根	各长六尺，宽五寸，厚四寸五分……凑长二丈四寸，均折宽一尺九寸。内除鼓占分位，凑长五尺，宽四寸五分	内前后二根开月牙口，满雕流雾
腰枨		八根	各长五尺，见方三寸五分	
折柱		四根	各长九寸，见方三寸五分	
绦环		八块	各长一尺八寸七分五厘，宽五寸，厚一寸	外四面入槽，各深五分
净瓶		四个	各高八寸，宽四寸，厚一寸五分	
荷叶		四个	各长一尺一寸，宽四寸，厚一寸五分	
中心鼓托	托泥	二块	各长五尺，宽五寸，高二寸五分	高四尺七寸
	榻橙木	二块	各长五尺，高九寸，厚四寸……凑长八尺四寸，折宽二尺二寸	两头做鼓镜麻叶头
	主心木	一根	长二尺九寸。外上下榫，各长二寸，径八分	
	十字荷叶托	二块	各长三尺，宽六寸，厚三寸	
	托板	一块	长三尺，四刨，宽三尺，厚二寸	
	壶瓶牙子	四块	各长二尺九寸，宽八寸，厚一寸五分	

工艺流程如下：

① 錾刨榆木：按照具体规定和尺寸刨取好各个构件，留好榫口，对加工好的构件表面进行打磨。

② 局部雕刻：对流云枋、宝瓶和鼓镜麻叶头进行细致雕刻。

③ 构件拼合：对加工好的各个构件进行拼合，用鱼胶进行黏合固定。

④ 髹漆彩绘：对木架进行髹漆彩绘，工序同大鼓。

鼓架部分主要用工应为木工和画工，则例中并未提及。油饰部分，比之主鼓的"灰六道，满麻一道，布一道"，鼓架油饰主要以"灰五道，满麻一道"和"灰三道"为主，略逊色于主鼓油饰。可见鼓架形式虽较复杂，但仍为鼓之辅助。

此外，《钦定工部续增则例》卷114还记录了鼓槌做法②：

---

① （清）嘉庆《钦定工部续增则例》卷七十三，第17、18页，见《钦定工部则例正续编》第十三册。具体做法以表格形式表达，不再赘引原文。

② （清）嘉庆《钦定工部续增则例》卷一百十四，第4页，见《钦定工部则例正续编》第16册。

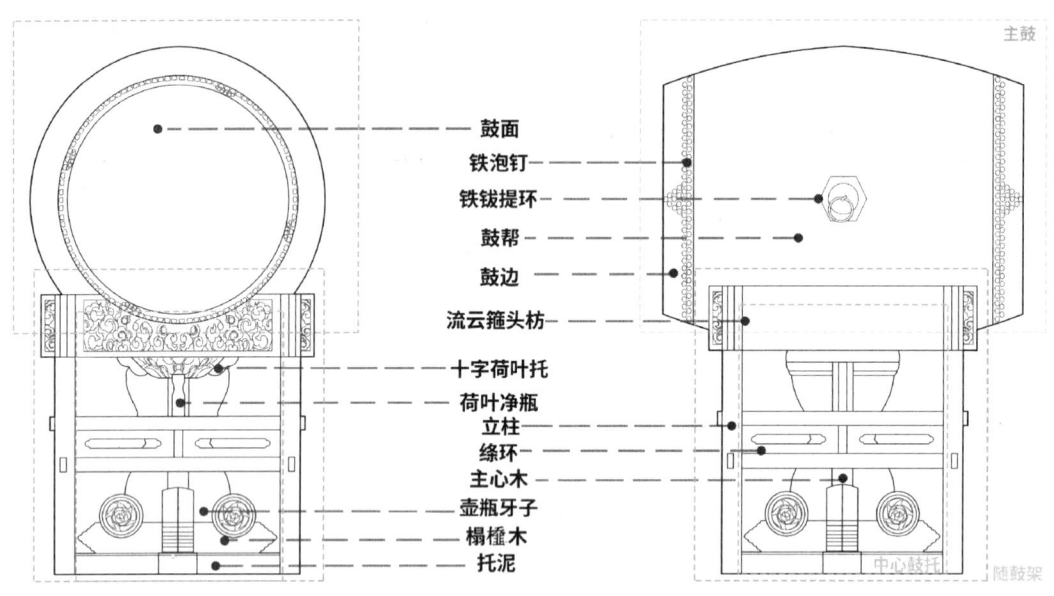

图二十四　鼓楼主鼓及鼓架各部位图解

鼓捶绒绳做法：各处钟鼓楼上应用鼓捶，每根净长叁尺，园径壹寸，外面围圆叁寸，攒用径叁分魁藤缠筋，拴扎绒绳成造。

用料：攒藤鼓捶每根核用：径叁分魁藤贰丈壹尺，鱼胶陆钱叁分，生牛筋贰两柒钱。绒绳每折见方寸壹寸核用绒伍钱叁分叁厘。

用工：攒藤鼓捶每根核用：捶筋匠贰厘壹毫，撕筋匠贰厘捌毫，缠筋匠陆厘。绒绳每折见方寸拾寸核用：绳匠壹分柒厘捌毫。

三、清代官式用鼓的管理

（一）鼓的制造管理

工部则例中对造鼓过程用到的工、料都进行了明确规定，其目的在于为计算成本提供参考和标准。其中在规定用工时，专门规定了木匠、鞔鼓匠和锭铰匠三类匠人的用工，例如鼓楼主鼓，"木匠伍工捌分柒厘，鞔鼓匠拾陆工，锭铰匠陆工壹分叁厘"，油作、铜铁作则未专门列出定额，其"应用工料俱依尺寸照例核给"。午门大鼓、神武门大鼓的用工比例均与此类似，唯鼓楼群鼓因为须压"铁泡钉肆路计玖百个"，用量为其他更鼓的两倍，因此锭铰匠用工较多（图二十五）。

可见造鼓的关键工序为"鞔"，指将血牛皮蒙在鼓帮上的工艺程序。鞔鼓的匠人称为"韗人"①、"鞔工"、"鞔鼓匠"。鞔鼓工艺直接决定了鼓的品质。

---

① （汉）郑玄注：《周礼注疏》卷四十，上海：上海古籍出版社，1990年，第620页。

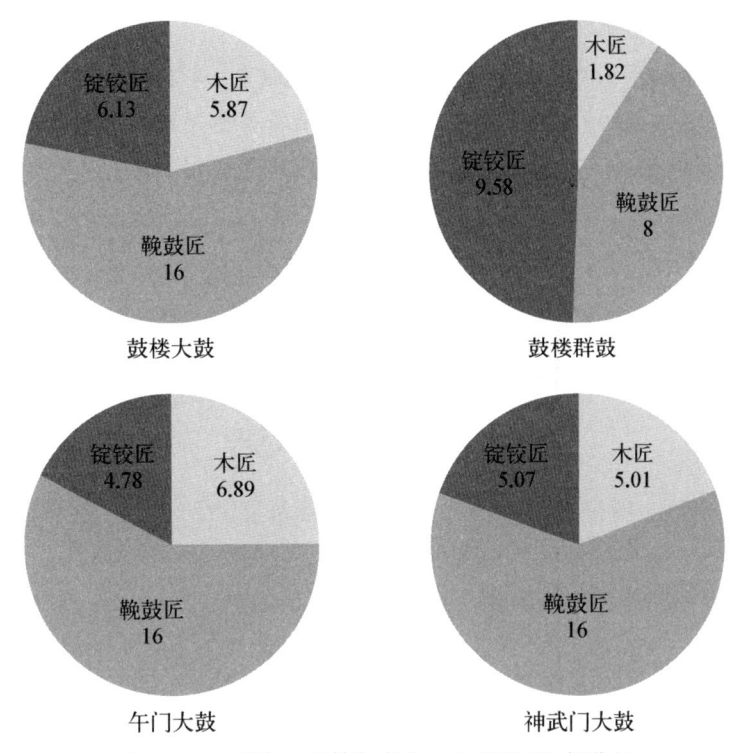

图二十五 清官式造鼓制度中的主要用工比例分析

同时也应注意一个例外,乐鼓中的杖鼓不是将鼓面鞔在鼓帮上的,而是楦上的,"杖鼓,上下二面冒革于铁圈,复楦以木匡"①(图十七、图十九)。

更鼓由工部制造,据《清史稿·职官志》,工部内的都水司除了"掌河渠舟航,道路关梁,公私水事。岁十有二月,伐冰纳窖,仲夏颁之"之外,还要"典坛庙殿廷器用",管理宫廷相关器用。这与工部则例的记载可相对应,在工部则例中,午门、神武门、鼓楼的更鼓做法就记录在都水司章节中。具体的工匠则由工部制造库管理:"制造掌典五工,曰银工、曰镀工、曰皮工、曰绣工、曰甲工,凡车辂仪仗,展采备物,会銮仪卫以供用。"②

乐鼓的制造尚未在工部则例中找到记录,但在内务府相关档案中有所记载,例如"慈禧太后御批内务府新做戏衣缮单档":

  谨将恭办上传乐器、行头、切末等项件数,敬缮单恭呈慈览,计开:仁寿殿、排云殿、仪鸾殿、慈宁宫、储秀宫乐器五分,大鼓、六合鼓木架、木座等项修理见新,添置鼓衣、麾幡、各套垫、绦络、流穗等项。承做百花衣一百六十件。承做补服衣六十件。添置卤簿大驾乐器一分③。

---

① (清)昆冈等:《钦定大清会典图》卷四十四,第4页。
② 赵尔巽等:《清史稿》志八十九《职官一》,北京:中华书局,1977年,第3292页。
③ 傅谨:《京剧历史文献汇编·清代卷·续编·清宫文献上》,南京:凤凰出版社,2013年,第286页。

乐鼓的制造、修补有时需送到苏州完成,例如:

> 乾隆五十二年三月十一日。员外郎五德、大连色,库掌金江,笔帖式福海来说,太监鄂鲁里交鼓三面(蓬岛瑶台神州三岛一面,西峰秀色溪山一面,云锦墅一面)、弦子一件(西峰秀色溪山一件)。传旨:俱发往苏州另鞔皮。钦此。
>
> 于七月初五日,苏州送到鼓三面、弦子一件呈进,将云锦墅一面留下,余鼓二面,弦子一件交原处讫。
>
> 于九月二十二日,热河带来云锦墅鼓一面交原处讫①。

苏州产的"苏鼓"至今也是驰名全国的传统产品②。

(二) 鼓的使用管理

据《清会典事例·銮仪卫》,顺治二年改锦衣卫为銮仪卫,负责"朝会执事、祭祀执事和值更"③,则乐鼓、更鼓的使用均由銮仪卫负责。

《大清会典》乐部卷五十八记载:

> 典乐以礼部满尚书兼之,各部院内务府堂官知乐者简用,无定员,掌五音六律,以合阴阳之声,所属有神乐、和声二署,掌仪司銮仪卫乐并焉……凡郊庙祠祭之乐,神乐署司之;殿廷朝会燕飨之乐,和声署司之;宫中庆贺燕飨之乐,掌仪司司之;铙歌鼓吹前部大乐,銮仪卫司之,均统于乐部④。

其中的掌仪司属于内务府,由明代钟鼓司而来⑤,负责掌管内府祭祀筵宴礼仪乐舞之事⑥。明代的钟鼓司"掌奉先殿祭乐御乐,并宫内筵宴乐及更漏、早朝钟鼓"⑦。由此观之,清代对于明代的官式用鼓管理制度进行了一定的沿袭革新。

銮仪卫也负责更鼓,清人记载:

> 三楼隶銮仪卫,谓神武门钟楼,后门之钟楼、鼓楼也。既昏,后门钟楼鸣一百八声,而后起更,每更鸣鼓至晓,复鸣钟。神武门亦然。惟圣驾在宫中则神武门不鸣钟⑧。

又据《啸亭杂录》:

> 本朝銮仪卫相沿明锦衣卫之制,而不司缉探之事……钟鼓司司谯漏,城北钟鼓

---

① 中国第一历史档案馆:《圆明园·下》,上海:上海古籍出版社,1991年,第1601页。
② 严昌洪、蒲亨强:《中国鼓文化研究》,第14页。
③ (清)昆冈等:《大清会典事例》卷一千一百十,清光绪石印本。
④ 乾隆朝《钦定大清会典》卷五十八,四库全书本。
⑤ (清)丁敏中:《日下旧闻考》卷七十一,清乾隆武英殿刻本。
⑥ (清)嵇璜等撰:《皇朝通典》卷二十九,光绪八年浙江书局刻本,第5、6页。
⑦ (明)朱元璋:《皇明祖训》,明洪武礼部刻本,第21页。
⑧ (清)吴振棫:《养吉斋丛录》卷十七,北京:北京古籍出版社,1983年,第184页。

楼,每夕委官及校尉直更。神武门钟楼,凡上驻跸圆明园,则每夕鸣钟记更漏,上在宫日则已。午门钟鼓,凡上祀郊庙受朝贺,则鸣钟鼓以为则①。

可见,鼓楼、神武门、午门的更鼓主要由銮仪卫派专人负责日常值更。

同时,钦天监要负责校准时刻,确保更鼓报时的准确性:

> 凡直更候时岁,委博士二人率阴阳生十人轮直谯楼,日委博士一人轮直神武门,指示更点,恭遇车驾巡幸,委官随从直更亦如之②。

四、结　　语

乐鼓不仅发出音响奏出礼乐,也通过自身的形象传递着皇家的威仪;更鼓的体量大,午门、神武门、鼓楼的更鼓,用鼓音昭示着皇帝对时间运行的掌控。二者的使用管理均由负责皇家仪仗的銮仪卫来负责。

通过对清代官式造鼓制度的解读,可以看出:在清代,朝廷对用鼓有着较为严格、完备的规定,清代官式礼乐用鼓和报时更鼓是有清晰区别的两类鼓,鼓在礼乐制度和报时制度中都扮演着十分重要的角色。

鼓的营造与建筑小木作相通,不仅体现在造鼓的工艺术语上,更直接体现在鼓架的木作营造上。从建筑史研究的角度来看,历史时期的钟鼓楼发展史已有学者专文梳理,认为存在从宫殿钟鼓楼向城市钟鼓楼的发展过程,元末开始在禅寺中出现钟鼓楼对置,于明中期确立形成山门内钟鼓楼对置的格局③。但之前的建筑史研究未注意到鼓本身的营造制度、工艺及其意义,本文试图将用鼓的问题推进深化到这一层面,这是对营造研究的延伸拓展。正如朱启钤先生在"中国营造学社开会演词"中所言:"顾以建筑本身虽为吾人所欲研究者最重要之一端,然若专限于建筑本身,则其于全部文化之关系,仍不能彰显,故打破此范围,而名以营造学社。则凡属实质的艺术,无不包括。由是以言,凡彩绘、雕塑、染织、髹漆、铸冶、抟埴,一切考工之事,皆本社所有之事。"④

笔者运用文物、文献、工匠工艺三种材料解读造鼓制度的方法,上承了中国营造学社对照实物和工艺解读清《工部工程则例》、宋《营造法式》的方法。这样的方法也提示我们在历史考古学的研究中,除了文物、考古资料外,也应当继续将营造类文献与传统工艺纳为研究素材,并重视其在论证过程中互证互解的作用。

---

① (清)昭梿撰,冬青校点:《啸亭杂录 续录》,上海:上海古籍出版社,2012年,第125、126页。
② (清)于敏中:《日下旧闻考》卷七十一,北京:北京古籍出版社,1981年,第1177、1178页。以及《大清会典则例》:"顺治元年,设钦天监,监正监所属天文、时宪、漏刻三科,五官正、保章正、挈壶正、灵台郎、监候、司晨、司书、博士典薄等官,均用汉员。"见(清)昆冈等:《大清会典事例》卷二十二,清光绪石印本。
③ 玄胜旭:《中国佛教寺院钟鼓楼的形成背景与建筑形制及布局研究》,清华大学博士学位论文,2013年。
④ 朱启钤:《中国营造学社缘起》,载《中国营造学社汇刊》第一卷第一册,1930年,第8、9页。

附录一 乐鼓、更鼓主要形制对比表

名称	用乐/场所	鼓身尺寸	鼓面及朝向	髤漆彩绘	鼓衣装饰	补充说明
建鼓	中和韶乐、庆神欢乐	面径：二尺三寸零四厘 腰径：三尺零七分二厘 匡长：三尺四寸五分七厘	木匡冒革与地垂直	面绘云龙，缘绘花文，俱五采	擎盖……幂以黄缎，绣云龙	鼓槌：双枹，髤朱，直柄圆首，凡鼓之属皆如之
搏拊	中和韶乐	面径：七寸二分九厘 匡长：一尺四寸五分八厘 腰径：九寸七分二厘	木匡冒革与地垂直	绘饰与建鼓同		（鼓）卧置跌上；作乐时纨悬于项，击以左右手
大鼓	丹陛大乐	面径：三尺六寸四分五厘 匡高：三尺二寸四分 腰径：四尺八寸六分	木匡冒革与地平行	面髤黄，绘五采云龙；匡髤朱，绘交龙	鼓衣用红缎绿垂幨，并销金云龙	腹施铜胆；鼓蹈髤朱
杖鼓	丹陛大乐、凯歌乐	面径：一尺二寸九分六厘 腰径：二寸八分 匡高：一尺九寸四分四厘 匡两端直径：八寸一分	上下二面冒革于铁圈，复楦以木匡；与地平行	面、匡俱髤黄，绘五彩云龙，缘以绿皮掩钱；腰饰绿皮蕉叶文	与大鼓同	击以片竹，髤朱
杖鼓	铙歌鼓吹乐	(同上)	(同上)	鼓面绘流云，中为太极；匡髤漆，绘金花文，腰绘金蕉叶文，余如丹陛大乐	与大鼓同	
小杖鼓	中和清乐、丹陛清乐	制同杖鼓而小，或半之，或为三之二		面绘花文，匡髤朱，绘以金		左手持，而右手击之
手鼓	中和清乐、丹陛清乐	面径：九寸一分零二毫 匡厚：二寸一分六厘 腰径：一尺零二分四厘	木匡冒革与地垂直	面素，匡髤朱，并绘花文，绿缘		以柄贯匡，持而击之

续表

名称	用乐/场所	鼓身尺寸	鼓面及朝向	髹漆彩绘	鼓衣装饰	补充说明
导迎鼓	导迎乐	面径：二尺零四分八厘 匡高：一尺六寸二分 腰径：二尺四寸三分	木匡冒革 鼓面与地平行	面素，匡髹朱，绘五采云龙	鼓衣红缎垂幨，皆绣云龙	腹施铜胆；二人以朱杠舁行，桴髹朱
龙鼓	铙歌鼓吹乐	面径：一尺五寸三分六厘 匡高：六寸四分八厘 腰径：一尺七寸二分八厘	木匡冒革 鼓面与地平行	面髹黄，缘绿，匡髹朱，并绘五采云龙	鼓衣如大鼓之制	（金环）系黄绒纠，行则悬于项，陈则置于架
龙鼓	禾辞桑歌乐	制同龙鼓而略小 面径：一尺三寸九分 匡高：六寸一分 腰径：一尺六寸				（鼓腰）旁涂金环二，系黄绒纠悬于项
行鼓/ 陀罗鼓	铙歌大乐、铙歌清乐	面径：一尺零八分 腰径：一尺二寸九分六厘 底径：五寸一分八厘九毫 匡高：一尺五寸一分二厘	木匡冒革 鼓面与地平行	面匡绘饰俱如龙鼓		（面匡）涂金环，系黄绒纠，行则跨于马上，陈则置于架
腰鼓/ 花腔鼓	凯旋铙歌乐	面径：一尺五寸二分 匡高：一尺六寸 腰径：一尺九寸六分	木匡冒革 鼓面与地平行	匡髹以漆，绘花文		
得胜鼓	凯旋铙歌乐	面径：一尺六寸一分 匡高：五寸八分 腰径：一尺八寸四分	木匡冒革 鼓面与地平行	匡髹朱，通绘云龙	鼓衣红缎绿垂幨，并销金花文	
俳鼓	朝鲜乐用	面径：一尺二寸九分六厘 匡高：四寸三分二厘 腰径：一尺三寸六分四厘	木匡冒革 鼓面与地平行	面绘正龙，匡髹朱，绘行龙		（鼓匡）旁金环二，系黄绒纠，悬于项

续表

名称	用乐/场所	鼓身尺寸	鼓面及朝向	髹漆彩绘	鼓衣装饰	补充说明
达卜	回部乐	一面径：一尺三寸六分五厘二毫，匡高：二寸二分七厘五毫	木匡冒革	皆髹黄，面绘采狮各二		以手指击之
		面径：一尺二寸二分四厘，匡高一寸六分二厘				
那噶喇	回部乐	面径：六寸四分八厘 底径：二寸六分二厘八毫 匡高：四寸八分六厘	铁匡冒革			左右手各以杖击之
达布拉	廓尔喀乐用	丰底锐，径六寸七分八厘，高四寸五分	一面冒革			四围系韦绦，联以采缕，悬之腰间，以左右手和击之
		底微丰而渐削，径四寸八分，高六寸六分				
接内塔兜呼	粗缅甸乐用	面径：五寸一分六厘 匡高：一尺四寸六分	木匡两面冒革			四围俱系韦绦如璎珞状，上有左右二纽，系以帛横悬于项，以手击之
蚌扎	细缅甸乐用	面径：六寸一分 底径：四寸 匡高：一尺	木匡冒革 鼓面与地平行			系同接内塔兜呼，以手击之
武备用鼓		面径：一尺六寸二分 腰径：一尺八寸二分 匡高：七寸二分	木匡冒革 鼓面与地平行	面绘龙，匡绿，缘朱绘花文		
午门鼓	值更	高：五尺五寸 口径：四尺八寸 中径：五尺八寸	木匡冒革 鼓面与地垂直	鼓帮：彩画五彩转枝莲 鼓面：彩画五彩莲花 鼓边：衬二碌，刷大碌	有毡被（鼓被）	
神武门鼓	值更	高：六尺 口径：三尺五寸 中径：五尺				

续表

名称	用乐/场所	鼓身尺寸	鼓面及朝向	髹漆彩绘	鼓衣装饰	补充说明
鼓楼主鼓	值更	高：七尺二寸 口径：四尺五寸 中径：六尺		金属构件使油贴金		
鼓楼群鼓	值更	身长：三尺四寸 口径：三尺 腰径：四尺		金属构件使油贴金		

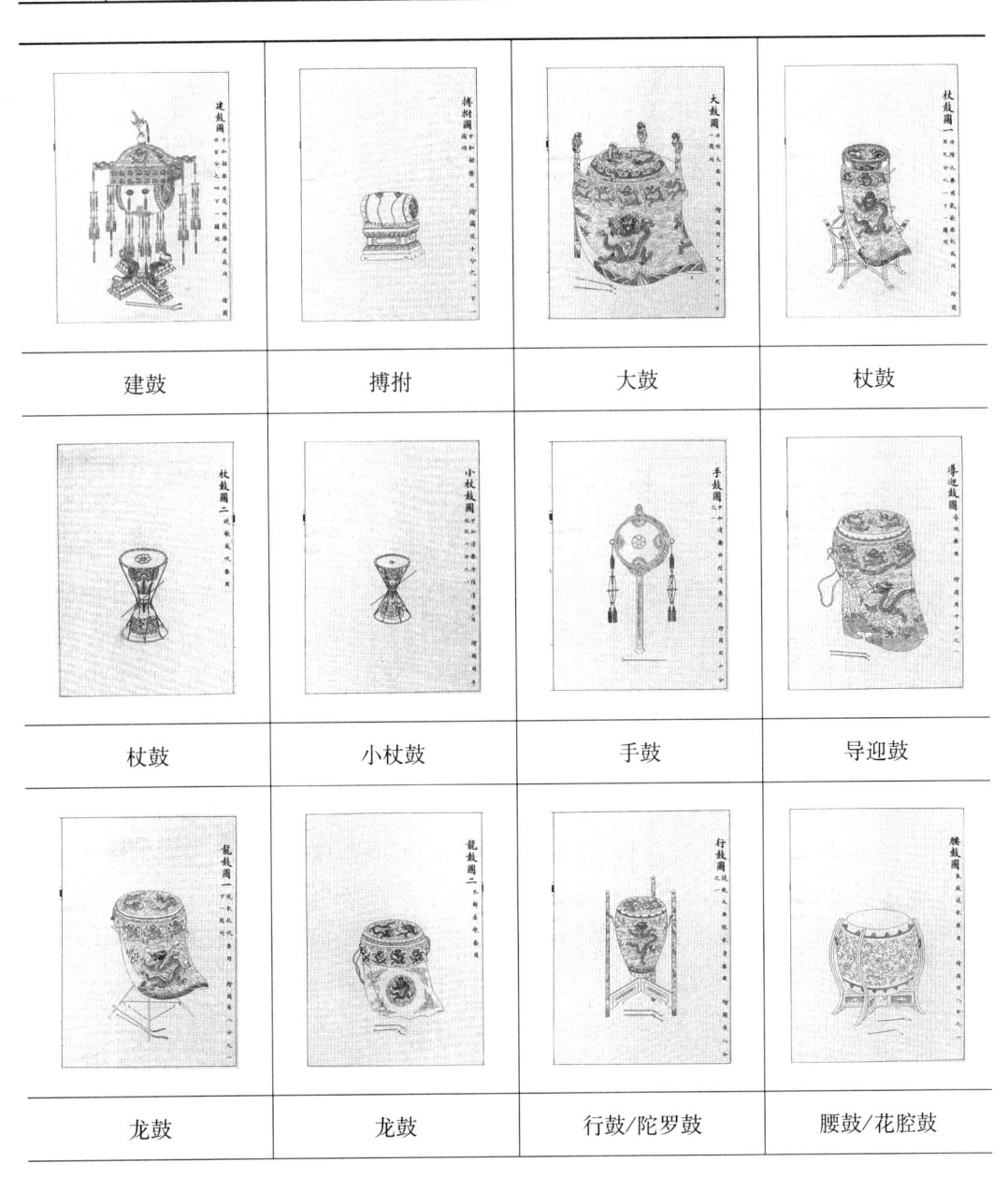

建鼓	搏拊	大鼓	杖鼓
杖鼓	小杖鼓	手鼓	导迎鼓
龙鼓	龙鼓	行鼓/陀罗鼓	腰鼓/花腔鼓

续表

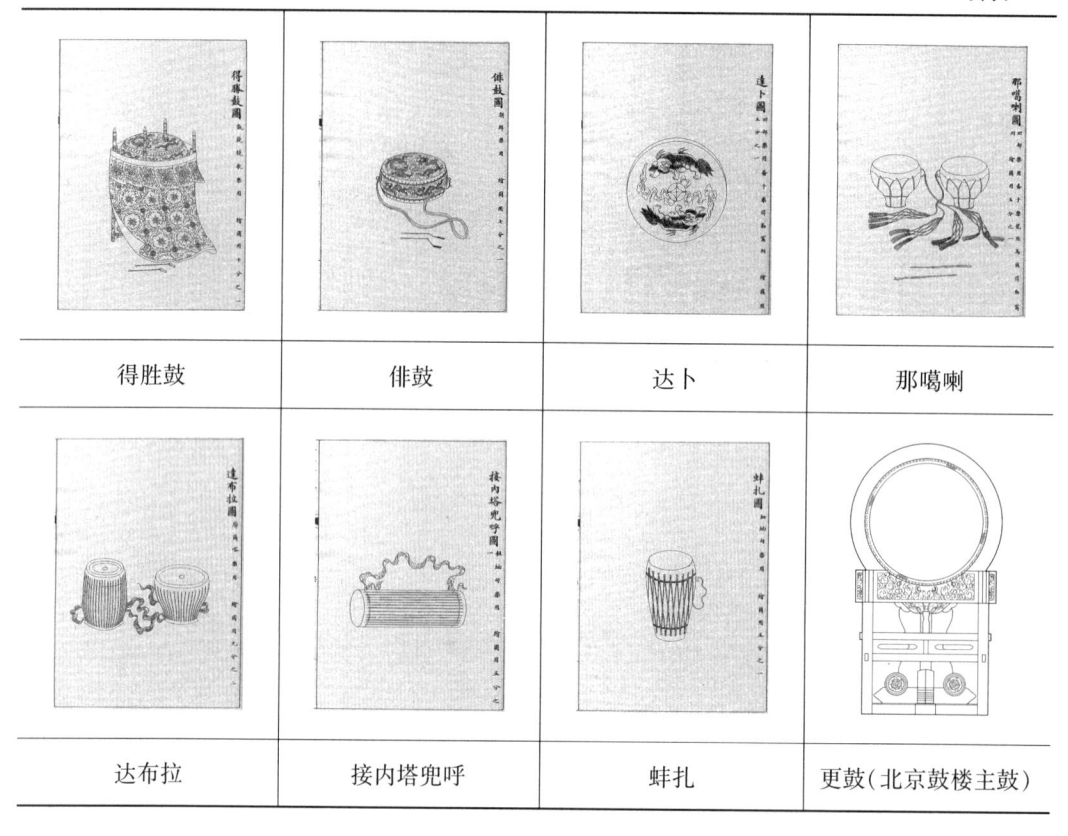

得胜鼓	俳鼓	达卜	那噶喇
达布拉	接内塔兜呼	蚌扎	更鼓(北京鼓楼主鼓)

附录二 造鼓工艺调查

调研地点：河南偃师市大口镇马寨村
调研对象：第四代牛皮鼓手艺人(车马玩具手艺人)——赵庆先
调研时间：2018年12月
访谈、执笔：马青龙、高勇

一、匠人介绍

赵庆先师傅，河南偃师地区第四代牛皮鼓手艺人，当地最后一代车马玩具手艺人(车马玩具：指农业生产中与车马等农具相关的皮质用具)，现为偃师先锋乐器厂的技术负责人，并负责多家乐器厂工艺鼓制作。赵师傅从小跟父辈研习手艺，在20世纪60年代"农业学大寨"生产运动中，应农业生产的需要，赵师傅经常行走在偃师地区，为当地制作车马农具。改革开放后，随着社会转型，车马农具逐渐被淘汰，赵师傅重新开始造鼓，经常往返于全国各地制作大鼓，今赵师傅的大鼓已经销售至全国各地，甚至东渡日本。

二、匠人谈鼓

制鼓类型：赵庆先师傅的鼓主要为工艺鼓(纯手工制作)，主要销往寺庙、旅游景点，同时，他也会去各地帮人修补鼓面。根据赵师傅多年制鼓经验心得，对国内各地的造鼓有

造鼓师傅赵庆先

赵师傅所造鼓

以下的几点认识：

1. 国内外定鼓的要求：

	形制比例	鼓面盈余	鼓　帮	鼓身重量	鼓的用途
中国北方地区（河南为主）	比例较小	整齐裁剪	胶黏拼合		寺庙、景点
中国南方地区	比例较大	整齐裁剪	胶黏拼合		寺庙、景点
中国台湾地区			胶黏拼合	有要求	教学使用
周边国家：日本	原始保留	原木掏挖			乐队表演

2. 对于寺庙用鼓，更鼓一般使用横卧形式（鼓面垂直于地面方向），鼓身较长。目前寺庙内多见的面鼓实际应为乐器鼓的形式，使用有误。

3. 鼓的颜色以朱红和黑色为主。

4. 部分鼓的鼓腔中心使用鼓撑或者鼓身使用竹箍圈,防止鼓身的变形,鼓撑和箍圈一般不使用金属质材料。

三、制鼓流程

1. 绘制底图

根据定制方的需要,造鼓人先根据具体尺寸、形制、纹样要求绘制出造鼓的底图,标明具体尺寸,为后面的各项操作提供参考。其中,纹样部分一般绘制在布帛上,方面贴合鼓身。

2. 材料选取

关于赵师傅的工艺鼓的制作,主要用到的材料有木鼓帮、牛皮、鼓簧、铁泡钉、小钉、提环、清漆、白乳胶、油漆。这些材料中,比之老工艺,发生变化的为鼓簧、清漆、白乳胶,之前分别为单根鼓簧、桐油、皮胶。其中,对材质选取有重要要求的为鼓帮材质、牛皮类型和质量。

① 各类木材的特性比较:

	硬 度	抗拉性	防蛀性	成 本	结构部分
椿木、杨木	中	脆	强		鼓帮
榆木	中	中	弱		鼓架
松木	低	强		高	鼓托

松木 　　　椿木 　　　杨木 　　　榆木

根据木质材质的特性比较分析,目前主要用椿木和杨木作为鼓帮制作的首选材料,而榆木由于防虫蛀性能差,逐渐被淘汰出局。

② 各类皮具的特性比较:

根据材质纤维特点,造鼓一般使用牛皮,而黄牛皮和水牛皮则需根据鼓的具体要求和功能选择。

	纤维结构	质地密度	纤维粗度	音质效果
黄牛皮	十字交叉	高	纤细	音洪亮
水牛皮	十字交叉	中	粗长	音高亢
其他	平行排布			

3. 鼓皮加工

首先，根据需要选择上好的牛皮，而后在牛皮上画出所需的圆形。

随后去掉牛皮上的毛细，留一张白皮供后期选择使用。一张牛皮可分为头皮、二层皮、三层皮（由接近毛皮层算起），其中头皮质量最好，造鼓一般选头皮使用。鼓面的厚度会对鼓的最终发声产生重要影响，造鼓者一般采用刨子刨作，具体厚度依匠人经验手捏感受。

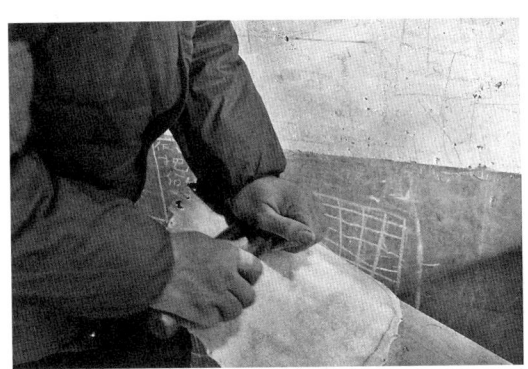

锉制鼓皮

4. 鼓帮制作

首先选取好木材，在原木上根据设计图纸要求划线，而后依线用电锯刨出所需要的形状。用工方面，以高 80 厘米的鼓为例，采用手锯拉锯制作，两个人一天平均制作三十余块鼓帮，电锯的使用使得鼓帮制作效率提高了十余倍。鼓帮的宽度、弧度以及板数在此之前算好，操作中随宜加减。要考虑到木的收缩性，而后将木板放置在烘干房上进行烘干，此过程需要七天左右。

鼓帮烘干后，利用鼓的定型模具（磨具有规定的口径，高度可调）将鼓帮依次拼合，而后用白乳胶黏合，待黏合干燥后，对鼓身对外的部分进行抛光打磨，确保鼓面光滑无缝。

鼓帮制作

5. 鞔鼓放簧

鞔鼓是造鼓工序中最为重要的环节，对鼓的声音和质量起决定作用，鞔鼓好不好的检验在于：一、鼓面够不够紧绷；二、鼓面的音色效果。

鞔鼓过程

上述工作完成后，利用鞔鼓的工具将鼓面鞔至鼓帮上，此过程中，先将鼓身固定到液压泵上，而后将之前划定好的牛皮蒙在鼓面上（牛皮要柔软适度），在牛皮的边缘扎孔，将拉紧器的抓钩放入孔洞。随后逐步打液压器，收拉紧器，待鼓面绷紧，音色合适后，放入鼓簧（此为秘术，之前为一根鼓簧，赵师傅根据发声需要改为两根）。对比老的工艺，主要变化在于鞔鼓的工具，之前主要是棕绳和三角楔子配合，方法同上。

最后用隐钉钉紧鼓皮，在隐钉的基础上钉上小泡钉，确保整体美观。

6. 钉置提环

而后在鼓身部分划好位置，在此钉装鼓环，一般为了防止后期磨损，会在鼓环下垫软牛皮，鼓环的大小依据鼓的大小装钉。

钉制泡钉

7. 绘图上彩

根据需要，在鼓身上雕刻或者绘制纹样，纹样目前无固定样式，根据需要在布帛上绘制白描图样，而后拓印在鼓身上进行描绘或者雕刻。最后上色，上色前先刷一层清漆（老工艺用桐油），而后上彩绘。

绘图上彩

8. 鼓架和运输

关于鼓架的制作,无特殊的工艺或者规定,造鼓者往往根据安置鼓身的需要和定制者的需要制作,制作较为简单。

最后自然晾晒,打包邮寄(牛皮鼓的保存需要一个干燥的环境,鼓膜在潮湿的环境容易发霉)。

宗教与艺术

抽象宇宙：汉代式盘类图像的图式观察

王 煜　康轶琼

四川大学考古文博学院

除形象化地表达对宇宙模式的认识和想象外①，古人还有一种源远流长的形式，即以抽象的数字和符号系统来模拟天地及其运动，在战国秦汉时期往往表现为术数的形式，通过模拟宇宙及其运行来推演"规律"，预测吉凶。此种模拟和表达宇宙的抽象模式，在《周易》，尤其是对《周易》符号系统的解释中表现得淋漓尽致。如《周易·系辞上》云："参伍以变，错综其数。通其变，遂成天地之文；极其数，遂定天下之象。"②《周易》推演的基本原则即是以数字系统模拟天地构造及其变化。如《系辞上》中说："大衍之数五十，其用四十有九，分而为二以象两，挂一以象三，揲之以四以象四时，归奇于扐以象闰，五岁再闰，故再扐而后挂。天数五，地数五，五位相得而各有合。天数二十有五，地数三十，凡天地之数五十有五，此所以成变化而行鬼神也。乾之策二百一十有六，坤之策百四十有四，凡三百有六十，当期之日。二篇之策，万有一千五百二十，当万物之数也。……天一、地二、天三、地四、天五、地六、天七、地八、天九、地十。"③即以数字来抽象模拟和推演天地构造及时空变化，当然是一种抽象的术数化宇宙模式的表达④。

《周易》的数字系统过于抽象和简略，虽以宇宙模式为基础，但难以直观地反映抽象的宇宙模式。而战国秦汉时期的一种占卜工具——式盘上的图式则更能进行直观的反映，在这个方面学界已经有许多成果，不仅较为系统地梳理了目前所见的秦汉时期式盘，也较为完整、深入地讨论了式盘图式与宇宙模式的关系⑤。学者们普遍认为，此时流行的一种棋类游戏——六博，其棋盘即博局上的图式与式盘的图式，构造一致，关系密切，甚至直接是博局图式的来源⑥。除式盘和博局外，此种图式及其简化形式在铜镜、画像石、画

---

① 参见王煜：《象天法地：先秦至汉晋铜镜图像寓意概说》，《南方文物》2017年第1期。
② （魏）王弼等注，（唐）孔颖达等正义：《周易正义》卷七《系辞上》，《十三经注疏》阮刻本，上海：上海古籍出版社，1997年，第81页。
③ （魏）王弼等注，（唐）孔颖达等正义：《周易正义》卷七《系辞上》，《十三经注疏》阮刻本，第80、81页。
④ 参见刘大均：《周易概论》，成都：巴蜀书社，2016年，第123页。
⑤ 严敦杰：《式盘综述》，《考古学报》1985年第4期；陈梦家：《汉简年历表叙》，《考古学报》1965年第2期；连邵名：《式盘中的四门与八卦》，《文物》1987年第9期；李零："式"与中国古代的宇宙模式》，《中国文化》1991年第4期；黄儒宣：《式图与式盘》，《考古》2015年第1期。
⑥ 李零："式"与中国古代的宇宙模式》，《中国文化》1991年第4期。

像砖及某些器物上广泛出现。不论是直接来源于式盘图式,还是具有另外的共同来源和背景①,或是后期发展中的趋同②,目前所见的材料中,式盘的图式确实是最为完整全面和标注最为系统的,所以这里我们将其统称为"式盘类"图像。需要说明的是,学界往往直接称为"式图",有些只指代式盘上的图式,有些则涵盖博局及其他器物上的类似图式。从目前材料来看,是否所有类似图式都直接来源于式盘,这一问题并不是没有疑问的,所以谨慎起见,我们使用其最具代表性的图式即式盘上的图式来比类。以往学者们对这一类图像的研究主要偏重术数方面,术数方法和观念当然是无法回避的问题,也是研究的基础,但此类图像既然流变和影响到了其他装饰图样甚至实用器物,其中恐怕就不全是术数的问题,还有图像本身的问题。所以此处拟从图像本身对其进行跨载体地分类,考察其后的宇宙观背景,当然也要以基本的术数问题为基础,好在这个方面学界已经提供了坚实基础③,便于我们从图像本身的角度来研究图式。

一、基本图式:钩绳图

此类抽象图式有一种最为简略,却也最为稳定,应是一种最基本的图式。整个构图或方或圆,以方形为多,中间有两条线在中心处垂直相交,呈"+"形,四角对称分布四个等腰直角三角形,呈"V"形,开口向外。

在术数类简牍帛书中常有此种图式。如湖北荆州30号秦墓出土简牍中即有一幅④,在"+"形线的四端和四个"V"形线形成的八个端头,共十二个线端依次标出十二支("子"居正北,顺时针排列),在十二支内侧的"+"形四端和中心交午处则按方位标出十干,甲乙在东,丙丁在南,戊己居中,庚辛在西,壬癸在北(图一)。湖北随州孔家坡汉简《日廷》中有三幅⑤,一幅十二端依次标出十二支及占语,一幅为十二支和十二月,一幅为五行(析为十二种)和占语,最后一幅上还标有十干,位置同周家台出土者(图二)。马王堆汉墓出土帛书《禹藏图》周围的十二个小图亦是此种图式⑥,"+"形中心标月份,四周线端则标数字(图三)。马王堆帛书《堪舆》章首亦有一幅相似的图式⑦,不过中间省略了"+"形线,但相应位置的十干和十二支(十二支为逆时针,与前述有所不同)仍然标出,另外在最外侧的边框上还按方位标出二十八宿(逆时针排列)(图四)。

在式盘的地盘也见有此种图式。如湖北江陵王家台15号秦墓出土式盘⑧(图五)和

---

① 王煜:《四川汉墓画像中"钩绳"博局与仙人六博》,《四川文物》2011年第2期。
② 黄儒宣:《六博棋局的演变》,《中原文物》2010年第1期。
③ 李学勤:《楚帛书中的古史与宇宙观》,《楚史论丛》初集,武汉:湖北人民出版社,1984年;李零:《中国方术考》,北京:东方出版社,2001年,第89~231页;黄儒宣:《〈日书〉图像研究》,上海:中西书局,2013年,第28~108页。
④ 湖北省荆州市周梁玉桥遗址博物馆:《关沮秦汉墓简牍》,北京:中华书局,2001年,第107页。
⑤ 湖北省文物考古研究所、随州市考古队:《随州孔家坡汉墓简牍》,北京:文物出版社,2006年,第144、145页。
⑥ 马王堆汉墓帛书整理小组:《马王堆汉墓帛书(肆)》,北京:文物出版社,1985年,第134页,附图二。
⑦ 马王堆汉墓帛书整理小组:《马王堆帛书〈式法〉释文摘要》,《文物》2000年第7期。
⑧ 荆州地区博物馆:《江陵王家台15号秦墓》,《文物》1995年第1期。

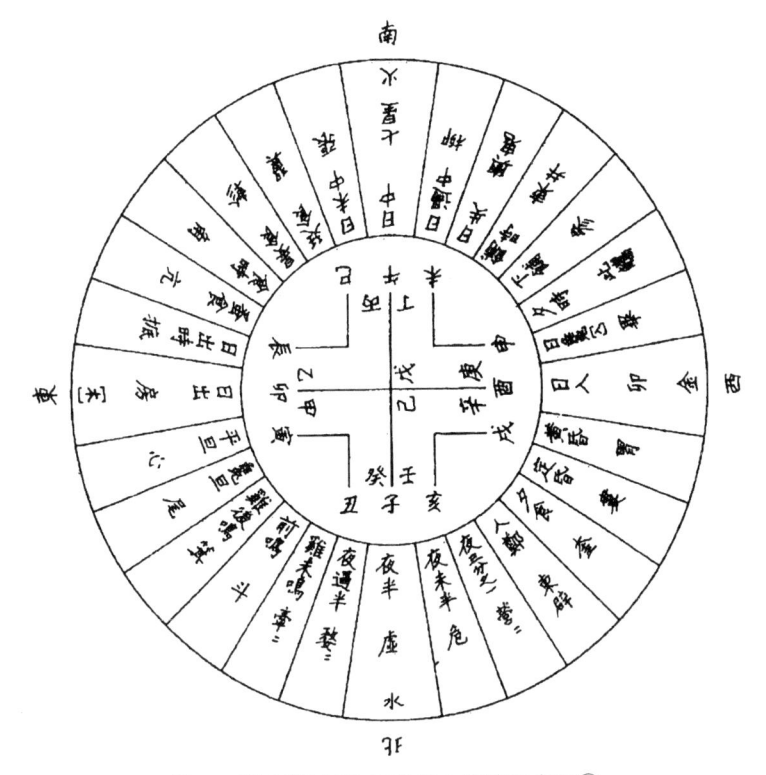

图一　湖北荆州 30 号墓出土简牍示意图①

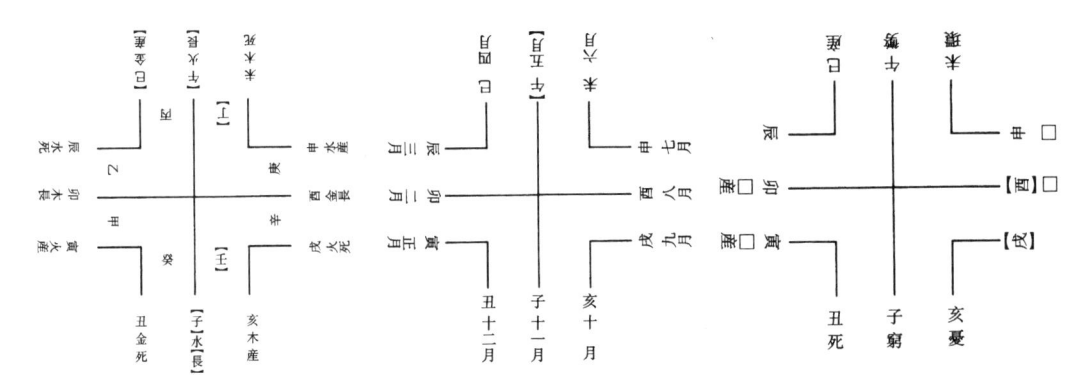

图二　孔家坡汉简日廷图示意图②

---

① 采自湖北省荆州市周梁玉桥遗址博物馆：《关沮秦汉墓简牍》，北京：中华书局，2001 年，第 107 页，图一。
② 采自湖北省文物考古研究所、随州市考古队：《随州孔家坡汉墓简牍》，北京：文物出版社，2006 年，第 144、145 页，图一~图三。

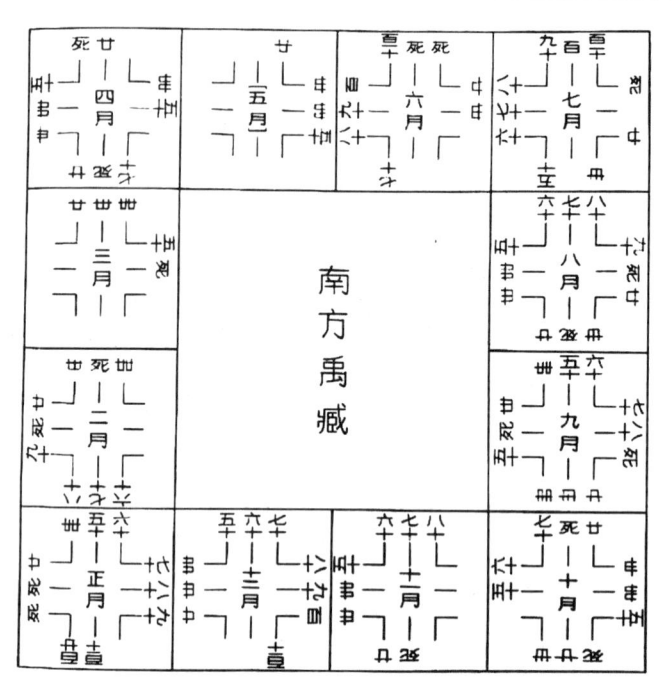

图三　马王堆汉墓帛书《禹藏图》示意图①

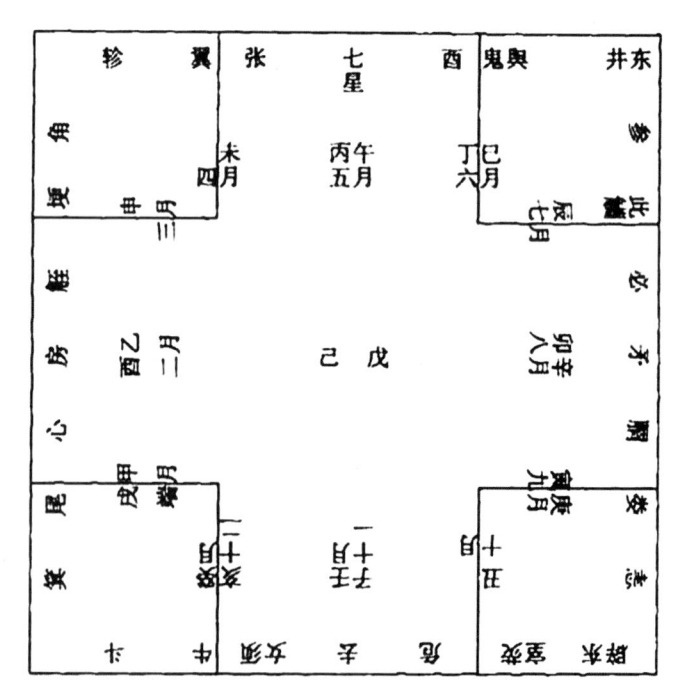

图四　马王堆《堪舆》示意图②

---

① 采自马王堆汉墓帛书整理小组：《马王堆汉墓帛书（肆）》，北京：文物出版社，1985年，第134页，图二。
② 采自马王堆汉墓帛书整理小组：《马王堆帛书〈式法〉释文摘要》，《文物》2000年第7期。

安徽阜阳双古堆汝阴侯墓 M1 出土一件式盘的地盘背面①。汝阴侯墓出土者四角部分还有四条对角线,增加了对四维的表现(后详),图式上还标有数字和节气(图六)。江苏仪征刘集联营西汉早期墓葬出土一件漆盘,很可能也是一种式盘,其上也有此种图式②。稍有不同的是其"+"形线中心与四边之间断开,但整个构图显然是相连的。盘上朱书隶书文字五层,内容较一般的此种图式复杂。外层边框按方位标出二十八宿(逆时针排列),十二条线外端标十二月(顺时针),向内标十二支(逆时针,与前述马王堆《堪舆》相同,值得注意),内端及中心交午处按方位标十干和五行,除二十八宿外皆与图式中

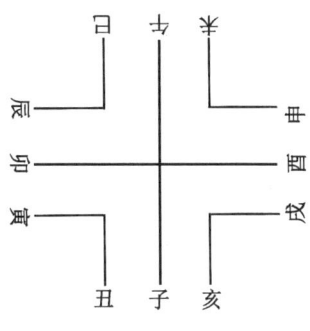

图五　湖北江陵王家台秦墓式盘结构示意图
（作者绘）

线的位置相关,可见,也许是因为其内容过多,所以才断开中间的线条,使其出现更多可供标注的线端(图七)。安徽阜阳双古堆汝阴侯墓 M1(汉文帝十五年,公元前 165 年)出土的另一件式盘地盘正面应该也是此种图式,虽然天盘遮挡了盘面中心大部分位置,但从天盘未遮挡的四端和四角来看,仍然是中央"十"字形线加上四角"∨"形线的布局,十二个线端也标出十二支(顺时针),再外围为二十八宿(逆时针)。十二支内也按方位标出十干,四角标天(西北)、土(地,东南)、人(西南)、鬼(东北)(图八)。

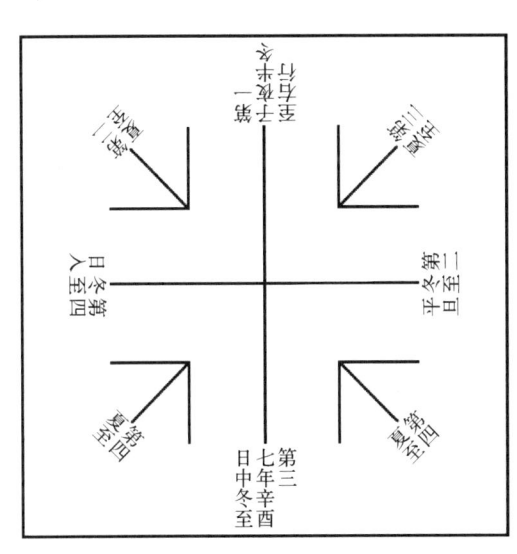

图六　安徽阜阳双古堆 M1 出土二号式盘地盘背面示意图
（作者绘）

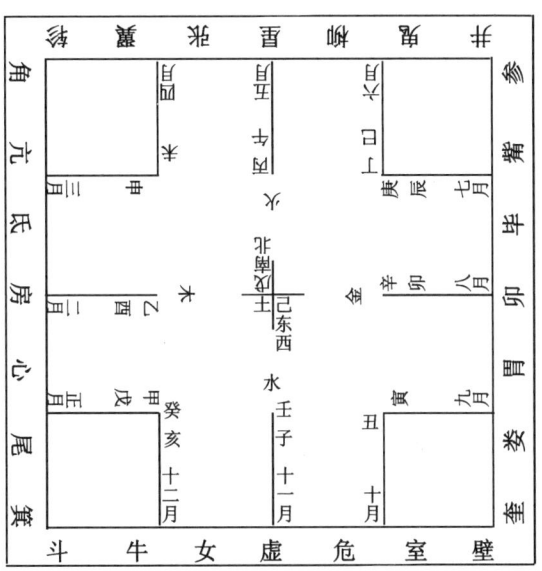

图七　江苏仪征刘集联营西汉墓出土式盘示意图
（作者绘）

---

① 安徽省文物工作队、阜阳地区博物馆、阜阳县文化局:《阜阳双古堆西汉汝阴侯墓发掘简报》,《文物》1978 年第 8 期。
② 仪征博物馆:《江苏仪征刘集联营西汉墓出土占卜漆盘》,《东南文化》2007 年第 6 期。

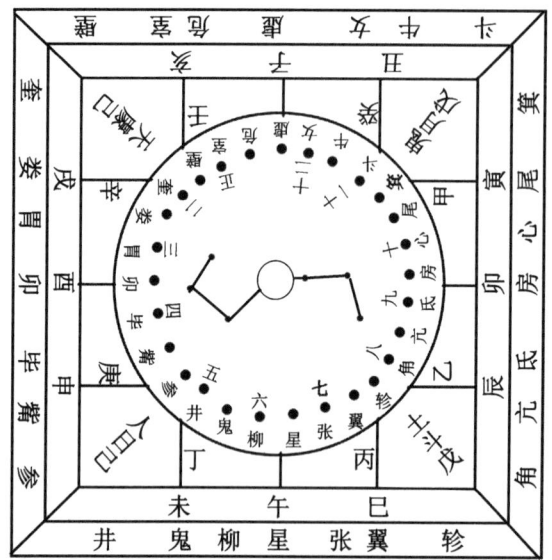

图八　安徽阜阳双古堆 M1 出土一号式盘示意图
（作者绘）

图九　四川新津宝子山崖墓一号石棺
仙人六博画像①

　　博局的图式比起此类图式来更为复杂（后详），但在四川地区汉代画像的仙人六博图像中，往往将博局简化表现为此种图式。如新津宝子山崖墓 1 号石棺一侧左部为一幅仙人六博画像，其上二人跪坐于一"上广下狭"的山顶上对博②。二人为裸体，身形清癯，头顶有长耳，肩后生羽，其旁又有凤鸟和凤尾状的芝草（图九）。罗二虎先生认为二人坐于云气之上③，其实当为仙山，古人观念中的仙山多为"上广下狭"。《十洲记》云："（昆仑山）广万里，形如偃盆，下狭上广。"④《拾遗记》亦云："海中三山，一名方壶方丈，二曰蓬壶蓬莱，三曰瀛洲。形如壶，上广下狭。"⑤汉画像上常以此种形象表现仙山。二人肩后有羽翼，头顶有长耳，皆是时人观念中仙人的基本形象。《楚辞·远游》中说"仍羽人于丹丘兮，留不死之旧乡"，王逸注"《山海经》言有羽人之国，不死之民，或曰人得道，身生毛羽也"⑥。《论衡·无形篇》中也说"图仙人之形，体生毛，臂变为翼，行于云，则年增矣，千岁不死"⑦。汉乐府《长歌行》中云"仙人骑白鹿，发短耳何长"⑧。可见，此画像表现的是仙人六博于仙山之上，而其所用之博局，正是四川汉墓画像中所特有的这一类。类似的画像

---

① 采自罗二虎：《汉代画像石棺》，第 39 页，拓本一二。
② 罗二虎：《汉代画像石棺》，成都：巴蜀书社，2002 年，第 38、39 页。
③ 罗二虎：《汉代画像石棺》，第 38 页。
④ （北魏）郦道元撰，陈桥驿校证：《水经注校证》卷一《河水》引，北京：中华书局，2007 年，第 12 页。
⑤ （唐）徐坚等撰：《初学记》卷五《地理》引，北京：中华书局，1962 年，第 92 页。
⑥ （宋）洪兴祖撰：《楚辞补注》卷五《远游》，北京：中华书局，1983 年，第 167 页。
⑦ 黄晖撰：《论衡校释》卷二《无形篇》，北京：中华书局，1990 年，第 75 页。
⑧ （宋）郭茂倩编：《乐府诗集》卷三〇《相和歌辞》，北京：中华书局，1979 年，第 442 页。

还见于新津崖墓所出另一石棺①(图十),彭山梅花村 496 号崖墓石棺右侧②(图十一)。简阳鬼头山崖墓 3 号石棺右侧右上部有一幅羽人六博画像,自题为"先(仙)人博"③,意义十分明确。其所用博局也属于此类,只不过略有一些变化,即在四角的四个"∨"形中再对置四个"∨"字形线,但其"+"形格局及四角设"∨"形的基本格局是一致的。德阳市出土一方画像砖上亦有一幅仙人六博画像,其所用博局亦属此类,只不过在四角的四个"∨"形线中又多出一两条短线④,基本设计与上述画像完全一致。

图十　四川新津崖墓石函仙人六博画像⑤

图十一　四川彭山梅花村 496 号崖墓石棺仙人六博画像⑥

此外,在四川出土东汉画像砖的中心也有不少此种图式(图十二)。

《淮南子·天文训》中对于宇宙模式的基本框架有一段记述:

> 子午、卯酉为二绳,丑寅、辰巳、未申、戌亥为四钩,东北为报德之维也,东南为常羊之维,西南为背阳之维,西北为蹄通之维⑦。

案"南北为经,东西为纬,故曰二绳"⑧,则"子午"、"卯酉"二绳代表最基本的一对经纬线。在此二绳

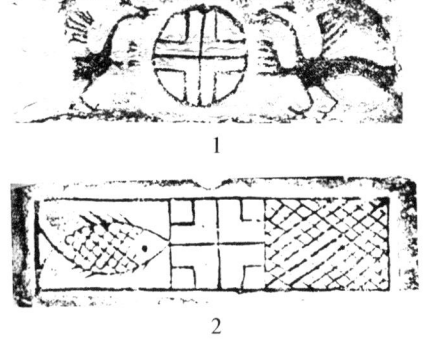

图十二　四川汉画像砖上的钩绳图式
1. 四川郫县出土画像砖拓片
2. 四川芦山县出土画像砖拓片

---

① 中国画像石全集编辑委员会:《中国画像石全集7·四川汉画像石》,济南:山东美术出版社、郑州:河南美术出版社,2000 年,第 171 页,图二〇七。
② 罗二虎:《汉代画像石棺》,第 50~52 页。
③ 罗二虎:《汉代画像石棺》,第 71、72 页。
④ 高文、王锦生:《中国巴蜀汉代画像砖大全》,澳门:国际港澳出版社,2002 年,第 394 页,图五三六。
⑤ 采自中国画像石全集编辑委员会:《中国画像石全集 7》,第 171 页。
⑥ 采自罗二虎:《汉代画像石棺》,第 52 页,图三六。
⑦ 何宁撰:《淮南子集释》卷三《天文训》,北京:中华书局,1998 年,第 207 页。
⑧ 何宁撰:《淮南子集释》卷三《天文训》,第 207 页。

之间，等分安排十二辰中其他八辰，丑与寅、辰与巳、未与申、戌与亥相钩，是为"四钩"。二绳的四头即是"四正"，四钩所在即是"四隅"，四隅之线即是"四维"，合而言之即是"八紘"，也称"八维"，高诱注"八紘，天之八维也"①。

由此二绳、四钩、四正、四隅、四维、八紘、十二辰即构成了宇宙模式的基本框架，如果用图式表示出来，正好就是上述"+"形和"∨"形构成的图式（图十三），也即宇宙模式的基本图式。由于构成此种框架的最基本元件为"钩"和"绳"，我们依此称之为钩绳图。有学者根据孔家坡汉简术数文献中此种图式的题名，结合《论衡》的记载，将其称为"日廷图"②，我们认为是有道理的。不过，如前所述，本文不重在术数方面的探讨，而重在图像方面的观察，另外，不同的术数也可共用一种基本图式，为便于直接揭示其核心构图，我们还是按照其产生将其称为钩绳图。

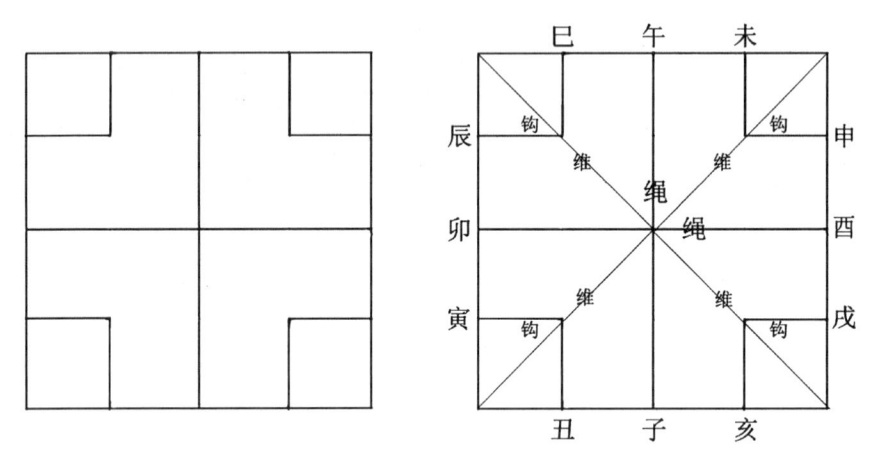

图十三　钩绳图与《淮南子》中的宇宙模式
（作者绘）

"钩"即规、矩，与"绳"同为营造、设计的基本工具。《庄子·马蹄》："我善治木，曲者中钩，直者中绳。"③《汉书·扬雄传》："带钩矩而佩衡兮，履欃枪以为綦。"颜注引应劭曰："钩，规也。"④绳是用来作直线或测量垂直的工具，规为画圆或弧的工具，矩为画方或直角的工具。实际上只要用一直角的"钩"，方或圆都能画成，所以钩包括了规和矩。"钩"又可作"钜"、"巨"。潘岳《西征赋》云"驰青鲲于纲钜"，李善注"钜，钩也"⑤。

钩（规、矩）、绳不仅是建构宇宙模式的基本元件，而且是管理和运行宇宙的基本工具。《淮南子·天文训》云："规生矩杀，衡长权藏，绳居中央，为四时根。"⑥《淮南子·天文训》中又说：

---

① 何宁撰：《淮南子集释》卷三《天文训》，第 23 页。
② 黄儒宣：《〈日书〉图像研究》，第 57 页。
③ （清）王先谦撰：《庄子集解》卷三《马蹄》，北京：中华书局，1999 年，第 82 页。
④ 《汉书》卷八七《扬雄传》，北京：中华书局，1962 年，第 3516、3517 页。
⑤ （梁）萧统编、（唐）李善注：《文选》卷一〇《赋戊》，北京：中华书局，1977 年，第 160 页。
⑥ 何宁撰：《淮南子集释》卷三《天文训》，北京：中华书局，1998 年，第 207 页。

东方木也。其帝太皞,其佐句芒,执规而治春。……南方火也。其帝炎帝,其佐朱明,执衡而治夏。……中央土也。其帝黄帝,其佐后土,执绳而治四方。……西方金也。其帝少昊,其佐蓐收,执矩而治秋。……北方水也。其帝颛顼,其佐玄冥,执权而治冬①。

在钩(规、矩)、绳以外又加以权、衡以治四时五方。而《天文训》中讲宇宙中基本要素四时(四季)、五星(金木水火土星)、五宫(田、司马、理、司空、都)、六府(十二地支的相配)、八风(条风、明庶风、清明风、景风、凉风、阊阖风、不周风、广莫风)、九野(钧天、苍天、变天、玄天、幽天、颢天、朱天、炎天、阴天)、二十八宿(角亢氐房心尾箕、斗牛女虚危室壁、奎娄胃卯毕觜参、井鬼柳星张翼轸)运行时,都是以二绳、四钩作为其基本图式的框架,在此基础上有所增添。

可见,合则为"钩",分则为"规"、"矩",图式加入规、矩的元素更加详细地反映宇宙模式。

二、经典图式:博局图

二绳四钩是此类图式中最基本的,比较复杂的是另一种图式,数量极多,应用广泛,不仅出现在占卜遗存上,还大量被运用到相关的生活器具中,称之为经典图式。

此种图式即一般所谓的博局图②,因为其最典型的反映即是汉代博局上的图式,由于已经广泛使用,仍然沿用这一名称。具体图式为:内外两重方框;内方外侧的四正位置对称分布四个"⊥"形线,竖线朝内,横线朝外;相对的外方内侧的四正位置分布四个"└"形线,竖线朝外,横线朝内,开口逆时针方向排列;四角仍然为四个"∨"形线,开口向外,扣在四角;内外方之间对角的位置上或连为直线,更多的以圆圈、花叶、乳突等方式来表现(图十四)。已有学者指出此种博局图式是在西汉前期才定型,由于这里不涉及其起源、演变问题③,且整个汉代均以此种图式为绝对主流,在本文中以其为经典代表是不成问题的。

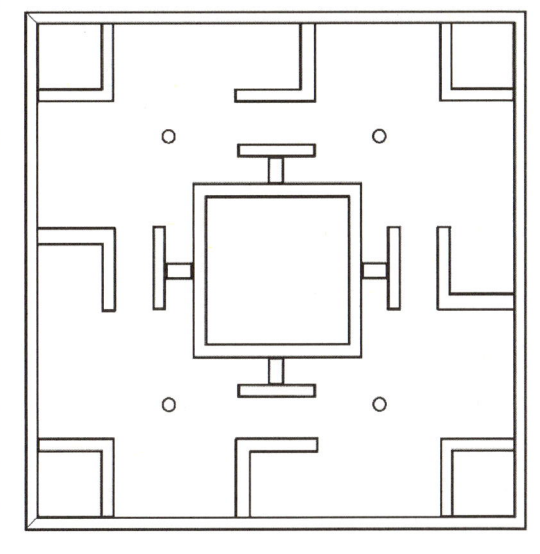

图十四 博局示意图
(作者绘)

---

① 何宁撰:《淮南子集释》卷三《天文训》,第183~188页。
② 傅举有:《论秦汉时期的博具、博戏兼及博局纹镜》,《考古学报》1986年第1期。
③ 黄儒宣:《六博棋局的演变》,《中原文物》2010年第1期。

除了上述四川地区仙人六博画像中使用的博局为钩绳图外,大量秦汉时期出土博局实物及图像上的图式皆为此种图式(个别图像刻画上可能有一些省略)。流行于西汉晚期至东汉中期,尤其是新莽时期的大量博局纹镜,也是以此种图式为基本构图格局(图十五)。由于此类铜镜上个别有铭文为"刻娄(镂)博局去不羊(祥)"①,可信其构图应该与博局纹有关。除大量的博局和博局纹镜外,甘肃省天水放马滩秦墓 M14 中出土木板画一面也绘有此种图式②,另一面为一只虎栓于树下(图十六)。江苏东海尹湾西汉晚期墓出土占卜木牍"博局占"上也有此种图式③,其上还标有六十干支(图十七)。汉长安城长乐宫六号建筑遗址④和北宫南面砖瓦窑遗址⑤出土方砖上也刻画有此种图式,也可能是一种简易的博局(图十八)。甚至还见于一些陶罐之上的刻画(图十九),可见其流行。

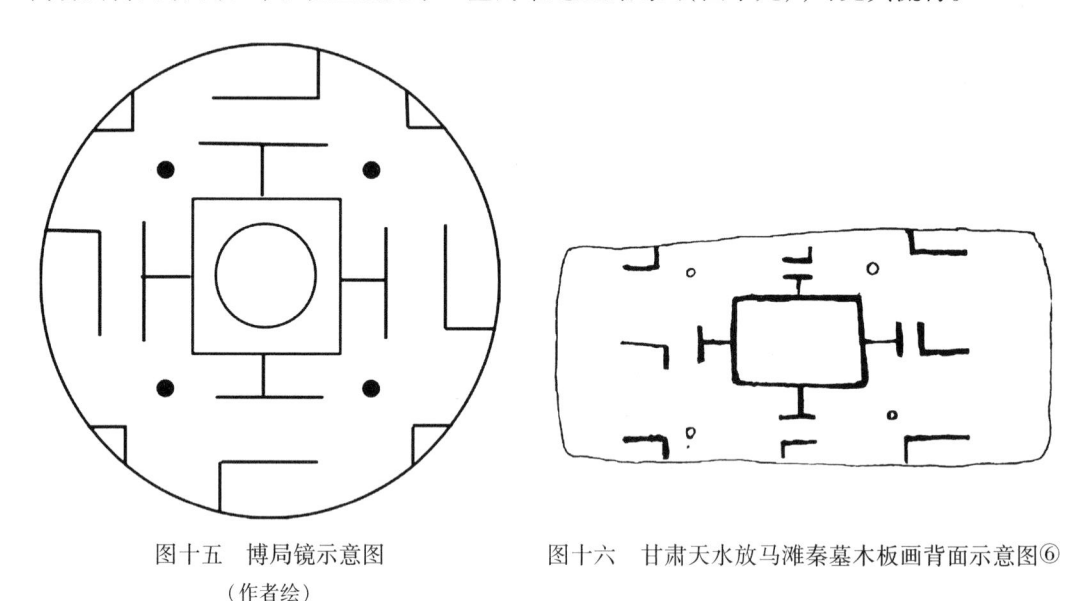

图十五　博局镜示意图
(作者绘)

图十六　甘肃天水放马滩秦墓木板画背面示意图⑥

如前所述,二绳四钩虽然是宇宙模式最基本的反映,但确实过于简单,无法在其上标注更多的符号系统。上述江苏仪征刘集联营式盘上增加了五行、十干、十二月、二十八宿等内容,原来图式上的线条便已不能胜任,但即使该图断开了"+"形的四方中间线条,从而增加了八个线端,仍然不够使用,还在同一个线端上标注各个系统的内容,使得五行、十干和十二支处于一处。我们发现在博局图的图式中,内方外侧的四个"⊥"形,四条竖线

---

① 周铮:《"规矩镜"应改称"博局镜"》,《考古》1987 年第 12 期。
② 姜守诚:《放马滩 M14 秦墓板画中的宗教信仰》,《老子学刊》2014 年第五辑。
③ 连云港市博物馆:《江苏东海县尹湾汉墓群发掘简报》,《文物》1996 年第 8 期。
④ 中国社会科学院考古研究所汉长安城工作队:《西安市汉长安城长乐宫六号建筑遗址》,《考古》2011 年第 6 期。
⑤ 中国社会科学院考古研究所汉城工作队:《汉长安城北宫的勘探及其南面砖瓦窑的发掘》,《考古》1996 年第 10 期。
⑥ 采自姜守诚:《放马滩 M14 秦墓板画中的宗教信仰》,《老子学刊》2014 年第五辑,图 4。

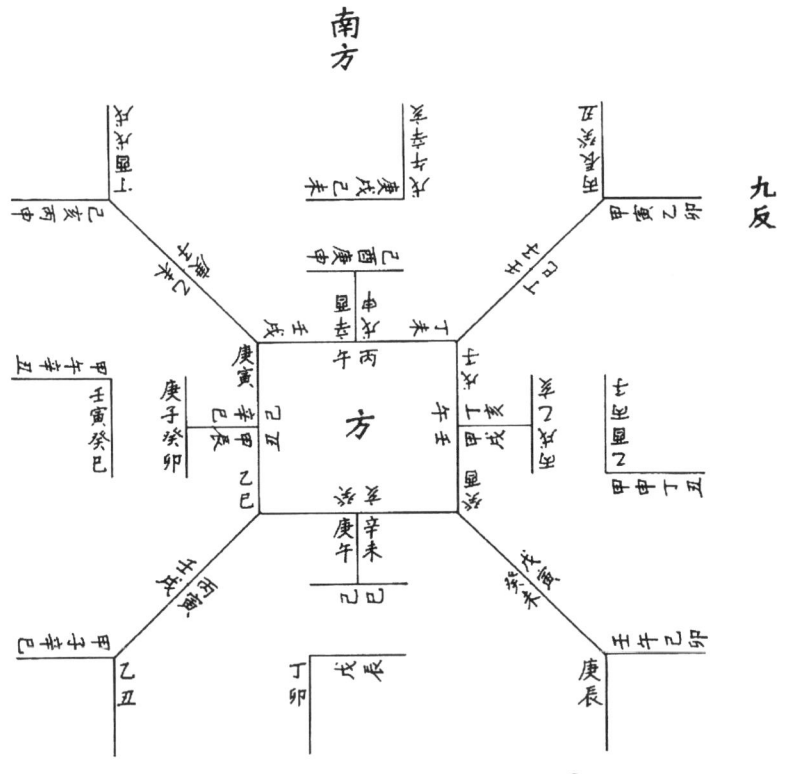

图十七　尹湾汉墓"博局占"示意图①

图十八　汉长安城长乐宫六号建筑遗址出土博局纹砖拓片②

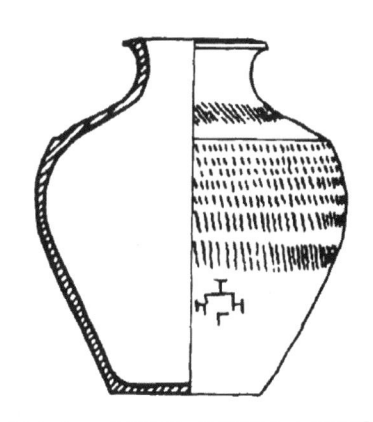

图十九　咸阳塔尔坡秦墓出土陶罐③

---

① 采自连云港市博物馆、中国社会科学院简帛研究中心、东海县博物馆、中国文物研究所：《尹湾汉墓简牍》，北京：中华书局，1997年，第125页。
② 采自中国社会科学院考古研究所汉长安城工作队：《西安市汉长安城长乐宫六号建筑遗址》，《考古》2011年第6期，图八，8。
③ 采自咸阳市文物考古研究所：《咸阳塔尔坡战国墓发掘简报》，《文物》1997年第8期，图三，1。

正好可以标注五行的四方,横线的两端正好也可以标注十干在四方的八个符号,这也与上述汝阴侯墓出土式盘地盘正面图式上的十干位置一致。于是我们按照刘集联营式盘和汝阴侯墓式盘,再参照其他有标注的式盘类图式上的格局和位置,将其所用的符号系统标注在此种图式上,发现其确实更加满足多种符号体系的共同使用,也完全符合所用图式和标注反映出的基本模式(图二十)。

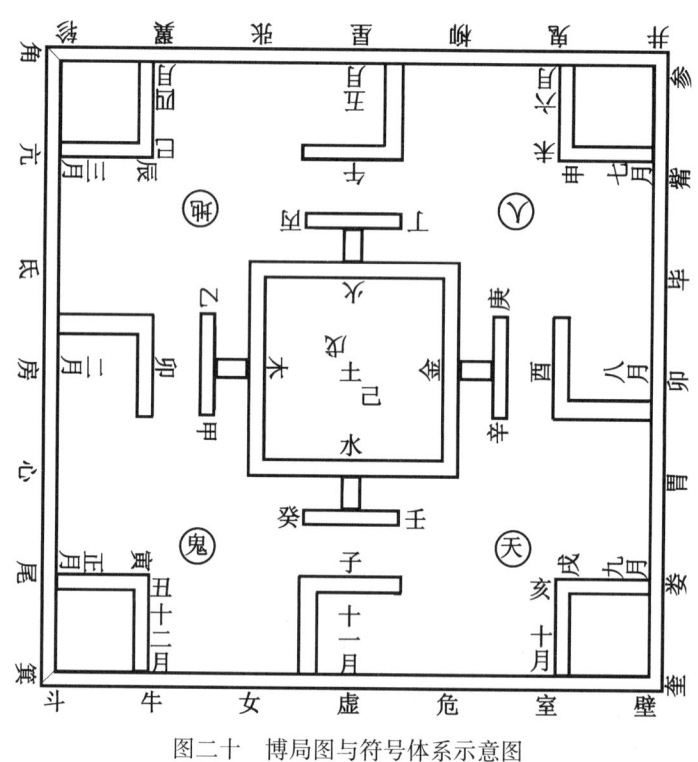

图二十　博局图与符号体系示意图

(作者绘)

其实,有的博局镜上也在图式的相关位置标注了干支,只是由于其已经是一种生活用具,更多属于装饰,符号系统尽量简化和装饰化。秦汉铜镜的传统类型为圆镜,只是将博局图放在圆形背景中而已,我们试图将其放在方形图式中并补出上述符号系统,发现二者完全一致,符号系统也与其图式完全吻合,不仅完全证明了图式的性质和意义,也为此种图式及其符号系统的完整表现增加了证据(图二十一)。

值得指出的是,尹湾汉墓出土木牍"博局占"上的此种图式上,标注系统与上述有别,是将干支组合在一起,从东北方位(甲子)开始按一定规律依次排列六十干支。有学者认为此种标注顺序可能与六博中行棋规则有关①,由于六博毕竟还是一种实际生活中的棋类游戏,宇宙模式虽是其观念背景,还要考虑现实的行棋规则,可能在这个以宇宙模式为基本格局的棋盘上,还有实际的行棋方式。

---

① 李学勤:《〈博局占〉与规矩纹》,《文物》1997年第1期。

我们看到,此种图式与上一种图式的最大区别,即是在相同位置上将两条直线(二绳)改为了里面四个"⊥"形和外面四个"⊔"形,以往将它们称为规矩纹,还是有一定道理的,确实"⊥"形和"⊔"形与汉代图像中常见的伏羲、女娲手中所持的规、矩具有相似性。而上文已经讨论过,四角的四个"Ⅴ"形来源于四钩,而钩正好是规、矩的合称。可见,此种图式即是以钩(规、矩)代替绳,一方面纯粹以钩(规、矩)来作为构成宇宙模式的基本元件,另一方面增加基本图式上的符号系统容量。关于规、矩在宇宙模式中的意义,上文已经论述,兹不赘述。规、矩为画方、圆的工具,所谓"不以规矩,不成方圆",而天圆地方为人们的基本观念,如《淮南子·天文训》云"天道曰圆,地道曰方"①,纯粹以规矩纹来构建宇宙模式是可以理解的。

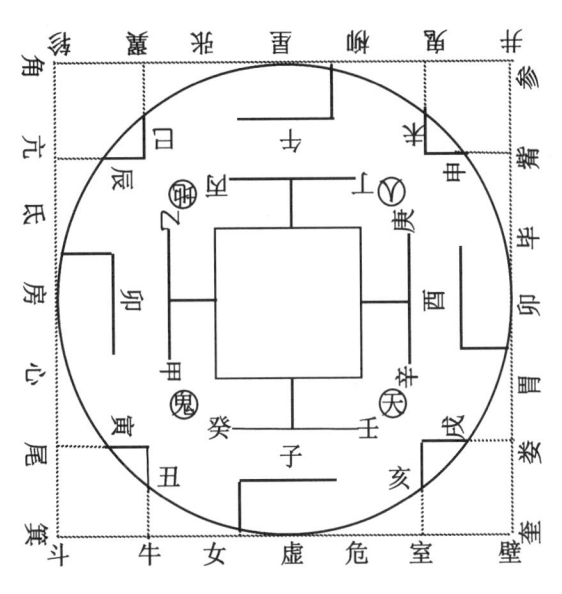

图二十一　博局图(博局镜图式)与符号系统的配伍示意图
(作者绘)

三、简易图式:八位图

汉代式盘以及其他相关图像中还有一种更为简易的图式,即以四正四隅的四条连线直接构成一个指示八方的图式。由于此种图式过于简单,并不比一般线条纹和几何纹复杂多少,如果运用在一般装饰上也可能是受对称、美观等观念下产生的纹饰,不具有多少意义。但当其作为式盘和其他占卜用具上的主要图式出现,情况显然不能同日而语。

安徽阜阳双古堆汝阴侯墓 M1 出土两件式盘②,其图式不同。一件天盘上为北斗、十二月和二十八宿,是后来"罗列图式"中天盘部分的来源(详下述),地盘上为钩绳图式(详上述)。另一件的天盘上直接以四正四隅四条连线构成,并标有数字和文字,地盘与之相应的八个位置也分两层标写文字。具体来说,天盘过圆心划四条等分线,在线两端刻"一,君"对"九,百姓","二"对"八","三,相"对"七,将","四"对"六"。绕圆心刻"吏"、"招"、"摇"、"也"四个字。地盘在天盘槽外至边缘中间刻一方框线,框内外按八方刻字。框内按顺时针的次序为:"当者病","当者有喜","当者有憀","当者显","当者死","当者有盗争","当者有患","当者有忧"。框外相对依次为:"立春天溜□六日废明日","春

---

① 何宁撰:《淮南子集释》卷三《天文训》,第 169 页。
② 安徽省文物工作队、阜阳地区博物馆、阜阳县文化局:《阜阳双古堆西汉汝阴侯墓发掘简报》,《文物》1978 年第 8 期。

分仓门□六四废明日","立夏阴洛□五日废明日","夏至上天□六日废明日","立秋玄委□六日废日明","秋分仓果□五日明日","立冬新洛□五日明日","冬至叶蛰□六日废明日"。可见,其框内部分是占辞,框外部分则是二分二至四立八个节气(图二十二)。地盘背面整个为钩绳图式。

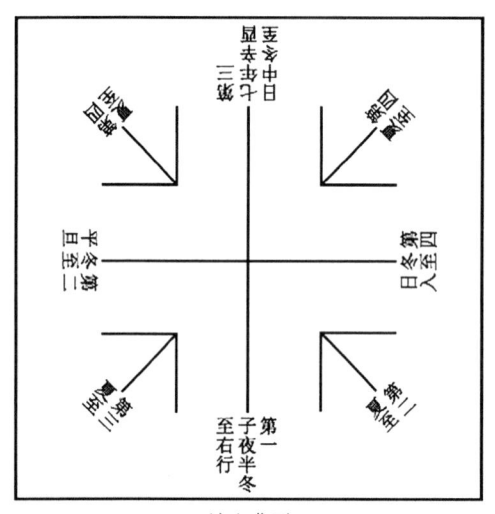

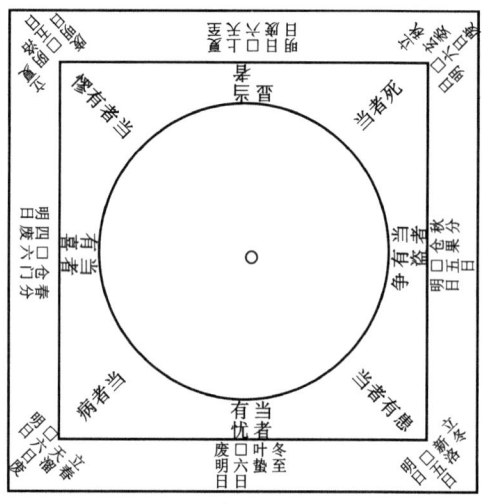

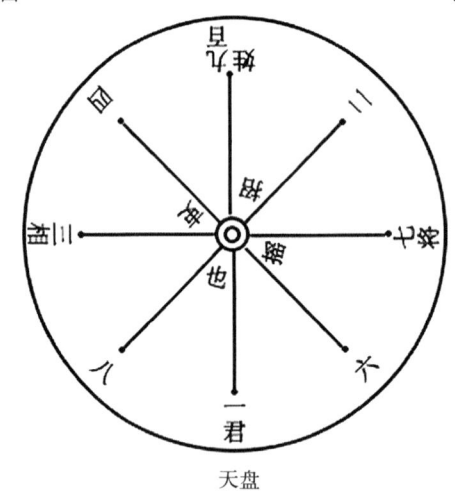

图二十二 双古堆一号墓出土二号式盘示意图
（作者绘）

由于两件式盘的图式和符号、文字系统差异很多,不少学者按照后世式法的一些标准,将前者称为"六壬式",而将后者称为"太一式"。这个问题我们这里不去讨论,恐怕也很难讨论得清楚,这里的重点是讨论此种图式与当时人观念中的宇宙模式及其抽象系统之间的关系。

湖南沅陵虎溪山汉墓 M1 也出土一件式盘[1],根据出土文字,时代在汉文帝后元二年

---

[1] 湖南省文物考古研究所、怀化市文物处、沅陵县博物馆:《沅陵虎溪山一号汉墓发掘简报》,《文物》2003 年第 1 期。

(公元前162年),与双古堆汝阴侯墓年代极为接近。式盘分为天盘和地盘,但其上的线条、符号和文字大多磨灭漫漶。天盘上已无痕迹字迹保留,地盘四正四隅方向等列八个方框,由于为刻出,尚能清晰看到,其中一框内还保留有朱书的干支,推测其他框中也应该有干支排列。地盘背面也有钩绳图式,只是缩小为符号,且有多个。虽然该式盘保存状况较差,但根据其地盘总体分为四正四隅八个方位构图的形式,再加上底面也有钩绳图式的特点,应该也是上述汝阴侯墓出土式盘中的八方式布局,只是其用方框框出八个方位,再在其中写文字,与汝阴侯墓出土者直接在八个方位写字稍有不同,但大致布局应是一致。

此种图式直接表示了四正四隅八个方位,最直接的表现就是汝阴侯墓出土式盘上四正四隅的四条直接连线,再在八方配以数字。所有术数研究者意见都十分一致,此种图式应该起源甚早,最开始用以表示四正四隅八方方位,一般称为八位图,再加上中心的交点,其实是九个方位,如果用方格画出,也就是九宫图。在八位和九宫上就可以按方位配合季节、时令、干支、数字等多种符号系统。比如从季节和节气来说,即以"东、南、西、北"配"春、夏、秋、冬",以正东配春分、东南配立夏、正南配夏至、西南配立秋、正西配秋分、西北配立冬、正北配冬至、东北配立春,也就是汝阴侯墓出土式盘地盘外侧的文字内容(图二十三)。

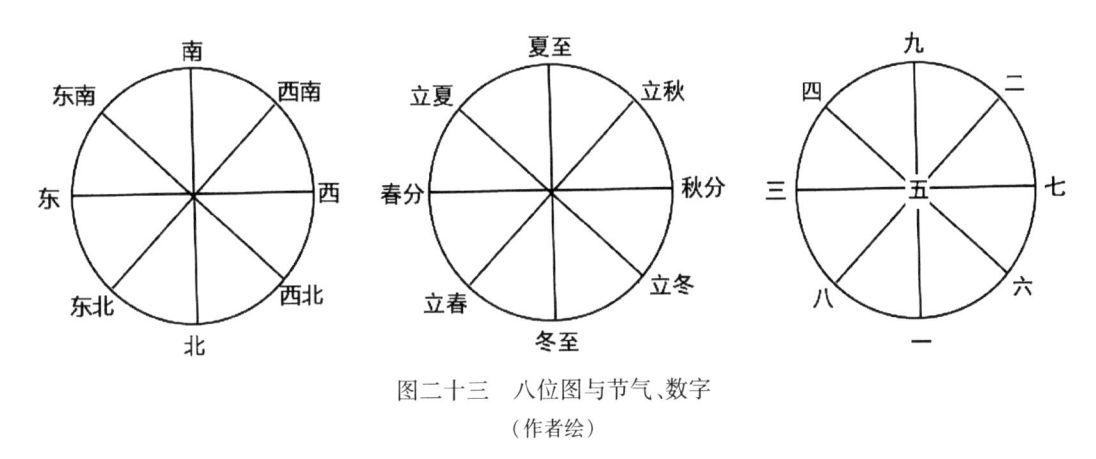

图二十三　八位图与节气、数字
(作者绘)

关于与数字的配伍,后世文献中有一种较为特殊的形式。如朱熹《周易本义·易图》中解释说:

　　《系辞》传曰:"河出图,洛出书,圣人则之。"又曰:"天一、地二、天三、地四、天五、地六、天七、地八、天九、地十。天数五,地数五,五位相得而各有合;天数二十有五,地数三十,凡天地之数五十有五,此所以成变化而行鬼神也。"此河图之数也。洛书盖取龟象,故其数戴九履一,左三右七,二四为肩、六八为足①。

可见,后世所谓洛书的配数原则即是在四正四隅的八个方向上,"九"与"一"对列南北,

---

① (宋)朱熹撰,李一忻点校:《周易本义》,北京:九州出版社,2004年,第3页。

"三"与"七"对列东西,"二"与"四"平列西南、东南两隅,"六"与"八"平列西北、东北两隅,后世洛书见下图(图二十四)。如果将它换为数字,我们就会发现,其与汝阴侯墓出土式盘天盘八位图中所标示数字的位置、顺序完全一致。关于洛书构图的形成,学者们有比较复杂的术数方面的解释①。但不管怎么说,这种配数原则显然与对宇宙模式的抽象化、术数化有关。不论河图洛书具体的出现时间为何,与洛书一致的这种配数原则显然在西汉前期就已经形成了。

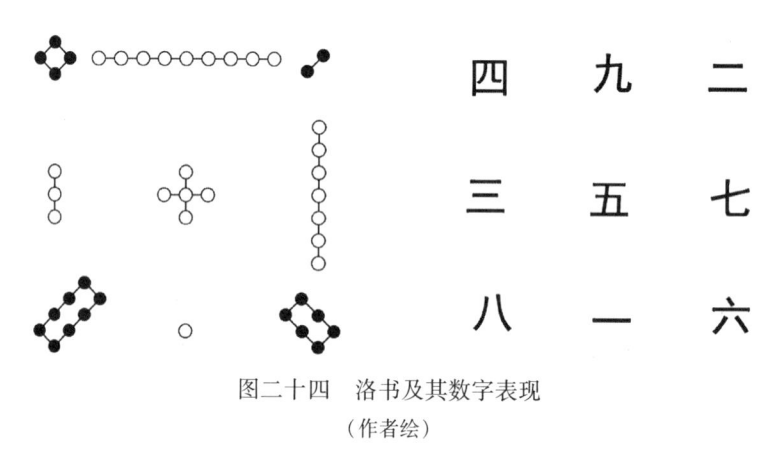

图二十四　洛书及其数字表现
(作者绘)

四、罗列图式:罗盘图

所谓"罗列图式",即是在基本的方、圆框架中直接按方位和顺序将上述或更多符号系统罗列于其上,而不以上述所谓钩绳图、博局图和八位图中的框架为表现主体,正如后世的罗盘,也应该是后世罗盘的直接源头,只是后来符号系统逐渐增加并将磁针运用于其中而已,所以我们将之称为"罗盘图"。

这种图式目前主要见于式盘上,除上述江苏仪征刘集联营出土的一件(此件由于没有天盘,是否直接为式盘尚可怀疑,本研究中暂将其列入式盘)、安徽阜阳双古堆汝阴侯墓出土的两件和湖南沅陵虎溪山汉墓 M1 出土的一件外,其他的式盘均为此种罗列图式。

如甘肃武威磨咀子汉墓 M62 出土式盘,发掘者推测该墓葬的时代为王莽时期②。分为天盘和地盘两部分,天盘可以转动,刻同心圆三圈,中心圈内用竹珠镶出北斗七星,其第五星是利用盘轴充当,各星之间刻细线相连。第二圈隶书阴刻十二神:神后、大吉、功曹、太冲、天罡、大一、胜先、小吉、传从、从魁、天魁、徵明(顺时针排列)。功曹、大吉之间,又刻一戊字。外层隶书阴刻二十八宿(逆时针)。地盘刻字两层,内层按方位篆书阴刻十干四周的八个(即东方甲、乙,南方丙、丁,西方庚、辛,北方壬、癸)、十二支(顺时针),干支并

---

① 刘大均:《周易概论》,第 123 页。
② 甘肃省博物馆:《武威磨咀子三座汉墓发掘简报》,《文物》1972 年第 12 期。

未组合,但混排在一圈内,共二十字。其中子、卯、午、酉四字围刻界格,下镶竹珠,应是对二绳四正的强调。外层二十八宿,每边七宿,排列同天盘。盘中心有四条辐射状双线与四角相连,内各镶一大二小共三颗竹珠,应是对四维的强调。凡盘上有文字处,上方都刻一个小圆点。天、地盘边缘均刻许多小圆点为刻度,天盘边缘微残,现存 150 余个刻度;地盘共有 182 个刻度。式盘背部素面无文字(图二十五)。

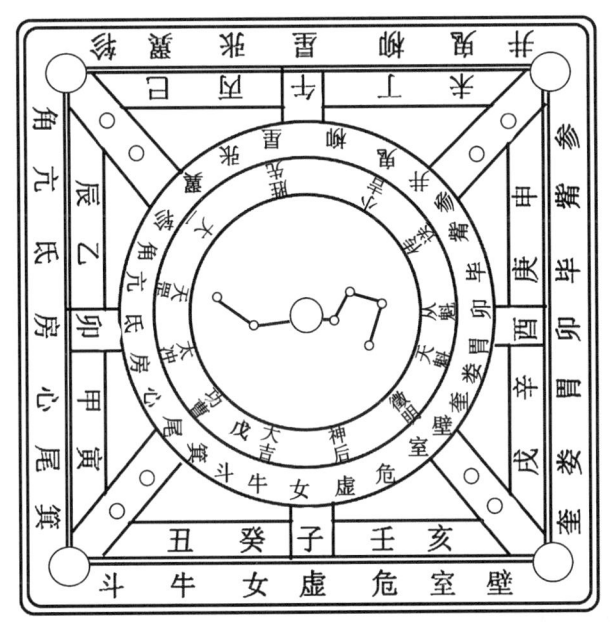

图二十五　甘肃武威磨咀子式盘示意图
(作者绘)

再如朝鲜乐浪遗址王盱墓出土式盘,该墓中有永平纪年的器物出土,可知大概在东汉明帝时期[①]。式盘也分为天盘和地盘两部分。天盘中心有孔,以黄色为地。正中朱绘北斗七星,第五星正好为天盘中孔。北斗外天盘自内向外划分为四圈,第一圈内墨书十二神:神后、大吉、功曹、太冲、天罡、大一、胜先、小吉、传从、从魁、天魁、徵明(顺时针排列)。第二圈墨书十干、十二支(顺时针),干支并未组合,但混排在一圈内,共二十字。第三、四圈无字,四维位置有线标注。地盘自内向外列四层,第一层按方位墨书十干四方的八个,四正及四维位置墨书八卦符号,方位为后天八卦,震为在正东,巽在东南,离在正南,坤在西南,兑在正西,乾在西北,坎在正北,艮在东北。第二层按方位排列十二支(顺时针),第三层无字,第四层为二十八宿(逆时针)(图二十六)。

敦煌市西北部孟家桥乡祁家湾墓群亦出土一件魏晋时期较完整式盘。该式盘由天盘、地盘组成。天盘半球状,底面直径 3.5 厘米、厚 1 厘米;地盘方形,上边长 5.3 厘米、下边长 4.2 厘米、厚 0.6 厘米。天盘从内向外依次排列有北斗、十二神。天盘中心阴刻北斗

---

① [日]原田淑人、田泽金吾等:《乐浪五官掾王盱の坟墓》,东京:东京刀江书院,1930 年,第 60~62 页。

图二十六　乐浪王盱墓式盘示意图
（作者绘）

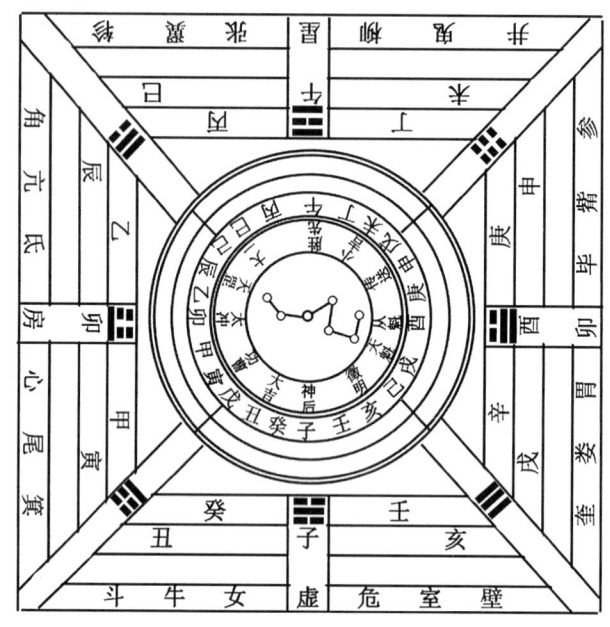

七星,并连线,外列十二神。斗魁第一星指向魁戍,斗柄指向天罡。天罡之后顺时针依次为大一、胜先、小吉、传送、从魁、魁戍、徵明、神后、大吉、功曹和大冲（太冲）。按照报告的排列顺序可看出十二月神为逆时针排列,依次为徵明、魁戍、从魁、传送、小吉、胜先、大一、太冲、功曹、大吉和神后。地盘从内向外依此排列为干支、二十八宿,地盘四角对列天、地与人、鬼四门,四边外侧是二十八星宿,内侧混列八干十二支。其中在鬼、地门之间,顺时针列寅、甲、卯、乙、辰和箕、尾、心、房、氐、亢、角①。可看出地盘上干支为顺时针排列,二十八宿为逆时针排列（图二十七）。

综合目前所见的材料来看,此种图式总体上比较固定,只是符号系统的层次有所区别。西汉前期汝阴侯夏侯灶墓出土的一件式盘的天盘上已经以北斗七星为中心并环列二十八宿,但尚未出现十二神,其地盘也还用的是钩绳图式,最迟至王莽时期此种图式已经成熟。天盘中心皆刻绘北斗七星形象,其外环列十二神（逆时针）,斗杓指向天罡,其外往往还环列干支（顺时针）和二十八宿（逆时针）,二十八宿在最外层。地盘则由内而外列干支（有的四方八干和十二支分为内外两层,有的混在一层,顺时针）和二十八宿（逆时针）,地盘四正四维上往往按列后天方位的八卦。魏晋以后的此类式盘还在四维列天（西北）、地（东南）、人（西南）、鬼（东北）四门,此种做法最早见于西汉前期汝阴侯墓出土的一件式盘上。再晚一些的式盘上有的还在地盘最外层列三十六禽②,此种做法未见于汉代（图二十八）。

---

① 中国考古学年鉴编委会:《考古文物新发现》,《中国考古学年鉴2014》,北京:中国社会科学出版社,2015年,第461页;马洪连、张俊民:《敦煌祁家湾新出魏晋式盘研究》,《敦煌研究》2020年第2期。

② 严敦杰:《式盘综述》,《考古学报》1985年第4期。

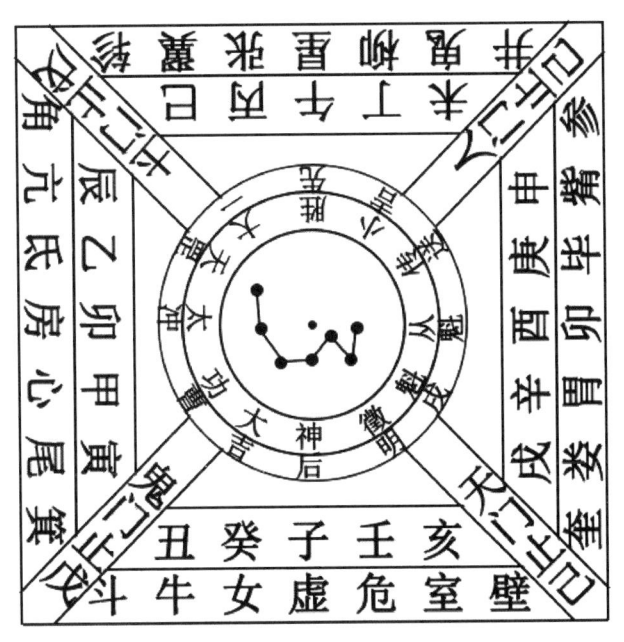

图二十七　敦煌祁家湾出土式盘示意图
（作者绘）

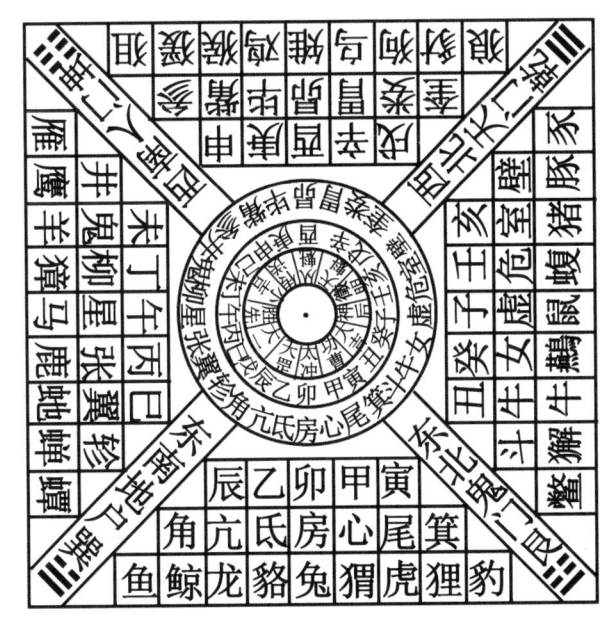

图二十八　六朝铜式盘示意图
（作者绘）

罗列图式中一般具备北斗、十二神、二十八宿这几类元素，只在个别式盘上有些许变化。

北斗在中国古代的天文学中具有十分重要的地位，是上古时期观象授时最重要的指标。《鹖冠子·环流》云："斗柄东指,天下皆春;斗柄南指,天下皆夏;斗柄西指,天下皆秋;斗柄北指,天下皆冬。斗柄运于上,事立于下,斗柄指一方,四塞俱成。"①《史记·天官书》云："斗为帝车,运于中央,临制四乡。分阴阳,建四时,均五行,移节度,定诸纪,皆系于斗。"②实际上这种观念来源于上古时的天象观察,公元前第四千纪前后③北斗曾处于天极位置。由于岁差的缘故,汉代时的天极已偏离北斗较远,但是这样的观念却保存了下来,并对中国文化产生了深远的影响。直至汉代,仍有一些文献中以北斗为天之中心。桓谭《新论·启悟篇》云："天之卯酉,当北斗极,北斗极天枢,枢天轴也,犹盖有保斗矣。盖虽转而保斗不移,天亦转周匝,斗极常在,知为天之中也。"④《尚书纬》中更云："北斗居天之中,当昆仑之上。"⑤而且由于北斗位处中宫,全年可见,又十分醒目,其绕极旋转(逆时针,即左行),具有较易观察的指示时间、节令的作用,因此被人们作为极星之用,甚至作为极星的代表。如《春秋文耀钩》云："中宫大帝,其北极星下一明者(同书又云:中宫大帝,其精北极星),为大一之先,含元气,以斗布常。"⑥图式中北斗居中央,显然是以斗杓(斗柄)作为占卜的指针,即是对北斗"运于中央,临制四乡。分阴阳,建四时,均五行,移节度,定诸纪"的模拟。

  北斗的外围排列十二神,又称"十二月将",即徵明(亦有称登明)、魁(亦有称河魁天魁)、从魁、传从、小吉、胜先、大一(亦有称太一)、天冈(亦有称天刚、天罡)、太冲、功曹、大吉、神后。王充《论衡》中说："或(式)上十二神,登明、从魁之辈,工伎家谓之皆天神也,常立子丑之位。"⑦可见十二神主要是与十二支相对应的。隋萧吉《五行大义》卷五引《玄女拭经》曰："六壬所使十二神者:神后主子,水神;大吉主丑,土神;功曹主寅,木神;大冲主卯,木神;天刚主辰,土神;太一主巳,火神;胜先主午,火神;小吉主未,土神;传送主申,金神;从魁主酉,金神;河魁主戌,土神;徵明主亥,水神。"⑧从上述王盱墓出土式盘来看,这种对应关系在东汉早期就已经定型了。所以,十二神出现后的天盘上或在其外标出干支或不标,可能就是因为十二神的位置完全能取代十二支的位置,标了十二神,干支的位置其实已经确定了。

  《吴越春秋·夫差内传》中记载有关于式法的描述:

    今年七月辛亥平旦,大王以首事。辛,岁位也;亥,阴前之辰也。合壬子岁前合也。利以行武,武决胜矣。然德古今,斗击丑,丑,辛之本也。大吉为白虎而临辛,功曹为太常而临亥。大吉得辛为人丑,又与白虎并重,有人以此首事,前虽小胜,后必

---

① 黄怀信撰:《鹖冠子汇校集注》卷五《环流》,北京:中华书局,2004年,第76页。
② 《史记》卷二十七《天官书》,北京:中华书局,1959年,第1291页。
③ 冯时:《中国天文考古学》,北京:中国社会科学出版社,2007年,第128页。
④ (汉)桓谭撰,朱谦之校辑:《新辑本桓谭新论》卷七《启悟篇》,北京:中华书局,2009年,第29页。
⑤ [日]安居香山、中村璋八辑:《纬书集成》,石家庄:河北人民出版社,1994年,第393页。
⑥ [日]安居香山、中村璋八辑:《纬书集成》,第662页。
⑦ 黄晖撰:《论衡校释》卷二十四《难岁篇》,北京:中华书局,1990年,第1021~1023页。
⑧ 黄晖撰:《论衡校释》卷二十四《难岁篇》注引,第1022页。

大败①。

此段占法中的具体规则虽然已难以充分理解,但其中"斗击丑"、"大吉临辛"、"功曹临亥"的占象,应该是指天盘斗柄指向地盘丑位、天盘十二神中大吉处于地盘辛位、功曹处于亥位,我们试着转动上述王盱墓出土式盘正好可以出现这种结果,说明该文献记载中的式盘正好是此种图式,也说明占式实际上是以天盘上的指针和符号系统(主要是斗柄和十二神)对应地盘上的干支来进行的。实际上天盘上斗柄固定指向十二神中的天罡,其与十二神的位置关系也是固定的,占验的核心实际就是以天盘斗柄指向地盘干支来确定。汉代以后个别式盘天盘上没有北斗,但有十二神,其原理还是一致的。

二十八宿,即东宫角、亢、氐、房、心、尾、箕,北宫斗(南斗)、牛(牵牛)、女(婺女、须女)、虚、危、室(营室)、壁(东壁),西宫奎、娄、胃、昴、毕、觜(觜觿)、参,南宫井(东井)、鬼(舆鬼)、柳、星(七星)、张、翼、轸,是以星象为基础而对天区进行划分,用以度量日月星辰运行的位置。《论衡·谈天篇》中说:"二十八宿为日月舍,犹地有邮亭为长吏廨矣。邮亭著地,亦如星舍著天也。"②最早的完整的二十八宿名称出现于战国早期的曾侯乙墓漆箱上。虽然各种文献中对二十八宿的具体名称甚至选用的星官有个别差异,但式盘上的二十八宿名称却比较稳定。除极个别材料外,二十八宿从西汉早期开始一直是式盘地盘上不可或缺的元素,在此类图式中更是从未缺席,有的天盘最外圈也标出二十八宿。二十八宿本来是天上的分区,但很早就被人们对应为地上的分野,用于占卜地上各国和各地区人事的吉凶。如《淮南子·天文训》云:"星部地名:角、亢,郑;氐、房、心,宋;尾、箕,燕;斗、牵牛,越;须女,吴;虚、危,齐;营室、东壁,卫;奎、娄,鲁;胃、昴、毕,魏;觜觿、参,赵;东井、舆鬼,秦;柳、七星、张,周;翼、轸楚。"③可见,在天盘外周标出二十八宿是天界分区的一种表示,而在地盘外围标出二十八宿则可能与二十八宿对应地上分野的观念有关,即将大地对应于天,并以同样的符号系统予以划分区域。

《史记·律书》中在描述八方八风中的条风时,将八风和二十八宿、季节气候、方位以及干支配伍起来:

> 条风居东北,主出万物。条之言条治万物而出之,故曰条风。南至于箕。箕者,言万物根棋,故曰箕。正月也,律中泰蔟。泰蔟者,言万物蔟生也,故曰泰蔟。其于十二子为寅。寅言万物始生螾然也,故曰寅。南至于尾,言万物始生如尾也。南至于心,言万物始生有华心也。南至于房。房者,言万物门户也,至于门则出矣④。

即将东北的箕、尾、心、房四宿对应于十二支的寅,从上述式盘上来看,箕、尾、心、房四宿确

---

① (汉)赵晔撰,(明)吴管校:《吴越春秋》卷五《夫差内传》,北京:中华书局,1985年,第98、99页。
② 黄晖撰:《论衡校释》卷十一《谈天篇》,第564页。
③ 何宁撰:《淮南子集释》卷三《天文训》,第272~274页。
④ 《史记》卷二十五《律书》,北京:中华书局,1959年,第310、311页。

实处于十干的甲和十二支的寅位①,与《史记》所云一致。可见,从西汉前期开始干支与二十八宿的对应关系即已确定,式盘的地盘上基本都是由内往外将干支和二十八宿组合排列,这便是天文和术数观念定型化的反映。

五、宇宙运动：天旋地转，阴阳相错

上文中我们根据式盘类图像上的图式,讨论了当时人们观念中宇宙模式和结构的抽象化、术数化表现。其实,式盘和六博等不仅模拟天地的结构,而且其式法(即用式盘占卜的方法)和博法(即在博局上行棋的方法)还在一定程度上体现了人们对天地运动的一般认识。

（一）式法模拟的天地运动

汉代的式法已经失传,不少学者根据唐代以来文献的记载进行了想象性的复原,但具体究竟有多少是汉代古式真正的使用方法,目前还很难说。我们这里只就基本现象予以推断,目前也只能在基本层面来讨论式盘体现的宇宙运动。

如前所述,式盘天盘上的主要标志物为北斗斗柄,地盘上的主要标志物是干支,其基本占法主要是旋转天盘,得到斗柄及其配属符号指向地盘的干支位置来进行推验。我们知道,由于地球自西向东的自转,站在地球自转轴与天球交点(即北极星、天极)的角度看地球是逆时针转动,正对北极星看地球是顺时针转动,北斗七星围绕北极星作逆时针转动,也就是古代天文文献说的左旋或左行。虽然《淮南子·天文训》中说:"北斗之神有雌雄,十一月始建于子,月从一辰,雄左行,雌右行,五月合午谋刑,十一月合子谋德。"②将北斗分为雌、雄,雄的左行(逆时针旋转)、雌的右行(顺时针旋转),这显然是根据阴阳对立统一的理论造出一个雌性的北斗来,实际天象中北斗是左行的。既然式盘的天盘上最重要的指针是北斗,那么天盘的转动方向理应为左行(逆时针),而地盘上的符号就相对右行(顺时针)。由上文可知地盘上最重要的符号系统即为干支,干支即是顺时针排列(右行)。有些式盘的天盘上后来还出现了干支和十二神,十二神在早期记载中没有明确的排列顺序,其是与十二支配合的,干支的排列是顺时针,所以十二神也为顺时针。但从出土式盘材料来看,干支、十二神都是东汉以来才配置在天盘上,用以丰富其符号系统的,可有可无,北斗才是核心。而且除北斗外,出现最早的系统有二十八宿和十二月(汝阴侯墓出土式盘),二十八宿自然为逆时针排列,其上的十二月也作逆时针排列,可见在设计之初,天盘的旋转方向是以斗柄的旋转方向,即左行(逆时针)为准的,这点从与其相对运动的地盘上主要系统干支作顺时针排列也可以推测。虽然地盘边缘也有二十八宿,但如前所

---

① 江苏仪征刘集联营汉墓出土式盘上的十二支为逆时针排列,所以其对应关系不合,但此为特例,其他所有与之同时或比之稍晚的式盘十二支皆为顺时针排列,而且对应关系与此相合。
② 何宁撰:《淮南子集释》卷三《天文训》,第278页。

述,这里的二十八宿是地对应天的分野,并不代表地盘自身的方向,而且从前述文献记载的式法来看,都是占看与天盘对应的地盘上的干支,所以干支才是地盘的核心,地盘的方向也应以干支的方向为准,即右行(顺时针)。

可见,汉代式盘的具体式法虽不可详知,但其基本的使用方法是使天盘左转(逆时针),而地盘相对右行(顺时针),这就是人们对天地运行方向的基本理解。

《逸周书·武顺解》云:"天道尚左,日月西移;地道尚右,水道东流。"①《尸子》云:"天左舒而起牵牛,地右辟而起毕、昴。"②《白虎通义·日月》云:"天左旋,日、月、五星右行何?日、月、五星比天为阴,故右行。右行者,犹臣对君也。"③《论衡·说日》云:"儒者论曰:天左旋,日月之行不系于天,各自旋转。"④《晋书·天文志》引盖天家言:"天圆如张盖,地方如棋局。天旁转如推磨而左行,日月右行,随天左转,故日月实东行,而天牵之以西没。"汉代纬书《春秋元命苞》云:"天左旋,地右动。"又云:"地所以右转者,气浊精少,含阴而起迟,故转右迎天佐其道。"又云:"地不足东南,阴右动终而入灵门。"注:"右动,动而东也。"⑤《河图括地象》已云:"天左动,起于牵牛;地右动,起于毕。"⑥可见,虽然对于日、月等天体的实际运行方向还有多种解说,但战国秦汉文献一致认定天左行、地相对右行,这是明确无疑的,而上述式盘的旋转方法及相应的指针和符号系统的排列正好是对这一基本运动方向的模拟。

(二) 博法模拟的天地运动

如前所述,博局是此类图式中,尤其是经典图式博局图的主要载体,我们前面讨论的是静态结构,但博局实际上是六博游戏中行棋所用,棋子在博局上运行也可寓意博局图式上的运动,那么六博的行棋规则中是否一定程度上体现了某种天地运行的模式。

"六博"(又称"陆博"、"博戏")是秦汉时期十分流行的一种棋类游戏,主要以投掷六根"博"(长条状,一般为竹制,截面为新月形,又称"箸"、"箭"、"究"等)来决定步数,在特定的博局(即棋局)上行棋争胜(双方各十二枚棋子)。六博中博局是一方面,但如何在博局上行棋,则决定于投出的点数。班固《弈旨》中便说:"夫博悬于投,不必在行。"⑦投点数有投箸或投茕(即骰子)两类,投茕当然方便得多,在出土的实例中西汉前期已经流行⑧,但更多的,尤其是汉墓画像中的六博全为投箸,此是有其深层含义的。

"箸"即"博"(本作"簿"),又有"箭"、"究"等名。傅举有及李零先生都认为又可称为

---

① 黄怀信:《逸周书校补注译》卷三十二《武顺解》,西安:西北大学出版社,1996年,第162页。
② (宋)李昉等撰:《太平御览》卷三七《地部》引,北京:中华书局,1960年,第175页。
③ (清)陈立撰,吴则虞点校:《白虎通疏证》卷九《日月》,北京:中华书局,1994年,第423页。
④ 黄晖撰:《论衡校释》卷十一《说日篇》,第580页。
⑤ [日]安居香山、中村璋八辑:《纬书集成》,第598页。
⑥ [日]安居香山、中村璋八辑:《纬书集成》,第1090页。
⑦ (宋)李昉:《太平御览》卷七五三《工艺》引,第3345页。
⑧ 如长沙马王堆3号墓,江陵凤凰山10号墓。傅举有:《论秦汉时期的博具、博戏兼及博局纹镜》,《考古学报》1986年第1期。

"筹（算）"①。实际上"筹"是计算胜负的筹码，与博箸不是一回事。湖北江陵凤凰山8号西汉墓中出土遣册中记为"博、筭、囗（上"央"下"糸"）、桐、博席一具、博橐一"②，出土物中有竹制博箸一套六枚。长沙马王堆3号墓中出土遣册记为："博一具、博局一、象棋十二、象食其（棋）廿、象筭三十……"③而出土物中正有长箸十二枚（即"博一具"，博箸本一套六枚，双方自用博箸则为十二枚），短箸三十枚（即"象筭三十"），可见"博"和"筭"并非一事。

李零先生将"博"等同于"筹（算）"，便认为博箸即是算筹，是计算用的筹码⑤，这显然不对。实际上博箸与骰子一样是用来投的，文献中一般称其为"投"或"掷"、"击"⑥。汉墓六博画像中对博之人往往表现为举手投箸的姿态，成都市郊出土六博画像砖上，还隐约可见博席上刚刚投下的散乱博箸⑦。新津崖墓一画像石棺上，有二人手握博箸，举手欲投⑧，是博箸为投掷所用的明证（图二十九）。

图二十九　新津崖墓石棺"投箸"画像拓片④

博箸标准的应为六枚。《说文·竹部》："簙，局戏也，六箸十二棋也。"⑨《楚辞·招魂》云"菎蔽象棋，有六博些"，王逸注"投六箸"⑩。曹植《仙人篇》："仙人揽六箸，对博太山隅。"⑪虽然文献中也提到有用二箸和八箸的⑫，但皆为孤证，或为误传，从汉代的画像材料上看，所用皆为六箸无疑。那么，投掷六枚博箸如何决定行棋的步数呢？

从出土实物来看，博箸是由一支细长的半边竹管，中间填以金属粉、铜丝或其他物质加固而成，其断面呈新月形⑬。这样的构造使它具有正、背两个面，投掷下去便会出现正面朝上或背面朝上两种结果。我们推测，时人或许以某一面朝上为计数，有几枚此面朝上，则投得的数字便是几，棋也依此而行，这与骰子的原理是一样的。此说虽然纯是推测，

---

① 傅举有：《论秦汉时期的博具、博戏兼及博局纹镜》，《考古学报》1986年第1期；李零：《中国方术考》，第167页。
② 金立：《江陵凤凰山八号汉墓竹简试释》，《文物》1979年第6期。
③ 熊传薪：《谈马王堆三号西汉墓出土的陆博》，《文物》1979年第4期。
④ 引自龚廷万、龚玉、戴嘉陵：《巴蜀汉代画像集》，北京：文物出版社，1998年，图77。
⑤ 李零：《中国方术考》，第167页；李零：《跋中山王墓出土的六博棋局》，《入山与出塞》，北京：文物出版社，2004年，第177页。
⑥ 傅举有：《论秦汉时期的博具、博戏兼及博局纹镜》，《考古学报》1986年第1期。
⑦ 高文、王锦生：《中国巴蜀汉代画像砖大全》，第74页，图七二。
⑧ 龚廷万、龚玉、戴嘉陵：《巴蜀汉代画像集》，北京：文物出版社，1998年，图77。
⑨ （汉）许慎撰，（清）段玉裁注：《说文解字注》，上海：上海古籍出版社，1981年，第198页。
⑩ （宋）洪兴祖撰：《楚辞补注》卷九《招魂》，第211页。
⑪ （唐）欧阳询撰：《艺文类聚》卷四二《乐部》引，上海：上海古籍出版社，1965年，第756页。
⑫ （汉）刘歆撰，（晋）葛洪集，王根林校点：《西京杂记》卷四，《汉魏六朝笔记小说大观》，上海：上海古籍出版社，1999年，第107页；《汉书》卷九九《王莽传》颜注引服虔，第4170页。
⑬ 傅举有：《论秦汉时期的博具、博戏兼及博局纹镜》，《考古学报》1986年第1期，第29页。

未必可靠,但由博箸具有正背两面的特性来看,投箸当是以这种正背关系来决定行棋步数,这一点应当可以肯定。那么,既然骰子早已出现,为何汉墓画像中所见的六博不用更为方便的骰子,而都要用六枚博箸呢?

我们认为,投箸中实际上蕴含了《周易》阴阳六爻的哲学和宗教思想,汉人尊崇《周易》象数的观念是投箸流行的背景。汉代人尊崇《周易》,推之为"群经之首",对象数、谶纬的迷信尤为风行。《周易》的象数集中于易卦,它以阴阳二爻("—"、"--")为基本单位,六爻成一卦,由阴阳二爻的变化共可生成六十四卦。六博中博箸的正反两面恰可代表阴阳二爻,一枚博箸便是一爻,六枚正是一卦,六枚博箸的投掷共可出现六十四种情况。笔者认为这些绝不是耦合,六博的投箸正是对《周易》阴阳六爻的模拟。

博法中就多有对易卦思想的模拟。《楚辞·招魂》谈及六博时云"菎蔽象棋,有六博些。分曹并进,遒相迫些。成枭而牟,呼五白些",王逸注"言已棋已枭,当成牟胜,射张食棋,下兆于屈,故呼五白以助投也"①。"成枭"即棋子成为"枭棋",成为"枭棋"后便可吃别人的棋子,是取胜的关键,如《史记·魏世家》所说"博之所以贵枭者,便则食,不便则止矣"②。对于《招魂》此段描述及王逸的注解,傅举有先生解释道"棋成枭后,就到了获胜的关键时刻,如果投箸能成'五白'的话,就可以获得最后胜利,故'呼五白以助投'"③。其实也可以理解为投出"五白",棋便可以成为枭棋,取得制胜的关键。不论怎样,投出"五白"在六博中是至关重要的,那么"五白"究竟是什么,受人如此青睐。按照上述投箸的推测,笔者认为,"五白"即是五个"白"面朝上。为何时人不以"六白"或其他为贵,而以五白朝上为贵呢? 这实际上是《周易·乾卦》思想的反映。

乾卦为《周易》首卦,当然至为重要,其六爻皆阳,从初爻到上爻反映的是阳气逐渐上升的过程。"阳"数字上用"九"表示,卦辞中以"龙"喻阳气,"龙"从初爻到上爻逐渐飞升,比喻阳气逐渐上升。当上升到第五爻时为"九五,飞龙在天,利见大人"④,是最吉利、最尊贵的一爻,所以有"九五至尊"的说法。但当阳气上升到第六爻(上爻)时为"上九,亢龙有悔"⑤,反而不好了,物极必反,盛极必衰是《周易》的一个基本思想。所以,"六阳"反而不如"五阳","五阳"最为尊贵、吉利,六博重"五白"当是这种思想的直接反映。

这里不考虑排列组合问题,因为根据不同的排列组合,投出五个白面朝上也有六种情况,每一次投出的概率是六十四分之一,对于游戏来说,计数过大,规则过于繁琐严重影响娱乐活动。我们推测六博的投箸只是计其数,不需考虑排列组合问题,其对《周易》的模拟应是总体上的,不可能不顾规则繁琐而要求完全切合。

东汉边韶《塞赋》云:

---

① (宋)洪兴祖撰:《楚辞补注》卷九《招魂》,第 211 页。
② 《史记》卷四四《魏世家》,第 1854 页。
③ 傅举有:《论秦汉时期的博具、博戏兼及博局纹镜》,《考古学报》1986 年第 1 期,第 33 页。
④ (魏)王弼等注,(唐)孔颖达等正义:《周易正义》卷一,《十三经注疏》,第 14 页。
⑤ (魏)王弼等注,(唐)孔颖达等正义:《周易正义》卷一,《十三经注疏》,第 14 页。

人操厥半,六爻列也。赤白色者,分阴阳也。乍亡乍存,像日月也。行必正直,合道中也。趋隅方折,礼之容也。迭往迭来,刚柔通也。周则复始,乾行健也。局平以正,坤德顺也①。

《庄子·骈姆篇》释文:"塞,博之类也。"②根据学者的研究,六博的行棋方法正是循环往复③,即"迭往迭来,刚柔通也;周则复始,乾行健也",可见六博确实受到《周易》及乾坤思想的影响。

因此,战国秦汉时期流行的六博,不仅是其棋盘(博局),其规则也深深体现了时人观念中的宇宙模式和宇宙运行法则。

时人认为宇宙的运动根本上是阴阳两种力量相互作用和运动的结果。《淮南子·天文训》中云:"天地以设,分而为阴阳。阳生于阴,阴生于阳。阴阳相错,四维乃通。"④六博中正以具有正反两面的博箸代表阴阳,以六枚博箸为《周易》的阴阳六爻,十二枚棋子象征十二辰(十二时),博局则象征着宇宙的基本框架。六枚博箸的变化和组合推动着十二棋子在博局上运行,正象征着阴阳六爻推动着十二辰在宇宙之中运转。乾卦《象》辞曰:"大哉乾元,万物资始,乃统天。云行雨施,品物流形。大明终始,六位时成,时乘六龙以御天。"⑤六博正是"乘六龙以御天"的象征。《薛孝通谱》云:

> 乌曹作博,其所由来尚矣。双箭以象日月之照临,十二棋以象十二辰之躔次。则天地之运动,法阴阳之消息,表人事之穷达,穷变化之几微⑥。

"双箭"即博箸的正反两面代表了阴阳二爻,故以之配日月,由此可见,六博所蕴含的整体意义再明显不过了。

六、结　　语

我们以式盘、六博、博局镜、占卜简牍等器物上的常见图式(由于式盘包括各种图式且系统最为完整,我们统称为式盘类图像)为中心,讨论当时一般观念中对于宇宙模式的抽象表达和术数化、符号化的象征。

第一,此类图式可归纳为我们所谓的钩绳图、博局图、八位图和罗盘图几种形式。钩绳图即以二绳(子午、卯酉)四钩(丑寅、辰巳、未申、戌亥)标示四正四隅和十二辰(十二支),形成宇宙模式的基本框架,因此我们称其为基本图式。博局图与钩绳图密切相关,增

---

① (唐)欧阳询撰:《艺文类聚》卷七四《巧艺部》引,第1280页。
② (清)王先谦撰:《庄子集解》卷三《骈姆篇》,第80页。
③ 曾蓝莹:《尹湾汉墓〈博局占〉木牍试解》,《文物》1999年第8期;李解民:《〈尹湾汉墓博局占木牍试解〉补订》,《文物》2000年第8期;李零:《跋中山王墓出土的六博棋局》,《入山与出塞》,第180~183页。
④ 何宁撰:《淮南子集释》卷三《天文训》,第282页。
⑤ (魏)王弼等注,(唐)孔颖达等正义:《周易正义》卷一,《十三经注疏》,第14页。
⑥ (宋)李昉等:《太平御览》卷七五四《工艺部》引,第3346页。

加了内方,并纯粹用规矩纹标示内外各个方向和位置,能更为完整的配属四正、四维、五行、十干、十二支、十二月、二十八宿等符号体系,是将基本图式与多种符号系统配合得最为完备的一种图式,流行也最为广泛,因此我们称其为经典图式。八位图直接以四正四隅的连线表示四方八位九宫,并配属节气和数字,其数字的排列方式与后世的洛书完全一致,应该是其渊源,这是一种最为简易的图式,因此我们只能把讨论范围限定在式盘等配合有符号系统占卜工具的图式上。罗盘图则是在上述图式提供的基本布局中,主要不再以图式结构为重点,而以在天盘和地盘上罗列各种符号系统为主要特点。从其中心刻画的北斗和图式的基本框架以及其上包罗万象的各种符号系统来看,这些图式确实是当时观念中对宇宙模式的抽象化、术数化模拟。

第二,上述四种图式中,前三种出现的时间较早,都在汉代以前,具体孰早孰晚,目前的材料不足以判断。如果把并非出现在占卜工具上的纹饰算上,显然八位图的渊源更加久远,但由于其图式简单,完全可以是对称装饰造成,在普通器物上辨认具有一定危险性。如果从逻辑来说,似乎八位图确实更早更原始,钩绳图次之,能够完美配属更多符号系统的博局图最晚,但这只是一种出于单线进化的猜测。实际的出土情况是,战国时期博局已很流行,明确的钩绳图式却比较少见,具体关系,尚不清楚。三者之间,尤其是钩绳图和博局图之间显然是具有密切关系的。从目前的材料来看,罗盘图出现最晚,西汉前期及以前的式盘上尚不见此种图式,至迟在新莽时期已经成熟,其后成为式盘的标准模式。其上的各种元素如天盘中心的北斗,天盘上的十二神,以及天、地盘上皆有的十干、十二支、二十八宿,和地盘上的四门皆来自早期的式盘,可能增加了八卦,显然是上述图式的继续发展,并最后定型。以往的研究更多从后世法文献的记载中反推各种式盘的属性,其实,式盘的差异根本上是其反映的图式的差异,暂时抛开晚期文献和复杂术数语言、规则的干扰,从图式本身梳理其种类和发展演变可能更能把握要领。

第三,早期的部分式盘和成熟后的汉代式盘皆以北斗为天盘中心,从当时文献反映出的一些情况来看,主要以北斗斗柄指向地盘上的干支来占验吉凶。充分反映了北斗"运于中央,临制四乡。分阴阳,建四时,均五行,移节度,定诸纪"的天文观念。天盘以北斗的运动方向左旋(逆时针),地盘上的符号系统相对天盘右行(顺时针),是"天左旋,地右动"观念的直接模拟和表达。

第四,六博中除了博局的图式是宇宙模式的抽象表现外,整个六博游戏皆有模拟宇宙结构及其运动的内涵。六博主要以投掷六根博箸来确定数字,十二枚棋子按投数在博局上运行,以具有正反两面的博箸代表阴阳,以六枚博箸为《周易》的阴阳六爻,十二枚棋子象征十二辰(十二时),博局则象征着宇宙的基本框架。六枚博箸的变化和组合推动十二棋子在博局上运行,正象征着阴阳六爻推动十二辰在宇宙之中运转。虽然是一种流行的游戏,但其文化底色具有深刻的宇宙论意义,也反映出天文观念在汉代一般社会中广泛而深刻的影响。

大像有形：从中亚到中国[*]
——关于大佛像的几个问题

陈晓露

中国人民大学历史学院、出土文献与中国古代文明研究协同创新中心

大佛像的建造是佛教艺术史上一个十分引人注目的现象，反映了佛教发展过程中对偶像神格化的内在需求。制作规模巨大的佛像，必然需要雄厚的经济基础和强大的组织动员能力，这些往往得依靠王权的支持才能实现。本文试图在前贤研究的基础上，对大像制作的文化传统、大像反映的佛教艺术实践与王权政治的关系以及大佛像的尊格等问题进行一些思考。

一、从佛像起源说起：佛的神格化

制作佛像的活动是在佛教诞生后数百年才发生的。佛陀在世时，并没有意图创立一种宗教，他的"成道"是领悟了脱离世俗烦恼的法门，他本人40余年的传教活动也只是志在教导和指点人们通过修行达到超脱、涅槃的境界。佛灭后的相当长一段时间，小乘佛教的发展都遵循着佛的这一初衷，教徒通过遵守戒律、修行冥想等方式，最终目的是达到悟道。因而，在向外传播的过程中，佛教艺术主要是作为思想教义的载体，而不是以引导人们崇奉、礼拜佛陀本人为目的，这是小乘佛教中"不直接表现佛陀本人形象"禁忌的产生背景。

早期的艺术史学者发现了犍陀罗艺术中的佛像与希腊造像的相似性，从而提出了佛像起源于犍陀罗艺术的说法，认为偶像崇拜的概念是在亚历山大东征引发的希腊化浪潮中，由希腊人的东方后裔——公元前2世纪建立独立王国的希腊巴克特里亚人引入佛教，自此打破了禁忌，开始在艺术中直接表现佛陀的形象[①]。不过，从考古发现来看，东方目前希腊特征最突出的城市——阿伊哈奴姆中，并未发现佛教的痕迹；仅南部塔克西拉遗址的珍迪亚尔神殿等处发现少量的"印度-希腊"时期遗存。迄今为止人们仍很难将希腊影响与佛像的出现直接联系起来。由此，部分研究者又提出了"罗马影响说"，认为犍陀罗

---

* 本文是中国人民大学亚洲研究中心项目"巴基斯坦拉合尔博物馆藏斯坦因西域收集品调查"（项目号19YYA01）研究成果。

① Alfred Foucher, *L'art gréco-bouddhique du Gandhâra*, 3 vols., Paris: E. Leroux, 1905–1923.

艺术中的西方成分是与其同时期的罗马艺术通过海上贸易影响的结果①。持这一观点的学者对比和讨论了大量材料，提出犍陀罗艺术与罗马艺术在样式、图像、构图、技法等方面的相似性，但在二者的渊源关系上并没有给出直接确凿的证据。

与"犍陀罗艺术起源说"不同的是，佛像起源"印度本土说"的学者则强调印度自古就存在对药叉、那迦蛇王造像崇拜的传统，认为中印度的秣菟罗艺术在与犍陀罗艺术几乎同时或者更早、独立地创造出了佛像②。

然而，这两类学说讨论的重心始终围绕佛像在外在表现形式、雕塑技巧等方面与希腊罗马艺术或印度本土艺术之间的相似性，而忽视了佛教本身的发展脉络。如马歇尔在塔克西拉的发掘尽管为犍陀罗地区的文化提供了考古学上的年代序列，但他对犍陀罗艺术演变过程的认识，却仍是以其中的希腊文化因素为线索，将希腊艺术风格的有无、多少作为判断犍陀罗地区艺术发展水平和划分阶段的标准，认为犍陀罗艺术在2~3世纪与希腊艺术风格最为接近，是其"成熟期"，此前和其后则冠以"青春期"、"衰落期"等概念③。意大利考古队在犍陀罗北部斯瓦特地区的发掘为佛像起源问题的讨论提供了大量材料，但研究者关注的重点仍然是艺术风格方面④。部分学者发现，能够确定年代的、最早的几件表现佛像的图像均是"梵天劝请"题材，而这批图像中的佛陀形象在人物面庞、身体轮廓、肌肉线条等方面均表现出浓厚的印度艺术色彩，被认为是受到了秣菟罗艺术或中印度艺术的影响。但为何是"梵天劝请"而不是其他题材成为了佛陀最初出现的场景，研究者却未能给出合理的解释。

尽管佛像的源头存在争议，但学者们都公认贵霜王朝在佛像起源过程中发挥了十分重要的作用，1世纪中期至3世纪中期的佛教造像艺术呈现出极其繁荣的局面。从阿育王时代起，佛教就开始向中亚地区传播，到公元前后，中亚地区佛教已经较为兴盛。在这一过程中，佛教的理论和实践发生了重大转变，大乘佛教在这一时期形成。相较于原始佛教强调个人修行、追求解脱境界的教义，大乘佛教推崇释迦的高尚品行，并将他超人化、神格化，从教义到宗教组织、宗教实践都明显更加迎合商人的价值观念，表现出浓厚的商业色彩。这与贵霜时期丝路贸易和商品经济高度发达的历史背景相适应，推动了佛与供养者之间形成一种兑换关系，即供养者通过施舍来兑换功德⑤。相应的，在宗教实践上，无所不能、偶像化的佛陀自然成为了佛教徒的内在必然需求。因而，佛像从被创造出来开始，就

---

① Alexander C. Soper, "The Roman Style in Gandhara", *American Journal of Archaeology*, vol. 55, no. 4, 1951, pp. 301 – 319; B. Rowland, "Gandhara and the Late Antique Art: The Buddha Image", *American Journal of Archaeology*, vol. 49, no. 2, 1942, pp. 223 – 236.

② J. E. van Lohuizen de Leeuw, *The "Scythian" Period: An Approach to the History, Art, Epigraphy and Palaeography of North India from the 1st Century B. C. to the 3rd Century A. D.*, Leiden: E. J. Brill, 1949; R. C. Sharma, *Buddhist Art of Mathura*, Delhi: Agam Kala Prakashan, 1984.

③ John Marshall, *The Buddhist Art of Gandhara*, Cambridge: University Press, 1960.

④ ［意］卡列宁、菲利真齐、奥里威利编著，魏正中、王倩编译：《犍陀罗艺术探源》，上海：上海古籍出版社，2015年；［日］宫治昭著，李萍译：《犍陀罗美术寻踪》，北京：人民美术出版社，2006年。

⑤ 刘欣如：《贵霜时期东渐佛教的特色》，《南亚研究》1993年第3期，第40~48页。

以明显异于常人的面貌出现,犍陀罗艺术中的佛陀就已经有了肉髻、白毫等种种"相好"的特征,这显然与希腊式的"神人同形"概念完全不同。佛像的出现,就是佛的神格化的开端。

从犍陀罗石刻中可以看到,随着佛陀神格化程度的不断加深,佛像的体量从早期到晚期也逐渐变得越来越大。在早期的佛传故事浮雕中,佛陀仍是表现故事情节的一个组成要素,如"梵天劝请"或"初转法轮"等题材作品里,佛陀的形体只是略大于梵天、听法弟子等其他形象,虽然肉髻、白毫等特征已被刻画出来,但与其他人物形象相差得仍不是很多[①]。随着信徒对偶像崇拜的要求越来越高,佛像的身量越来越高大。到3世纪以后,犍陀罗开始出现大量的佛龛像,佛像是图像的中心,或坐或立于龛下正中,两边的礼拜者或供奉者的形体远小于佛像。研究者一般认为这类佛龛像表现的是"帝释窟说法"的题材,即中心部位是坐在岩龛内、结禅定印的释迦牟尼佛,向龛外的帝释天及其他天人解答种种问题(图一)。不过,在这种龛像中,佛已成为超人的、具有巨大神威的形象,其他人物与佛的身量相差甚远,具体的时间、环境和情节已被大大简省,都成为无关紧要、可有可无的细节点缀,只有佛像本身是唯一的表现重点。后来东传至新疆的中心柱窟,正壁多描绘的佛龛像,表现的也仍是"帝释窟说法"题材,佛像主要承担偶像功能,因而题材本身已被极度淡化,帝释窟仅以菱形山峦来象征性表现而已[②](图二)。

图一　犍陀罗"帝释窟说法"石刻　　　　图二　克孜尔171窟正壁佛龛像

单体的、专供信徒顶礼膜拜、供奉崇敬的佛像至迟在2世纪被创造出来,并且自然呈现出越造越大的趋势。贵霜佛寺中的单体佛像仍以与真人大小差不多的体量为主,大多摆放于佛寺中较为明显的位置。白沙瓦博物馆大厅展出的一件出自斯里巴哈劳尔(Sahri Bahlol)遗址的立佛像,佛右手施无畏印,左手下垂捏住衣角,年代在2~3世纪。这件佛像是目前所知最大的贵霜单体佛像之一,整体高达2.64米,已超过真人的身高,推测其原来

---

① [日]田边胜美、前田耕作:《世界美术大全集·东洋编15·中央アジア》,东京:小学馆,1999年,第98页,图122。
② 李崇峰:《克孜尔中心柱窟主室正壁画塑题材及有关问题》,巫鸿:《汉唐之间的宗教艺术与考古》,北京:文物出版社,2000年,第209~228页。

应是安置在台座上或佛寺中较高的位置,信徒必须仰视观瞻或伏拜于佛的脚下(图三)。到 4~5 世纪,犍陀罗已出现了身高远大于真人的单体佛像。如塔克西拉达摩拉吉卡佛寺第 18 号塑像堂,发现一尊大立佛的佛足,长约 1.6 米,推测立佛原高至少 10 米(图四)①。塔克提巴希(Takht-i-Bahi)20 号庭院南墙外发现四尊立佛像,从残存的佛足和佛头来看原高也可达到 6 米②(图五)。

图三 斯里巴哈劳尔佛寺出土立佛

图四 达摩拉吉卡佛寺大立佛

图五 塔克提巴希佛寺大立佛

4~5 世纪的迦毕试地区还出现了"焰肩佛",即在佛陀双肩上方描绘出火焰形状,最突出的代表即柏林印度艺术博物馆藏、阿富汗出土的"舍卫城双神变"造像,佛像双肩出火、脚下出水(图六)。焰肩的形式应该与波斯文化的影响有关。乌兹别克斯坦铁尔梅兹卡拉特佩遗址曾发现一幅石窟壁画,表现结跏趺坐、禅定印的坐佛,背光由火焰组成,还带有"佛陀-马兹达"字样的铭文,年代在 3~4 世纪③(图七)。由此推测,火焰状背光应该是受到了琐罗亚斯德教影响,焰肩佛可能亦来源于此。尽管具体过程尚不清楚,但焰肩的特

---

① J. Marshall, Taxila: *An Illustrated Account of Archaeological Excavations Carried Out at Taxila under the Orders of The Government of India Between the Years 1913 and 1934*, vol. 1, Cambridge: At the University Press, 1951, pp. 268-269.

② H. Hargreaves, "Excavations at Takht-i-bahi", *Archaeological Survey of India Annual Report (1901-11)*, Calcutta, 1914, p. 38.

③ [日]加藤九祚:《中央アジア北部の仏教遺跡の研究》,《シルクロード学研究》1997 年第 4 期,第 19 页,图 2~12。

征显然是佛像神格化进一步发展的表现,说明佛陀已经彻底从人间导师转变为威力巨大的神明,通过展现神通来驯服外道。艺术史家指出,迦毕试样式佛像多为正面造型,艺术风格偏于程式化、概括性,相比起犍陀罗早期造像,写实性大大减弱,宗教色彩更加浓郁①。这与单体佛像规模不断增大的趋势是一致的。

图六　舍卫城双神变造像　　　图七　卡拉特佩火焰背光坐佛洞窟壁画

约4世纪,塔里木盆地的龟兹地区出现了规模极其宏伟、高度超过10米的大像。宿白先生将在中心柱窟正壁塑立这种高大佛像的石窟称为"大像窟",并根据译于379年的《比丘尼戒本所出本末序》中记载的龟兹"寺甚多,修饰至丽,王宫雕镂立佛形象,与寺无异"的情况,认为开凿大像窟与制作大立像,是龟兹佛教的本土特征,对葱岭以西和新疆以东都有着深远的影响②。这一结论已得到学术界的普遍认可。

经研究者统计,目前龟兹已知大像窟的数量近30处。结合类型学与碳十四测年数据可知,大像窟在4世纪就已出现于龟兹,并延续开凿至7世纪③。目前各窟内的大像已基本不存在,现仅在壁面上残存众多有规律地排列着的、用于固定大像的凿孔。根据凿孔分布情况,可知大像均为大立佛,脑后有头光。从保存迹象较多、年代最早的克孜尔第47窟

---

① 迦毕试佛像正面表现的风格可能也来自同时期的帕提亚艺术。参见[日]田边胜美:《迦畢試国出土の仏教彫刻の製作年代について》,《オリエント》1972年第15卷2号,第87~147页。
② 宿白:《新疆拜城克孜尔部分洞窟的类型与年代》,氏著:《中国石窟寺研究》,北京:文物出版社,1996年,第21~38页。
③ 李瑞哲:《龟兹大像窟与大佛思想在当地的流行》,文化遗产研究与保护技术教育部重点实验室等:《西部考古》第10辑,北京:科学出版社,2016年,第119~134页。

来看,魏正中推测大立佛的姿势很可能是右手施无畏印、左手下垂握住衣角①(图八)。如果这一推测无误的话,龟兹大像无疑与自犍陀罗东传而来的佛教造像风格一脉相承。法显和玄奘都曾记录过犍陀罗乌仗那达丽尔(Darel)地区有木刻弥勒大佛像,研究者亦曾在塔什库尔干河谷发现大像窟②,而佛典中则有鸠摩罗什之父从印度来龟兹时曾携带旃檀佛像等圣物的记载。从这些信息来看,尽管犍陀罗与龟兹佛教之间的具体联系尚难以清晰勾勒,但可以确定的是,龟兹制造大佛像应是在犍陀罗影响基础之上进行的,并将佛像神格化的趋势再次推到一个新的阶段,从而创造出在视觉上极具震撼效果的大立像。自此以后,制造偶像化、神圣化臻于极致的大佛像,逐渐成为中国佛教造像中一个十分引人瞩目的现象,从北朝到唐朝,逐步发展到鼎盛。

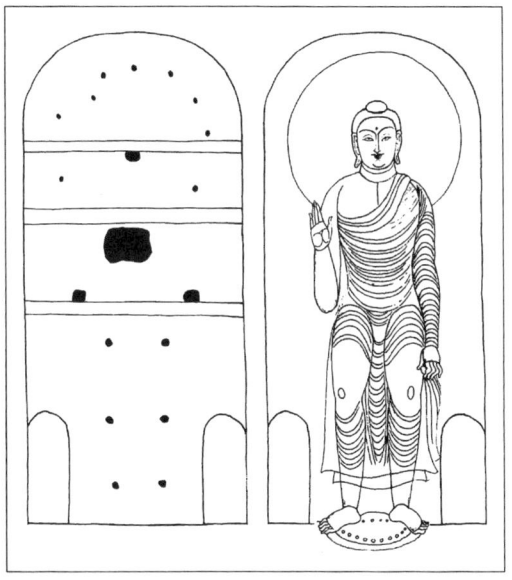

图八 克孜尔第47窟正壁及大像复原图

二、大像制造与王权政治

佛教与王权政治建立联系始于阿育王时期。佛教将世俗世界的理想君主称为转轮圣王(cakravartin),转轮圣王护持佛教,以正法和德行来统治、教化人民,阿育王、印度-希腊的弥兰德与迦腻色迦都是历史上真实降世存在过的转轮圣王。在阿育王时代,佛教最重要的崇拜方式是修建佛塔以供奉圣物舍利,因而阿育王弘法最重要的做法之一就是在各

---

① 何恩之、魏正中著,王倩译:《龟兹寻幽:考古重建与视觉再现》,上海:上海古籍出版社,2017年,第108~123页。
② 王征:《新发现的塔什库尔干河谷大像窟相关问题解析》,《新疆师范大学学报(哲学社会科学版)》2010年第1期,第124~132页。

地广立佛塔,相传有建八万四千塔之称,即将当初八王所分舍利分为八万四千份,分别起塔供养。无疑,统治者的扶持对于宗教的发展有着不可替代的关键作用,其人力、物力、财力的动员能力显然不是佛教原本的支持者群体——工商阶层所能比拟的。因而,佛教自身在实践和发展的过程中,也会逐渐完善"转轮圣王"的概念,形成一套系统的政治意识形态,以更好地与王权适应结合。从王权的角度来说,统治者利用宗教来进行意识形态建设,从文化上推动平民阶层对于政权的主观认同和心理凝聚,是政治史上常见的现象。历史上很多统治者在有意加强中央集权的时候,都采用过宗教手段。

到了贵霜时期,佛教已经发展到大乘佛教的阶段,佛像的创造既是宗教内部偶像崇拜的需要,也是统治阶层发动"造神运动"的得力工具,双方的紧密结合是极其自然的。学术界倾向于把佛教造像出现的年代与迦腻色迦纪年联系起来,认为目前所知最早的佛像大多为迦腻色迦时期创造的,如白沙瓦迦腻色迦青铜舍利盒上的佛像、秣菟罗"迦腻色迦二年"石立佛、鹿野苑"迦腻色迦三年"石立像等。尽管这些佛像的具体年代存在争议,但总体看来,佛像在迦腻色迦时期出现是大致不差的。四川地区出土大量"延光四年"等摇钱树上的佛像材料,年代基本上集中于 2 世纪上半叶,也佐证了这一点①。在佛教史上,迦腻色迦也一向有护持佛法的美名。这些信息表明,佛像的创造与王权政治在贵霜时期紧密地联系在一起。迦腻色迦钱币上出现佛像,是这方面最为突出的体现。据统计,目前所知带有佛像的迦腻色迦钱币有金币 4 枚、铜币 17 枚,均为正面铸程式化的国王侧面立像,反面铸佛陀立像或坐像,并加希腊语铭文和国王戳记②(图九)。

图九　带佛像的迦腻色迦钱币　　图十　迦腻色迦舍利盒

---

① 何志国等学者认为,延光四年(125 年)摇钱树佛像的发现,表明迦腻色迦元年不应在 2 世纪上半叶,而应是 1 世纪下半叶(78 年)。不过,这一观点尚未得到学术界的普遍认可。参见何志国:《佛教偶像起源及其在贵霜朝的交流》,《敦煌研究》2010 年第 1 期,第 32~38 页。
② 赵玲:《犍陀罗佛像起源问题的重要实物依据——贵霜佛陀钱币研究》,《吐鲁番学研究》2013 年第 1 期,第 42~54 页。

学术界一般认为,贵霜统治者实行宗教宽容的政策,对于佛教、印度教、琐罗亚斯德教以及各种地方宗教都一视同仁给以提倡,在钱币上广泛印制各种宗教的神像。佛教在贵霜时期在印度西北达到了空前的繁荣局面,同理,贵霜境内的其他宗教也得到了一定程度的发展。在这种历史形势下,佛像在初创时期是与诸多其他宗教神像并存的,早期佛教艺术中会刻意强调佛位于"众神之首"的地位,也证明了这一事实。如在迦腻色迦舍利盒上,盒盖上表现结跏趺坐的佛位于中心,印度教的梵天、因陀罗则立于两侧的从属位置;盒身下层的花纲装饰中,佛陀位于花纲的半圆形上方,两侧则表现了呈礼拜状的波斯系神祇——日神和月神;花纲的中心位置呈贵霜贵族打扮的立像,从铭文来看应该表现的就是迦腻色迦①(图十、图十一)。迦腻色迦扛起花纲,表现出对佛教的尊崇。

图十一　迦腻色迦舍利盒盒身展开图

　　如前所述,大乘佛教对佛陀神格化的内在需求,使得佛像从初创开始,就在体量上显现出增大的趋势。事实上,这种用规模宏伟的大型造像来宣扬权威的做法,原是来自波斯艺术中为君主造像的传统②。波斯艺术侧重象征性、纪念性,主题围绕着帝王和贵族,表现国王的权威、颂扬王权的神圣,政治宣传色彩浓重。我们认为,在贵霜王朝将佛教与王权高度结合又创造出多种文化汇聚交流局面的历史契机下,佛像,尤其是自由独立的单体造像,可能在一定程度上受到了同时期帕提亚君王造像的影响。

　　受波斯艺术影响,帕提亚人将国王看作神、智者,为其造像并与神祇一同接受崇拜。在土耳其尼姆鲁德山(Nimrud Dagh)的皇家墓冢(hierothesion)中,安条克一世(Antiochus I)的神像被塑造得与宙斯、赫拉克勒斯、阿波罗等一样高大,高达6米,并被安置在神像旁,表明其死后成为了众神的一员,年代为公元前1世纪(图十二)。印度秣菟罗城郊马特(Mat)神庙中出土的贵霜第三代王威玛·卡德菲塞斯(Vima Kadphises)的正面端坐像,高208厘米,姿态与帕提亚坐神像高度一致,很可能受到了后者影响(图十三)。

　　另一个可能表明帕提亚君王与佛像存在联系的线索是施无畏印手势。在西亚和地中海世界,右手上举的姿势具有十分悠久的传统,有打招呼、忠诚、权力、勇气、武功和友情等多种含义。帕提亚的君王和贵族雕像尤为盛行这一手势,实则是自古波斯阿契美

---

①　赵玲:《古印度佛像起源问题的再讨论——迦腻色迦舍利盒研究》,《美术与设计》2016年第4期,第97~103页。
②　[日]田边胜见等:《犍陀罗佛和菩萨像起源于伊朗》,《敦煌研究》1989年第3期,第101~110页。

图十二　尼姆鲁德山安条克一世皇家墓冢

尼德王朝继承而来的宗教仪式，表示向诸神和祖先发誓立约的意涵①。如伊拉克哈特拉(Hatra)遗址第三神殿出土的大理石制 Uthal 王像，国王头戴锥帽，衣着华贵，左手扶剑，右手上举，作宣示誓约之状，高 202 厘米，年代在 2 世纪；第十神殿出土的 Sanatruq 一世国王大理石像，左手持象征胜利与赐福的棕榈枝，右手亦作同一上举姿势。这类帕提亚君王和贵族造像的数量十分丰富，都表现右手上举姿势，整体身材很多都高于真人，与犍陀罗施无畏印的立佛像十分相近（图十三）。马特神庙贵霜王坐像的右手也呈上举姿态，手部已残，原状不明（图十四）。从秣菟罗地区出土大量施无畏印的佛像（图十五）来看，不排除马特贵霜王坐像也有作右手上举手势的可能。也就是说，施无畏印的手势或许是从帕提亚国王像经贵霜国王像中转，进而影响到了佛像。当然，三者的内涵存在较大差别，这仅仅是从形式上出发得到的一种简单臆测，以目前的材料仍不能证实。

图十三　帕提亚国王立像

---

① ［日］相马隆著，林保尧译：《安息誓约考》，《艺术家》第 15 期，台北：艺术家出版社，1996 年，第 161~192 页。

图十四　马特神庙贵霜王坐像　　　　图十五　秣菟罗施无畏印佛像

值得一提的是,前述迦毕试地区出现的焰肩佛,也可能是波斯琐罗亚斯德教通过贵霜君王图像影响到佛教的结果。贵霜威玛·卡德菲塞斯、迦腻色迦和胡维色迦三位王发行的钱币中,都有表现君王双肩出火形象的金币(图十六)。焰肩来自波斯文化,出现在贵霜君王的身上,无疑是一种王权符号,象征帝王权威的光芒,体现君主的神力。迦腻色迦的右手还指向火坛,可能表明向火坛献祭。这个版本的迦腻色迦钱币反面,正是带有希腊铭文"BODDO"字样的立佛(图九),暗示了二者的联系。佛教又借用了焰肩这一贵霜描绘君主的手法来表现佛陀,以展示其神圣的特质,将佛陀神格化①。不过,佛教借用了这一形式后,为其注入了新的内涵。在佛教话语体系中,佛陀具有光明的属性。舍卫城神变挫

图十六　威玛·卡德菲塞斯与胡维色迦金币上的焰肩形象

---

① 有研究者认为,佛像的"白毫"可能与焰肩一样,是源自帕提亚和贵霜的君主特征,二者钱币上的国王肖像就带有此类面部印记,与波斯的王权神授思想有关。这是用君主像描绘佛陀像的又一个例证。参见孙英刚、何平:《犍陀罗文明史》,北京:生活·读书·新知三联书店,2018年,第480页。

败外道的挑战,是佛传故事中十分重要的场景之一。宫治昭认为,双肩出火这种表达方式的基本意涵是佛教的火光定或火焰三昧,佛陀进入深度禅定后,就展现出这样的神通①。由此来看,贵霜的教权与王权尽管关系紧密,但仍是彼此独立的,前者并未威胁到后者的权威,因而佛教才能够得到贵霜统治者的大力扶持。

巴克特里亚地区在古波斯帝国时期就已成为阿契美尼德王朝的一个行省,深受波斯文化浸润,后者为君王造像的这一艺术传统对巴克特里亚应也有影响。在阿富汗著名的希腊化城市——阿伊哈奴姆(Ai Khanum)中,城内的宫殿和神庙仍然表现出典型的波斯建筑风格,说明波斯文化已经在当地扎根了下来。尤为需要注意的是位于下城的主神庙:方形的神庙建在高高的三层台基之上,宽大的门厅通向内缩设置的神龛,整体呈一个"凹"字形,高台、露天前厅、凹置神龛都是波斯神庙的典型特征。神庙中供奉的主尊神像是希腊的宙斯神,主体已几乎无存,仅余一块穿着希腊式凉鞋的左脚石雕残件,推测神像原本尺寸应高约6米,相当巨大,躯干应是泥塑所制,仅手足等部位为石雕,是本地传统的泥塑与希腊石雕两种工艺结合的作品②(图十七)。从阿伊哈奴姆整体表现出的强烈希腊化特征来看,城中的居民主体应是希腊人,但制造巨大神像这一做法应来自本地保留的波斯文化传统。

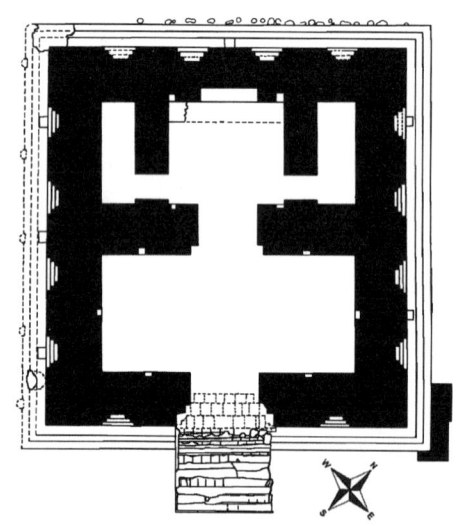

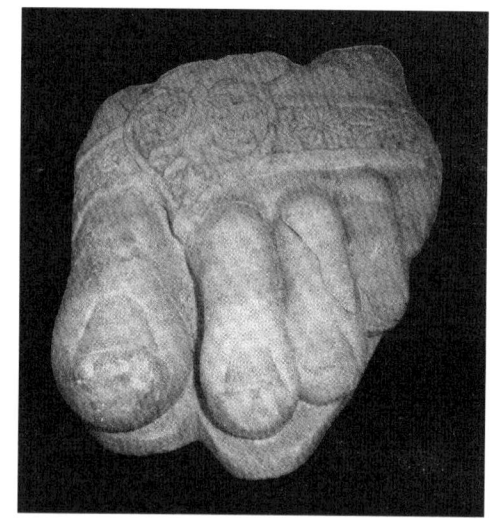

图十七 阿伊哈奴姆主神庙平面图及宙斯神像左脚石残件

对于阿伊哈奴姆古城的年代,学术界尚未有定论,但到2世纪中期以后,该城应已逐渐走向衰亡。不过,本地的波斯文化传统一直延续保留到了贵霜时期。巴克特里亚南部的苏尔赫·科塔尔(Surkh Kotal)遗址,由于发现了迦腻色迦的雕像和同时期的碑铭,被认为应是一座贵霜皇家神殿。神殿规模宏大,依山而建,从山顶至山脚共分为四级台地,并

---

① [日]宫治昭著,李萍译:《犍陀罗美术寻踪》,第184~192页。
② P. Bernard, "Ai khanoum on the Oxus: A Hellenistic City in Central Asia", *Proceedings of the British Academy*, Vol. 53, 1967, pp. 71-95.

有石铺台阶延伸下来。山顶为长方形院落,院墙上建有望楼和壁龛,龛内放置雕像,墙壁上装饰箭头形纹饰,在高处修建神殿及其建筑特征都是典型的波斯文化做法。院内建筑雄伟规整,中间有方形神殿,神殿正中心为一座方形石坛,石坛凹槽内积满灰烬,推测为拜火祭祀之处①。该遗址最重要的出土物就是仅存下半身的迦腻色迦石雕像,体量明显大于真人,可见在这里迦腻色迦像也被视作神明供尊奉,这与帕提亚君王像完全一致。

此外,该神殿遗址东部2公里处还发现了同时期佛教寺院,佛寺中心有方形塑像坛,塑像已不见,仅保存部分衣纹残片和两个3倍于真人的足部残件(图十八)。由这些迹象推测,该佛寺也应是由贵霜王室资助修建的,而这里原来可能有大型佛塑像。这一推测如果无误的话,也可作为贵霜统治者利用大佛像来进行政治宣传的一个证据。

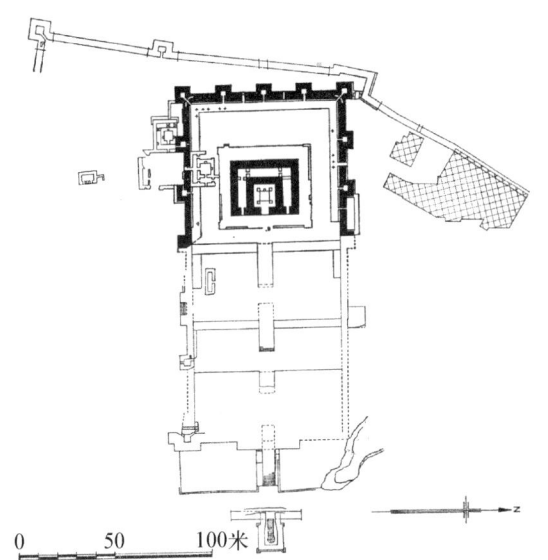

图十八 苏尔赫·科塔尔遗址及其出土的迦腻色迦雕像

佛教传入龟兹的时间,学术界尚无定论。《梁书·刘之遴传》曾提到:"外国澡罐一口,铭云元封二年(公元前109年),龟兹国献。"据此,有研究者提出,龟兹在西汉时期已有佛教,但很多研究者质疑这条文献,认为难以确证;佛教传入只能是在龟兹政权较为稳固、经济和文化相对繁荣的白氏王朝时期,至少要到东汉年间②。就本节讨论的佛教与王权的关系来看,佛教在白氏龟兹时期获得了较大的发展。至迟到3世纪,佛教已经在龟兹广泛传播。3世纪末至4世纪中叶,有多位龟兹僧人和居士到中国内地翻译佛经③。到4

---

① Daniel Schlumberger, "The Excavations at Surkh Kotal and the Problem of Hellenism in Bactria and India", *Proceedings of the British Academy*, Vol. 47, 1961, pp. 77–95.
② 陈世良:《关于佛教初传龟兹》,《西域研究》1991年第4期,第80、81页;薛宗正:《佛教初传龟兹新考》,贾应逸、霍旭初:《龟兹学研究》第二辑,乌鲁木齐:新疆大学出版社,2007年,第63~71页;薛宗正:《佛教初传与龟兹白氏王朝——兼论前后韩时期龟兹王统的种族变异》,霍旭初:《龟兹学研究》第五辑,乌鲁木齐:新疆大学出版社,2012年,第250~266页。
③ [日]羽溪了谛著,贺昌群译:《西域之佛教》,北京:商务印书馆,1999年,第182页。

世纪下半叶,鸠摩罗什在龟兹声名大噪,龟兹已经发展成为丝绸之路北道的佛教中心。这一百多年,正是白氏王朝统治龟兹的时期,国力较为强盛。建元十九年(386年),吕光攻破龟兹后,曾对龟兹的发达程度留下十分深刻的印象,认为龟兹的城郭堪比长安,宫室焕若神居。季羡林先生从语言学角度指出,佛教在龟兹是从宫廷自上而下发展的。龟兹发现的梵文残卷中,发现了多例国王和王后的斋僧通告,可见龟兹王廷与僧伽的关系十分密切。并且,龟兹王廷还会使用佛教的梵语,以显示自己的高贵①。由于王室的崇信,佛教在龟兹延续百年而不衰,一般被认为是龟兹佛教鼎盛时期的前期。龟兹克孜尔石窟、库木吐喇石窟、克孜尔尕哈等等众多石窟都集中开凿于这一时期。石窟壁画的供养人图像中,国王和王后形象的头后有表现头光(图十九),表明龟兹国王可能被视作了佛国世界中的

图十九 克孜尔205窟国王和王后供养人像

---

① 季羡林:《龟兹研究三题》,贾应逸、霍旭初:《龟兹学研究》第一辑,乌鲁木齐:新疆大学出版社,2006年,第3~16页;季羡林:《鸠摩罗什时代及其前后龟兹和焉耆两地的佛教信仰》,《孔子研究》2005年第6期,第29~41页。

"转轮圣王"。

同时,龟兹石窟中,大多都包含大像窟。尤其前述《比丘尼戒本所出本末序》中记载的龟兹"王宫雕镂立佛形象,与寺无异",更是直接点明了王室支持与大佛像建造的直接关系。根据玄奘的记载,龟兹王城西门外的道路左右有两尊高90余尺的大佛像,并且大佛像前还拥有一个广场性质的公共空间,国王在其地每五年举行一次"行像"法会①。"行像"即用宝车载着佛像巡行,原本来自印度,5世纪西行的法显在印度摩竭提国和西域于阗国都曾亲身参与。尽管玄奘记录的是唐代龟兹的情况,但从法显的经历推测,4~5世纪"行像"仪式已经传入西域,龟兹可能也有流行,玄奘见到的城门外大佛像在当时应该也已经存在。建造大佛像和举行大型法会,无疑都需要巨大的经济投入和强大的组织能力,必须在王权推动下才有可能进行。反过来说,建造大佛像这类纪念碑式的建筑和举行盛大的法会活动,必然极大有助于国王权威的塑造和集权的加强②。

5世纪以后,从北魏到唐朝,历代统治者多有资助修造大佛像的举动。著名的云冈昙曜五窟,佛像高达13~16米,由北魏皇室主持开凿,一般认为是象征着北魏的五位皇帝。麦积山石窟第98窟,是高14米的立佛,虽经后代重修,但被认为始建于北朝时期;第13窟高15米的倚坐弥勒佛,则是隋代开凿。后两尊大佛的具体修造情形虽不清楚,但若非具有雄厚财力、人力、物力的政治力量支持,恐亦无法实现。此后,制造大佛像在唐代达到了鼎盛时期,在丝绸之路沿线多有发现,如敦煌石窟第96窟和第130窟、天梯山石窟第13窟、须弥山第5窟、陕西彬县大佛寺等,其中尤以唐高宗和武则天时期修造的龙门奉先寺卢舍那大佛最为著名,研究者对中古时期佛教与政治的关系已进行了大量深入的讨论,兹不赘述③。

三、大像的尊格与表现形式

宫治昭先生最早注意到大佛像的身份尊格问题。前文述及,法显、玄奘都在各自的行记中提到达丽尔地区有"慈氏菩萨像",且明确指出是木雕的弥勒菩萨大立像。《名僧传抄》引梁宝唱关于宝云和法盛的传记中也有相关的记载,《释迦方志》、《法苑珠林》等较晚的文献中也有类似的说法。可见,达丽尔确实曾出现过木制弥勒大佛像。宫治昭对佛教典籍中与弥勒有关的记载进行了详细的梳理和总结,注意到诸多经典都着意描述了弥勒在未来出现时的身高。如东晋时代的《弥勒来时经》、《观佛三昧海经》都提到弥勒"身长

---

① 林梅村先生认为,库车县萨克萨克街道就是龟兹王举行大法会的会场所在地。近年来该地在基建工程中发现了大量钱币,表明该场地在不举办宗教活动的时候,可能也被作为当地的商业贸易空间。参见林梅村:《龟兹王城古迹考》,《西域研究》2015年第1期,第48~58页。

② 塔里木盆地的城郭小国,政权十分不稳定,经常易主;白氏王朝能够较稳定地维持一百余年的统治,原因是多方面的,其中崇信佛教可能发挥了一定作用,有助于其维持社会秩序、提高统治效率。

③ 康乐:《转轮王观念与中国中古的佛教政治》,《中研院史语所集刊》第六十七本第一分册,1996年,第109~142页;孙英刚:《佛光下的朝廷:中古政治史的宗教面》,《华东师范大学学报(哲学社会科学版)》2020年第1期,第47~57页。

十六丈";鸠摩罗什译《弥勒大成佛经》说未来普通人就身高十六丈,弥勒理当更高;《弥勒下生成佛经》说弥勒"身长千尺",极度夸张其高大。受此启发,他认为规模宏伟的大佛像,表现的就是弥勒,是从弥勒信仰中产生出来的。从印度到中国的大佛像,可以辨明尊格的也多为弥勒①。

在佛教信仰体系中,弥勒信仰因其鲜明的理论个性和独特的信仰实践而具有十分重要的地位,其思想内涵与表现形式的形成、发展和演变过程极其复杂。弥勒的特别之处在于他是在未来成佛,是释迦之后的第一位佛,在现世为菩萨。对于信徒来说,弥勒佛崇拜与弥勒菩萨崇拜共同存在。从目前的研究来看,弥勒信仰可能很早就已经出现,但获得较大发展应该是在西北印度地区。在现知的弥勒经典中,除《观弥勒菩萨上生兜率天经》为上生经外,其余的大多为下生经,并且叙述内容大体相同,即未来弥勒在龙华树下悟道、为穰佉转轮圣王及众生说法并引导其达到解脱。研究者很早就注意到,弥勒的经历表现出了十分明显的救世主色彩。尽管在具体的论证上还存在争议,但学术界一般认为弥勒与西方的"弥赛亚"思想存在联系,这也与西北印度文化多元的背景相契合②。

弥勒的概念尽管与过去佛密不可分,但从图像上来看,其形象的创造晚于过去七佛,在桑奇和巴尔胡特都未表现,到了贵霜时期的犍陀罗艺术中才开始出现③。这些弥勒图像大致可分为群像和单体像两种:群像包括弥勒作为"一铺三尊"中的胁侍菩萨之一、弥勒与过去七佛并列等(图二十);单体像则由手持水瓶等特征确认;又可以分为立像和坐

图二十 塔克提巴希出土七佛一菩萨图像

---

① [日]宫治昭著,李萍、张清涛译:《涅槃和弥勒的图像学》,北京:文物出版社,2009年,第327~345页。
② 王雪梅:《弥勒信仰研究》,上海:上海古籍出版社,2016年。
③ Behrendt对犍陀罗和印度北部地区的弥勒图像进行了数据统计,指出贵霜时期犍陀罗发现的弥勒图像数量远远多于印度北部和秣菟罗地区。参见 Kurt A. Behrendt, "Maitreya and the Past Buddhas: Interactions between Gandhara and Northern India", in Klimburg-Salter, Deborah & Linda Lojda ed., *Changing Forms and Cultural Identity: Religious and Secular Iconographies*, Vol. 1, South Asian Archaeology and Art, Turnhout: Brepols, 2014, pp. 29 – 40。

像两大类,坐像均为结跏趺坐,手印又分为说法印、禅定印并指间夹水瓶、施无畏印和一种右手上举、掌心向内的特殊印相。然而,目前能够确认为弥勒的图像,均为菩萨形象,其内涵包括两种,一是表现弥勒作为佛弟子的形象;二是弥勒上生信仰,即《观弥勒菩萨上生兜率天经》所描绘弥勒菩萨在兜率天宫的情景①。

就目前而言,犍陀罗现知的大佛像,仍难以确定其尊格是否即弥勒佛。如前所述,制作大佛像一般与王权的支持密切相关。从经典来看,弥勒下生信仰也与转轮圣王关系密切。由此推想,用大佛像来表现弥勒佛的形象是很有可能的。目前所知的犍陀罗大佛像均为立像,但数量不多并且残损严重,难以区分与一般立佛像的差别。法显和玄奘在达丽尔见到的大像虽然被明确记录为大立像,但却是弥勒菩萨,而非弥勒佛。弥勒佛是释迦佛的后继者,如果其造像果真被创造出来,那么在造型上模仿后者是很自然的。然而,迄今为止尚未发现有铭文的弥勒佛造像,因而也无法判断犍陀罗是否创造出了弥勒佛。

值得注意的是,迦腻色迦发行的一种铜币,背面铸刻了弥勒菩萨的形象(图二十一),但旁边的铭文却写作"Metrago Boudo(弥勒佛)"②。对此,上原和提出一种解释,认为弥勒菩萨由释迦牟尼授记,作为未来佛而待望成佛,因此在犍陀罗的信仰形态中,是把弥勒菩萨像作为未来佛来表现的③。事实上,弥勒出现在迦腻色迦钱币上这一现象,亦与本文第二节所讨论的政治王权对宗教实践的影响这一问题相关。在弥勒下生经中,弥勒是与转轮圣王一同出现的,两者密切相关。在印度原始佛教中,僧团要远离世俗世界,与王权的结合存在教义上的障碍。而弥勒信仰的出现解决了这个问题,只有与王权结合,才能达到理想世界。从这个意义上说,弥勒信仰确实有政治意识形态的色彩,体现出"救世主"思想的意味。

法显和玄奘的行记都提到了弥勒大像对后世的影响。法显称"弥勒菩萨像……由兹而言,大教宣流,始自此像",玄奘则称"刻木慈氏菩萨像……自有此像,法流东传"。季羡林先生对西域的弥勒信仰传布情况进行了探讨,认为丝路南北两道应都有流传,而以龟兹和焉耆最为集中。克孜尔梵文残卷中,弥勒多次出现,并且其地位高于其他菩萨,可见其在龟兹流行程度相当高④。不过,在纯粹的佛教环境中,弥勒多是以上生

图二十一　迦腻色迦铜币上的弥勒佛

---

① 宫治昭认为,只有加拿大安大略皇家博物馆所藏弥勒菩萨立像台座上的雕刻,表现坐于佛钵两侧的二位坐佛,可以被确定为释迦佛和弥勒佛;李玉珉还曾推断出另外二例犍陀罗的弥勒佛,但未受到宫氏认可,认为这些说法都只能停留在推测层面,并且数量太少。参见[日]宫治昭著,李萍、张清涛译:《涅槃和弥勒的图像学》,第234~256页。
② Elizabeth Errington, Joe Cribb & Maggie Claringbull, *The Crossroads of Asia: Transformation in Image and Symbol in the Art of Ancient Afghanistan and Pakistan*, Cambridge: The Ancient India and Iran Trust, 1992, pp. 200-201.
③ [日]上原和著,蔡伟堂译:《犍陀罗弥勒菩萨的几个问题》,《敦煌研究》1994年第3期,第62~70页。
④ 季羡林:《弥勒信仰在新疆的传布》,《文史哲》2001年第1期,第5~15页。

经中的菩萨形象出现的。克孜尔石窟现存壁画中,有大量弥勒菩萨的图像,一般位于中心柱窟前壁窟门上方的半圆形壁面上,表现弥勒于兜率天说法的形象,是中心柱窟图像题材布局的重要组成部分(图二十三)①。

龟兹的大像窟一般被认为是中心柱窟的一种特殊形式,大多保留着中心柱窟的绕行甬道,平面形制与后者基本相同,仅是在中心柱前部安置大佛像。少数晚期开凿的大像窟如克孜尔第70窟等,是用大立像取代了中心柱。不过,这类大像窟也依然在大立像的腿后保留了空间,信徒可围绕佛像腿部进行礼拜,在建筑的宗教内涵上尽可能与中心柱窟保持一致,例如云冈第二期9、10窟和巴米扬大佛。在壁画方面,从保存状况较好的库木吐喇窟群区第63窟来看,大像窟也与中心柱窟如出一辙(图二十二)。该窟是一座中心柱纵券顶的大像窟,正壁下部保留半圆形像台,推测原塑有身高约7米的大立像,项光两侧各残存1身天人,左右侧壁各保留3列说法图,纵券顶满绘菱格本生与因缘故事,左右甬道侧壁绘龟兹供养人与比丘、顶部绘菱格图案,后甬道正壁绘八王分舍利、前壁绘焚棺图、顶

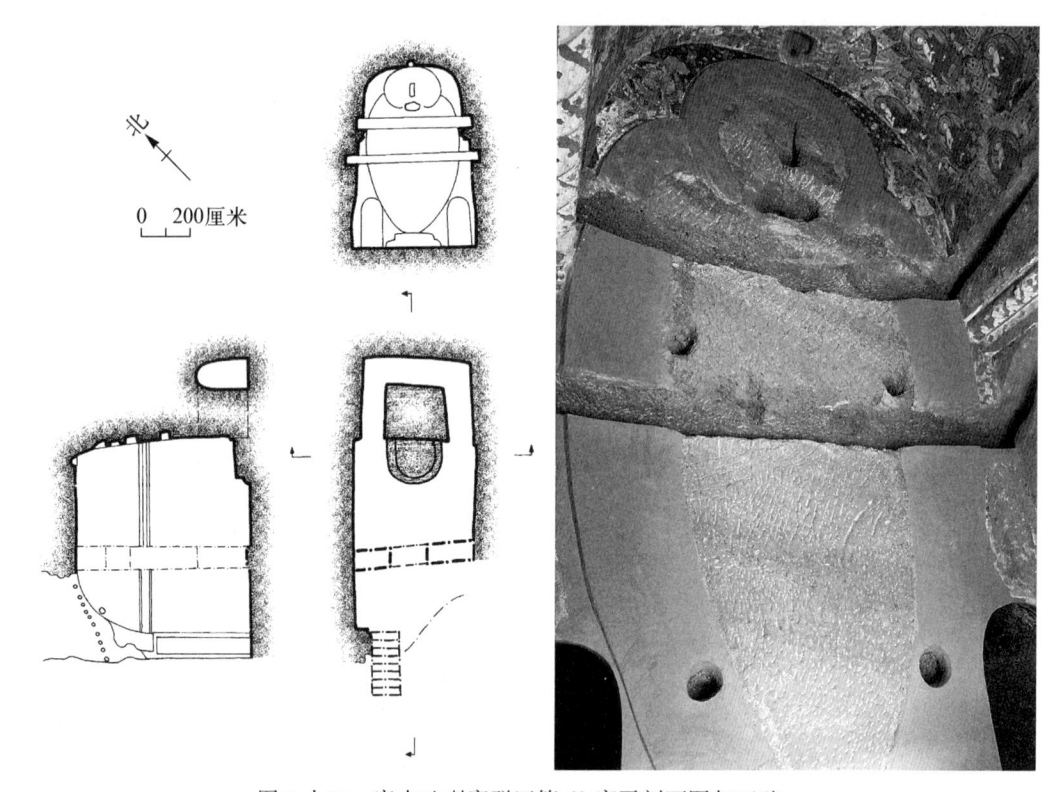

图二十二　库木吐喇窟群区第63窟平剖面图与正壁

---

① 李崇峰先生指出,"弥勒示现"在克孜尔中心柱窟的观像程序中占据着重要一环:佛教徒进入中心柱窟后,首先看到正壁表现的"帝释窟说法",象征佛陀回答朝圣者的问题;接着,信徒进入甬道,实施向右绕行礼拜中心柱(佛塔)的仪式,在这一过程中先后看到佛在不同地点的说法图、窟顶的本生和因缘故事;绕行半程时,瞻仰在后甬道或后室塑绘的涅槃图像;完成绕行后,回到主室,映入眼中的就是门道上方的弥勒菩萨说法图像,这是信徒的终极愿望之所在——死后上升兜率天堂。参见李崇峰:《龟兹与犍陀罗的造像组合、题材及布局》,氏著:《佛教考古:从印度到中国》,上海:上海古籍出版社,2014年,第241~253页。

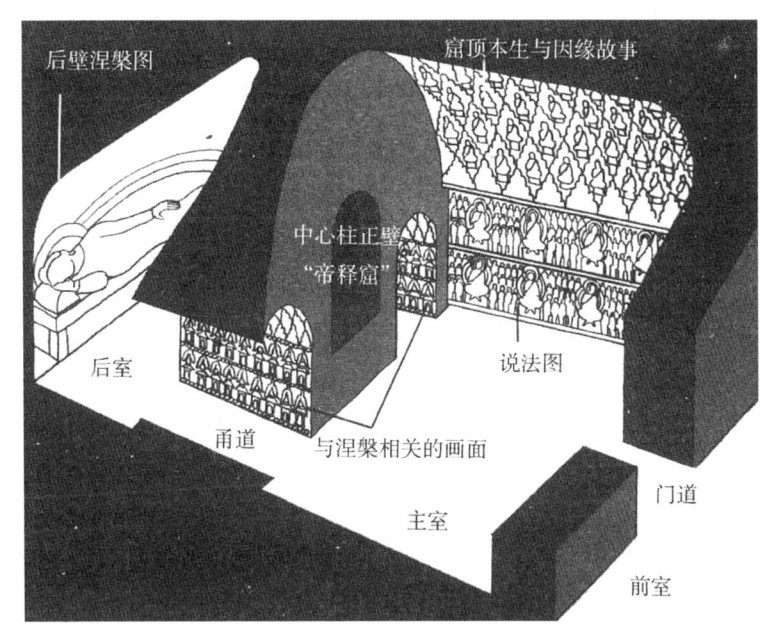

图二十三　克孜尔中心柱窟题材布局示意图

部绘菱格图案①。总体来看,该窟采用了与龟兹中心柱窟标准配置完全相同的壁画布局。因此,大像窟正壁大立像的尊格,也应与中心柱及其正壁"帝释窟说法"的龛像一致,最大可能表现的是释迦佛。

有研究者认为,从典籍中检索相关文献分析,说一切有部其实对弥勒崇拜持否定态度,这与学术界主流观点认为的克孜尔石窟反映了说一切有部信仰的说法相冲突②。这一观点似乎过于极端,但在犍陀罗立像尚难确定是否表现弥勒佛的前提下,龟兹的大立像不太可能表现的是弥勒佛。

根据文献记载,龟兹的大立佛除了被安置在大像窟中,还被竖立于王宫以及道路两旁。在这两种场景中,大立佛被赋予了更多政治意涵。前者是君王的宫殿,后者则是可用于举行佛教法会、行像仪式的公共空间,具有更多与转轮圣王、弥勒佛联系的可能。当然,目前尚无法做进一步的推测。

中原北方地区从北朝以来,对弥勒的信仰日渐昌隆,大量这一时期的弥勒造像被保存下来。不过,整体看来,这些造像中仍是以弥勒菩萨居多,尤以交脚坐的弥勒菩萨像最为流行③。年代越早,弥勒佛的造像越少见。在石窟中,现知年代最早的弥勒佛像当属敦煌第272窟,被认为开凿于北凉时期,主尊为弥勒佛倚坐像,表现弥勒在龙华树下成佛度众

---

① 新疆龟兹石窟研究院:《库木吐喇石窟内容总录》,北京:文物出版社,2008年,第211~218页。
② 任平山:《说一切有部的弥勒观》,《西域研究》2008年第2期,第104~115页。
③ 交脚样式一般被认为来自中亚,是王室贵族or上层社会的一种坐姿。犍陀罗艺术中发现有60例交脚像,其中有7例可以被考定为弥勒菩萨。参见[日]肥塚隆著,邬利明译:《莫高窟第275窟交脚菩萨与犍陀罗的先例》,《敦煌研究》1990年第1期,第16~24页。

的下生像。北魏以后到唐代,倚坐的弥勒佛造像在中原北方地区石窟寺中逐渐流行开来①。倚坐的姿势在印度主要用于表现仙人、俗人,如佛传中的"仙人占梦"等题材中,前述贵霜马特神庙中威玛·卡德菲塞斯采用了这种坐姿,萨尔纳特地区笈多时期也出现了倚坐佛。敦煌272窟倚坐弥勒佛像着袒右袈裟,衣薄贴体,也主要表现出秣菟罗艺术的影响。《名僧传抄》中记录了僧道矫于元嘉十六年(439年)"造夹纻弥勒佛倚坐像一躯,高一丈六尺",可知当时已有塑造倚坐弥勒大像的习俗。宫治昭先生推定尊格为弥勒的大佛像,很多都是倚坐像。由此可知,这类倚坐的弥勒大佛像,是从5世纪开始在秣菟罗艺术影响下创造出来的,与达丽尔的弥勒大立像并无直接关联。

  北朝以来以佛相表现的立姿弥勒像主要出现在单体石像和金铜佛像中,主要为私人造像,流行于河北、山东等地②。在大型佛像中,年代较为明确、可资讨论的唯有北魏皇室开凿的云冈昙曜五窟。《魏书》明言兴光元年造五尊"释迦立像",昙曜仿照这一造像,开凿了五窟。五窟象征五位北魏皇帝目前已成为学术界共识,但五窟表现出较大差异,如何阐释其不同的个体特征,则一直是学术争论的焦点。宿白先生把五窟分为两组:第16~17窟为一组,第16窟为单一的释迦立像,第17窟也是三世佛,但以交脚弥勒菩萨为主像;第18~20窟为一组,都是以佛装的三世佛为主像③。其中,第18窟为立佛,衣纹上浮雕许多小化佛,被认为可能是卢舍那佛或释迦佛。第19窟主尊大像高16.5米,为规模最大的一尊,应是五窟的中心窟,表现三尊像:主尊为施无畏印、结跏趺坐的坐佛,两侧有耳室,内有倚坐像。有研究者提出这是以三尊像来表现下生的弥勒佛龙华三会说法④。此外,关于五座大佛尊格的说法还有很多,这里我们不拟一一罗列。不过,研究者都基本同意五窟整体体现的是三世佛思想⑤。从研究者的讨论可以看出,昙曜五窟的开凿应有一个全局的设计思想,但在具体实施的过程中由于种种因素经历了多次调整,可能并非最初的设计。大佛像的修造,尤其是在王权、皇室支持资助下进行的国家工程,其设计思想和表现形式可能经历了复杂的变化过程,并非按照一个统一、简单的模式来营建。

  当然,开凿五窟如此规模浩大的工程,昙曜必定会尽可能地参照和借鉴以往的经验。在造像技术和风格上,云冈大佛像仍是在从犍陀罗、西域、凉州逐渐发展而来的佛教艺术基础上建造的。2010年,考古工作者在云冈西部窟群上方发现了一座佛寺,为一坐北朝南的院落,院落中心为佛塔,东、西、北三面环绕成排的僧房,寺中出土有"传祚无穷"、"富贵万岁"瓦当等具有北魏皇室特色的建筑构件,年代在北魏迁洛之前,可能即昙曜主持开窟同时召集僧众译经之处。而这处佛寺以佛塔为中心、环绕僧房的整体布局(图二十四),与

---

① 刘慧:《中原北方早期弥勒造像艺术研究》,上海:上海三联书店,2016年,第147~204页。
② 项一峰:《中国早期弥勒信仰及其造像艺术》,《敦煌学辑刊》2002年第1期,第82~88页。
③ 宿白:《云冈石窟分期试论》,氏著:《中国石窟寺研究》,第76~88页。
④ John C. Huntington, "The Iconography and Iconology of the 'Tan Yao' Caves at Yungang", *Oriental Art*, 1996, Summer, vol. XXXII, no. 2, pp. 142 – 160.
⑤ [日]小森阳子:《昙曜五窟新考——试论第18窟本尊为定光佛》,云冈石窟研究院:《2005年云冈国际学术研讨会论文集·研究卷》,北京:文物出版社,2006年,第324~338页。

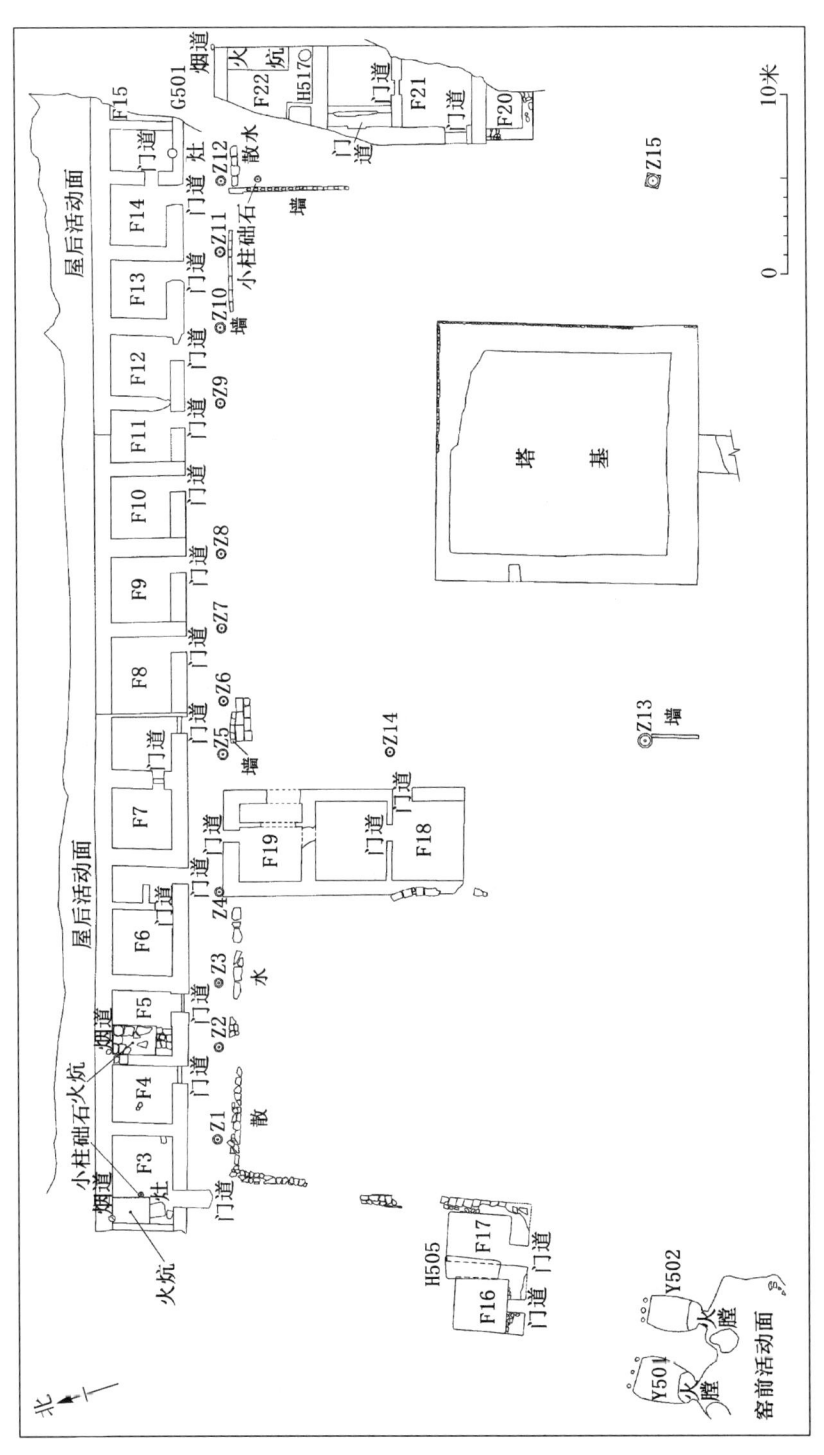

图二十四 云冈石窟窟顶北魏佛寺平面图

犍陀罗佛寺完全一致,无疑来自后者①。如巴基斯坦著名的塔克提巴希佛寺即采用了这种布局,在第XX庭院设置大佛像的做法也与昙曜五窟有相似之处(图二十五),显示了

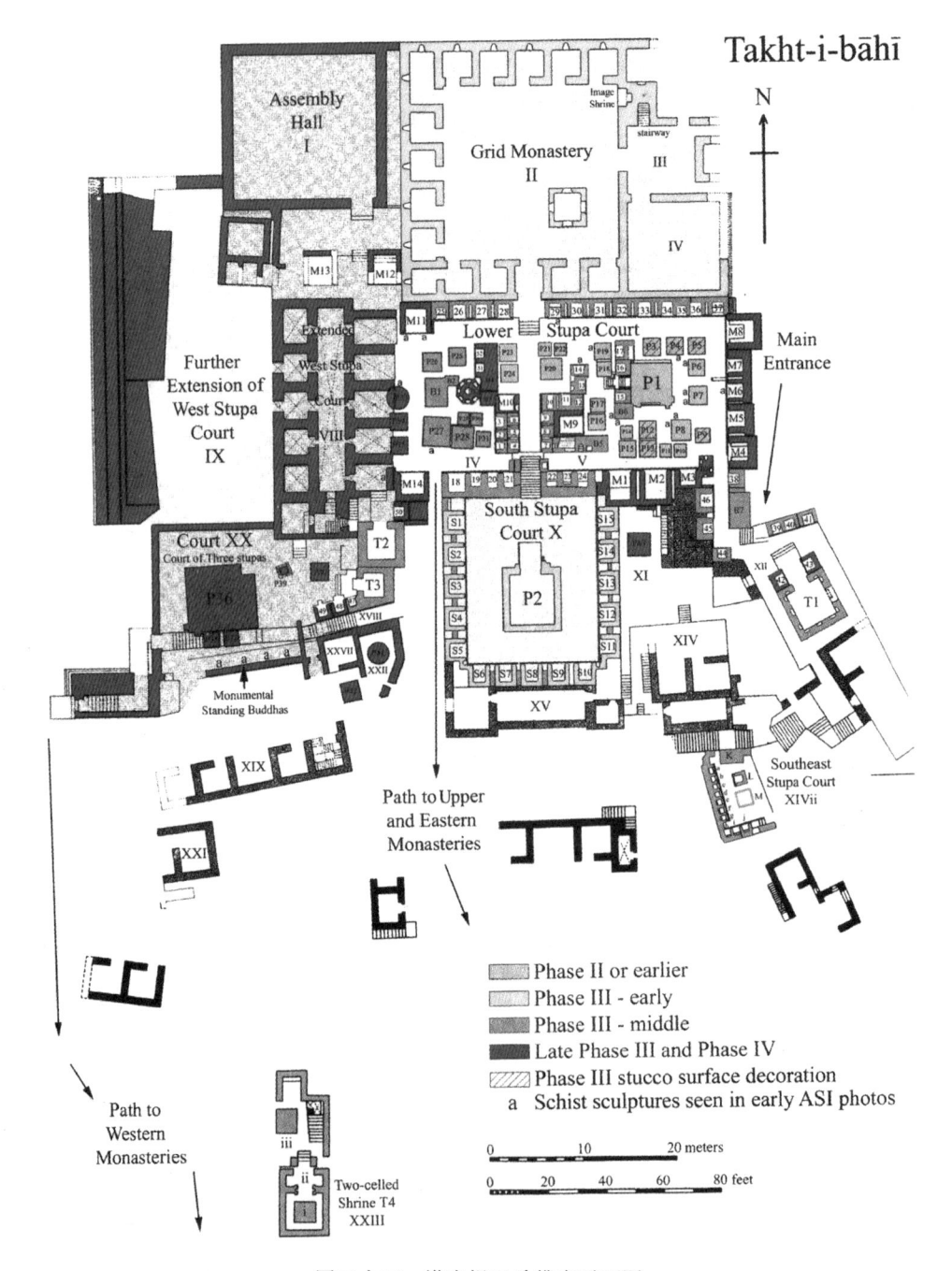

图二十五 塔克提巴希佛寺平面图

---

① 云冈石窟研究院、山西省考古研究所、大同市考古研究所:《云冈石窟窟顶西区北魏佛教寺院遗址》,《考古学报》2016年第4期,第533~562页;李崇峰:《从犍陀罗到平城:以寺院布局为中心》,氏著:《佛教考古:从印度到中国》,第267~288页。

云冈与犍陀罗之间的联系。值得一提的是,二者相距甚远,而西域南道鄯善米兰佛寺,曾发现坐姿大佛像,或是二者之间的中转站,惜米兰佛寺建筑遗迹残损过甚,无法进一步分析,其具体联系尚有待于未来更多材料的发现①。

---

① 陈晓露:《大佛像源流刍议》,《敦煌研究》2012年第3期,第15~22页。

交通与交流

宗藩玉册：9世纪唐与黠戛斯交通的一个侧面*

孙 昊

中国社会科学院古代史研究所

20世纪俄国哈卡斯共和国首府阿巴坎南部拉伊科沃村（Райково）村民在农田劳作中曾经发现5片汉字大理石条形残片，入藏 Л.Р.克孜拉索夫哈卡斯民族方志博物馆，编号6640/1~5（图一、图二）。日本学者枥本哲在20世纪90年代至阿巴坎访古，曾对该藏品进行拓片、研究，引起俄国学界的关注。中国方面，刘凤翥曾在2009年访问阿巴坎博物馆期间，对6640号（文中作6440号）藏品进行拓片，并向国内介绍，引起中国北方民族史学者的注意。从他们公布的图版与介绍来看，6640/1~5号藏品刻有鲜明的时间标志"唐咸通七年"，每片长27.7~27.8厘米，宽2.7~2.8厘米左右，厚约1厘米，每片天头与地角1.1厘米处各有直径为4.5毫米的穿孔，属于玉册残简。6640/1~5号藏品的发现地位于叶尼塞河上游支流阿巴坎河，是古代黠戛斯汗国政治中心所在地区。

目前国内外学界多倾向于肯定6640/1~5号藏品的历史价值，但对其用途与历史性质的解读有很大不同。枥本哲一直坚持认为该藏品属于唐代经营北疆中原重臣（可能是皇室成员）的哀册残简，其观点在俄国引起广泛重视，亦颇有争议①。一部分俄国学者倾向于认为这是唐朝皇帝866年在黠戛斯可汗去世时赠予的哀册，以表达其最高敬意②。

---

* 本文系中国历史研究院重大项目"古代吉尔吉斯（柯尔克孜）历史文化研究（LSYZD2019013）"的阶段性成果。笔者2019年随课题组前往俄罗斯探寻黠戛斯汗国史迹，寻访金湖玉册，但无缘得见。归国后先后得到白玉冬、古松崇志、李锦绣、何雨濛诸位师友的帮助，得以系统了解、梳理阿巴坎玉册研究的学术史，并撰成此文。在此谨致谢意！

① 此后他曾经撰文回应相关争议，仍然坚持哀册说的可能性要高于册封说。枥本哲先后发表3篇相关论文：《南シベリアアバカン近郊発见の玉册片について》，《大阪府藏文化财协会研究纪要·3》，1995年，第343~362页；Тэцу Масумото. О фрагментах мраморных табличек с иероглифами, найденных в окрестностях города Абакана в Южной Сибири// Археология, антропология и этнография Сибири（Сборник посвященный памяти антрополога А. Р. Кима）. Барнаул. 1996. С. 207 – 220; Тэцу Масумото. Еще раз к вопросу о мраморных табличках из д. Райково на р. Абакан — их положение в истории институтов государственности династии Тан // Древние и современные народы Южной Сибири: язык, история, культура（к 290-летию экспедиции Д. Г. Мессершмидта）Материалы Международной научно-практической конференции. 21 – 24 сентября 2011 г., г. Абакан. — Абакан: Хакасское книжное издательство, 2011. С. 54 – 67.

② Худяков Ю. С. Из истории дипломатической практики государства кыргызов на Енисее（в связи с находкой мраморных табличек у с. Райково）// Новейшие археологические и этнографические открытия в Сибири. — Новосибирск, 1996. В. Я. Бутанаев, Ю. С. Худяков. История енисейских кыргызов.// Абакан: ХГУ им. Н. Ф. Катанова, 2000. С. 90.

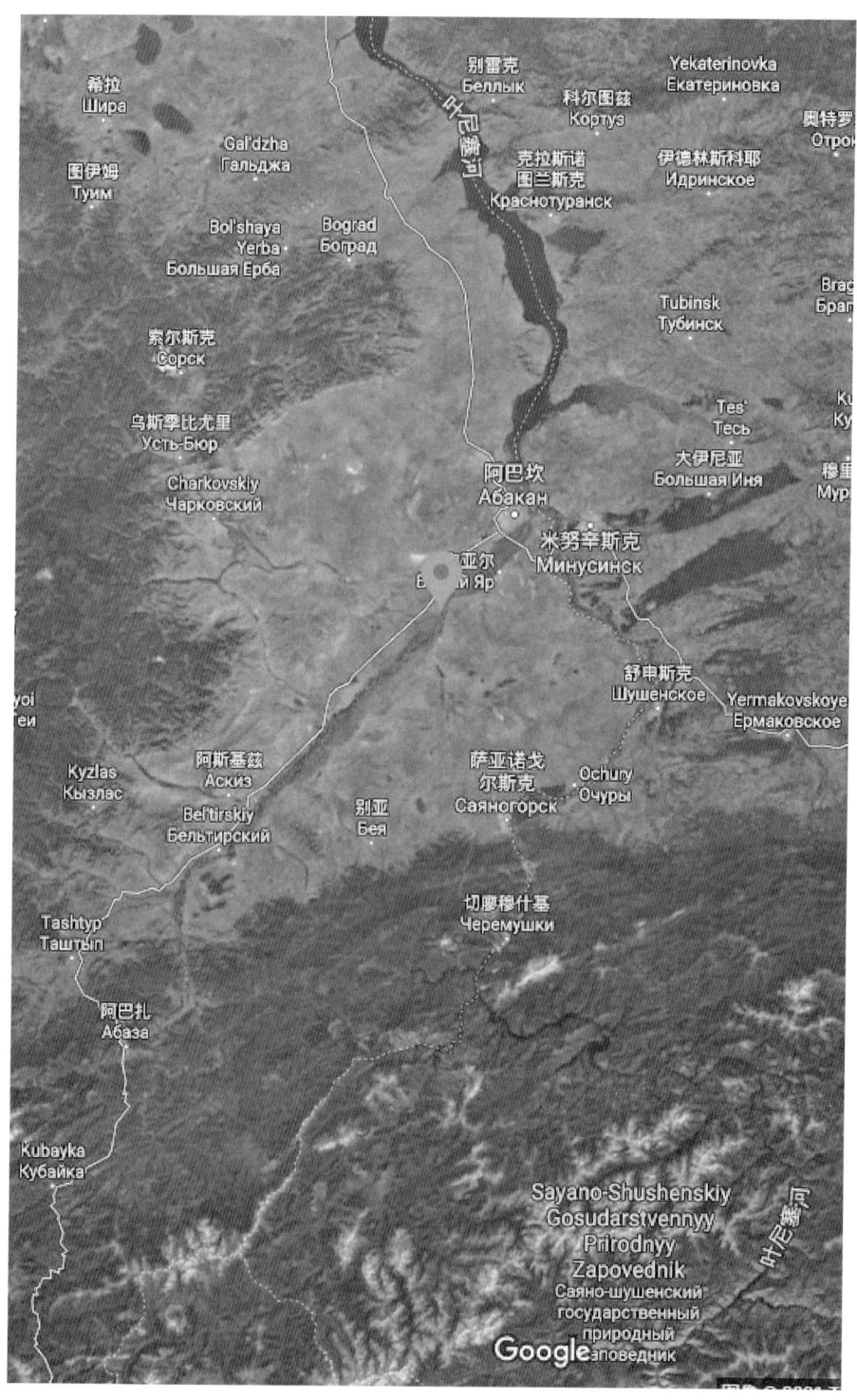

图一　Райково6640/1~5号玉册残简发现位置示意图（图片来源：谷歌地图）

图二 6640/1~5号玉册残简①

以刘凤翥为代表的中国学者则认为这就是唐咸通七年封册黠戛斯可汗的玉册残简②。由于很长时间内,在漠北发现的唐朝玉册实物只有此一件,相关讨论颇有孤证之局限。就汉文记述来看,唐咸通七年(866年)只有"黠戛斯遣将军乙支连几入贡,奏遣鞍马迎册立使

---

① 引自[日]杦本哲:《南シベリアアバカン近郊発見の玉冊片について》,《大阪府藏文化財協会研究紀要·3》,1995年。
② 刘凤翥:《俄国阿巴坎博物馆所存的唐代玉册残简》,《隋唐辽宋金元史论丛》第1辑,北京:紫禁城出版社,2011年,第11、12页;王洁:《唐咸通年间授封黠戛斯考》,《内蒙古社会科学》2014年第2期,第57~59页;白玉冬:《九姓达靼游牧王国史研究(8~11世纪)》,北京:中国社会科学出版社,2017年,第217页。

及请亥年历日"①,并未出现过唐遣使黠戛斯吊祭之记述,刚好可与6640/1~5号藏品印证。况且就目前所见考古与文献资料来看,哀册仅用于皇室成员之葬仪,并未见中原皇帝赠予邻蕃首脑,所谓哀册说尚缺乏确凿证据。此外,21世纪以来蒙古—德国联合考古队在回鹘汗国首都哈喇巴拉嘎斯遗址发现了若干数量的玉册残片,在遗址东南角高台水井中的出土残片有"于天下气无"等字样(图三、图四)②,可以与白居易《册回鹘可汗加号

图三 "于天下气无"残片③

图四 蒙德联合考古队在哈喇巴拉嘎斯发现的部分玉册残片;
左一是回鹘可汗尊号局部"没蜜施(Bulmïš)"④

---

① （宋）司马光:《资治通鉴》卷二五〇,唐懿宗咸通七年十二月,北京:中华书局,2011年,第8239页。
② Chrstina Franken, Hendrik Rohland, Ulambayar Erdenebat, Tumurochir Batbayar, "Karabalgasun, Mongolei, Die Ausgrabungen im Bereich der Zitadelle der alten uighurischen Hauptstadt. Die Arbeiten der Jahre 2015 bis 2017", *Elektronische Publikationen Des Deutschen Archäologischen Instituts*, 2018, 电子文档来自 https://publications.dainst.org/journals/efb/2158/6620。
③ 13 × 2.8 厘米,引自 Chrstina Franken, Hendrik Rohland, Ulambayar Erdenebat, Tumurochir Batbayar, "Karabalgasun, Mongolei, Die Ausgrabungen im Bereich der Zitadelle der alten uighurischen Hauptstadt. Die Arbeiten der Jahre 2015 bis 2017", *Elektronische Publikationen Des Deutschen Archäologischen Instituts*, 2018。
④ 图片来源: https://www.dainst.org/dai/meldungen。

文》"声有闻于天下,气无敌于荒外"互证①。这些在回鹘首都遗址新发现的玉册残片与阿巴坎 6640/1~5 号藏品相参照,为唐朝对漠北回鹘、黠戛斯授予册书提供了物证②。目前在回鹘、黠戛斯汗国政治中心发现的汉字大理石残片应是唐朝授予回鹘、黠戛斯可汗的册书玉册残简。

一、阿巴坎 6640/1~5 号玉册书仪解析

册书属唐"王言之制"之一种,"立后建嫡,封树藩屏,宠命尊贤,临轩备礼则用之"③,在册仪中将册书文字镌刻于简册之上,根据仪轨等级可使用竹册、玉册或金册。目前考古发现所见唐代玉册,多使用白石制作,按其用途有陪葬(哀、谥册)、即位、封禅、册命等④。6640/1~5 号藏品以及近年发现的回鹘玉册为我们展现了唐朝封册邻蕃首脑的册命类型,其意义不仅在于传统仪具方面,更在于为中原王朝与漠北汗国之关系提供了实物文字资料,值得进一步关注。

镌刻于玉册之上的册书文字按照馆藏编号的排序如下(图五)⑤:

6640/1:总以名实成其辉光

6640/2:贡是修保尔封疆烟

6640/3:维大唐咸通七年

6640/4:以恩信怀来无思不

6640/5:身所谓奉诚之美也

这明显不是正确的排列顺序。由于是断简残片,已无法从中获知其册文之全貌,日中学者对 5 残简如何排序也意见不一。枥本哲排序为"维大唐咸通七年/以恩信怀来无思不/贡是修保尔封疆烟/总以名实成其辉光/身所谓奉诚之美也",刘凤翥则做"维大唐咸通七年/贡是修保尔封疆烟/身所谓奉诚之美也/总以名实成其辉光/以恩信怀来无思不"。笔者以为,结合唐代册书书式的研究成果,并参照存世唐册回鹘可汗书,以及《立黠戛斯为可汗制》,对此仍有进一步探讨的空间。

唐代册书具有相对固定的书式,多采用四六骈文,其格式为:维年号年月日……皇帝若曰(事由)……咨尔(受册者称扬德泽,褒美功业)……是用命尔为(官爵),文末对受册者有诫勉之语⑥。存世回鹘可汗册书时代与咸通七年唐册封黠戛斯可汗的时代相近,文

---

① 徐弛:《白居易撰文玉册重现世间》,《人民日报(海外版)》2019 年 11 月 25 日。
② Lyndon A. Arden-Wong, "Preliminary Thoughts on the Marble Inscriptions from Karabalgasun", in *Journal of Inner Asian Art and Archaeology* 6, 2011, pp. 75 – 100.
③ (唐)李林甫等:《唐六典》卷九《中书省》,北京:中华书局,2014 年,第 273 页。
④ 王碧㼆:《浅论唐代的玉册》,《文物天地》2019 年第 10 期,第 68~71 页。
⑤ 引自枥本哲《南シベリアアバカン近郊発見の玉册片について》,第 348 页;В. Я. Бутанаев, Ю. С. Худяков. История енисейских кыргызов. С. 225.
⑥ 赵振华:《谈武周授封武承嗣的诏书和册书:以新见石刻文书为中心》,《湖南科技学院学报》2013 年第 2 期,第 68~74 页。

图五　馆藏编号排序①

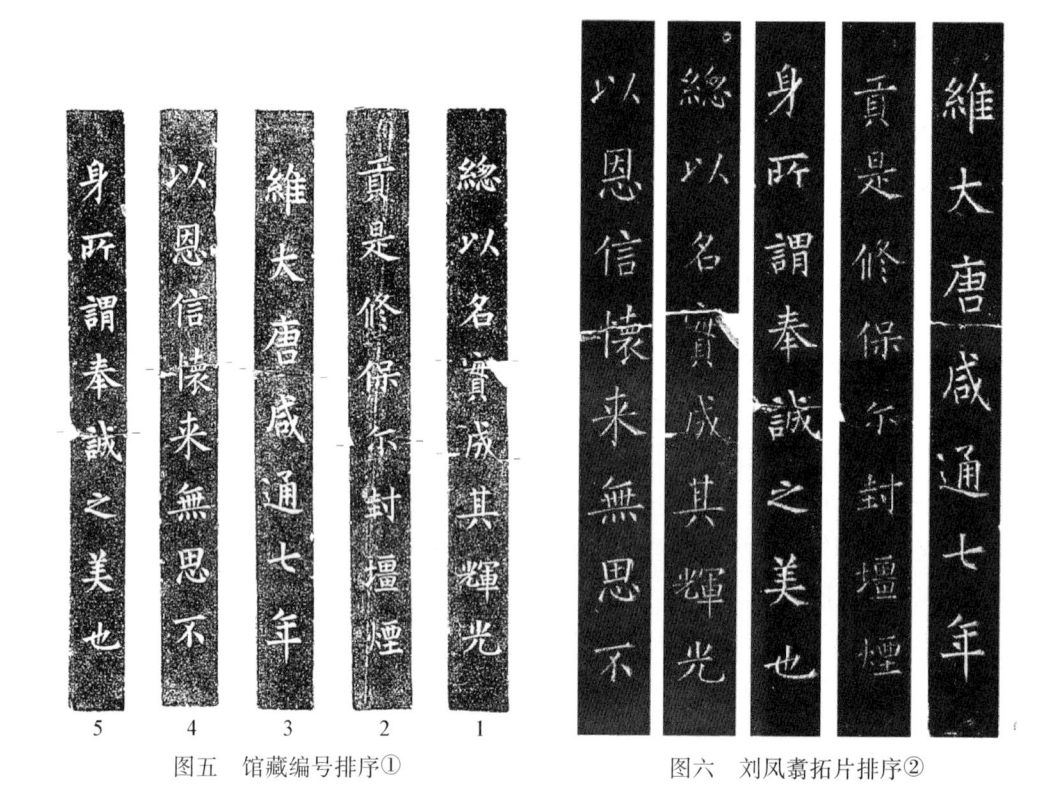

图六　刘凤翥拓片排序②

类亦同,除了在书式上符合册书的一般规范外,这些册书都是围绕唐皇帝"封树藩屏"的主题展开,其行文用语具有自身的特征。

从册书书仪看,除以"维年号年月日,皇帝若曰"开篇外,正文之中,以"咨尔"为标志,可将之行文分作两部分理解。第一部分即"事由",基本上围绕唐皇帝展开,颂扬其御临八方,邻蕃向化之语,并追溯唐与受册者的历史关系,论证册封其可汗尊号的必要性。篇首的称颂之语可参见《册新回鹘可汗文》:"唐有天下,垂二百载,列圣垂拱,八荒即叙。舟车之所及,日月之所照,威绥仁董,罔不向化。"其称颂之核心在于四裔向化来朝。至于"咨尔"之后的第二部分,则称颂受册者之德泽,褒美功业,以受册者为中心,表彰其雄略一方,慕化中朝之德,同时申明两国结好之义。《册回鹘彰信可汗文》:"咨尔九姓回鹘爱登里罗汨没密施合句录毗伽彰信可汗,代济公忠,时推英毅。刚明有守,信实不渝。总北方劲悍之师,慕中华清净之化。克绍前训,实怀远图。"其核心在于突出受册者严守信义,仰慕中华,遵守前约。在最后篇尾的诫勉文字大多是要求其谨守藩礼,各守封疆之类的文字。如《册新回鹘可汗文》篇末即称"于戏! 善必有邻,德无不答。此崇恩礼,则彼竭信诚。克保大义,永藩中夏"③。《册回鹘彰信可汗文》云:"于戏! 海内四极,惟唐旧封。天

---

① 引自[日]枡本哲:《南シベリアアバカン近郊発見の玉冊片について》,《大阪府藏文化財協会研究紀要·3》,1995年。
② 引自刘凤翥:《俄国阿巴坎博物馆所存的唐代玉册残简》,《隋唐辽宋金元史论丛》第1辑。
③ (唐)白居易著,谢思炜校注:《白居易文集校注》卷一三,北京:中华书局,2011年,第603页。

下一家,与我同轨。举兹典册,布于神明。尔其慎固封疆,祗守名器。"①其文末诫勉语的关键词是"藩中夏"、"守封疆"。

循此文例,6640/3"维大唐咸通七年"应是册书篇头无疑。6640/2"贡是修保尔封疆烟",其"贡"字前当有一"职"字,即"职贡是修,保尔封疆。烟",其文与上述回鹘可汗册文文末"慎固封疆"之语相类,应是册书文末诫勉文字。6640/4"以恩信怀来无思不",其"不"字后当有一"服"字,即"以恩信怀来,无思不服"。"怀来"之语可见《立黠戛斯为可汗制》"爰申建立之恩,用广怀来之道"②,属唐皇帝对黠戛斯的政策方针。"无思不服"典出《诗经·大雅·文王有声》"镐京辟雍,自西自东,自南自北,无思不服"③。唐贞观八年《遣使巡行天下诏》有"四荒八表,无思不服"④。因此,6640/4一句是论及唐皇帝怀柔四夷之语,于上述册书文例,当是册书前部称颂唐皇帝之文字。至于6640/5"身所谓奉诚之美也",其"奉诚"也用于唐册回鹘阿啜之可汗尊号"奉诚可汗"⑤,《立黠戛斯为可汗制》也称黠戛斯"万里归诚"。"所谓奉诚之美也"应是对黠戛斯可汗亲唐事迹的赞颂、总结之语,其排序似应在6640/4之后。至于6640/1"总以名实,成其辉光",考其文义,应与"咨尔"之后册授黠戛斯可汗的文字有关,用于评价册授黠戛斯可汗之意义,即授其名实,而成就其"国之辉光"。

咸通年间黠戛斯仅入贡唐朝三次,此后则无闻⑥。其实这三次交通见于史载者仅有两次,四年"黠戛斯遣其臣合伊难支表求经籍及每年遣使走马请历,又欲讨回鹘,使安西以来悉归唐,不许";七年十二月,"黠戛斯遣将军乙支连几入贡,奏遣鞍马迎册立使及请亥年历日。是年丙戌;亥,明年也"⑦。考虑到唐封册之程序,当先颁布册封诏制,任命册立使。如会昌封册黠戛斯可汗,其程序是先由武宗于五年(845年)任命册立使,颁布《立黠戛斯为可汗制》,并令有司择日,备礼册命⑧。此后册命使团择日携国信、玉册等仪具与礼物前往受册者处进行册礼。如大中十年唐王端章等册立回鹘使团携有玉册、玺币、展礼等⑨。有的学者认为其石料取材于当地萨彦岭大理石,并由此推测是唐朝使团在当地制作的⑩。这种说法似于常理不合,因此不得不考虑到另一种可能性,若6640/1~5号藏品制作石材的确出自

---

① (宋)宋敏求:《唐大诏令集》卷一二九,北京:中华书局,2008年,第697页。
② (清)董诰等:《全唐文》卷七六《武宗皇帝一·立黠戛斯为可汗制》,北京:中华书局,1983年,第801页。
③ (清)阮元校刻:《十三经注疏·三·毛诗正义》卷十六之五·五三《文王有声》,北京:中华书局,2009年,第1134页。
④ (宋)宋敏求:《唐大诏令集》卷一〇三《政事·按察上·遣使巡行天下诏》,第524页。
⑤ (宋)王钦若等编纂,周勋初等校订:《册府元龟》卷九六七《外臣部·继袭》,南京:凤凰出版社,2006年,第11201页。
⑥ (宋)欧阳修、宋祁:《新唐书》卷二一七《回鹘附黠戛斯传》,北京:中华书局,1975年,第6150页。
⑦ 咸通四年、七年黠戛斯遣使事见(宋)司马光:《资治通鉴》卷二五〇,唐懿宗咸通四年八月,唐懿宗咸通七年十二月,第8229、8239页。
⑧ (宋)司马光编著:《资治通鉴》卷二四八,唐武宗会昌五年夏四月,第8137页;《立黠戛斯为可汗制》,第801页。
⑨ 事见《李浔墓志》,胡戟、荣新江:《大唐西市博物馆藏墓志》,北京:北京大学出版社,2012年,第952、953页;荣新江:《大中十年唐朝遣使册立回鹘史事新证》,《敦煌研究》2013年第3期,第128~132页。
⑩ В. Я. Бутанаев, Ю. С. Худяков. История енисейских кыргызов. // Абакан: ХГУ им. Н. Ф. Катанова, 2000. - С. 89.

本地,也有可能是此后制作的复制品。

6640/1~5藏品5片玉册残简除去封册时间之外,其余4片的文字都具有代表封册与受册两方地位、身份的书仪文字,较为明确地展现了唐朝皇帝凌驾于黠戛斯可汗之上的宗主地位。中国学者据此多认为唐与黠戛斯在会昌之后一直都是不平等的封册关系,这与日本学者坚持的双方关系对等的认知不同,后者论据多源于会昌年间黠戛斯—唐朝关系文书书仪的解读①。双方所论各自皆有所据,但也有形而上的先验之论。只有将黠戛斯会昌与咸通两次"求册命"的过程与背景进行联系与比较,才能揭示其中的历史本相,准确的认知6640/1~5藏品的历史定位。

二、会昌宗盟之谊的历史解读

黠戛斯的政治中心一直位于叶尼塞河上游,与唐朝的联系受到蒙古高原—东部天山政治格局的影响,尤其是8世纪以来,黠戛斯被回鹘征服,与后者一直以叶尼塞河上游之南的唐努乌拉山,以及阿尔泰—额尔齐斯河上游地区为界②,无法南下与唐朝交通。这种局面直到9世纪中叶发生变化,黠戛斯灭亡了回鹘汗国,兵锋南下扫荡蒙古高原。会昌年间曾连续三年遣使唐朝,双方围绕如何确定黠戛斯这一新兴草原汗国的地位多次往还交涉,各有诉求,最终根据彼此势力对比的变化达成妥协。

会昌年间,黠戛斯汗国的主要诉求就是取代回鹘,自称"登里可汗"(Teŋgri Qaγan),确立其草原共主"天可汗"的地位。二年(842年),其使踏布合祖声称"发日,纥扢斯即移就合罗川,居回鹘旧国,兼以得安西、北庭、达怛等五部落"③,无论其势力范围是否确实扩展至此,这种宣示更具政治意味,是要向唐朝证明其已经取代回鹘成为草原霸主。史载会昌三年二月,"黠戛斯求册命",唐朝君臣曾为此进行讨论,武宗"恐加可汗之名即不修臣礼,踵回鹘故事求岁遗及卖马,犹豫未决",李德裕即奏称"黠戛斯已自称可汗"云云④。同年六月,黠戛斯再次遣温仵合携国书与唐朝交涉,唐的复书中称"况登里可汗,回鹘旧号,是国家顷年所赐,非回鹘自制此名。今回鹘国已破亡,理当嫌避"⑤。黠戛斯国书已不可见,但从唐君臣讨论及复书字里行间的线索看,黠戛斯"求册命"的内容就是要唐王朝遵循回鹘旧号,承认其"Teŋgri Qaγan"的地位。

---

① [日]金子修一:《古代東アジア世界史論考》,东京:八木书店,2019年,第314~317页。
② 孙昊:《10世纪契丹西征及其与辖戛斯人的交通》,《欧亚学刊》新9辑,北京:商务印书馆,2019年,第125~144页。
③ 转引自《代刘沔与回鹘宰相书白》,(唐)李德裕撰,傅璇琮、周建国校笺:《李德裕文集校笺》卷八,北京:中华书局,2018年,第174页。(宋)司马光:《资治通鉴》卷二四六,唐武宗会昌二年十月丁卯,第8089页。
④ (宋)司马光:《资治通鉴》卷二四七,唐武宗会昌三年二月辛未,第8096页。
⑤ (唐)李德裕撰,傅璇琮、周建国校笺:《李德裕文集校笺》卷六《与黠戛斯可汗书·奉宣撰》,第101页。按,校笺者据岑仲勉《李德裕〈会昌伐叛集〉编证上》将之系于会昌四年夏初,然据《资治通鉴》卷二四七,会昌三年六月,"黠戛斯可汗遣将军温仵合入贡。上赐之书,谕以速平回鹘、黑车子,乃遣使行册命",其复温仵合使行之书显在会昌三年夏。齐会君综合前人之说已有讨论,今从之。详见齐会君:《唐のキルギス宛国书の発給順と撰文過程—ウイグル・キルギス交替期を中心に—》,《東洋學報》,2018年,第10、11页。

黠戛斯国书中要求的"回鹘旧号"及其故实,从 9 世纪唐授回鹘册书中可见一斑。长庆元年《册新回鹘可汗文》称"咨尔九姓回鹘君登里罗羽录没密施句主录毗迦可汗(Teŋride Külüg Bulmïš Küčlüg Bilge Qaɣan)①……册为登里罗羽录没密施句主录毗伽可汗",同年因唐与新立回鹘可汗联姻,采用汉名进行加册。《册回鹘可汗加号文》:"咨尔回鹘君登里罗羽录没密施句主录毗伽可汗……虽自贵曰天骄子,未称其盛;虽自尊曰天可汗,未称其美。宜赐嘉号,以大夸将来。今遣使某官、副使某官某等,持节加册为信义勇智雄重贵寿天亲可汗。"由此可知唐与回鹘册封故实有两个层面。首先,唐朝会通过册封承认回鹘本俗自立"天骄子"、"天可汗"之尊号,也即承认回鹘作为漠北草原霸主地位。这是唐对回鹘可汗采取的贯通性做法。在此基础上唐朝的册封会在其自称尊号"毗迦"之后加入汉式尊号。长庆元年册封回鹘可汗,又称"登罗羽录没密施句主录毗迦崇德可汗"②。按此"崇德可汗"不见于《旧唐书》、《册府元龟》,概系册封后追加。亦有册文之内加号者。太和七年《册回鹘彰信可汗文》"咨尔九姓回鹘爱登里罗汨没密施合句录毗伽彰信可汗……册为九姓回鹘爱登里罗汨没密施合句录毗伽彰信可汗"③,其"彰信可汗"即是直接加入册号之内。其次,在唐与回鹘可汗和亲时,亦对后者加册汉式可汗尊号"信义勇智雄重贵寿天亲可汗",或彰显其与唐皇室之亲密关系。

上述是黠戛斯希望延续的回鹘故实。然而,唐朝却希望采用其另一个侧面,即通过拟制亲属确定双方统治者之间的君臣关系。斯卡夫曾论及,唐太宗曾加号"天可汗",成为中原与草原的共主,唐中后期以来的皇帝是以中原"天子"自称,并未继续以"天可汗"名义节制草原汗国④。在处理与草原汗国的关系方面,更多利用拟制亲属关系明确双方统治者的具体关系。这种方式更带有灵活性,尤其是天宝之后,唐朝与漠北汗国的实力对比在发生变化。唐与回鹘先后经历了乾元年间的翁婿关系、广德年间的兄弟关系,这两种关系不存在君臣之别,只有尊卑之序,事实上是一种对等敌国关系。至贞元年间唐朝才利用回鹘内乱重振之际,与之建立父子加君臣的关系⑤。

唐朝并不愿意蒙古草原再出现"登里可汗"这样的权威,也要利用黠戛斯来制衡威胁其北疆的回鹘残余势力。出于这一目的,会昌三年李德裕奏称:"黠戛斯已自称可汗,今欲藉其力,恐不可吝此名。……若虑其不臣,当与之约,必如回鹘称臣,乃行册命;又当叙同姓以亲之,使执子孙之礼。"⑥李德裕应是强调运用回鹘故实中的君臣关系先例,要求黠戛斯向唐称臣,以换取唐朝对黠戛斯在蒙古草原地位的认可。

---

① 长庆元年《册新回鹘可汗文》及下文《册回鹘可汗加号文》见(唐)白居易著,谢思炜校注:《白居易文集校注》卷一三,第 603 页。回鹘可汗号的复原与罗马转写据 Volker Rybatzki, "Titles of Türk and Uigur Rulers in the Old Turkic Inscriptions", in *Central Asiatic Journal*, Vol. 44, No. 2 (2000), pp. 205 – 292。
② 见(宋)司马光:《资治通鉴》卷二四一,穆宗长庆元年四月丙戌,第 7913 页;《新唐书》卷二一七《回鹘传》,第 6129 页。
③ (宋)宋敏求:《唐大诏令集》卷一二九,第 697 页。
④ Jonathan Karam Skaff, *Sui-Tang China and Its Turko-Mongol Neighbors: Culture, Power, and Connections, 580 – 800*, Oxford University Press, 2012, pp. 119 – 122.
⑤ 其梳理见王义康:《覃于风教:唐王朝的政治秩序》,北京:社会科学文献出版社,2020 年,第 247~253 页。
⑥ (宋)司马光编著:《资治通鉴》卷二四七,唐武宗会昌三年二月辛未,第 8096 页。

很明显,唐与黠戛斯双方的诉求并不一致。在回复踏布合祖来使的《与纥扢斯可汗书》中称:"又自古外蕃,皆须因中国册命,然可弹压一方。今欲册命可汗,特加美号,缘未知可汗之意,且遣谕怀。待赵蕃回日,别命使展礼,以申和好。"①同时,在对黠戛斯温仵合来使回书时,唐朝提出要沿用太宗时封册的"坚昆"进行册封②,这也应暗含要遵循早期唐与坚昆君臣关系之旧典进行册命。这并没有直接满足黠戛斯方面的诉求,黠戛斯使谛德伊斯难珠携带国书称"两地遗书,彼此不会"③,这不仅是蕃汉转译方面出现的技术问题④,其深层的原因更在于双方政治话语与目标无法协调一致。从结果看,黠戛斯也通过这种表达方式委婉地拒绝了唐朝沿用"坚昆"旧典的提议。

对黠戛斯的态度,唐武宗要求在回书中特地强调"册命时须令其称藩事,须云册命之礼,并依回鹘故事",这在回书文字中体现为:"册命之礼,并依回鹘故事。可汗爰始立国,临长诸蕃,须示邻壤情深,宗盟义重。以此镇抚,谁敢不从?"⑤唐王朝转而强调"宗盟关系",并提醒黠戛斯,需要像回鹘那样向唐朝称蕃礼,才能"临长诸蕃"。会昌五年唐诏册黠戛斯可汗为"宗英雄武诚明可汗"⑥,其《立黠戛斯为可汗制》称"黠戛斯国",放弃了"坚昆"旧典的要求,亦未如回鹘之例,明确承认其可汗自尊之号,而是采取汉式"美号"予以册封,强调双方"族称宗姓"的关系。

从这一结果来看,双方都应作出了妥协。其原因在于当时蒙古草原回鹘势力仍然影响双方关系。回鹘汗国虽然已经瓦解,但其残余部族,仍时刻威胁着黠戛斯与唐朝的联系。实际上,黠戛斯"欲徙就合罗川,居回鹘旧国"的目标在回鹘残部和其余附属部族的反抗之下并未实现。回鹘乌介可汗残部时刻威胁进入蒙古草原腹地的黠戛斯侧翼。同时,原依附于回鹘的鞑靼诸部开始活跃在漠北色楞河等地,与黠戛斯多处于敌对状态⑦。因此,在黠戛斯会昌入贡不久,唐人就听闻"合罗川回鹘牙帐,未尽毁除"⑧。黠戛斯谛德

---

① (唐)李德裕撰,傅璇琮、周建国校笺:《李德裕文集校笺》卷六,第96页。亦见(宋)司马光:《资治通鉴》卷二四七,会昌三年三月,第8097、8098页。
② 见(唐)李德裕撰,傅璇琮、周建国校笺:《李德裕文集校笺》卷六《与黠戛斯可汗书》,第101页。
③ 转引自(唐)李德裕撰,傅璇琮、周建国校笺:《李德裕文集校笺》卷六《赐黠戛斯书》,第106页。按,谛德伊斯难珠来使时间各说有异,《资治通鉴》卷二四七系之于唐武宗会昌四年二月(第8121页);《册府元龟》卷九八〇《外臣部二·通好》将之系于会昌三年[(宋)王钦若等编纂,周勋初等校订,南京:凤凰出版社,2006年,第11350页]。岑仲勉认为司马光所见《一品集》将"五"讹作"四",当以唐《实录》五年二月二十五日以刘濛为巡边使,呼应黠戛斯来使之邀约的时间为准。故将谛德伊斯难珠来使系于五年二月(岑仲勉《岑仲勉史学论文集》,第452页)。疑当以"五年"为是。
④ 关于唐与黠戛斯交涉过程中的翻译问题,参见李锦绣:《会昌、大中年间黠戛斯来唐的翻译问题》,《欧亚学刊》新9辑,北京:商务印书馆,2019年,第94~96页。黠戛斯统治集团存在精通汉语的人才,且在征服回鹘过程中也吸纳了大量精通汉语等方面的粟特与回鹘双语人才。其统治集团不仅十分了解唐与回鹘关系的旧例,也能阅读唐发给他们的汉文国书。叶尼塞碑铭也提供了黠戛斯贵族到中国学习汉语,迎娶中国妻子的例证。(Dimitriy D. Vasilyev, "New Finds of Old Turkic Inscriptions in Southern Siberia", in Gary Seaman and Daniel Marks edit, *Rulers from the Steppe: State Formation on the Eurasian Periphery*, Los Angeles: Ethnographics Press, p. 124.)
⑤ (唐)李德裕撰,傅璇琮、周建国校笺:《李德裕文集校笺》卷六《赐黠戛斯可汗书》,第106页。
⑥ (宋)司马光:《资治通鉴》卷二四八,唐武宗会昌五年五月,第8137页。(清)董诰等:《全唐文》卷七六《立黠戛斯为可汗制》,北京:中华书局,1983年,第801页。
⑦ 白玉冬:《九姓达靼游牧王国史研究(8~11世纪)》,第210~227页。
⑧ (唐)李德裕撰,傅璇琮、周建国校笺:《李德裕文集校笺》卷六《与黠戛斯可汗书》,第100页。

伊斯难珠使唐来书中称"金石路已隔绝"①，所谓"金石路"应是沿途有突厥、回鹘可汗碑铭旧迹②，经过回鹘汗国政治中心，属于漠北回鹘道的要冲。足见当时黠戛斯汗国势力臻于极盛时，尚不具备掌控蒙古草原腹地的实力。在所谓"金石之路"断绝的情况下，黠戛斯不再继续纠缠可汗名实之问题，很快同意唐王朝的提议，与唐朝约定发兵共讨回鹘、黑车子室韦③。

从后续的事态发展来看，黠戛斯并没有如约东进，可能其南下兵锋已呈强弩之末。同时前述会昌封册因武宗驾崩而暂时搁置，唐宣宗即位之后，朝堂认为黠戛斯"僻远小国，不足与之抗衡"④，应该是看到黠戛斯已现颓势，并未发展为令唐重视的草原大国。至于册封一事，迁延至大中元年六月，史称"册黠戛斯王子为英武诚明可汗，命鸿胪卿李业入蕃册拜"⑤。此时黠戛斯已经完成权力更迭，唐王朝对新立可汗的封号去掉代表"族称宗姓"的"宗"字，能表明宣宗朝放弃了武宗对黠戛斯可汗"著宗正属籍"⑥的政策。此后更因回鹘乌介可汗残余势力瓦解，北疆危机消除，以及大中复开河西等重大事件，唐朝将关注重点转向安西回鹘，而不再如会昌年间那样将黠戛斯视作"敌国"礼遇了。咸通年间对黠戛斯的封册应该是大中以后唐对黠戛斯调整政治定位之后的政策延续，而不是继承会昌宗盟关系的产物。

三、咸通七年"职贡是修"的原委

唐大中初年，西迁回鹘勃兴，以庞特勤为代表的西迁回鹘在安西等地建立政权⑦。大中五年张义潮驱逐吐蕃，向唐朝廷献河陇十一州地图户籍，"河陇陷没百余年，至是悉复故地"⑧。唐因之复通河西，才从来款的回鹘处获知安西庞特勤已于安西自称可汗的事情⑨。大中十年（856年）底即诏册安西回鹘可汗为"嗢禄登里罗汨没密施合俱录毗伽怀建可

---

① （唐）李德裕撰，傅璇琮、周建国校笺：《李德裕文集校笺》卷六《赐黠戛斯书》，第106页；《册府元龟》作"道路隔绝"。（宋）王钦若等编纂，周勋初等校订：《册府元龟》卷九九四《外臣部·备御第七》，第11509页。
② Michael R. Drompp, *Tang China and the Collapse of the Uighur Empire*, Leiden. Boston: Brill, 2005, note. 60, p. 147.
③ （宋）司马光：《资治通鉴》卷二四七，唐武宗会昌四年二月壬申，第8121页。此事似在五年二月。
④ （宋）司马光：《资治通鉴》卷二四八，唐宣宗会昌六年九月，第8146页。
⑤ （后晋）刘昫等：《旧唐书》卷一八《宣宗纪》，北京：中华书局，1975年，第618页；（宋）欧阳修、宋祁：《新唐书》卷二一七《黠戛斯传》，第6150页；（宋）司马光：《资治通鉴》卷二八四"大中元年六月"皆作"诏鸿胪卿李业持节册黠戛斯为英武诚明可汗"。
⑥ （宋）欧阳修、宋祁：《新唐书》卷二一七《回鹘传附黠戛斯传》，第6150页。
⑦ 参见森安孝夫：《東西ウイグルと中央ユーラシア》，名古屋：名古屋大学出版会，2015年，第275~374页（森安孝夫1977~2000年的4篇成果结集于此）；华涛：《西域历史研究（八至十世纪）》，北京：商务印书馆，2020年，第32~72页（原刊由上海古籍出版社2000年出版，本文采用新刊本）。Michael R. Drompp, *Tang China and the Collapse of the Uighur Empire: a Documentary History*, Brill, 2005.
⑧ （宋）司马光：《资治通鉴》卷二四九，唐宣宗大中五年冬十月，引《实录》，第8171页。
⑨ （宋）宋敏求：《唐大诏令集》卷一二八《议立回鹘可汗诏》："近有回鹘来款，朔方帅臣得之，送至阙下。又有回鹘随黠戛斯李兼至。朝廷各令象胥，征其要领，音尘可访，词旨同必，愿复本邦，仍怀化育，皆云庞特勒今为可汗，尚寓安西，众所悦附。"见第693页。

汗"①。在唐的地缘谋划中更加重视河西通西域一线，期望仰仗西迁回鹘之势力，因此在不了解西迁回鹘具体情况下，对各支回鹘皆持招徕态度。与之形成鲜明对比的是，黠戛斯在大中年间与唐联系情况并不明朗，更能凸显出西迁回鹘与黠戛斯在当时唐朝地缘定位中的高低差异。

从黠戛斯方面来说，由于其居地叶尼塞河上游盆地的特殊地势，其对外交通仅有几个方向的通道。西境通道是从阿尔泰—额尔齐斯河西进与寄蔑（Imäk）和葛逻禄相接，即西出额尔齐斯河进入哈萨克草原丝路，另一条南下与高昌联系的通道是南出阿尔泰山，沿KMR'Z/K.mīz(art)（今塔尔巴哈台山南麓）南下，经 Xusan/Kh.s.n 前往"Chīnānjkath"（中国城，前身即唐北庭）。黠戛斯东出的通道环境比较复杂，都要在树林中穿梭，且多为羊肠小路，沼泽密布，这条路是与东面的说蒙古语的豁里人居地相接②。其地在色楞格河一带，这条通道并不利于大宗商品物资的流通与交换。同时，黠戛斯出额尔齐斯河，还可以沿准噶尔盆地东缘南下，进入今新疆巴里坤草原（时有伊州），与丝绸之路主干线相通③。由于8~9世纪黠戛斯与蒙古草原回鹘、达靼等游牧部族长期不睦，其通过蒙古草原南下的通道基本被封锁，也就是所谓的"为回鹘所隔"。史称其"常与大食、吐蕃、葛禄相依杖，吐蕃之往来者畏回鹘剽钞，必往葛禄，以待黠戛斯护送。大食有重锦，其载二十疋乃胜，既不可兼负，故裁为二十匹，每三岁一饷黠戛斯"④。这里黠戛斯与吐蕃、大食以及葛逻禄的物资、人员流通，就是利用西出阿尔泰山进入哈萨克草原的通道。

从阿尔泰山—额尔齐斯河西出、南进的通道对黠戛斯汗国的国运具有重要意义。这也能理解为何黠戛斯南下为何要首先向西抢占安西、北庭，控制东天山向西的丝绸之路通道，而不是选择在蒙古草原东进追击南迁回鹘残余势力了。学界一般认为黠戛斯汗国在9世纪40~50年代曾经一度控制安西，兵锋最远可达西天山的伊塞克湖地区，此后则因西迁回鹘的扩张而被迫收缩⑤。黠戛斯与西迁回鹘攻守之势逆转，当

---

① 其册书《大中十一年册回鹘可汗文》见（宋）宋敏求：《唐大诏令集》卷一二九，第698页。
② 以上西、南、东向三条通道见加尔迪齐《记忆的装饰》（Zayn-al-akhbār）。本文参考了巴托尔德《中亚学术旅行报告（1893~1894）》附录《加尔迪齐〈记忆的装饰〉摘要》(В. В. Бартольд. Приложение к. Отчету о поездке в Среднюю Азию с научною целью. 1893 - 1894 гг.// Работы по источниковедению (Ⅷ). издательство «наука» главная редакция восточной литературы. 1973. С. 23 - 62)，王小甫汉译（原刊于《西北史地》1983年第4期，后收录于《边裔内外：王小甫学术文存》，上海：东方出版社，2016年，第572~591页）; A. P. Martinez, "Gardīzī's Two Chapters on the Turks", in Archivum Eurasiae Medii Avei Ⅱ, 1983, pp. 109 - 217. pp. 109 - 217; 汉译见韩富学、凯旋译：《迦尔迪齐论突厥》，《回鹘学译文集新编》，兰州：甘肃教育出版社，2015年，第239~265页；米诺尔斯基也在其《世界境域志》（Ḥudūd al-'Ālam: The Regions of the World, A Persian Geography, 372A. H./982 A. D.）第14章 Khikhīz 解说部分引用了此书记述的九姓乌古斯至辖戛斯的交通线路，并考证了今地所在。(V. Minorsky translates and explains, Ḥudūd al-'Ālam: The Regions of the World, A Persian Geography, 372A. H./982 A. D., second edition, Gibb Memorial Trust, 1970, p. 282.)
③ 孙昊：《10世纪契丹西征及其与辖戛斯的交通》，第140页。
④ （宋）欧阳修、宋祁：《新唐书》卷二一七《回鹘传附黠戛斯传》，第6149页。
⑤ 巴哈提·依加汉：《9世纪中叶以后黠戛斯的南下活动》，《西域研究》1991年第3期，第25~39页；Michael R. Drompp, "Breaking the Orkhon Tradition: Kirghiz Adherence to the Yenisei Region after A. D. 840", in Journal of the American Oriental Society, 119 - 3, 1999, pp. 390 - 403; 贾丛江：《黠戛斯南下和北归考辨》，《西域研究》2000年第4期，第31~38页。

时应在准噶尔盆地一带呈现胶着状态,另一方面,黠戛斯在蒙古草原的经营并不得力,也面临草原部族的威胁,其南下亦困难重重。黠戛斯在当时面临诸多困境的情况下,自然与唐无法正常交通。大中年间鲜有黠戛斯遣使至唐,见诸传世文献的记述仅有一次,是黠戛斯李兼带携回鹘至长安,另一次则见于《崔镣墓志》,称有黠戛斯称敕使者朝贡,大约在六年至八年之间①。李兼至唐的时间大致也与黠戛斯称敕抵达的时间为同一时段。两者或为同一次,也有可能是两次时间间隔不远的遣使活动。从李兼带领的回鹘人熟悉安西局势看,这两条记述都应是黠戛斯使者在唐大中复通河西之后,西出阿尔泰山,沿准噶尔盆地东缘,经归义军控制的伊州进入河西前往唐朝②。在这些过程中,黠戛斯也看到唐朝的影响力通过河西重新进入西域,在西迁回鹘不断压迫其西出通道,国势日衰的情况下,企图获取唐朝的支持。

唐咸通四年,黠戛斯遣使求经籍及每年遣使走马请历,又欲讨回鹘,使安西以来悉归唐。其事应与七年春二月,"归义节度使张义潮奏北庭回鹘[仆]固俊克西州、北庭、轮台、清镇等城"③相关。与黠戛斯势力范围相邻的西州回鹘仆固俊崛起,可能给黠戛斯造成了更大的压力,同时咸通年间西州的混乱也给黠戛斯看到了反攻的希望,才会促使黠戛斯主动向唐朝提出每年遣使请历,以奉正朔称臣的姿态,换取唐朝的支持对其反攻。唐朝仍倾向于维护回鹘,果断回绝黠戛斯的提议,但也同意对于黠戛斯可汗进行新的封册,确定君臣关系。至于双方交涉的细节已不得而知。我们有幸从6640/1~5号藏品见到是年册书之遗墨,其诫勉语称"职贡是修,保尔封疆",参照大中十一年唐赐安西回鹘可汗文"勉修前好,恢复故疆"④,微言大义,无须多言。

四、余 论

9世纪唐与黠戛斯关系资料较为稀缺,俄藏6640/1~5号咸通七年黠戛斯玉册残简无疑为文献记述增添了宝贵的实物证据。结合传世文献不难发现,咸通年间双方建立了以唐为中心的君臣关系。这与会昌年间黠戛斯占据主动地位,与唐建立宗盟关系的情形差距较大。出现这种差异的原因是唐与黠戛斯关系是随着双方政治实力的对比、消长而发生变化的,黠戛斯汗国经历短暂骤兴,之后进入了长达200多年的持续衰退状态,直至汗国解体。因此,在骤兴的巅峰状态时"求册命",采取主动联通的策略,要求唐王朝能承认其掌控草原;在四面被敌、国势日衰的情况下,"每年遣使请历",实则是依靠向唐朝称臣,以制衡回鹘势力的北扩。黠戛斯在唐灭亡之后转而向契丹—辽寻求支持,抗衡已经成长

---

① 相关考证详见李锦绣《会昌、大中年间黠戛斯来唐的翻译问题》,第96、97页。
② 赵贞认为大中年间凉州尚未光复,河西至唐的路线利用了古居延路,经沙州、居延海,再由天德军经灵州前往长安。咸通二年(861)以后归义军收复凉州,完全恢复了河西东至长安的驿路。(赵贞:《敦煌文书中所见晚唐五代宋初的灵州道》,《中国历史地理论丛》2001年第4期,第82~91页。)
③ (宋)司马光:《资治通鉴》卷二五〇,懿宗咸通七年春二月,第8235页。
④ (宋)宋敏求:《唐大诏令集》卷一二九,第698页。

为阿尔泰—东天山区域政治中心的高昌回鹘。

在涉及周边部族、政权与中原王朝关系论述时,中外学者或倾向于封贡关系,进行理想化解读,强调周边慕化来朝、归附的主观动机;或走向反面,强调周边部族、政权与中原王朝关系的对等化,无论就哪种情况而言,都容易形成对文物资料解读的僵化模式。这种模式往往脱离具体的历史逻辑与情境。从俄国藏6640/1~5号的解读史来看,俄日中三国学者对此藏品的理解就存在这种问题。通过本文的史事梳理,能够看到在文献封册表述的背后,9世纪黠戛斯与唐王朝的关系存在明显的变化过程,这与当时欧亚东部大陆不同区块的势力制衡紧密相关。6640/1~5号藏品只能体现其中的一个侧面,且不能展现涉事双方的历史动机与更为复杂的背景,单就实物而言,不能证实哪一方的论断,仍需要将其置于传世文献的各种叙述逻辑之中,进行类比与分析,才能进一步揭示出复杂历史变化的图景。这也是当下在讨论古代中国与周边部族、国家和地区关系史时尤应注意的方法论问题。

金代长白山封祀补考

——以王寂诗《张子固奉命封册长白山回以诗送之》为中心

赵偌楠 赵俊杰

吉林大学考古学院

秦汉以降，岳镇海渎祭祀概念逐渐从山川江海的序列中分化而出，成为山水祭祀规范被纳入国家祭祀典章，位列国家中祀而为历代王朝因循崇祭。宋金之际，作为北方少数民族政权的金王朝为争逐中原正统，决意建设礼制，承袭岳渎祀典，并于世宗朝确立祭礼，形成女真民族本俗山川信仰与中原岳镇海渎祭祀文化交融发展的新格局[①]。长白山的封祀即是金代融合式岳镇海渎祭祀系统的重要诠释。关于长白山崇祀礼俗及其历史渊源，学界已有专论[②]，后续的研究亦有所补益[③]。近年来，位于吉林省安图县二道白河镇的宝马城遗址经多次考古发掘，被确证为金世宗年间皇家修建的祭祀长白山的神庙遗址[④]，其蕴含的重要历史与现实意义引起学界的广泛关注，中都至神庙的交通地理也随之进入研究者的视野。最近邱靖嘉对于金代长白山封祀以及金朝山川祭祀体系特征的见解颇具新意，文中亦言及咸平路辖境及章宗朝长白山报谢路线诸问题[⑤]。

长白山封祀行程记载不见于著录[⑥]，作为册封使臣的张子固于《金史》中亦无传可循，

[①] 陈相伟：《从史书和碑刻看金代仪礼制度的变革》，《北方民族》1991年第2期；王曾瑜：《宋辽金代的天地山川鬼神崇拜》，《云南社会科学》1997年第1期；安立春：《试论金代礼制的渊源、特点和历史作用》，《辽金史论集》第10辑，北京：中国社会科学出版社，2007年；孔维京：《金代岳镇海渎祭祀研究》，辽宁师范大学硕士学位论文，2018年，第20~27页。

[②] ［日］村田治郎著，毕任庸译：《长白山崇拜考》，《中国东方文化研究会会议论文集》，北京：商务印书馆，2004年，第382~391页；宋抵：《祭山与满族的长白山祭礼》，《黑龙江民族丛刊》1986年第4期，第61~64页；苗威：《"长白山"考辨》，《中国边疆史地研究》2009年第4期，第109~116页。

[③] 陈慧：《长白山崇拜考》，《社会科学战线》2011年第3期，第104~110页；徐洁：《金代祭礼研究》，吉林大学博士学位论文，2012年，第101~105页。

[④] 吉林省文物考古研究所、吉林大学边疆考古研究中心：《吉林安图县金代长白山神庙遗址》，《考古》2018年第7期，第67~81页；吉林大学边疆考古研究中心：《吉林安图县宝马城遗址2014年发掘简报》，《考古》2017年第6期，第66~81页。

[⑤] 邱靖嘉：《金代的长白山封祀——兼论金朝山川祭祀体系的二元特征》，《民族研究》2019年第3期，第106~111页。

[⑥] 学界对于长白山封祀完整路线的考证较为欠缺，而金代交通史的研究较为丰富，本文多有参考：王绵厚、朴文英：《中国东北与东北亚古代交通史》，沈阳：辽宁人民出版社，2016年；葛剑雄、傅林祥：《中华大典·交通运输史·交通路线与里程分典》，上海：上海交通大学出版社，2018年；辽宁省博物馆、辽宁省辽金契丹女真史研究会：《辽金历史与考古》第1~7辑，沈阳：辽宁教育出版社，2009~2017年；辽宁省博物馆、辽宁省辽金契丹女真史研究会：《辽金历史与考古》第8~10辑，北京：科学出版社，2017~2019年。

有赖于金人王寂所撰律诗——《张子固奉命封册长白山回以诗送之》①,得以保存一二线索。笔者拟通过对史实的梳理,结合诗句分析与王寂的生平经历,进一步探讨长白山封祀路线。不当之处,敬祈方家指正。

一、世宗朝副使张国基封册长白山路线

金代先后两次册封长白山,金世宗大定十五年(1175年)三月,封长白山为"兴国灵应王";金章宗明昌四年(1193年),又册长白山为"开天宏圣帝",与五岳并举,《金史》、《大金集礼》皆有载录。因张子固最可能系世宗朝封祀使官②,故着重撷取大定十五年的封册记叙。《金史》载:

> 大定十二年,有司言:"长白山在兴王之地,礼合尊崇,议封爵,建庙宇。"十二月,礼部、太常、学士院奏奉敕旨封兴国灵应王,即其山北地建庙宇。十五年三月,奏定封册仪物,冠九旒,服九章,玉圭、玉册、函、香、币、册、祝。遣使副各一员,诣会宁府……③

大定十二年十二月世宗敕旨批准册封长白山为"兴国灵应王",十五年三月正式遣使赴长白山举行正式册礼,其中有简要提及"使副各一员",却并无详细说明,《大金集礼》对此恰有补充:

> ……奉册使副各一员五品六品内奏差(宣判张国基充副使起马前去咸平府少尹娄室充使)进发日,册匣、衮冕等各置以舆,约量差军人援护。所过州县更替。每行,节在舆前,使副在后,逐程置于驿之正厅(无驿厅处即于屋宇岩洁处安置)④。

依《大金集礼》可知,世宗朝的第一次长白山册礼仪仗是由咸平府少尹完颜娄室充任正使,宣徽判官张国基为副使⑤,其正、副使之叙实际表现了长白山封册、典祀的属地执行原则:

> 元拟春祭东方岳、镇时,差走马人送祝板,委本属长贰官致祭,奉特旨兴国灵应王每岁两次降香,再检用唐会要开元十一年四月敕霍山,宜崇饰祠庙,秩视诸侯晋州刺史春秋致祭典故⑥。

封册仪礼的官员群体多由本地所属府衙长官与中央朝廷委任使臣共同组成,据此可大抵

---

① [金]王寂:《拙轩集》卷二,《景印文渊阁四库全书》第1190册,台湾:商务印书馆,1986年,第19页。
② 具体考证详见邱靖嘉:《金代的长白山封祀——兼论金朝山川祭祀体系的二元特征》,《民族研究》2019年第3期,第106、107页。
③ 《金史》卷三十五《礼志·长白山等诸神杂祠》,北京:中华书局,1975年,第819页。
④ 《大金集礼》卷三十五《长白山封册礼》,《景印文渊阁四库全书》第648册,台湾:商务印书馆,1982年,第266d页。
⑤ 据《金史》卷五十六《百官志》,第1310页。咸平府少尹为正五品;《金史》卷五十五《百官志》,第1257页,宣徽判官为从六品,与奉册使副于"五品、六品内奏差"相符。
⑥ 《大金集礼》卷三十五《长白山封册礼》,第267d页。

推测副使张国基先由大兴府"起马前去"咸平府与完颜娄室汇合,再共赴长白山封祀①。意即世宗朝长白山祭礼的路线大体为:中都大兴府—咸平府—长白山神庙。

章宗明昌四年曾有一次报谢长白山之行,已有学者关注此一史实并根据随行使官赵秉文的诗集作品加以考证,基本还原了报谢行程路线②,此番轨迹亦可为封祭路途之探讨所参照。

在金人始兴的东北地区,立国之初即有驿站交通之设,据《金史·太宗本纪》,天会二年(1124年)春正月丁丑,"始自京师至南京,每五十里置驿"③。金承辽制,纵贯东北松辽、渤碣直趋幽燕长近三千里的驿道干线支撑起了金代东北陆路交通网。《大金集礼》亦有"驿厅"记载,故金初陆路干道对于封祀行程的构建意义深刻④。许亢宗的《宣和乙巳奉使行程图》⑤、洪皓《松漠纪闻》⑥、张棣《金虏图经》⑦等皆可作为此条线路的考证史料。

结合上述金代置驿制度及《大金集礼》相应记载,大致可还原世宗朝长白山封册行程(图一)。

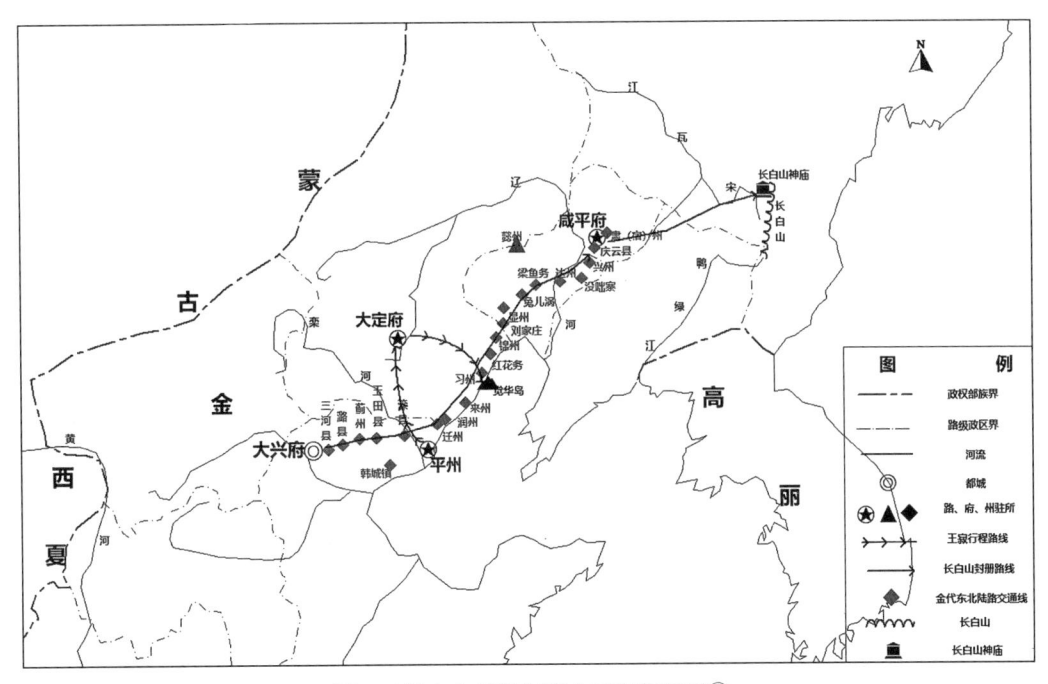

图一 长白山封祀与诗人王寂行程图⑧

---

① 具体考证详见邱靖嘉:《金代的长白山封祀——兼论金朝山川祭祀体系的二元特征》,《民族研究》2019年第3期,第107页。
② 具体考证详见邱靖嘉:《金代的长白山封祀——兼论金朝山川祭祀体系的二元特征》,《民族研究》2019年第3期,第111页。报谢路线为:中都大兴府出发,走蓟州渔阳道,穿越河西走廊,经广宁府,二月至东京辽阳府,再北上经庆云县,抵达咸平府,最后折长白山。
③ 《金史》卷三《太宗本纪》,第49、50页。金南京平州,属今河北省区域。
④ 金代中国东北交通地理情况已有诸多研究佐证,不再赘述,详见王绵厚、朴文英:《中国东北与东北亚古代交通史》,沈阳:辽宁人民出版社,2016年,第344~349页。
⑤ [宋]确庵、耐庵编,崔文印笺证:《靖康稗史笺证》,北京:中华书局,1988年。
⑥ [宋]洪皓著,翟立伟标注:《松漠纪闻》,长春:吉林文史出版社,1986年。
⑦ [宋]徐梦莘:《三朝北盟会编》卷二四四,上海:上海古籍出版社,2008年。
⑧ 底图采自谭其骧:《中国历史地图集》,北京:中国地图出版社,1982年。

二、王寂行程路线

王寂(1128~1194年),字元老,号拙轩,蓟州玉田(今河北玉田)人,金代文学家①。其所作《张子固奉命封册长白山回以诗送之》云:

> 劳生汩没海浮粟,薄宦飘零风转蓬。我昔按囚之汶上,君今持节出辽东。分携遽尔阅三岁,相对索然成两翁。健羡归鞍趁重九,黄花手撚寿杯中②。

其内隐含诗人与使臣张子固相关的重要时间信息,故如能厘清诗人大定十五年行程,与之对应并加以钩锁考证,或能愈加窥测封祀路线之细节。《辽东行部志》即有诸多线索可寻:

> 是日,宿懿州宝严寺。懿州,宁昌军节度使,古辽西郡柳城之域,辽圣宗女燕国长公主初古所建③。

> 庚戌,移宿于返照庵。是庵,盖僧介殊之故居也。予尝两过宁昌,皆宿于此,故北轩有予《自平州别驾审刑北道假宿宝严诗》。北轩杂花烂漫,所恨主僧行脚未归,不得款接晤语,为留三绝句,且图他日重来,不为生客,实大定甲午暮春二十有二日也④。

在此段行迹中,王寂自述其"大定甲午"(1174年)巡使辽东时到达"宁昌县",即辽代懿州州治旧"宁昌县"。"照庵"应为其在宁昌城内的治所。结合《金史·百官志》记载⑤,平州为节镇,有观察判官一员,正七品,或即王寂居官。关于其大定十五年的官职情况,或能寻得旁证加以讨论:

> 大定丁酉,予贰漕辽东,以朝命按置冤狱,复寓于此。……明昌改元之三月,予又以使事按部经此,自甲午抵今,凡十有七年⑥。

> 丁丑,次咸平,宿府治之安忠堂。……昔予漕运辽东居此者,凡二年,以是迁移区并,粗得知之⑦。

> 丙戌复归咸平,路经西山崇寿寺。昔予官守于此,寺已荒废,今十有五年⑧。

由此可见王寂曾"凡二年"官拜辽东路转运司同知,驻扎于咸平府。"大定丁酉"即大

---

① 王寂主要生平参见表一。
② [金]王寂:《拙轩集》卷二,第19b页。
③ [金]王寂著,张博泉注释:《辽东行部志注释》,哈尔滨:黑龙江人民出版社,1984年,第29页。
④ [金]王寂著,张博泉注释:《辽东行部志注释》,第31页。
⑤ 《金史》卷五十六《百官志》,第1311页。
⑥ [金]王寂著,张博泉注释:《辽东行部志注释》,第31、32页。
⑦ [金]王寂著,张博泉注释:《辽东行部志注释》,第82、82页。
⑧ [金]王寂著,张博泉注释:《辽东行部志注释》,第100页。

定十七年(1177年),王寂即于此,"凡二年"可能为大定十六年或大定十八年。据《先君行状》父"寿八十二,实大定丁酉四月初一日也"①,知王寂大定十七年以父艰归,大定十八年与之相悖。又因《辽东行部志》所记为其明昌元年任提刑司官时,按察狱讼,巡视辽东州县和一些猛安谋克村寨沿途所记的地理沿革等。"大定甲午"即大定十四年,王寂言其距明昌改元"凡十有七年",以此类推,"今十有五年"应为大定十六年。结合"予贰漕辽东"等推测大定十五年王寂可能仍于平州任官。

《觉华岛》诗序有载:"大定乙未(即大定十五年)之秋仲月(八月)十有四日,予自白霫审理冤狱归,投宿龙宫下院,谋诸老宿,期一往焉。"②"白霫"即在中京大定府③,"觉华岛"唐宋时又称"菊花岛",据《辽东志》载,"(宁远卫)城东南二十里海中"④,即今辽宁兴城市东南海中之菊花岛乡。结合金代沈州西北行兴中府交通道可大致还原其行程,即:大定十五年任平州观察判官期间前往大定府审谳冤狱,八月十四日归游觉华岛(图一)。

三、张子固与王寂重九相逢地

《张子固奉命封册长白山回以诗送之》诗文的颈联、尾联包含重要的时间信息,"重阳"既为重逢时刻,二人把酒言欢诉说衷情之场地也值得探讨。虽然明确记载阙如,但根据二者行程与时长或能加以推测。长白山封册里程根据现已考证的沿线州县城、站计算总约1 100公里,关于第一次封册时间《大金集礼》有补充:

> 十五年三月二十三日奏禀封禀仪物:册、祝文,并合差使副选定月日、行礼节次、春秋降香等事,从之。……封册用八月二十日戊辰。如有妨碍,用二十四壬申。……⑤

即第一次封册去程到达最早为"八月二十(四)日",惜缺少回程确定时间,无法推算耗时信息,只得借助其他。唐宋时期驿站快马一天六驿即180里,一里相当于现世530~540米,即96公里。以张子固回程路线不变为前提,封礼结束至重九近十五天,以寂诗"健羡归鞍"所想,张极可能已到辽东且近觉华岛,再结合王寂在封册前后所在地点的梳理(表一),可大致还原诗人与张子固二人的路线轨迹,勾勒出一段较为完整的历史脉络。

---

① [金]王寂:《拙轩集》卷六,《景印文渊阁四库全书》,第51c页。
② [金]王寂:《拙轩集》卷一,《景印文渊阁四库全书》,第7d页。
③ 白霫位于金中京。据《辽史》卷三十九《地理志》,北京:中华书局,1974年,第481页。记载:"中京大定府,虞为营州,夏属冀州,周在幽州之分。……统州十、县九:大定县。白霫故地。以诸国俘户居之。"[宋]洪皓著,翟立伟标注:《松漠纪闻》卷一,记载"中京,古白霫城"。金取辽中京大定府后因袭辽制,故诗中"白霫"仍指大定府。参见《金史》卷二十四《志第五》,第557页。
④ [明]任洛等:《辽东志》卷一,沈阳:辽沈书社,1985年,第14b页。
⑤ 《大金集礼》卷三十五《长白山封册礼》,第2a、4b页。

表一　王寂生平主要事件年表

时　　间	官　　职	事　　件
天会六年(1128年)		出生
天德三年(1151年) 24岁		进士及第
大定十二年(1172年) 45岁	大理评事(正八品) ——《中州集》、《续夷坚志》、《辽东行部志》	按囚于泰安 按囚之汶上
大定十四年(1174年)至 大定十五年(1175年) 47岁至48岁	授平州观察判官(正七品),审理冤狱 ——《辽东行部志》、《金史·百官志》	大定十四年自平州别驾审刑北道假宿宝严寺诗。 大定乙未秋仲月十有四日,自白霫审理冤狱归。归游觉华岛
大定十六年(1176年)至 大定十七年(1177年) 49岁至50岁	辽东路转运司同知 ——《辽东行部志》	大定丁酉四月初一,以父艰归
大定十八年(1178年) 51岁	起复真定少尹、兼河北西路兵马副都总管	
大定二十六年(1186年) 59岁	改户部侍郎(正四品)。河决卫州,受命于都水少监王汝嘉措画备御。受政治斗争牵连,贬蔡州防御使 ——《金史·世宗纪》、《拙轩集》	受政治斗争牵连贬官
大定二十九年(1189年)至明昌二年(1191年) 62岁至64岁	授提点辽东路刑狱,驻辽阳 ——《鸭江行部志》	明昌元年春,出按州县,作《辽东行部志》 ——《辽东行部志》
明昌三年(1192年) 65岁	中都路转运使,与大理卿董师中覆校《名例篇》 ——《金史·刑志》	
明昌四年(1193年)至明昌五年(1194年) 66岁至67岁(卒)	中都路转运使 ——《金史·章宗纪》	明昌五年向朝廷荐举文商事,下世具体时间应在明昌五年正月辛巳之后 ——《金史·章宗纪》

大定十五年八月二十(四)日,张子固完成长白山封祀大典,遂启程归京,适值九月九重阳日,途经辽东幸遇在此游玩的王寂,老友重逢,遂相约赏菊吟诗,把酒言欢。王寂望着双鬓渐白、已显老态的挚友,遽然忆起离别时光,此前(昔)自己奉命前往汶上①审理冤狱,几年后(今)张子固也遵诏前去封册长白山。此番辗转再见,不禁感叹宦海浮沉、羁旅漂泊的苦楚,遂将愁绪附注诗间,恰与首联"薄宦飘零风转蓬"语境契合。

---

① 王寂于大定十二年任大理评事,按囚于泰安(属山东西路,治所在今山东泰安),与王寂《张子固奉命封册长白山回以诗送之》诗对应,"汶上"(亦属山东西路,治所在今山东汶上),由此推测"分携遽尔阅三岁"应为大定十五年,或能为此诗系第一次封册长白山时赠与张子固问题之讨论提供旁证。

四、结　　语

　　通过对上述材料的剖析讨论,笔者认为,世宗朝张子固封册长白山的路线应大都经沿金初南北主干线,且归程可能与审谳冤狱的王寂于觉华岛相逢。金代置驿制度、《大金集礼》及章宗报谢之行中重合的线路;金人王寂诗词中的封册之行与归程轨迹的交叉等皆可为金代长白山封祀补充依据。笔者也希望借此问题为金朝山川祭祀体系的研究提供更多细节线索,进一步重构长白山封册仪礼中朝廷、使官、朝臣等的活动以及具体礼制细节的运行过程,以加深对金代长白山封祀的认识。

民族与人群

关于区域性汉墓研究的几点思考

——以三河地区为例

朱 津

郑州大学历史学院

  汉王朝疆域广袤，各地汉文化的形成都有其相对独特的历史渊源、社会文化以及民风习俗等背景因素，因此学界在区域性汉墓研究方面，根据不同的研究目标选择合适的区域进行探讨。三河地区是指汉代的河南、河内和河东三郡，是两汉时期的"天下之中"[①]，具有重要的政治和经济地位。本文结合汉代三河地区所发现的汉墓情况，在汉墓研究的区域选择方面进行相关思考。不当之处，敬请方家指正。

一、区域汉墓研究的现状

  区域性汉墓的研究，是以汉墓的分区为前提，在此基础上有针对性地选择合适的区域进行研究。汉墓的分区研究随着汉墓资料的日益丰富逐渐流行，20世纪70年代俞伟超先生最早关注了该方面的问题，认为西汉前期的文化分区面貌和战国晚期差别不大，可分为三晋两周地区、齐、燕、楚、秦等五个区，西汉后期分为关中地区、关东地区、河套和长城地区、江淮流域在内的南方地区等四个大区，并指出随着考古资料的丰富，这种分区必然会有改动[②]。1986年，王仲殊先生认为随着秦汉大一统政治局面的巩固和发展，其文化面貌在全国范围内有相当大的共同性，但由于地理环境和民俗等方面的差异又存在着地方性，他将汉代的考古学文化分为九个区：关中和广义的中原地区、长江中下游的江南地区、长江上游的四川盆地、长城沿线和北方草原地带、以辽河流域为主的东北地区、岭南地区的珠江流域、川黔滇高原地区、甘青地区以及新疆地区[③]。2010年，《中国考古学·秦汉卷》[④]将全国汉墓分为十四区，分别为关中地区、中原地区、幽燕地区、北方长城地带、东北

[①] "昔唐人都河东，殷人都河内，周人都河南。夫三河在天下之中，若鼎足，王者所更居也，建国各数百千岁，土地小狭，民人众，都国诸侯所聚会，故其俗纤俭习事"。《史记》卷一二九《货殖列传》，北京：中华书局，1959年，第3262、3263页。

[②] 俞伟超：《战国秦汉考古》，北京大学考古系讲义，1973年，第6、58、59页。

[③] 王仲殊：《秦汉考古》词条，中国大百科全书总编辑委员会：《中国大百科全书·考古学》，北京：中国大百科全书出版社，1986年，第378、379页。

[④] 中国社会科学院考古研究所：《中国考古学·秦汉卷》，北京：中国社会科学出版社，2010年。

地区、山东地区、苏皖地区、江汉地区、湘鄂(江南)赣地区、东南地区、岭南地区、川渝地区、甘青宁地区和西南地区,并集中完成了各区的分期工作,对各区汉墓的典型特征进行了讨论。

自20世纪80年代后期,随着汉墓资料的日益丰富,区域性汉墓研究普遍展开,主要集中在中原、关中、长沙以及湖北等汉墓发现较多且特征明显的地区,如高炜先生的《洛阳汉墓的发掘和编年》①、陈振裕先生的《湖北西汉墓初析》、呼林贵以及韩国河等先生对关中中小型汉墓的研究②等。2000年以后,汉墓的区域性研究达到白热化,据不完全统计,目前关于区域汉墓研究的论文有上百篇,仅硕、博士论文就可达八十余篇,在此不再一一列举。杨哲峰先生总结了汉墓研究的七种区域选择类型,其中以当今省级行政区划作为选择依据的最多③。从目前的研究状况看,区域汉墓研究的目的主要是解决各地汉墓分期和断代的问题,各高校相关的硕、博士论文均将这方面作为主体内容来进行,这就导致了汉墓研究大多停留在考古学文化的研究层面,较少涉及对汉代社会的综合考察。

由于汉墓包含了丰富的社会文化信息,分期断代只是研究的初步阶段,在此基础上要对其隐含的社会历史问题进行充分探讨,而汉代考古属于历史时期的考古学,其研究的主要任务和重点需要转移到物质文化研究、精神文化的物化研究和社会生活的具象化、实证化研究等方面④。这就需要在汉墓研究的区域选择上慎重对待,才能更好地对一个地区的各种社会问题有深层次的了解。

二、汉代的行政区划与汉墓分区的关系

汉代建立后,继承了秦代的郡县制,同时为了政权的稳定性,保留了周代的分封制度,实施郡国分制的政治制度。

首先是汉代的郡国分制制度对汉代物质文化的影响。郡国分制是汉代政治制度的最明显特点,汉初刘邦为了笼络人心,实施郡县与王国并行的政策,中央政府直属的只有西部十五郡,此后经过景帝至武帝时期的一系列征伐和削藩政策的推行,逐渐奠定了中央王朝的统治基础,全国的物质文化面貌逐步统一。陈苏镇先生分析了汉初实施郡国并行制的深层次原因,认为"在东西方文化尚未融合、战国时代文化布局依然存在的情况下,刘邦建立汉代帝业,一方面必须承秦之制,另一方面又必须尊重东方的习俗,特别是楚、齐、赵人之俗"⑤。宋蓉博士的论文《汉代郡国分制的考古学观察——以关东地区汉代墓葬为中

---

① 高炜:《洛阳汉墓的发掘和编年》,《新中国的考古发现和研究》,北京:文物出版社,1984年,第412~415页。
② 呼林贵:《关中两汉小型墓简论》,《文博》1989年第1期,第61~63页;韩国河、程林泉:《关中西汉早期中小型墓》,《考古与文物》1992年第6期,第92~95页。
③ 详见杨哲峰:《汉墓研究中的七种区域选择类型》,《中国文物报》2004年11月19日。
④ 白云翔:《汉代临淄铜镜制造业的考古学研究》,《探古求原——考古杂志社成立十周年纪念学术文集》,北京:科学出版社,2007年,第236页。
⑤ 陈苏镇:《〈春秋〉与"汉道"——两汉政治与政治文化研究》,北京:中华书局,2011年,第76页。

心》系统考察了典型的汉郡区和王国区墓葬的形制和随葬品特征,对比其文化因素构成,分析了郡国分制在考古学上的显著特征,指出王国区的中下阶层在墓葬文化的演变速度上较郡县区慢①,这是对这一问题在考古学方面进行系统考察的重要尝试。

郡县区和王国区的文化面貌在西汉晚期之前存在较大的差异性,这种差异并非来自自然环境和各地习俗方面的区别,其本质上是统治方式的不同而造成了汉文化在各地的普及时间有较大的差异。以三河地区的河内郡与其相邻的赵国区为例,河内郡在两汉时期处于司隶部管辖之下,自西汉早期开始便大量流行洞室墓,器物组合以罐类组合和仿铜陶礼器组合为主,典型墓地为新乡凤凰山墓地②。以河北唐县高昌墓地③为例,该墓地收录了105座西汉墓葬,墓葬风格基本代表了赵地的特征,其中西汉早期墓84座,均为较狭长竖穴土坑墓,器物组合以罐类为主,少数有鼎、壶等陶礼器组合,墓中流行随葬人俑和马俑;西汉中期5座墓,墓葬形制和陶器组合没有大的改变,只是陶罐的形制有一定变化,并出现五铢钱;西汉晚期大量出现带墓道的小砖墓,逐步替代土坑竖穴墓,该期偏晚阶段开始出现仓、灶、井等模型明器。从以上特征看,处于魏地的墓葬风格无论是在墓葬形制还是器物组合方面均有较大的差异,河内郡在西汉时期普遍流行的土洞墓在此没有一例;陶礼器组合中没有陶敦,此外该墓地以罐类组合为主,陶礼器组合所占比例较低;模型明器出现的时间也比河内郡晚一个阶段。

第二,汉代在州、郡和县的划分方面,充分考虑了地理分布的状况,郡县的变动也对汉墓的文化面貌有一定的影响。《史记·天官书》载:"天则有列宿,地则有州域"④。汉人的十三分野之说,虽有浓厚的神秘色彩,但其划分的地理单元,大体沿用战国的政治地理系统,列国文化的独立性以分野风俗的形态而长期得以保存和延续⑤。俞伟超先生认为,汉代的十三州是基本符合客观存在的地理形势,其中还包括了人文因素,汉代考古学文化的区域类型内容正是"十三州"人文因素的体现⑥。郑君雷先生对幽州地区西汉墓进行探讨,这是该方面的一个有益尝试,为区域性汉墓的研究提供新思路⑦。

州的概念在汉代是一个相对较大的范围,每个州考古学文化的复杂程度不尽相同,其中最为复杂的是两汉的司隶部,该区域是当时的政治中心,人口最为密集、商业最为繁荣,更为重要的是该地区在东周时期国家最多,民风习俗在史书记载中又最为丰富。西汉时期,三河地区与同处于司隶部的三辅地区相比,在政治上处于次一级地位,在墓葬方面有明显的区别,但在文化的演进方面则保持了较大的相似性和一致性。最典型的特征是两地区均在西汉早期已完全打破"周制"中竖穴木椁墓的特征,迅速转变为洞室墓,此外模

---

① 宋蓉:《汉代郡国分制的考古学观察——以关东地区汉代墓葬为中心》,吉林大学博士学位论文,2009年。
② 新乡市文物考古研究所:《新乡凤凰山墓地》,呼和浩特:内蒙古人民出版社,2008年。
③ 南水北调中线干线工程建设管理局、河北省文物考古研究所等:《唐县高昌墓地发掘报告》,北京:文物出版社,2010年。
④ 《史记》卷二十七《天官书》,第1342页。
⑤ 孙家洲:《论汉代的"区域"概念》,《北京社会科学》1999年第2期,第98页。
⑥ 俞伟超:《考古学中的汉文化问题》,《古史的考古学探索》,北京:文物出版社,2002年,第190页。
⑦ 郑君雷:《论"西汉墓幽州分布区"》,《考古与文物》2005年第6期,第47~53页。

型明器的盛行、夫妇合葬墓的逐渐流行,这些"汉制"的核心内容均在两地较早出现并盛行,墓葬形制特别是土洞墓形制的变化特点完全一致,即由早期的宽墓道窄墓室逐渐向墓道窄于墓室的特征演化,随葬品的组合由早期的陶礼器为主逐渐向生活化器物过渡,墓葬中"秦制"、"楚制"等因素的摈弃与融合的过程也极为相似。对比于其他地区,"室墓"①以及夫妇合葬的习俗大多是在西汉晚期之后才逐渐出现,在东部的王国区和一些边远地区甚至要推至东汉中期。

三河地区郡县的划分是充分考虑到当时的山川格局的,河南郡北部为邙山黄土丘陵,北界为黄河,与河内郡隔河相望,其中东北部由于黄河在后期改道,其界线为古黄河河道,中部的嵩山及其余脉万安山将河南郡分为东、西两部分,在此修筑有古代重要的关口虎牢关。河南郡西边与弘农郡相邻,其分界线以秦岭山系崤山支脉的周山为主,在此修筑有汉代的函谷关。河南郡西区为三级阶地的伊、洛冲积平原,东区则为广阔的黄淮冲积平原。河内郡的山水格局更为明晰,其范围为太行山与古黄河环绕而成,地势平坦,为黄沁冲积平原。河内郡东部为东郡和魏郡,均以古黄河相隔;其北界大致以漳河为准,与汉诸侯国赵国相邻;西南部则为太行山余脉王屋山,与河东郡相隔。河东郡主要以临汾盆地为主,西北部为吕梁山,西部为黄河,与三辅地区的左冯翊相望;东部为太岳山系的塔儿山;南部有中条山,与弘农郡以黄河为界(图一)。三郡均有相对独立的自然单元,这也造就了不同的民风习俗,直接造就了考古学文化面貌上的差异,这在汉代以前更为明显,随着汉代中央集权制的日益加强,三河地区又同处于司隶部,这种差异性则逐渐减弱。

值得注意的是,三河地区在汉武帝前后的范围有所变动,最主要的是元鼎三年(公元前114年)置弘农郡,分河南郡六县,此外秦至汉初新郑、苑陵属颍川郡,此时归入河南郡②。从前后的行政变动可以看出,弘农郡的东北六县在西汉前期与洛阳一带的河南郡西区为同一行政单位。该地区发现的汉墓资料较多,其中最主要的是新安铁门镇和渑池姚礼台的西汉墓地③。原报告将20座墓划归为西汉早期,但其中有4座墓出土有武帝五铢,在此将其排除,剩余16座墓的年代无疑。在这16座西汉早期墓中,墓葬形制分为土洞墓和空心砖墓两类,随葬品组合包括鼎、敦、壶、罐和俑头等,无论是墓葬形制、陶器组合以及陶器的形制特征均与洛阳地区完全相同。到了西汉中期,该地区的墓葬风格有了较大改变,墓葬建筑构件以小砖为主,而非洛阳地区盛行的空心砖,新出现的陶灶形制多为关中地区盛行的马蹄形,这种现象一方面说明了都城长安地区具有强大的文化辐射力,另一方面则是说明行政区域的改变对墓葬风格带来了一定的影响。

---

① 室墓的概念由黄晓芬先生提出,由"椁墓"向"室墓"的转变是汉墓变革的主要内容。黄晓芬:《汉墓的考古学研究》,长沙:岳麓书社,2003年。
② 元鼎三年置弘农郡,西部之地割自右内史,东北六县割自河南郡,东南两县割自南阳郡,同时将新郑、苑陵二县划入河南郡。参见周振鹤:《西汉政区地理》,上海:上海人民出版社,1987年,第132页。
③ 河南省文化局文物工作队:《河南新安铁门镇西汉墓葬发掘报告》,《考古学报》1959年第2期,第57~73页。

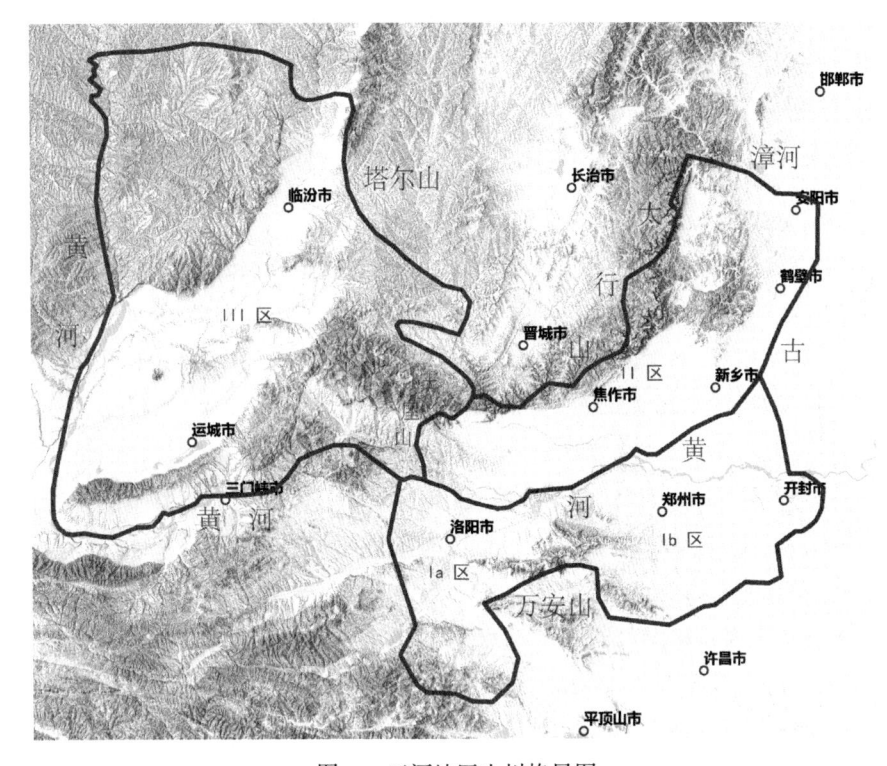

图一　三河地区山川格局图
（Ⅰa区为河南郡西区；Ⅰb区为河南郡东区；Ⅱ区为河内郡；Ⅲ区为河东郡）

三、汉代的风俗分区与汉墓分区的关系

关于汉代的人文地理分区，目前见于史籍的有《史记·货殖列传》中的经济和风俗分区、《汉书·地理志》的风俗分区以及扬雄的《方言》分区，由于篇幅有限，本文仅讨论《汉书·地理志》的风俗分区与汉墓分区的关系，其他两方面内容将另文讨论。

《地理志》为《汉书》中的十志之一。据《隋书·经籍志》记载，《地理志》是班固在朱赣《风俗》的基础上编撰而成①。《汉书·地理志》的卷末附录了《风俗》整篇内容②，本文所引用的即是《风俗》的分区内容。首先要弄清《风俗》为何时而作，文献中并未有关于朱赣的详细记载，但可知的是朱赣为丞相张禹所属，而张禹拜相则是在河平四年（公元前25年）③，那么《风俗》的成书便是在其后的数年间。由此可知，《风俗》所记载的是西汉末年

---

① "（汉）武帝时，计书既上太史，郡国地志，固亦在焉。而史迁所记，但述河渠而已。其后刘向略言地域，丞相张禹使属朱贡条记风俗，班固因之作地理志"。《隋书》卷三十三《经籍志二》，北京：中华书局，1973年，第987、988页。
② "汉承百（年）之末，国土变改，民人迁徙，成帝时刘向略言其（域）分，丞相张禹使属颍川朱赣条其风俗，犹未宣究，故辑而论之，终其本末著于篇"。《汉书》卷二十八《地理志》，北京：中华书局，1962年，第1640页。
③ "禹惶恐，复起视事，河平四年代王商为丞相，封安昌侯"。《汉书》卷八十一《匡张孔马传》，第3348页。

的各地民俗风貌,我们在此主要选取西汉晚期至东汉初年的墓葬资料进行讨论。

《汉书·地理志》将全国分为秦地、魏地、周地、韩地、赵地、燕地、齐地、鲁地、宋地、卫地、楚地、吴地、粤地等十三个大区,每个大区依据"风俗"又有进一步的细分。其中与三河地区相关的有魏、周、韩、卫等四个地区,现将四个大区风俗的细分及相关记载转述如下。

> 魏地,觜觿、参之分野也。其界自高陵以东,尽河东、河内,南有陈留及汝南之召陵、濦强、新汲、西华、长平,颍川之舞阳、郾、许、傿陵,河南之开封、中牟、阳武、酸枣、卷,皆魏分也。河内本殷之旧都,周既灭殷,分其畿内为三国,诗风邶、庸、卫国是也。……故俗刚强,多豪杰侵夺,薄恩礼,好生分。河东土地平易,有盐铁之饶,本唐尧所居,诗风唐、魏之国也①。
>
> 周地,柳、七星、张之分野也。今之河南洛阳、谷成、平阴、偃师、巩、缑氏,是其分也。……周人之失,巧伪趋利,贵财贱义,高富下贫,喜为商贾,不好仕宦②。
>
> 韩地,角、亢、氐之分野也。韩分晋得南阳郡及颍川之父城、定陵、襄城、颍阳、颍阴、长社、阳翟、郏,东接汝南,西接弘农得新安、宜阳,皆韩分也。……郑国,今河南之新郑,本高辛氏火正祝融之虚也。及成皋、荥阳,颍川之崇高、阳城,皆郑分也③。
>
> 卫地,营室、东壁之分野也。今之东郡及魏郡黎阳,河内之野王、朝歌,皆卫分也。……卫地有桑间濮上之阻,男女亦亟聚会,声色生焉,故俗称郑卫之音④。

从汉代风俗分区来看,魏地与韩地的区域较为广阔,二者的区域有一定交叉,这与战国时期韩、魏两国所控制的区域有关。其中关于魏地风俗区,又单独将河东与河内分别加以描述,其他地区则没有提及。韩地风俗区又分为郑国区、陈国区、颍川区、南阳区等四个亚区,其中郑国区的范围基本与河南郡的东区相当。周地风俗区范围较小,仅限于洛阳及其附近地区,其范围与河南郡的西区相同。卫地涉及三河地区的仅有野王、朝歌两个县区,均属于河内郡(见表一)。

表一 《汉志》的风俗分区与汉墓分区对照表(三河地区)

汉 墓 分 区	风 俗 分 区
河南郡西区	周地风俗区
河南郡东区	韩地——郑国风俗区
河内郡区	魏地——河内风俗区
	卫地——野王、朝歌
河东郡区	魏地——河东风俗区

---

① 《汉书》卷二十八《地理志》,第1646、1647页。
② 《汉书》卷二十八《地理志》,第1650、1651页。
③ 《汉书》卷二十八《地理志》,第1651页。
④ 《汉书》卷二十八《地理志》,第1664、1665页。

需要注意的是,《汉书·地理志》的风俗分区是针对全国范围来进行的,风俗区域同《中国考古学·秦汉卷》的汉墓分区有一定的重合,但二者的区别更大①。墓葬与风俗分区的区别,是由于二者的分区属性不同所造成的。汉墓特征所代表的是汉代礼俗,特别是有关"礼"的内容。《汉书·礼乐志》载:"人性有男女之情,妒忌之别,为制婚姻之礼;有交接长幼之序,为制飨饮之礼;有哀死思远之礼,为制丧祭之礼;有尊尊敬上之心,为制朝觐之礼。"②杨树达先生则明确指出,"丧葬形式意味着人生终止时最后的定格,作为一种凝聚宗族关系的一种庄严的表演,也被看作'礼'的最重要的内容"③。对于"风俗",《汉书·地理志》中定义较为明确,"凡民函五常之性,而其刚柔缓急,音声不同,系水土之风气,故谓之风;好恶取舍,动静亡常,随君上之情欲,故谓之俗。"④"礼"与"风俗"不同的属性造成二者分区有较大的区别,对于风俗分区,《汉书·地理志》中多以诗风的不同来区分,墓葬的分区依据则是根据墓葬形制与随葬品的组合等方面,一种新的葬制形成则代表着新的"丧祭之礼"的确立,各地接受新礼制的过程有所不同,那么必然造成在融合阶段产生不同的墓葬文化面貌。

不可忽视的是,墓葬虽然在大的方面表现出"礼"的内容,一些"风俗"的因素同样在墓葬中有较多体现,这种体现则与汉人的风俗分区较为接近。以韩地风俗区为例,郑国区在西汉时出土的陶灶特征是较瘦长,灶面微鼓,后有装饰精致的挡风墙,烟囱多模印其上,此种形制的陶灶在韩地的南阳区较为流行,时代同为西汉晚期。折肩圜底罐除了在郑国区发现较多外,其南部的颍川郡和南阳郡均有较多发现,此外,颍川郡所发现的空心砖墓的形制同河南郡东区也无大的差异⑤。徐承泰先生以南阳丰泰墓地为例,阐释了该地区汉墓的文化内涵,发现有较多郑州一带的韩文化因素⑥。对于卫地风俗区的野王、朝歌一带发现墓葬较少,比较有代表性的是淇县大马庄墓地⑦,其中有13座西汉晚期至东汉早期的墓葬,其墓葬风格大体与河内郡其他地区保持一致,比较有特色的是常见并列的双后室、三后室墓,以及阶梯与竖穴组合的墓道,虽然这些特征在洛阳一带也有发现,但在河内郡还较为少见,此外墓中还存在少量"毁物葬"的现象。至于以上特征是否代表了卫地风俗,目前还不能定论,这需要更多卫地风俗区的墓葬资料来加以证实。

综上所述,区域性汉墓的研究要有明确的目的性,要结合课题研究的具体内容选择正确的区域,汉人的各种地理分区与汉墓分区之间有千丝万缕的联系,差异是表面的,内在联系却是本质的。汉人各种地理分区的最大共性在于均是以东周时期列国的疆域为主,

---

① 《中国考古学·秦汉卷》将全国汉墓分为十四个区,三河地区属于其中的中原地区,而风俗分区将汉代人口最为集中、社会背景最为复杂的中原一带分为魏、韩、赵、周等四个大区。除中原一带外,汉墓分区的精细程度则大于《汉书·地理志》的风俗分区。
② 《汉书》卷二十二《礼乐志》,第1028页。
③ 杨树达:《汉代婚丧礼俗考》,上海:上海古籍出版社,2009年,第14页。
④ 《汉书》卷二十八《地理志》,第1640页。
⑤ 墓葬资料主要为廖旗营墓地,资料待刊。
⑥ 徐承泰、蒋宏杰:《南阳战国晚期至秦汉墓葬出土仿铜陶礼器研究》,《江汉考古》2011年第2期,第71~82页;《南阳秦汉考古学文化内涵及其历史诠释——以南阳丰泰墓地为个案进行的考察》,《江汉考古》2012年第1期。
⑦ 河南省文物局、西安市文物保护考古研究院:《淇县大马庄墓地》,北京:科学出版社,2013年。

在此基础上作一定的变化和调整,各种分区的不同在于其划分标准的差异,深层次的原因则是社会背景和制度体系的差异,对于汉人的各种地理分区与汉墓分区的密切关系,需要辩证地看待。

考古学视角下的南越国饮食文化

周繁文

中山大学社会学与人类学学院

南越国疆域包括今天的广东、广西和越南北部①,地跨亚热带和热带,北亘南岭,南临大海,水网发达,丘陵、台地、平原、三角洲多种地形并存。当时的年平均气温较现在略高,海岸线也较现在偏北②。复杂多样的地理环境滋生了丰富的物产,与岭北迥异的自然条件则使岭南采取了不同的食谱范围和生存策略。

南越国的人口构成复杂,除了真正的当地"原住民"以外,被传世文献称为"百越"的土著实际上还包括东周时期来自长江中下游的"移民",除此外还有秦汉两朝源源不断的岭北外来人口③。各地移民的进入、与岭北日益频繁的交流及中原政权强势的文化辐射,逐渐"改造"了岭南的地方饮食文化。

一、南越国的饮食结构

根据文献记载和考古资料可部分复原南越国的饮食结构。但需要说明的是:一是关于南越国的传世文献全由中原人书写,且大部分信息保存在官方史书中,本地的少量出土文献材料也全用中原文字体系书写,关于地方知识和观念的信息相当有限。二是考古资料的碎片化带来阐释的不确定性,譬如出自南越宫苑遗址的动植物难以断定是观赏还是食用,而出自墓葬的食材则可能对应生前世界里食用或祭祀的功能,出于时人有意选择或后期埋藏腐烂等原因,种类小于或等于日常食用的种类。

1. 食物种类

南越国的可食用物质④种类丰富,包括直接食用(含烹饪)的植物性和动物性食材,如

---

① 张荣芳、黄淼章:《南越国史》,广州:广东人民出版社,1995年,第86页。
② 杨杰、袁靖、杨梦菲:《南越宫苑遗址出土动物骨骼研究报告》,《南越宫苑遗址:1995、1997年考古发掘报告》,北京:文物出版社,2008年,第226页;曾昭璇:《广州历史地理》,广州:广东人民出版社,1991年,第150、151页。
③ "又使尉屠睢将楼船之士南攻百越,使监禄凿渠运粮,深入越,越人遁逃。旷日持久,粮食绝乏,越人击之,秦兵大败。秦乃使尉佗将卒以戍越"。《史记》卷一百一十二《平津侯主父列传第五十二》,第2958页;"三十三年,发诸尝逋亡人、赘婿、贾人略取陆梁地,为桂林、象郡、南海,以适遣戍"。《史记》卷六《秦始皇本纪第六》,第253页;"三十四年,适治狱吏不直者,筑长城及南越地"。《史记》卷六《秦始皇本纪第六》,第253页。
④ 但是"可食用"只是根据今天的生活常识和物质本身对人体无害的特性做出的判断,不一定就被南越人食用。能够确定为南越食物的是有明确文献记载和出土情境的,后者即盛于食器内、经过整治或置于代表饮食功能的空间中。

粮食、水果、瓜蔬、禽畜、水产、蛋,也有经技术加工的盐、酒、酱等(表一)。

表一 南越国可食用物质种类一览表

门类	文献记载		考古实物
	传世及官方文献	出土及地方文献	
粮食类	秬(黑黍)①	客籼米②	粟③、黍④、稻⑤、大麻籽⑥
水果类	荔枝、龙眼⑦		橘⑧、梅⑨、青杨梅⑩、南酸枣、桃⑪、橄榄⑫、李⑬、仁面⑭、枣⑮
瓜类			番木瓜、黄瓜、冬瓜、甜瓜⑯、葫芦⑰
蔬类		巴蕉心(甘蕉)⑱、笋⑲	芋⑳、菜籽㉑

---

① "饭之美者:……南海之秬"。许维遹撰:《吕氏春秋集释》卷第十四《孝行览第二·本味》,北京:中华书局,2009年,第319页。

② 罗泊湾 M1:364、365 木简。参见广西壮族自治区博物馆:《广西贵县罗泊湾汉墓》,北京:文物出版社,1988年。罗泊湾一、二号墓所出皆引自该报告,下文不赘注。

③ 罗泊湾 M1 椁室淤泥。南越宫苑曲流石渠遗址,参见南越王宫博物馆筹建处、广州市文物考古研究所:《南越宫苑遗址:1995、1997年考古发掘报告》,北京:文物出版社,2008年,第203页。

④ 广州汉墓1134:26陶瓮。参见:中国社会科学院考古研究所、广州市文物管理委员会、广州市博物馆:《广州汉墓》,北京:文物出版社,1981年。

⑤ 罗泊湾 M1 椁室淤泥、南越宫苑曲流石渠遗址。

⑥ 罗泊湾 M1 椁室淤泥。

⑦ "旧南海献龙眼、荔支,十里一置,五里一候,奔腾险阻,死者继路。……(和)帝下诏曰……由是遂省焉"。《后汉书》卷四《孝和孝殇帝纪第四·和帝》,北京:中华书局,1965年,第194页。"尉佗献高祖鲛鱼、荔枝,高祖报以蒲桃锦四匹"。(晋)葛洪撰,周天游校注:《西京杂记》卷三,西安:三秦出版社,2006年,第145页。"汉武帝元鼎六年,破南越起扶荔宫,以植所得奇草异木……荔枝自交趾移植百株于庭,无一生者,连年犹移植不息。"何清谷:《三辅黄图校释》卷三《甘泉宫》,北京:中华书局,2005年,第208页。

⑧ 罗泊湾 M1 椁室淤泥。"自汉武帝,交趾有橘官长一人,秩二百石,主贡御橘"。(晋)嵇含:《南方草木状》卷之下《果类·橘》,宝文堂刊刻本。"果之美者:……江浦之橘"。《吕氏春秋集释》卷十四《孝行览第二·本味》,第320页。

⑨ 罗泊湾 M1:245 陶三足盒、M1 椁室淤泥、M2:8 陶罐,南越宫苑曲流石渠遗址,广州汉墓1134:68、104、105、106、1048 陶罐。

⑩ 罗泊湾 M1 椁室淤泥、M2 后室边厢陶器,南越宫苑曲流石渠遗址。

⑪ 南越宫苑曲流石渠遗址。

⑫ 罗泊湾 M1 椁室淤泥、M2 后室边厢陶器,南越宫苑曲流石渠遗址。

⑬ 罗泊湾 M1 椁室淤泥、M2 后室边厢陶器。

⑭ 罗泊湾 M1 椁室淤泥。

⑮ 南越王墓 C86 鎏金铜壶、C84 铜壶、C184 铜盆。南越国宫署 J264 简 068 "壶枣一木,第九十四实九百六十八枚"。简 069 "壶枣一木,第百实三百一十五枚"。简 090 "高平曰枣一木,第卌三实□百廿六枚"。

⑯ 罗泊湾 M1 椁室淤泥。

⑰ 罗泊湾 M1 椁室淤泥。南越王墓 C020,参见广州市文物管理委员会等:《西汉南越王墓》,北京:文物出版社,1991年。

⑱ 罗泊湾 M1:368 木简。

⑲ 罗泊湾 M1:482 封泥匣墨书。

⑳ 罗泊湾 M1 椁室淤泥。

㉑ 罗泊湾 M2 后室边厢陶器。

续表

门 类	文 献 记 载		考 古 实 物
	传世及官方文献	出土及地方文献	
禽类		[野雉鸡]①、[紫离鸟]、[白凫]②	家鸡③、黄胸鹀④
畜类			家猪⑤、家黄牛⑥、竹鼠⑦、山羊⑧、[梅花鹿]、[豪猪]、[狗](驯化存疑)、[熊]、[家马]⑨
蛋类			鸡蛋⑩
水产类	鲛鱼⑪	鲐⑫	楔形斧蛤⑬、青蚶⑭、龟足⑮、笠藤壶⑯、大黄鱼⑰、沟纹笋光螺⑱、耳状耳螺⑲、河蚬⑳、鱼㉑、龟㉒、虾㉓、广东鲂㉔、鲤鱼㉕、花龟㉖、中华鳖㉗、蚌、[鳄]㉘

---

① 南越国宫署 J264 简 073 "野雉鸡七,其六雌一雄,以四月辛丑属中官租纵"。参见广州市文物考古研究所等：《广州市南越国宫署遗址西汉木简发掘简报》,《考古》2006 年第 3 期,第 3~13 页。但谢崇安经过比对字体,认为应当是"野雉鸡",参见谢崇安：《雉王与雄王问题考辨——与刘瑞先生商榷》,《广西民族师范学院学报》2016 年第 5 期,第 31~32 页。笔者赞同谢之观点。

② 南越国宫署 J264 简 009 "□□□□□紫离鸟三□白凫一"。

③ 广州汉墓 1172:22 陶瓮,南越王墓东侧室 E66 铜鍪、西侧室地面、后藏室 G33 铜鼎、G67 铜鍪、G44 和 G47 铜提筒、G46 铜壶、G38 和 G39 铜鉴。越巫善鸡卜,参见"是时既灭南越,……乃令越巫立越祝祠,安台无坛,亦祠天神上帝百鬼,而以鸡卜。"《史记》卷十二《孝武本纪第十二》,第 478 页。

④ 南越王墓后藏室 3 个陶罐。

⑤ 广州汉墓 1073:17 铜鼎,南越王墓东侧室 E66 铜鍪、西侧室地面、后藏室 G33 和 G61 铜鼎、G44 和 G47 铜提筒、G46 铜壶、G38 和 G39 铜鉴,南越宫苑曲流石渠遗址。

⑥ 南越王墓西侧室地面、后藏室 G37、G44 和 G47 铜提筒、G38 和 G39 铜鉴、G19 和 G18 陶瓮,南越宫苑遗址曲流石渠。

⑦ 南越王墓东耳室 B57~59 铜提筒。

⑧ 南越王墓后藏室 G38 铜鉴。

⑨ 南越宫苑曲流石渠遗址。南越国宫署 J264 简 084 "诘斥,地唐唐,守苑行之不谨,鹿死腐"。

⑩ 南越王墓东侧室 E66 铜鍪。

⑪ 《西京杂记》卷第三,第 145 页。

⑫ 罗泊湾 M1:161 "从器志"。

⑬ 广州汉墓 1152:35 陶罐,南越王墓东耳室 B63 残漆器、东耳室 B57~59 铜提筒、东耳室地面。

⑭ 南越王墓后藏室 G65 和 G61 铜鼎、G73 铜鉴、G40 铜烤炉、G37、G44 和 G47 铜提筒、G46 铜壶、G51 和 G71 陶三足盒、G1 残漆器。

⑮ 广州汉墓 1175:74 陶罐,南越王墓东耳室地面、后藏室 G73 铜鉴、G44 铜提筒、G46 铜壶、G28 陶罐。

⑯ 广州汉墓 1175:74 陶罐,南越王墓后藏室地面、G103 陶罐。

⑰ 南越王墓后藏室 G36 铜鼎。

⑱ 南越王墓东耳室地面、B63 残漆器。

⑲ 南越王墓东耳室地面、B69 陶罐、B63 残漆器。

⑳ 南越王墓后藏室 G41 铜烤炉。

㉑ 南越王墓东侧室 E66 铜鍪、西侧室地面、后藏室 G33 铜鼎、G40 铜烤炉、G13 陶瓮、G1 残漆器,南越宫苑曲流石渠遗址出土软骨鱼。

㉒ 南越王墓后藏室 G38 铜鉴,南越宫苑曲流石渠遗址。

㉓ 南越王墓后藏室 G1 残漆器。

㉔ 南越王墓后藏室 G36 铜鼎、G38 铜鉴。

㉕ 南越王墓后藏室 G65 铜鼎。

㉖ 南越王墓后藏室地面、陶罐、G37 和 G44 铜提筒、G46 铜壶、G39 铜鉴。

㉗ 南越王墓后藏室地面、陶罐、G46 铜壶,南越宫苑曲流石渠遗址。

㉘ 南越宫苑曲流石渠遗址。

续表

门类	文献记载		考古实物
	传世及官方文献	出土及地方文献	
调料类	盐①、枸酱②		姜③、花椒④
其他	桂蠹⑤	"中土食物"⑥、酒⑦、"厨酒"⑧	铁冬青叶⑨、[忍冬种]、[罗浮栲种]、[广东含笑种]⑩、瓜子⑪

说明：文献记载和考古实物皆有的食材归入后者栏目；带[ ]的不确定是否食用。

植物性食物的食用部位以种实为主，其次是芽叶、根茎（表二）。当然，这也可能是芽叶和根茎较种实更易腐烂而不易为考古发现之故。此外，当时有随葬种实的习俗。譬如，罗泊湾一号墓记录随葬品的木牍（M1：161）所载"仓穜（种）及米厨物五十八囊"、"有实笥廿一"⑫，该墓椁室淤泥中出土约20类植物种实，除水果和粮食外，也有虽然无害却食用价值较低的忍冬种、罗浮栲种与广东含笑种。同时期地域相近的长沙马王堆一号墓除随葬各类谷物果蔬以外，也随葬有"葵穜"（简148）、"赖（藾）穜"（简149）、"蔆穜"（简150）、"麻穜"（简151）、"五穜"（简152）⑬等粮种和菜籽。

表二　南越国出土植物性食物一览表

部位	种类
种实	稻、黍、粟、大麻、荔枝、龙眼、橘、梅、青杨梅、南酸枣、橄榄、桃、李、人面、枣、番木瓜、黄瓜、甜瓜、葫芦、冬瓜、菜籽、忍冬、罗浮锥、广东含笑、瓜子、花椒
芽叶	巴蕉心、铁冬青叶
根茎	芋、笋、姜

动物性食物的食用部位因种类而异。水产品皆整体食用。禽畜的头部一般不食用，

---

① "领南、沙北固往往出盐"。《史记》卷一百二十九《货殖列传第六十九》，第3269页。"（南海郡）番禺，尉佗都。有盐官。……（苍梧郡）高要，有盐官。"《汉书》卷二十八《地理志第八下》，北京：中华书局，1962年，第1628、1629页。

② "南越食蒙蜀枸酱，蒙问所从来，曰'道西北牂柯，牂柯江广数里，出番禺城下'。蒙归至长安，问蜀贾人，贾人曰'独蜀出枸酱，多持窃出市夜郎。夜郎者，临牂柯江，江广百余步，足以行船。南越以财物役属夜郎，西至同师，然亦不能臣使也'"。《史记》卷一百一十六《西南夷列传第五十六》，第2994页。

③ 罗泊湾M1椁室淤泥。

④ 罗泊湾M1椁室淤泥、M2后室边厢陶器。

⑤ "谨北面因使者献……桂蠹一器"，应劭注曰："桂树中蝎虫也。"颜师古曰："此虫食桂，故味辛，而渍之以蜜食之也。"《汉书》卷九十五《南粤传》，第3852页。

⑥ 罗泊湾M1：161木牍。

⑦ 南越国宫署J264简052"讯婴，辞曰：徐徐，舍有酒，可少半□"。

⑧ 罗泊湾M1：161木牍"厨酒十三甖"。

⑨ 罗泊湾M1：248陶盒、M2：41及其他三件陶盒。

⑩ 罗泊湾M1椁室淤泥。

⑪ 罗泊湾M2后室边厢陶器。

⑫ 《广西贵县罗泊湾汉墓》，第83页。

⑬ 湖南省博物馆、中国科学院考古研究所：《长沙马王堆一号汉墓（上）》，北京：文物出版社，1973年，第142页。

在具体食用部位上,家鸡以腿部居多;黄胸鹀去头去爪;家山羊仅见腿部;家猪以腿部(尤其后肢)、肋骨较多,肩骨极少;家黄牛食用肋骨部位较多,肩部其次,腿部、脊背较少。但南越王墓所出的竹鼠仅见头部,南越宫苑遗址所出的鳄、豪猪、马、梅花鹿均包含头部,宫苑所出的动物骨骼存在观赏动物而非食余残骸的可能(表三)。然而上述推论也有骨骼更易于保存的因素,假如随葬的是肉块、肉末或内脏,除非有共出文字材料,否则以目前的技术手段尚难以发现。如罗泊湾一号汉墓出土残简上的"滕"(M1∶370),报告编写者认为其可能与马王堆一号墓中的"牛胂"(简31)、"鹿胂"(简32)类似,系指某类动物的夹脊肉①。

表三　南越国出土动物骨骼一览表

	象岗南越王墓				南越宫苑曲流石渠	广州汉墓
	后藏室	东侧室	西侧室	东耳室		
家猪	至少共2个个体 后肢(铜鼎G61、铜鼎G36、铜鉴G38、铜提筒G44、铜提筒G47、铜壶G46) 中柱骨(铜鼎G61、铜鼎G36、铜鉴G38、铜鉴G39、铜提筒G44、铜提筒G47、铜壶G46) 前肢(铜鉴G38、铜鉴G39、铜提筒G44、陶罐G22) 肩骨(铜鉴G38)	中柱骨(铜鉴E86)	整猪1头(地面)		下颌骨、牙齿	部位不清
家黄牛	至少共1个个体 肋骨(陶瓮G110、陶瓮G18、陶瓮G19、铜鉴G38、铜鉴G30、铜提筒G44、铜提筒G47、铜提筒G37、铜壶G46) 肩胛骨(铜鉴G38、铜鉴G30、铜提筒G47) 脊椎骨、股骨、髌骨、趾骨(铜鉴G30)	肋骨(铜鉴E66)	整牛1头(地面)		肱骨、股骨、距骨	
家鸡	至少35只,股骨为主,头骨较少		少量(地面)			部位不清
家山羊	胫骨1(铜鉴G38)					
黄胸鹀	至少200只,缺头骨、跗趾骨和脚爪					
青蚶	1 417个个体,996片分散壳片					
河蚬	左壳1(铜方炉G41)					

---

① 《广西贵县罗泊湾汉墓》,第85、86页。

续表

	象岗南越王墓				南越宫苑曲流石渠	广州汉墓
	后藏室	东侧室	西侧室	东耳室		
龟足	至少1 558个(南越王墓后藏室、东耳室)					√
真虾	壳片(漆器G1)					
大黄鱼	头骨1、脊椎骨16、鳃盖骨(铜鼎G36)					
广东鲂	下咽骨、鳃盖骨(铜鼎G36、铜鉴G38)					
笠藤壶	2个					√
鲤鱼	至少2个(铜鼎G65)					
花龟	至少24个					
中华鳖	至少2个					
耳状耳螺				17个		
沟纹笋光螺				54个		
楔形斧蛤				至少200个		√
竹鼠				头骨、上颌骨、门齿(铜提筒)		
鱼			少量(地面)		脊椎	部位不清
鳄					下颌骨	
豪猪					门齿	
狗					距骨	
马					牙齿、桡骨	
梅花鹿					下颌骨、桡骨、胫骨、趾骨	
大型鹿科					趾骨	
蚌					壳片	

续表

	象岗南越王墓				南越宫苑曲流石渠	广州汉墓
	后藏室	东侧室	西侧室	东耳室		
软骨鱼					脊椎	
龟					腹甲、背甲、甲板碎块	
龟鳖类					几百个完整个体	

动物除了食用外,还用于祭祀。根据赵佗所述,南越日常所用祭牲为马、牛、羊①。祭祀的动物可能根据配享对象的身份等级不同而使用不同的部位。高等级人群享用整牲,如南越王墓西侧室的整猪、整牛。推测的根据是,南越王墓的东侧室、西侧室、后藏室和东耳室皆出有动物遗骸,其中东侧室为婢妾藏室,后藏室为饮宴之所,东耳室为礼乐宴饮之室②,所出大型动物皆经剁砍、切块,多盛于饮食器或炊器内,且常多种动物共置于同一器内,而非分类堆放,显然是按照生人享用食物的状态放置的。而西侧室所出为整猪、整牛,下葬时可能经过烧烤后装于木箱中,与七具殉人尸骨一起直接放置于墓室地面③。较低等级的人群则可能只享有动物的一部分,如南越王墓东耳室出有带"实祭肉"墨书的陶钵(B83)、陶碗(B85、86、87),说明婢妾藏室内也有祭祀食物,惜已腐烂无存。

调味品包含咸、酸、辛、麻四味,可能也有甜味。咸味的获取来自盐。酸味的获取应是直接来自梅,南越国的大、中型墓葬都随葬以梅,这种果实除了直接食用以外,更多是用来调味。中原人习用的大羹、鱼肉就缺不了盐、梅之味④。辛味来自姜,麻味则来自花椒。甜味的来源除了瓜果以外,可能还有蜜,来源可能是"桂蠹",颜师古称其为蜜渍的桂树寄生虫⑤,若果真如此,南越人应也如长沙国人般食用蜜⑥。其他的佐料还有酱(枸酱)。但不知是否有秦汉时流行的豉。

至于各类食物在饮食结构中的比例,目前仅能以南越王墓为例大致估算——人工饲养的家禽家兽约占20%,陆地野生动物约占10%,水产动物则占70%以上⑦。罗泊湾一号

---

① "高后自临用事,近细士,信谗臣,别异蛮夷,出令曰:'毋予蛮夷外粤金铁田器;马牛羊即予,予牡,毋与牝。'老夫处僻,马牛羊齿已长,自以祭祀不修,有死罪,使内史藩、中尉高、御史平凡三辈上书谢过,皆不反"。《汉书》卷九十五《南粤传》,第3851页。
② 高崇文:《西汉长沙王墓和南越王墓葬制初探》,《考古》1988年第4期,第344~347页。
③ 报告正文称非全牛、全猪,而是去首缺尾,但附录的动物遗骸鉴定中却包括头部、肩部、腿部的骨骼。考虑到对骨骼识别的专业性,以后者为准。参见:《西汉南越王墓》,第259、465、466页。
④ "(晏子)对曰:'异。和如羹焉,水、火、醯、醢、盐、梅,以烹鱼肉,燀之以薪,宰夫和之,齐之以味,济其不及,以泄其过。……'"杨伯峻:《春秋左传注·昭公·二十年》,北京:中华书局,1990年,第1419页。
⑤ 《汉书》卷九十五《南粤传》,第3852页。
⑥ 《长沙马王堆一号汉墓》,第140页。
⑦ 《西汉南越王墓》附录一四《广州象岗南越王墓出土动物遗骸的鉴定》,第468、469页。

墓中发现的食物全为植物,共20类,但随葬品清单也载有"鲐""䱅"等动物性食物,惜其数量不确知。由上可知,最高等级的人群中肉食资源显然以水产品为主,中下层可能也是如此。

2. 营养分析

南越国的膳食结构总体来说比较均衡。司马迁在《史记·货殖列传》中就说包括岭南在内的长江以南地区,"饭稻羹鱼",瓜果、水产品供应充足,物产丰饶,"无饥馑之患"①。社会上层饮食结构的多元化有效避免了众多营养素缺乏导致的常见症状。而在中下层,虽然食谱范围大为缩减,但基本也能满足主要营养素的需求,尤其是以丰富的水产品取代了长江以北地区平民较难获得的肉食资源,保证了动物性食品的摄入。岭南地区在物产上的优势是瓜果十分丰富。在肉食资源还无法充足供应的当时,某些内陆地区的平民可能会发生夜盲症,但恰好岭南盛产的柑橘能够补充维生素A,能有效地防止这种疾病的发生。新鲜蔬菜和水果的供应也能防止因维生素C缺乏造成的坏血病。南越国的食谱中可能还包括了铁冬青叶、忍冬(花)等,这都是现代广东"凉茶"的主要成分,或许有"食疗"的效果。

但相较岭北地区而言,南越国食谱最大的缺陷在于豆类、麦类、乳类、坚果类的贫乏,绿叶蔬菜可能也比较少②,水产品尤其是介壳类有可能会摄入过多。由于食物保鲜技术③有限,某些节令性食物有供应不足的可能。就岭南物候而言,笋生于春、冬季,虾蚬繁生于春季,梅、李成熟于春夏之交,桃、荔枝、龙眼、芭蕉、橄榄、姜和黄瓜均收成于夏季,多数品种的柑橘成熟于秋季,大黄鱼秋冬季才会洄游浅海而为人类捕捉食用,黄胸鹀是秋冬季节才迁来的候鸟。上述这些问题都会使食谱较单调的中下层承担低钙低维生素B_1的风险,而海产品尤其是介壳类食用过多则要付出高尿酸的代价。也就是说,脚气病、痛风、骨质疏松等疾病在当地可能会有高发生率,正如近代的两广地区一样。除此外,南越国辖境的内陆地区很有可能罹患碘缺乏症,直到今天国家强制推行碘盐以后,粤东、粤西和粤北仍然多见这种病症④。沿海的居民则比较幸运,海产品和海盐能有效预防这种病症。

在饮食方面,岭南地区最棘手的问题还在于当地高温潮湿天气下的病菌和蚊虫滋虐,食物的保鲜期限也随之大打折扣。

3. 小结

总体观之,南越国的饮食结构具有以下四个主要特征:

---

① "总之,楚越之地,地广人希,饭稻羹鱼,或火耕而水耨,果隋蠃蛤,不待贾而足,地埶饶食,无饥馑之患,以故呰窳偷生,无积聚而多贫。是故江淮以南,无冻饿之人,亦无千金之家"。《史记》卷一百二十九《货殖列传第六十九》,第3270页。
② 虽然有难以保存的因素,不过罗泊湾一、二号墓随葬的各类种实中唯独缺少绿叶蔬菜的种实,或能说明问题。
③ 风干、腌制等保存食物的手段是以牺牲某些营养素为代价的。
④ 《广东省地方病防治"十二五"规划》,粤府办[2012]78号,网址:http://zwgk.gd.gov.cn/006939748/201208/t20120814_334808.html。

(1) 汉化的岭南饮食。祭祀性食物极力贴近中原传统。食用性食物除了本地特产的水产品和瓜果外,基本上都在岭北食谱的范围内,饮食的原则和禁忌基本与帝国中心地区一致。从"客籼米"、"鲐"、"紫离鸟"、"白凫"、"野雏鸡"、"壶枣"、"高平曰枣"等南越国本地文献的食物命名原则可以看出,当地对谷物、枣类、鱼类和禽类有比较细致的分类。由于它们都以隶书书写,文法亦为中原惯用,这些分类知识不论是从岭北习得或是当地传承,都有一个转译成中原文字的过程。而"籼"①、"鲐"②、"离"③、"鸡"、"凫"、"壶枣"④皆可见于同时期的中原文献。"客"应为外来之义,"紫离鸟"不知是否紫色类似黄莺的鸟,"雏"或为南越本地习语,"高平"则为江南地名,上述这些动植物的名字遵循或略微改造了中原的命名体系。

(2) 饮食的功能性区分。祭祀性食物和食用性食物在部位、处理上存在区别,前者以动物性食物为主,包括头部;后者范围更广,动物性食物一般不包括头部,且整治成适宜入口的小块。

(3) 饮食结构具有等级性。南越王的食谱范围最广;高级官吏(罗泊湾汉墓)则有所缩减,植物性食品非常丰富,动物性食品种类较少;中下级官吏(广州汉墓)的食谱范围更窄,仅见谷物类的黍、果蔬类的梅和铁冬青叶、禽畜类的家猪、家鸡,以及水产类的龟足、笠藤壶、楔形斧蛤、鱼。等级性尤其表现在肉食资源上。

(4) 营养的地区不均衡性。广阔的海洋提供了丰富的资源。内陆沿河的居民也有淡水产品可供利用,但相对沿海稍微贫乏一些。山地应当是最艰难的,如果不能保证充足的动物性食品,将承担许多的疾病风险。这也从营养学和饮食结构上说明了为什么南越国的沿海地区比内陆积聚了更多的人口。

二、南越国饮食结构所反映的生业模式

南越国的食物来源是多样化的,有产于水田的水稻,产于旱地的粟、黍、大麻籽,产于淡水的中华鳖、花龟、鲤鱼、广东鲂、蚌,产于淡水-半咸水的耳状耳螺、沟纹笋光螺、河蚬,产于浅海的笠藤壶、龟足、青蚶、大黄鱼、楔形斧蛤,以及其他产于山林的动植物。这些食材由包括种植业、制盐业、饲养业、狩猎采集、捕捞、贸易在内的多种生业类型所提供。

1. 种植业

种植对象以谷类、瓜果为主。谷类包括水稻、黍、粟、大麻籽等。水稻所占比重应该最大,《史记·货殖列传》称"饭稻羹鱼"是长江以南的饮食特色。南海黑黍(秬)早在先秦时

---

① 《方言》:"江南呼粳为籼。"
② 《说文解字》卷十一《鱼部》:"鲐,海鱼也。"
③ 《说文解字》卷四《隹部》:"离,黄仓庚也。"
④ "枣,壶枣"。郭璞注:"今江东呼枣大而锐上者,为'壶',壶,犹瓠也。"(晋)郭璞注,(宋)邢昺疏,李传书整理:《十三经注疏·尔雅注疏》卷九《释木第十四》,北京:北京大学出版社,1999年,第274页。

即已扬名关中①。粟的生长季节灵活,对土壤要求不高,产量应也不低。据《汉书·南粤传》记载,元鼎六年汉楼船将军破石门时曾"得粤船粟"②。《汉书》中"粟"有时为粮食总称,但也存在南越以粟为军粮的可能。这几种作物很可能也如中原地区一般搭配轮种③。

南越人食用的新鲜瓜果蔬菜多产自本地。从植物习性看,芋、槟榔生长于热带,属岭南出产无疑;荔枝、龙眼、橄榄、南酸枣、青杨梅、人面子、乌榄、番木瓜、冬瓜、木瓜、含笑花、姜皆生长于亚热带热带海拔 1 300~2 000 米以下的地区;梅、橘、李、罗浮锥、铁冬青、甘蔗、笋普遍见于长江以南地区;忍冬、桃、枣、甜瓜、葫芦、黄瓜则全中国皆可生长,这些应该都可以本地种植,没有引进的必要④。不过值得注意的是,岭北常见的枣在南越虽有种植,但是极珍贵,数量应当也不大,宫苑遗址所出的木简中载有"壶枣"、"高平曰枣"等树木本身的编号,并详录每棵枣树的果实数量,可见其珍视程度⑤。

种植业应包括自给自足型和专门型两种。前者应是大多数平民的常态;后者则包括制度性和利益性两种专门种植业。制度性的专门种植业是为了满足南越王室贵族的需求以及进贡中原王朝的需求,应辟有专门的"公田"种植谷类、瓜果。南越国宫苑曲流石渠内出土大量果实种籽,地层内却未见一例,发掘团队推测它们可能并非原生于此,而是购买或进贡的果品⑥。汉平南越后在南海郡设"圃羞官",交趾郡设"羞官"⑦、"橘官长"⑧,以"百越为园圃",以致岭北出现"民间厌橘柚"的现象⑨。南越国时期北运的果品则可能主要是满足上层的需求,或形成了相当规模的种植业。利益性的专门种植业规模应当比较小,只存在于局部地区。如上文所述,据《后汉书》记载,东汉时合浦、九真郡民需往交趾购米,南越国时应也类似,交趾或有专门化的谷物种植来满足除本郡之外其他两郡的需求。

2. 制盐业

《史记·货殖列传》称"领南、沙北固往往出盐"⑩,据《汉书·地理志》记载,番禺、高

---

① "饭之美者:……南海之秬"。许维遹撰:《吕氏春秋集释》卷十四《孝行览第二·本味》,北京:中华书局,2009 年,第 319 页。
② "六年冬,楼船将军将精卒先陷寻陿,破石门,得粤船粟,因推而前,挫粤锋,以粤数万人待伏波将军"。《汉书》卷九十五《西南夷两粤朝鲜传第六十五》,第 3857、3858 页。
③ [美]许倬云著,程农、张鸣译:《汉代农业:早期中国农业经济的形成》,南京:江苏人民出版社,2012 年,第 81~89 页。
④ 植物习性参见中国科学院中国植物志编辑委员会:《中国植物志》,北京:科学出版社,2004 年,第 9(1)卷,第 4 页;第 13(2)卷,第 68 页;第 16(2)卷,第 12、141 页;第 21 卷,第 3 页;第 22 卷,第 71 页;第 30(1)卷,第 165 页;第 38 卷,第 17、31、39 页;第 43(2)卷,第 44、201 页;第 43(3)卷,第 25 页;第 45(1)卷,第 83、86 页;第 45(2)卷,第 45 页;第 47(1)卷,第 28、32 页;第 48(1)卷,第 133 页;第 52(1)卷,第 122 页;第 72 卷,第 236 页;第 73(1)卷,第 198、202、205、216 页。
⑤ 南越国宫署 J264 简 068、069、090。
⑥ 《南越宫苑遗址》,第 210 页。
⑦ "南海郡……有圃羞官。……(交趾郡)羸陵,有羞官"。《汉书》卷二十八《地理志第八下》,第 1628、1629 页。
⑧ (晋)嵇含:《南方草木状》卷之下《果类·橘》,宝文堂刊刻本。
⑨ "孝武皇帝平百越以为园圃,却羌、胡以为苑囿,是以珍怪异物,充于后宫,骏驴驿驶,实于外厩,匹夫莫不乘坚良,而民间厌橘柚。由此观之:边郡之利亦饶矣"。《盐铁论校注》卷三《未通第十五》,第 190 页。
⑩ 《史记》卷一百二十九《货殖列传第六十九》,第 3269 页。

要设有盐官①,此官之设至早应是武帝平定南越之后。但西汉控制此地之前应该就已有盐的生产,出于地理环境的原因,当以海盐为主。

3. 饲养业

本地的饲养业当以家鸡、家猪为主。家鸡骨骼在大型墓(南越王墓)和中型墓(广州M1172)皆有出土,越巫又善鸡卜②,可见其饲养应当比较普遍。家猪应也类似。赵佗时从岭北进口的三种重要动物中并不包括猪。两广所出的猪见于宫苑、大型墓(南越王墓)和中型墓(广州M1073),涵盖各个年龄层次,南越王墓内出有乳猪和成年猪,宫苑遗址所出的家猪年龄大于最佳食用年龄(1.5岁)③。到东汉时期,家猪的饲养更加普遍,岭南墓葬出土的陶屋常附带猪圈和猪④。

4. 狩猎与采集

野生动物如禾花雀、野雏鸡、紫离鸟、白鼠、梅花鹿、豪猪、熊、竹鼠、桂蠹等均来自狩猎行为。至东汉时,九真郡民仍普遍以射猎为业⑤。而笋、铁冬青、人面子、南酸枣等植物则来自采集行为。

5. 捕捞业

南越国各个阶层对水产品的消费量都比较大,而且包含各种水域的产品。一些海产品有独特的生长环境和习性,如大黄鱼是季节性洄游鱼类,青蚶、龟足在岩缝或洞穴中活动。由此看出当时应当掌握了比较专业的捕捞知识。

南越宫苑遗址中出土的龟鳖个体达数百只之多,可能存在养殖行为,但不确定宫苑之外是否存在水产品的专门化养殖。

6. 贸易

贸易行为包括政治性和商业性两种。前者主要是南越国对汉王朝的进贡以及汉王朝的回赠,余英时将之称为"通贡贸易"⑥,实际上是统治阶层之间对珍贵资源的交换。进贡的食物主要是荔枝、龙眼、鲛鱼、桂蠹等土产。

商业贸易则更为广泛。南越国境内存在食品的交易,尤其是上文提及的合浦郡与交

---

① 《汉书》卷二十八《地理志第八下》,第1628、1629页。
② "是时既灭南越,……乃令越巫立越祝祠,安台无坛,亦祠天神上帝百鬼,而以鸡卜"。《史记》卷十二《孝武本纪第十二》,第478页。
③ 《南越宫苑遗址》,第229~231页。
④ 《广州汉墓》,第333~338页。
⑤ "建武初……诏征(任延)为九真太守。……九真俗以射猎为业,不知牛耕,民常告籴交阯,每致困乏。延乃令铸作田器,教之垦辟。田畴岁岁开广,百姓充给"。《后汉书》卷七十六《循吏列传第六十六·任延》,第2462页。
⑥ 余英时引用Owen Lattimore的观点,将古代中国皇帝与异族的纳贡交换称为一种"通贡贸易"。参见余英时著,邬文玲译:《汉代贸易与扩张》,上海:上海古籍出版社,2005年,第13页。

趾郡之间的粮食贸易。更大宗的是与岭北的贸易,交易的地区包括"中土"、巴蜀、长江下游,主要引进马、牛、羊、"客籼米"、枸酱、"高平日枣"、花椒以及一些"中土食物",由于保鲜条件所囿,交易大宗应是活的牲口和不易腐烂的食物。岭南以瓜果为主的土产应当也销往岭北。

7. 小结

南越国内各地的主要生业类型各异。以西汉后来所设郡县计,南海、交趾以农业为主,存在家禽家畜饲养业,但渔猎经济也占据一定比重①。九真、合浦郡民少事或不事农业,粮食供应依赖于与交趾郡的贸易②。九真郡以射猎为主要生业,农业耕种技术较为原始③,东汉初才引入农具铸造和牛耕技术,开垦辟田④。儋耳、珠崖则在武帝时已有农业⑤。

三、南越国的饮食器具和文化

1. 食物储存容器

根据稍晚时期大量出现的模型明器可知,岭南地区的仓囷是干栏式的,起到防水防潮的作用⑥。当地多虫蛇,仓囷内或有专门的防虫设施。

日常收纳食物的容器主要是陶器和竹器。陶器有容积较大的瓮、罐、瓿类以及容量较小的各种盒类。竹器主要是各种竹笥、竹篓,多腐烂无存。这些容器或者本身有盖,或者以绢布封口。有时还以草篓装食物后再放入容器内,以便提取⑦。部分陶瓮、陶罐、陶瓿和漆耳杯上可见"大厨"、"厨丞"和"厨"等文字,罗泊湾一号墓"从器志"(M1∶161)中也有"厨瓿",这些应是炊厨收纳之器(表四)。

---

① 《南越宫苑遗址(上)》,第 185 页。
② "九真俗以射猎为业,不知牛耕,民常告籴交阯,每致困乏"。《后汉书》卷七十六《循吏列传第六十六·任延》,第 2462 页。"(合浦)郡不产谷实,而海出珠宝,与交阯比境,常通商贩,贸籴粮食"。《后汉书》卷七十六《循吏列传第六十六·孟尝》,第 2473 页。"孟尝迁合浦太守。郡不产谷,而海出珠宝,[旧采珠以易米食]"。周天游辑注:《八家后汉书辑注·谢承后汉书·卷五》,上海:上海古籍出版社,1986 年,第 152 页。
③ "九真俗烧草种田"。(东汉)刘珍等撰,吴树平校注:《东观汉记校注》卷十八《传十三·任延》,北京:中华书局,2008 年,第 801 页。
④ "建武初……诏征(任延)为九真太守。……九真俗以射猎为业,不知牛耕,民常告籴交阯,每致困乏。延乃令铸作田器,教之垦辟。田畴岁岁开广,百姓充给"。《后汉书》卷七十六《循吏列传第六十六·任延》,第 2462 页。
⑤ "自合浦徐闻南入海,得大州,东西南北方千里,武帝元封元年略以为儋耳、珠厓郡。民皆服布如单被,穿中央为贯头。男子耕农,种禾稻纻麻,女子桑蚕织绩。亡马与虎,民有五畜,山多麈麖"。《汉书》卷二十八《地理志第八下》,第 1670 页。
⑥ 《广州汉墓》,第 223~226 页。
⑦ 《西汉南越王墓》,第 294 页。

表四　食物收纳容器及残余物品一览表

器类	内盛物品	文字	痕迹
陶瓮	鱼骨（象岗 G13）、牛骨（象岗 G19）、牛骨和炭块（象岗 G18）、鸡骨（广 M1172：22）、牲骨和黍粒（广 M1134：26）、梅（广 M1134：68、104、105、106）	"大厨"印文（广 M1121：10、11）	器身有草编织物捆扎痕（象岗 G17）
陶罐	耳状耳螺（象岗 B69）、花龟（象岗后藏室）、中华鳖（象岗后藏室）、黄胸鹀（象岗后藏室）、笠藤壶（象岗 G103）、龟足（象岗 G28）、梅（罗泊湾 M2：8，广 M1048：?）、鱼骨（广 M1041：25）、龟足和笠藤壶（广 M1175：74）、楔形斧蛤（广 M1152：35）	"大厨"印文（广 M1120：14、18）、"厨丞之印"封泥（象岗 F12、14、15）	口沿有绢帛痕迹，器身有编织痕（象岗后藏室）
陶五联罐	捣碎的植物叶（罗泊湾 M2：21、60、61）、植物叶（广 M1170：1）		
陶盒	铁冬青叶（罗泊湾 M1：248、M2：41）		
陶三足盒	梅（罗泊湾 M1：245）、青蚶（罗泊湾 G51、71）		
陶瓿		"厨瓿十一"（罗泊湾 M1：161）	
漆耳杯		刻划"厨"字（罗泊湾 M1：634）	
竹笥		"中土食物五笥"、"杯及卑镟西攃√笥各一"、"·有实笥廿一"（罗泊湾 M1：161）	

注："象岗"即象岗南越王墓，"广"即《广州汉墓》，表五、六同。

2. 食材整治和加工

整治指的是烹饪前的物理加工，至少包括丝状、块状、粉末状等加工方式。丝状加工系利用铜礤（南越王墓 C70、G32-2），对象主要是植物性食材。块状加工则用铁削或木削，在烹调之前将食材切割成小块，如南越王墓陶瓮（G18、19）中的黄牛肋骨全被切成 6~8 厘米的小块。粉末状加工则利用杵臼（南越王墓 C168-1、169）研磨或捣碎，在一些陶容器中发现有捣碎的植物叶子和粉末（罗泊湾 M2：21、60、61）。王室贵族的饮食应该更为精细化，南越王墓墓主牙齿的磨耗程度比一般同龄人的磨耗程度低[①]。

加工指的是通过人工处理将食材制作成不同性状和口味的食品，包括酿造、腌制、风干，可能还有蜜渍。南越国墓葬内多见酒器。罗泊湾一号墓木简所载"荀苴"即是一种腌

---

① 《西汉南越王墓》附录一二《南越王墓墓主遗骸的性别年龄鉴定》，第 455 页。

菜。风干则可从南越王墓出土的铜挂铃（C40、41、54～56）一窥究竟①，铃中灌水悬于高处，可使虫蚁不近，便于将食物风干保存，风干的肉在汉代称之为"脯肉"，是流行的食品。蜜渍食物可能是"桂蠹"。

3. 炊器及烹调方式

南越国发现的炊具包括金属类和陶类。金属类主要是铜质，包括鼎、鍪、煎炉、烤炉、釜甑、甗、盉等，少数为铁质，主要是铁釜以及配合鍪或釜使用的铁三足架。陶类主要有鼎、釜、甗、甑钅和灶，其中灶为模型明器。在炊具系统中，可见中原式（汉式鼎）、关中式（灶）、巴蜀式（鍪）、楚式（楚式鼎）、本地式（越式鼎）②。单体式炊具较常见，复合式炊具（灶）在这个时期罕见。

炊器所反映的烹调方式，主要有羹、煮、蒸、炙/烤、煎，前三种为低温烹饪，后两种为高温烹饪，另外还有加热和保温。在食材的搭配方面，多见各种肉类的混合搭配。南越王墓内随葬的动物骨骸并非分类盛放，而多有共存的情况，可能是烹调后葬入的。根据共存关系，可见有水产品、禽、畜的混合烹饪方式。由于植物性食物难以发现，未见荤素搭配的菜式（马王堆汉墓有）。因此这是地区特色还是由考古发现的偶然性造成，尚待讨论（表五）。

表五　南越国炊器及食物烹饪方式一览表

烹饪方式	器　类	内　盛　物	器底烟炱炊器
羹、煮	铜鼎	猪、鸡、鱼骨（象岗G33），大黄鱼和广东鲂（象岗G36），鲤鱼骨和青蚶（象岗G65），家乳猪骨和青蚶（象岗G61），猪骨（广M1073∶17），鱼骨（广M1180∶59）	象岗G7、9、32，广M1026、1044、1047、1062、1064、1066、1068、1070、1095、1097、1073、1076
	陶鼎		象岗C11、12、E13
	滑石鼎		广M1061、1136、1149、1180
	铜鍪	青蚶和龟足等（象岗G73）、家鸡骨和木炭（象岗G67）、鱼骨、鸡骨（广M?）	象岗E66、广M?
	铁釜+铁釜架		罗泊湾M1∶152
	陶灶+陶釜		
	铜釜	鱼骨（广M1175∶65）	广M1175∶65、1180∶?
煎	铜煎炉		象岗G11
炙	铜烤炉（含铁钎、链）	青蚶和鱼骨（象岗G40），河蚬（象岗G41）	
	滑石炉		象岗G12

---

① 《西汉南越王墓》，第92页。
② 张荣芳、周永卫、吴凌云：《西汉南越王墓多元文化研究》，广州：中山大学出版社，2015年，第75～119页。

续表

烹饪方式	器　类	内　盛　物	器底烟炱炊器
蒸	铜甗		广 M1174∶?
	铜釜甑		
	陶甑		
	陶甗		
	滑石甗		
温	铜盉		广 M1149∶?、1097∶27、1180∶46、1157∶5
	铜鐎壶		罗泊湾 M1∶38
	陶温壶		罗泊湾 M2∶52

4. 饮食器具

南越国的饮食器具以铜、漆、陶质为常见，角、玉、象牙质较少。铜器包括鼎、钫、壶、甗、提筒、勺、匜、铒、蒜头瓶、鉴等。漆器包括耳杯、盘、盒、卮、案和金座漆杯。陶器包括鼎、匏壶、碗、钵、提筒，如广州汉墓所出的陶鼎(M1010∶6)上有"食官第一"的铭文。其他质料的饮食器具则有角杯、铜框玉盖杯、铜框玉卮、银卮、银匜、象牙卮，全为南越王墓所出。

作为食器的有鼎、提筒、鉴、钵、碗、勺、盘。作为酒器的有钫、壶、卮、杯、匏壶、匜。不过当时器物的功能并不是单一的，耳杯、壶、提筒既可以作酒器，亦可以作食器使用①（表六）。

表六　南越国出土饮食器具及内盛物一览表

器　类	内　盛　物	备　注
铜提筒	楔形斧蛤和竹鼠(象岗 B57~59)，黄牛骨、花龟和青蚶(象岗 G37)，青蚶、龟足、花龟、家鸡、猪、牛骨等(象岗 G44)，青蚶、家鸡、猪、黄牛骨等(象岗 G47)	B57~59 三件相套，G44 中还有铜壶和两件小三足盒
鎏金铜壶	枣(象岗 C86)	
铜壶	枣(象岗 C84)，青蚶、龟足、水鱼、花龟和家鸡、猪骨(象岗 G46)	
铜鉴	鸡、猪、牛、山羊骨和广东鲂、龟等(象岗 G38)，鸡、牛、猪骨和花龟等(象岗 G39)	G38 内还置一铜提筒

---

① 孙机：《汉代物质资料生产图说》饮食器 Ⅰ～Ⅷ，北京：文物出版社，1991 年，第 302~331 页。

5. 小结

南越国的烹饪方式基本与当时的中原地区一致。炊器和饮食器是多种文化来源的集合。在器物的材质和种类方面,等级性依然存在。南越王享有铜、漆、角、玉、象牙等各种材质的饮食用具,种类和文化来源也最为多样化。在他之下的中高层官吏贵族则以陶、竹器为主,铜、漆器其次,种类也较少。

四、结 论

南越国饮食特色包括:1. 多样化的饮食结构,食材产自多种生态环境,来自多种生业模式。2. 多元化的饮食文化,烹饪方法和饮食习俗与岭北同源,但食材在地化,麦类、豆类少见,水产品尤其是介壳类较多,蔬菜较少、瓜果较多。3. 多源化的饮食器具,有来自岭北的中原、关中、巴蜀、楚等地的器具文化,也有本地的器具文化。4. 食材、厨具和餐具皆体现了等级制,上层多样化、质料贵重,中下层单一化。5. 食物具有二元性,分为食用性食物和祭祀性食物,食材种类相同,后者范围小于前者,但在部位、烹饪方式上不同。

食物的"可吃"、"能吃"、"怎么吃"都是一种经验传承和地方文化。我们现在看到的南越国饮食结构反映了岭南本地的经验传承和被改造过程,以及岭北各地的经验传承与权宜性。南越国的统治阶层主体为岭北人,尤其是按照中原政治体制培养出来的官吏(罪官),因此在礼制上沿袭了中原的传统,以"马牛羊"三牲为祭牲。中原传统饮食的主要成分(五谷、六畜)在岭南地区供应不足,且受到岭北与岭南政治关系的制约,因此进行了"在地化"的改造。岭南的饮食原则和禁忌则基于地方生态环境做出调整,即以水产品为主。

但也还存在一些问题,现在发现的主要是岭北移民在南越国的遗迹,探讨的也是他们的饮食文化。真正的土著越人既缺乏文献记载又缺乏丰富的考古学资料,需要未来材料充实以后才能了解其饮食面貌。另一个问题是南越国内部应当也有地区性饮食文化差异,但因材料有限,目前仅能看到沿海地区水产品消费更多,而桂东地区瓜果更多。

空间与建筑

汉代庭院建筑信息解读

李亚利

吉林大学考古学院

纵观中国古代建筑发展史，汉代可以说是传统建筑的奠基阶段，各种建筑类型、结构及技术均在两汉时期形成其基本面貌，后世随着技术、材料及艺术的发展，建筑面貌于两汉基础上在具体结构及风格上产生流变。可以说，对汉代建筑发展进行深入研究，是厘清中国传统建筑源流的首要任务之一。中国传统建筑的两大特点：大屋顶结构和庭院式布局，在汉代已经形成较为成熟的体系。随着考古工作的不断推进，大量的汉代庭院研究资料得以积累，为系统了解汉代庭院的建筑面貌提供了良好的资料基础。利用庭院建筑遗址、模型明器以及画像资料中的庭院建筑图像，再结合文献记载，基本可以还原汉代民居建筑中的庭院建筑格局、样式及具体结构。

一、前　　言

从广义上来讲，中国传统庭院建筑有三大类：作为住宅的人居类型庭院；作为礼制或者公共建筑的宫廷、宗庙、官署等；作为休闲观赏建筑的园林、苑囿等。在汉代，这三大类建筑的后两类中有许多尚未形成严整的庭院式布局，如西汉长安城南郊的宗庙建筑和作为皇家园林的上林苑等。

从目前掌握的考古资料来看，大量的汉代庭院建筑模型明器及图像所反映的是作为住宅之用的庭院，其建筑形式不仅受到主人身份等级、社会地位、经济实力及其使用功能的影响，且随着当时社会政治环境、文化潮流的变化，人居类型庭院出现了多样化发展。对此类庭院进行深入研究，尽可能还原其空间原型，能够为汉代建筑发展史的研究提供更多可靠的信息。因此，本文主要以人居类型的住宅庭院为研究对象，所用到的资料包括庭院建筑遗址、庭院模型明器、墓室建筑结构及汉画像资料等。对这些资料中的庭院建筑信息进行提取、比对和分析，尽可能系统地了解汉代民居庭院的建筑信息。

---

* 本文获得吉林大学校级基地项目（批准号2017XXJD13）及吉林大学基本科研业务经费（批准号2017BS003）资助。

二、庭院建筑的建筑组合与式样

通过对庭院建筑遗址、模型明器及图像的梳理可以发现，汉代庭院建筑组合主要由院门、院墙、主体建筑、附属建筑及防御建筑五部分构成，将不同材料中涉及这五部分的信息进行提取和组合，基本可以得到对汉代庭院相对完整的认识。

（一）院　　门

《庄子·达生》有云："田开之日，开之操拔篲，以侍门庭，亦何闻于夫子。""门庭"也作"门户"，从建筑上讲指的是作为门前空间、院门及庭院的整体。自先秦时期开始，门庭就有从建筑形式上对家族社会地位及声誉的指代作用。院门及其门前空间的建筑方式，也从物质形态上直观而明确地体现出庭院主人家的社会地位及资财水平。虽然在文献中难以了解作为住宅最为重要的门户标志的院门，但有大量考古材料可供考证。目前材料中可见的汉代庭院的院门有独立院门、门屋一体、门塾结合、门阙结合四种类型。

独立院门是考古材料中最多见的院门类型，在不同等级规模的庭院中均有见到。独立院门的做法多是院门作为第一道屏障直接与围墙或廊庑相连，院门多作屋顶，有无檐①（图一，9）、单檐②（图一，7、10）和重檐③（图一，8）三种，庑殿顶④（图一，1、6、8）、悬山顶⑤（图一，5、7）与复合式⑥（图一，3、4）三类。其中郑州发现的一块画像砖上的院门（图一，4），其屋顶做法似为利用井干式结构将院门加高形成巍峨之势的复合结构，在中原地区汉代建筑中较为少见，类似的结构可见云南晋宁石寨山出土的铜屋模型⑦一例。院门多为双开板门，部分可见铺首、门枕石、挡门石、门槛，也有门前置上马石的做法（图一，2）。

门屋一体的院门在中小规模的庭院中最为常见，院门与前院的倒座房连为一体，多数位于中轴线上⑧（图二，1、2、5），院门多为悬山顶，顶部略高于两侧倒座房，双开板门。也有正门带两侧角门的做法⑨（图二，4）和以主体建筑正门为院门的做法⑩（图二，3）。有与倒座房或厦房为一体的院门，也有不做单独屋顶（图二，5）而与厦房共用一架屋顶的

---

① 陕西考古研究院：《壁上丹青——陕西出土壁画集》，北京：科学出版社，2009 年，图 2。
② 魏坚：《内蒙古中南部汉代墓葬》，北京：中国大百科全书出版社，1998 年，第 168~182 页；郭清华：《陕西勉县老道寺汉墓》，《考古》1985 年第 5 期，第 429~449 页。
③ 孙机：《仙凡幽明之间——汉画像石与"大象其生"》，《中国国家博物馆馆刊》2013 年第 9 期，第 81~117 页。
④ 赵成甫：《南阳汉代画像砖》，北京：文物出版社，1990 年，图 46；南京博物院：《徐州青山泉白集东汉画象石墓》，《考古》1981 年第 2 期，第 137~150 页。
⑤ 陕西考古研究院：《壁上丹青——陕西出土壁画集》，北京：科学出版社，2009 年，图 20。
⑥ 傅方笙、顾承银：《山东金乡县发现汉画像砖墓》，《考古》1989 年第 12 期，第 1103~1109 页；张秀清：《河南郑州新发现的汉代画像砖》，《文物》1988 年第 5 期，第 61~67 页。
⑦ 云南省文物考古研究所、昆明市博物馆、晋宁县文物管理所：《晋宁石寨山》，北京：文物出版社，2009 年，第 166 页。
⑧ 骆崇礼、骆明：《淮阳于庄汉墓发掘简报》，《中原文物》1983 年第 1 期，第 1~3 页；广州市博物馆：《广州汉墓》，北京：文物出版社，1981 年。
⑨ 广州市博物馆：《广州汉墓》，北京：文物出版社，1981 年，第 339 页。
⑩ 张择栋：《云梦出土东汉陶楼》，《新建筑》1983 年第 2 期，第 79、80 页。

空间与建筑

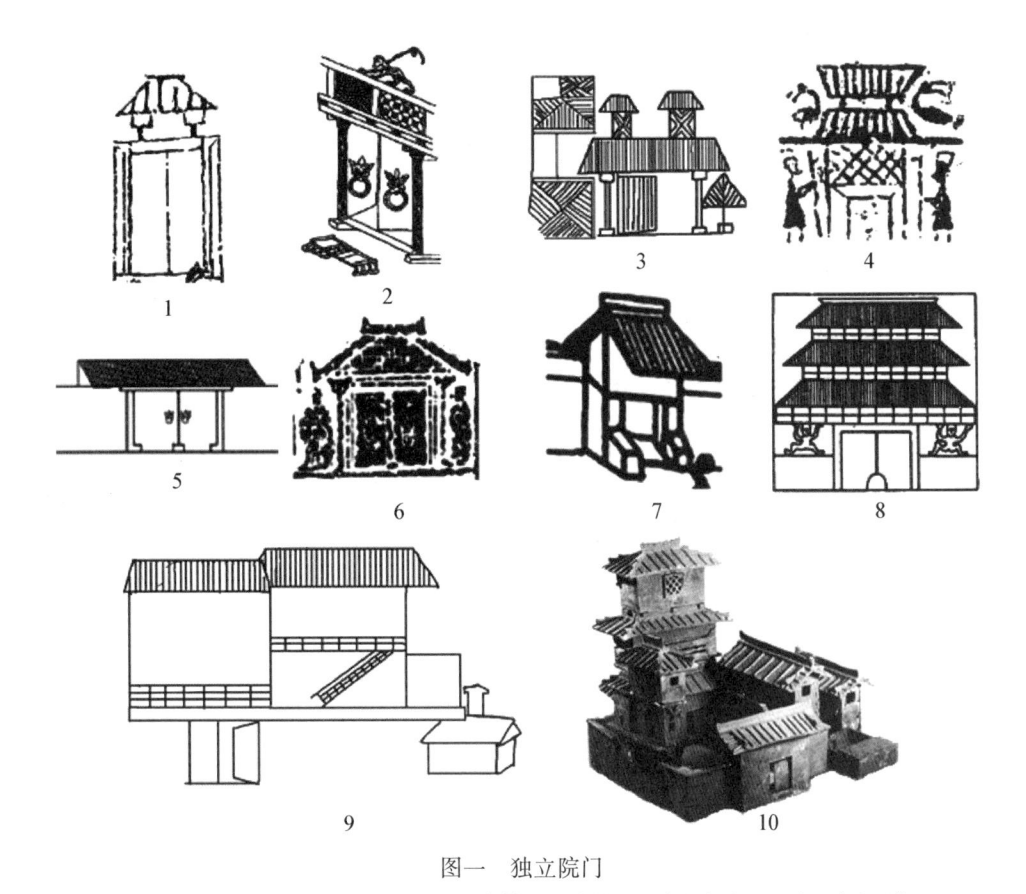

图一　独立院门

1. 新野县　2. 沂南北寨村　3. 金乡徐庙村　4. 郑州　5. 定边郝滩　6. 青山泉白石集
7. 鄂托克旗凤凰山 M1　8. 微山两城镇　9. 靖边杨桥畔　10. 勉县老道寺

图二　门屋一体式院门

1. 淮阳于庄　2. 广州南郊刘王殿岗　3. 云梦周田村　4. 广州汉墓 M4016　5. 沂南北寨村

做法。

门塾结合的院门等级相对较高,前文提到的三公、列侯以上等级的宅院可设门塾。塾在建筑遗址、模型及图像中均较难辨认。在重庆合江6号石棺上的门塾图像中可清晰地看到塾内有讲经的场面①(图三,1),而在安徽太和李阁乡画像石图像中②,正门两侧有一组高大的厅堂建筑,其外侧立双阙,表明该组建筑均位于院门位置,结合完整画像石上的图像主题为车马出行与拜谒场景(图三,3),可知正门两侧的高大厅堂为门塾。此外,德阳黄浒镇蒋家坪画像石棺图像中的院门③(图三,2)两侧可见人物活动的屋子,也可能是门塾。

虽然在模型明器和建筑图像中,院门前立阙的现象极其常见,但事实上,门前立阙也有一定的规制:宫殿、官署及官吏门前可立阙。天子三重阙,四面开门;诸侯两重,官吏单阙,两面开门。其中门厅也有规制:列侯与三公府第大门可宽三间,门内外设门塾。而从考古资料来看,门前立阙的庭院规模差异较大,无法根据大门形制判断庭院等级,仅可对其建筑结构及类型加以分析概括。图像中可见的门阙结合方式有四种:门前立阙④(图四,1、2)、门侧立阙⑤(图四,6、7)、门后立阙⑥(图四,3、4)和门阙一体⑦(图四,5、8)。

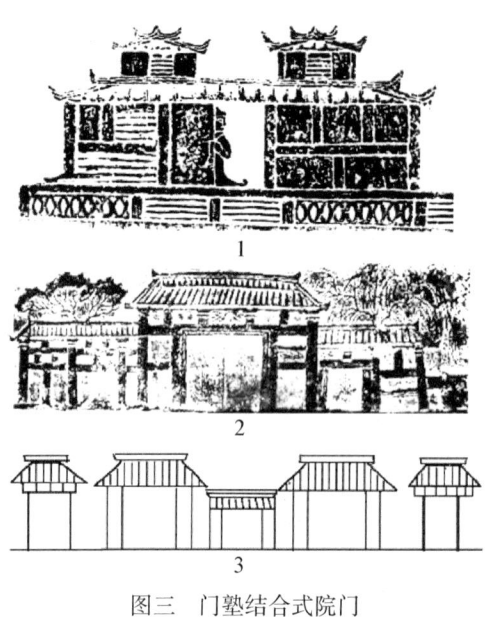

图三 门塾结合式院门
1. 重庆合江6号石棺 2. 德阳黄浒镇蒋家坪
3. 太和李阁乡

阙在不同位置的原因推测有三:一、受工匠艺术创作的影响,阙的具体位置受到整体造型影响或有简省;二、门前双阙与院门的距离远近能体现院门前导空间的大小,这在很大程度上能够反映宅邸的规模;三、门后立阙的做法表明庭院等级较之门前立阙者略低,这可能与汉代城市的里制有关⑧,等级较高者,如王侯将相之府邸,可直通大道,而其余地

---

① 罗二虎:《汉代画像石棺》,成都:巴蜀书社,2002年,图145。
② 中国画像砖全集编辑委员会:《中国画像砖全集·全国其他地区画像砖》,成都:四川美术出版社,2006年,图190。
③ 重庆博物馆:《重庆市博物馆藏四川汉画像砖选集》,北京:文物出版社,1957年,图22。
④ 张文霞、郝红星、张松林:《郑州市南关外汉画像空心砖墓》,《中原文物》1997年第3期,第31~32页;赵成甫:《南阳汉代画像砖》,文物出版社,1990年,图7。
⑤ 任日新:《山东诸城汉墓画像石》,《文物》1981年第10期,第14~21页;高文:《绚丽多彩的画像石——四川解放后出土的五个汉代石棺椁》,《四川文物》1985年第1期,第12~15页。
⑥ 尤振尧:《徐州茅村画象石墓》,《考古》1980年第4期,第347~352页;曾昭燏等:《沂南古画像石墓发掘报告》,北京:文化部文物管理局,1956年,图版105。
⑦ 中国画像砖全集编辑委员会:《中国画像砖全集·四川画像砖》,成都:四川美术出版社,2006年,图66;四川省博物馆、郫县文化馆:《四川郫县东汉砖墓的石棺画象》,《考古》1979年第6期,第495~503页。
⑧ 成一农:《里坊制及相关问题研究》,《中国史研究》2015年第3期。

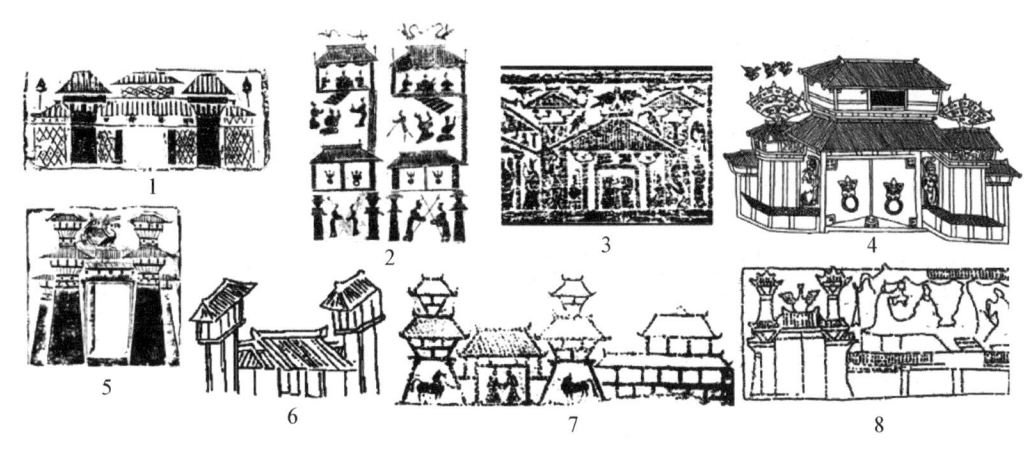

图四　门阙结合式院门
1. 郑州北二街 M5　2. 南阳　3. 徐州铜山茅村　4. 沂南北寨村　5. 大邑安仁镇
6. 诸城前凉台　7. 灌县民兴乡五洼村　8. 郫县新胜 2 号砖室墓 1 号石棺

位略低者,虽可在住宅立阙,但受到城市规划限制,仍需出入坊门方可至大道。因此其门前空间受到了一定的限制和压缩。

(二) 院　　墙

　　高墙大院,是中国古代大家族住宅的典型标志之一,院墙的高度和形制,不仅反映出其庭院的等级规模,同时也能间接地体现其所处的社会环境。汉代庭院中,院墙类型有单独围墙、以屋后墙为围墙和以楼后墙为围墙,也有不设围墙的庭院。院墙高度有与大门屋顶平齐①(图五,2、5)、比大门屋檐低②(图五,6、7)和远低于大门高度③(图五,1、4)三种情况,此外还有不设围墙的开放式小院(图五,3)。墙体的建筑式样则多有墙帽,围墙转角上有角楼或哨亭。考古材料中也发现了有以一圈厦房或廊庑后墙为屏障的住宅和用高大围墙甚至设置多重防卫院墙的高门庭院,这些均能较为直观地反映出主人家的生活环境。

　　此外,从图像与模型明器中反映出来的墙体建筑信息可知,汉代院墙常因其布局情况带弯折,与后世庭院经纬纵横、平直方阔不同,与园林院墙的曲线转折也不尽相同,更像是在中下层社会中,民居庭院样式尚未形成较为统一的认识而根据实际情况所做的灵活变通。从内黄三杨庄汉代民居院落的院墙遗迹来看,民居院墙多为土坯墙,墙基可见夯筑痕迹,墙体厚度约半米,墙头有檐,外墙与内墙之差别较为明显④。砖瓦石作为建材,在汉代

---

① 广州市博物馆:《广州汉墓》,北京:文物出版社,1981 年,第 428 页;高彤流、刘永生:《山西夏县王村东汉壁画墓》,《文物》1994 年第 8 期,第 34~46 页。
② 甘肃省博物馆:《武威雷台汉墓》,《考古学报》1974 年第 2 期,第 87~189+174~191 页;陕西考古研究院:《壁上丹青——陕西出土壁画集》,北京:科学出版社,2009 年,图 20。
③ 刘敦桢:《中国古代建筑史》,北京:中国建筑工业出版社,2008 年,图 70。
④ 刘海旺等:《河南内黄县三杨庄汉代庭院遗址》,《考古》2004 年第 7 期,第 34~37 页。

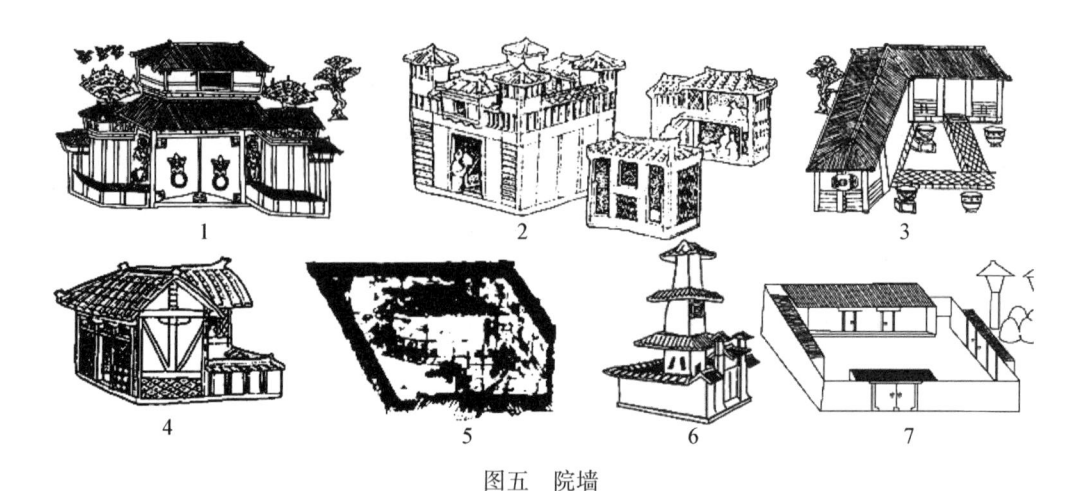

图五　院墙
1. 沂南北寨村　2. 广州汉墓 M5043　3. 沂南北寨村　4. 广州汉墓 M4011
5. 夏县王村　6. 张掖东汉墓　7. 定边郝滩

已经普遍出现,从目前遗址材料中可见绝大多数在丧葬建筑及部分礼制建筑中使用,尚无法断定其在住宅建筑中的使用情况,院墙或由砖石做基础,但地上部分大多仍为土坯夯筑而成。

（三）主体建筑

建筑图像中庭院的主体建筑多为中心院落的单檐或重檐的厅堂式建筑。但在庭院模型明器中,即使是单进小院,也常见主体建筑为楼阁的现象。推测应与其等级和规模相关。

关于主体建筑在院落中的具体位置,多进庭院的主体建筑多在第二进或者第三进院落的中心位置,单进院落的主体建筑则有院落中心、院落北面正中和偏居一隅三种情况。庭院主体建筑在图像材料和模型明器中呈现出明显不同的面貌。图像中可见的高台基单层庑殿顶厅堂建筑最多①(图六,1~4、6),楼阁相对较少,此外还有与厅堂或楼阁毗连的主体建筑群②(图六,9~11);而在建筑模型中,以楼阁为主体建筑的庭院③(图五,6;图六,8)也颇为常见。

结合庭院规模与主体建筑位置及其建筑形式综合观察,可以了解到如下信息：在高等级大规模的庭院中,主体建筑以单檐或重檐的单层厅堂式建筑为主,且建筑规格与庭院总体规格一致;以楼阁作为主体建筑的多为小型庭院,反映的多是小民之家因占地面积受

---

① 高文、王锦生：《巴蜀汉代画像砖大全》,澳门：国际港澳出版社,2002 年,图 44;王金元：《山西离石马石盘汉代画像石墓》,《文物》2005 年第 2 期,第 42~51 页;李贵龙、王建勤：《绥德汉代画像石》,西安：陕西人民美术出版社,2011 年,图 246;赖非：《中国画像石全集·2 山东汉画像石》,济南：山东美术出版社,2000 年,图 25。
② 吕品：《中岳汉三阙》,北京：文物出版社,1990 年,图 8;中国画像砖全集编辑委员会：《中国画像砖全集·四川画像砖》,成都：四川美术出版社,2006 年,图 142;高文：《中国画像石全集·四川汉画像石》,郑州：河南美术出版社,2000 年,图 132。
③ 广州市文物管理委员会：《广州出土汉代陶屋》,北京：文物出版社,1958 年。

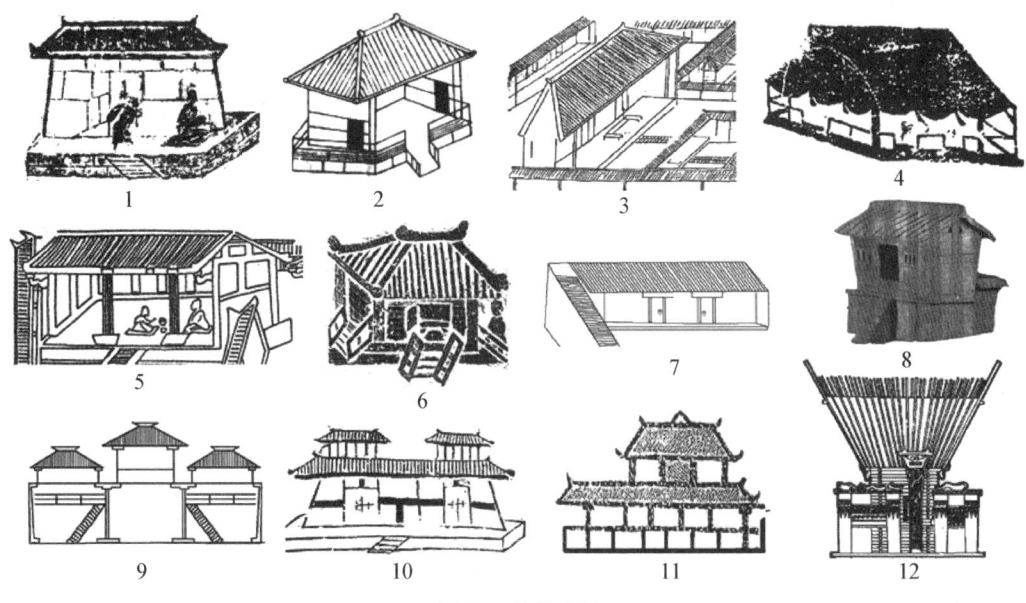

图六 主体建筑
1. 新都县 2. 离石马茂庄M2 3. 诸城前梁台 4. 绥德延家岔 5. 成都羊子山 6. 旧县西颜林村
7. 定边郝滩 8. 广州南郊大元岗 9. 登封太室阙 10. 彭县太平乡 11. 都江堰 12. 晋宁石寨山

到限制而尽可能地增加居住空间的做法。这种楼阁高度多数不超过三层,而主体建筑是否位于庭院的中心位置或者中轴线,一方面受到庭院布局与规模大小的影响,另一方面也与庭院等级规格密切相关,中小型民宅主体建筑位置则相对更为随意。

(四)附属建筑

附属建筑主要是庭院的生活服务区,在模型明器和图像中可见到的庭院附属建筑类型包括府、库、仓、庖厨、牲畜圈、作坊、台榭池苑等,是存贮、制作、维持基本生活所需或休闲娱乐活动的场所。

附属建筑在庭院中的位置根据其功用有较大差别。庖厨、作坊、仓、牲畜圈等的位置有的附于主院一侧或两侧(图七,1),有的处于院落厦房或者倒座房位置①(图七,2),而府、库等则在正院之后的位置,应是考虑到安全性的设置。池苑及观赏类附属建筑则有在主院中(图七,3)或主院外利用飞阁与院内建筑相连接②(图七,6)。在河南焦作白庄1号汉墓中有与仓以飞梁相连的楼阁建筑模型,根据实际情况推测,出于实用及安保需要,这种院落与仓相连的结构应是出现在大型庭院之内的小院落,其与仓楼均位于庭院的附属建筑区。

其中,虽然文献中也有提到高门府第中"连起馆舍,楼阁相连"或"飞阁相接",但如焦

---

① 于豪亮:《记成都羊子山一号墓》,《文物参考资料》1955年第4期,第70~79页。
② 河南博物院:《河南出土汉代建筑陶器》,郑州:大象出版社,2002年。

作白庄 M2 出土的陶院落模型中飞阁悬空的做法有很大的承重局限。参考建筑基址及图像材料,其支撑或有三类:一是利用高大夯土台或砌筑于高墙之上,如西汉长安城未央宫与其他宫殿区连接高大的夯土台基作为廊庑飞阁之基础①;二是利用斗栱、立柱支撑,如平梁桥做法;三是使用亭榭支撑的方式②(图七,8、9)。若完全悬空,则可参考拱桥之券拱技术,此类零星见载于文献,以"飞虹"指代,但尚无确凿证据。

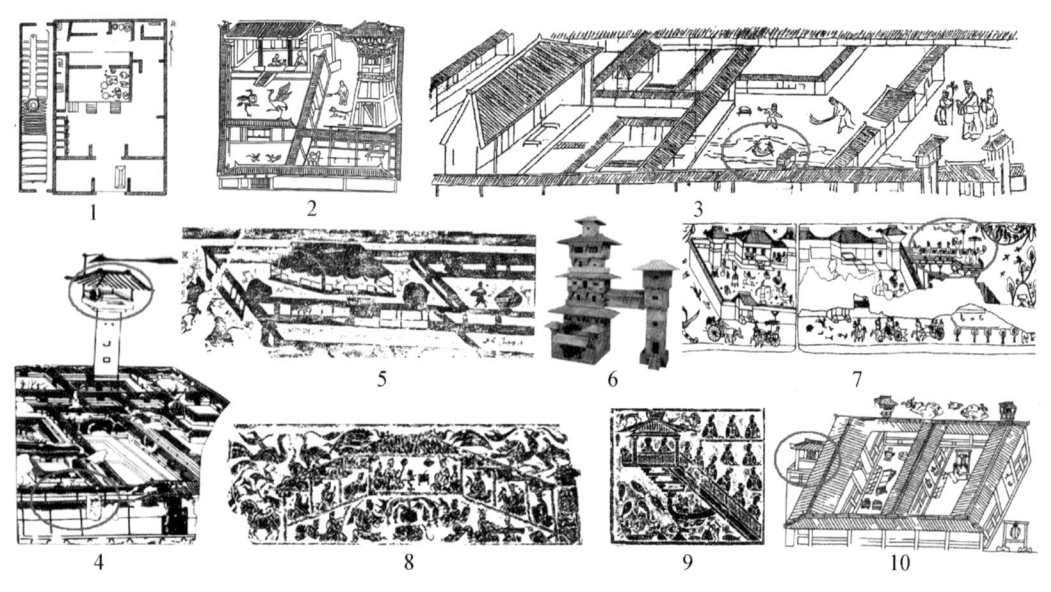

图七 附属及防御建筑
1. 淮阳于庄 M1 2. 成都羊子山 M2 3. 诸城前凉台 4. 安平逯家庄 5. 夏县王村 6. 焦作白庄 M2
7. 鄂托克旗凤凰山 M1 8. 宿州灵璧县 9. 微山两城镇 10. 沂南北寨村

(五)防御建筑

作防御之用的庭院内部建筑类型包括墙、望楼、角楼、哨亭、堡、台等。院墙本就是一重重要的防御设施,作为防御之用的墙体防御措施也随着社会格局的变化而变化,这一点在建筑图像及模型明器上均有所体现。如在安平逯家庄壁画墓庭院图③(图七,4)中,其围墙较高,且在最外层围墙内侧加设一道围墙,为复壁结构,属于较高等级的围墙防御做法。在该庭院的院落中轴线尾端有一座极其高大巍峨的望楼建筑,建筑顶部还有旗帜飘扬,这种望楼作为登高瞭望的绝佳场所,其建筑功能在很大程度上有防御之用意。

此外,广州汉墓 M5043 中出土的东汉陶院模型明器(图五,2),其四角均有角楼,这种

---

① 中国社会科学院考古研究所:《汉长安城未央宫 1980~1989 年考古发掘报告》,北京:中国大百科全书出版社,1996 年。
② 中国画像石全集编辑委员会:《中国画像石全集·4·江苏、安徽、浙江汉画像石》,济南:山东美术出版社,2000 年,图 177;马汉国:《微山汉画像石选集》,北京:文物出版社,2003 年,图 130。
③ 刘来成:《安平东汉壁画墓发掘简报》,《文物春秋》1989 年第 Z1 期,第 70~77+145~151 页。

角楼与围墙为一体,守备人员可在墙顶角楼内部活动。如鄂托克旗凤凰山 M1 庭院图①(图七,7)、沂南北寨村汉画像石墓庭院图(图七,10)中,在院墙外侧建台榭或者高台,或用高大夯土台基筑成高台,或为立柱支撑悬空。这些建筑均具备一定的防御属性。

三、汉代庭院的建筑等级与规模

(一)汉代庭院的建筑等级

建筑作为主人政治地位及经济实力最为直观的体现,在汉代也有较为清晰的等级规定。除宫城之外的住宅等级最高者为第,食邑满万户的列侯可建第。汉代第有甲乙第次,实际上虽不是万户侯才可用甲第,但其主人多为功勋卓著之列侯。《汉书·郊祀志》就有赐列侯甲第的记载。关于第的建筑做法,《初学记》卷二十四《宅》引《魏王奏事》有云:"出不由里门,面大道者名曰第;爵虽列侯,食邑不满万户,不得作第。"两汉时期,可确认为万户侯的总共也不过十位,从西汉晚期开始甲第的等级规定逐渐松弛。《西京杂记》卷四提及:"哀帝为董贤起大第于北阙下,重五殿,洞六门,柱壁皆画云气华蘤,山灵水怪,或衣以绨锦,或饰以金玉。南门三重,署曰南中门、南上门、南更门。东西各三门,随方面题署,亦如之。楼阁台榭,转相连注,山池玩好,穷尽雕丽。"到东汉时期大将军梁冀的府第也大超其应有等级,规模极大,当为东汉后期甲第之最。

在郑州南关 M159 画像砖上的庭院图像②(图八,1、2)中,院门外有较为独立的前导空间,门阙高悬,侍从林立,两块画像砖拼合起来可见其规模至少在四进之上,乃为等级较高的庭院类型,或为甲第之简写图像。在山东曲阜旧县西颜林村画像石上的庭院图③(图八,3)中,大门内立双阙,阙后有倒座门房,表明府第应直面大道,因此前导空间置于院墙之内,乃是第的主要特征,因其规模较之前图小,或为乙第之简写图。

在第之下,官吏之住所称舍、馆,大夫所居称家,普通百姓之住所则泛称为宅。《论衡·诘术篇》图宅术曰:"宅有八术,以六甲之名,数而第之,第定名立,宫商殊别。……甲乙之术,独施于宅,不设于田,何也?府廷之内,吏舍比属,吏舍之形制,何殊于宅?吏之居处,何异于民?不以甲乙第舍,独以甲乙数宅,何也?民间之宅,与乡、亭比屋相属,接界相连。"表明吏舍与甲乙第一样,为独立庭院,从清张惠言根据史料所绘的春秋时期士大夫住宅平面图④(图八,3)中可以看出士大夫阶层的家宅也为带门塾的独立庭院,而普通民居宅院则庭院毗连,墙屋相接,广州汉墓出土的大量小型庭院模型明器(图二,2、4)也验证

---

① 魏坚:《内蒙古中南部汉代墓葬》,北京:中国大百科全书出版社,1998 年,第 168~182 页。
② 王与刚:《郑州南关 159 号汉墓的发掘》,《文物》1960 年第 Z1 期,第 19~24 页。
③ 赖非:《中国画像石全集·山东汉画像石》,图 25。
④ (清)张惠言:《郑注大夫士东房西室图》,《钦定四库全书·仪礼图·仪礼旁通图》,北京:全国图书馆文献缩微中心,2001 年。

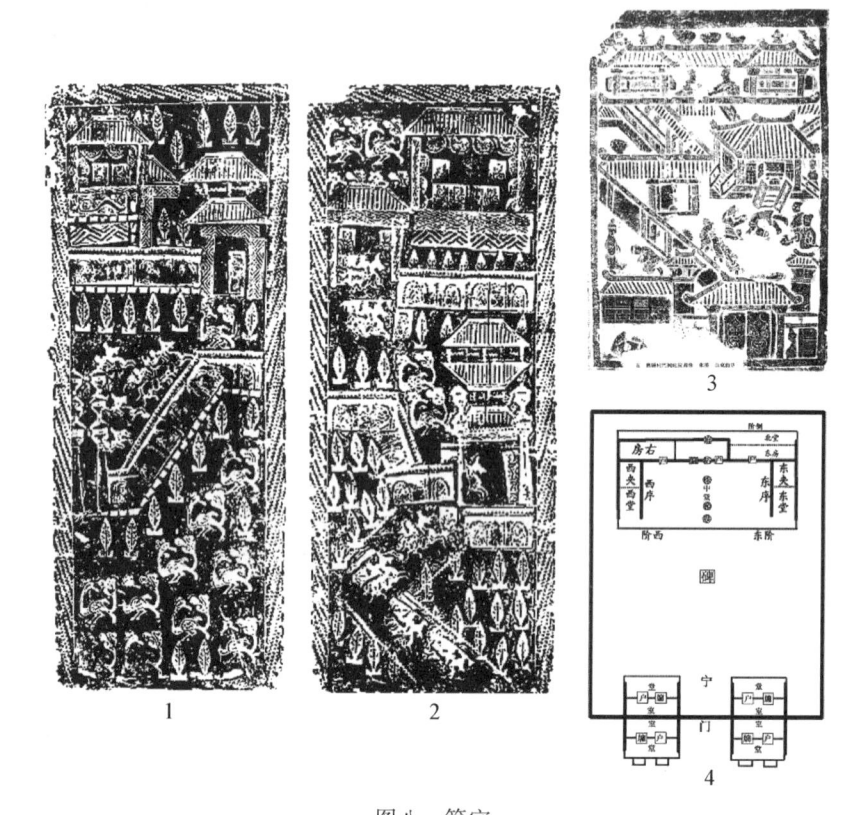

图八 第宅
1、2. 郑州南关 M159 3. 山东曲阜西颜林村 4. 士大夫房室图

了这种说法。

（二）汉代庭院的建筑规模

府第宅院的规格主要体现在五个方面：选址、院门式样、建筑组合及其高度、占地面积、建筑装饰。从建筑模型明器和图像中能够观察其院门式样、建筑组合及建筑装饰，至于选址、高度、占地面积等其他信息则需要依靠遗址数据进行推测。目前遗址发现的高规格住宅庭院不多，以内黄三杨庄民居院落[①]为例，三座院落均为占地面积 400～600 平方米的两进院落，是汉代中原地区相对富足的平民之住宅。对于不同等级的庭院的规模判断，仍需更多的考古资料予以补充。

除了文献及遗址资料，通过对模型明器及图像资料的分析，也可获得一些汉代庭院规模的直观印象。除前文提到的甲乙第图像之外，仍可见多进复合型庭院（图七,4）、三进院落（图七,1、3）、二进院落（图七,2、5、10）、单进院落（图五,2、4、5、7、8）四种规模。此

---

① 河南省文物考古研究所、内黄县文物保护管理所：《河南内黄三杨庄汉代聚落遗址第二处庭院发掘简报》，《华夏考古》2010 年第 3 期，第 31 页。

外,通过对汉代壁画墓和画像砖石墓葬建筑空间的分析,也能获得部分墓主人生前的宅院信息。

1. 大型庄园庭院

东汉中晚期开始,社会经济发生了重要的变化,以土地为经济基础的门阀士族阶层崛起在庭院建筑上也有所体现。《东观汉记·樊重传》:"樊重治家产业,起庐舍,高楼连阁,陂池灌注,竹木成林,六畜杂果,檀漆桑麻,闭门成市。"文献中的这种规模巨大的庭院虽不见于其他考古材料,但从和林格尔大店子壁画墓①(图九)中的图像配置及随葬品位置等信息所映射的墓主人的生前居所中,或可管窥一二。

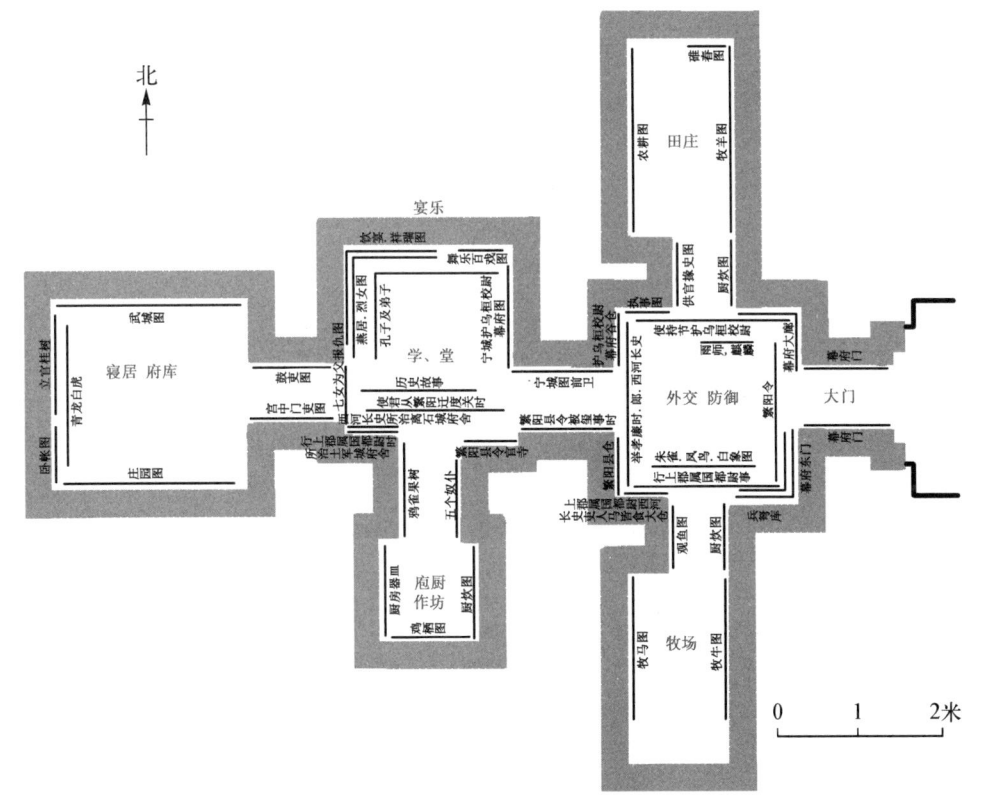

图九 和林格尔大店子壁画墓

从图中的图像主题配置与空间对应关系,可以看出其所映射的宅院布局如下:带门道的大门,前院中庭置外交、防御之所,两侧置田庄、牧场,中院设正厅、堂、学,两侧院分别做宴饮娱乐及庖厨、桑果、纺织等生产生活之用的附属建筑区,后院做寝居及府库。这应是对东汉晚期世家人族庄园宅邸布局的映射。

---

① 盖山林:《内蒙古和林格尔壁画墓》,北京:文物出版社,1975年。

2. 多进复合型庭院

其中安平逯家庄壁画墓中的多进院落（图七，4）应为庄园，其防御望楼高耸，根据其与庭院其他建筑的高度对比来看，若为有政治等级的甲乙第，其高度应受到限制，因此推测为地方豪绅大族之家。这也是东汉后期豪绅大族受社会矛盾加剧背景影响下从住宅建筑上进行的改变和应对。

3. 三进庭院

诸城前凉台画像石墓图像中的庭院即为三进长方形带池苑复合型庭院（图七，3）。每进院内规划成不同规模的小院，第二进院落东侧有池苑、西侧另辟出一座独立小院的做法表明，汉代庭院对休闲类如池苑亭榭建筑的位置规划，应在寝居之前。淮阳于庄 M1 出土的陶院落模型也是一座带跨院的三进庭院（图七，1），该院落主院三进，院门与主体建筑均位于主院中轴线上，西侧跨院为附属建筑区，体现出较为严整的布局特点。

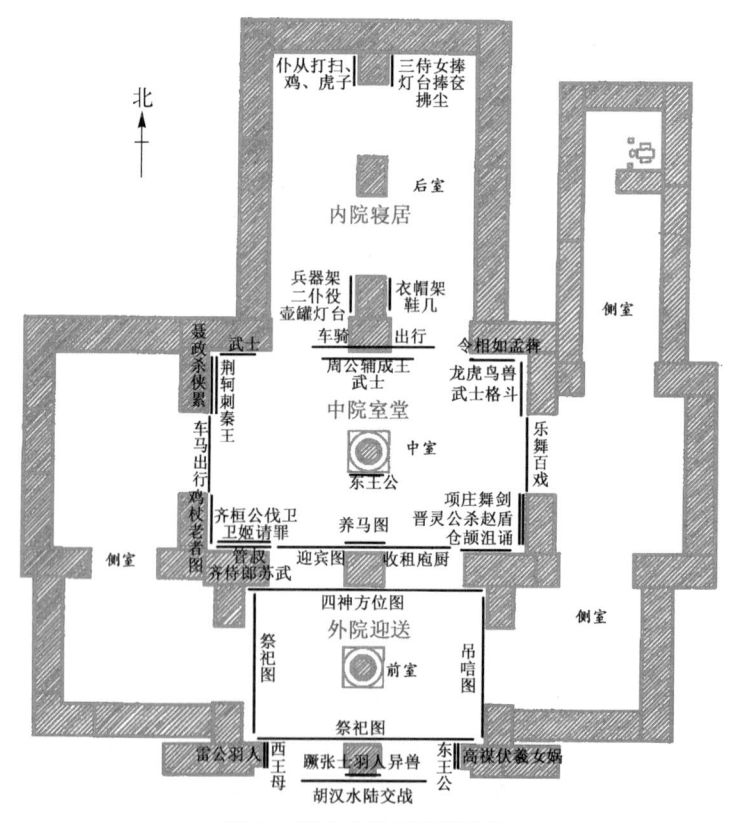

图十　沂南北寨村画像石墓

除了模型明器及图像资料外，从墓室建筑空间分配中也能看出三进院落的功能分区已十分清晰。如沂南北寨村画像石墓（图十），无论是随葬品还是墓室画像主题打造出来的空间用途,都反映出中轴线上的前中后三座墓室作为前院迎送、中院室堂和内院寝居的功能分区,而右侧室中的厨、厕等则为院落的附属建筑区,作为日常生活所需的存储制备之所。

4. 两进院落

无论是院落遗址、模型明器还是图像资料,两进院落的数量都较多(图七,2、5、10),目前已有学者对中小型庭院进行了较为系统的梳理①。汉代两进院落最典型的特点是,主院与附属建筑区分开,作为跨院或者后院缀于庭院一侧。前院主要作为迎送空间,主体建筑位于第二进院落。

5. 单进院落

单进院落是汉墓建筑模型明器中数量最多的,以华南地区尤甚。其庭院建筑组合多将附属建筑与主体建筑组合为一座紧凑型小院(图五,2~8),厅堂、楼阁与仓、厨、圈、厕等附属建筑设施融为一体的做法非常常见。这种小院,是普通小民之家最常见的住宅。其院门、围墙设置也相对随意,是巷陌相连、毗邻而居的整体规划中尽可能增加实用建筑空间的一种灵活处理。

四、结　　语

通过对史料及考古材料中汉代人居类型庭院的梳理,可以对汉代民居庭院建筑得出如下认识:

(一)庭院布局结构特点

高等级庭院可见以院门、正堂为中轴线的对称结构,但中小型庭院布局多不规整。院门位置在正中轴线上或偏于一隅,朝向或东或南。主院和正堂位置亦不固定在正中院落,正堂在第一进到第三进位置的例子均可见。附属建筑和防御建筑多在庭院围墙内,也有少部分庭院呈半开放式,部分建筑不在围墙内。

(二)庭院建筑组合

院门形制均带屋顶,部分可见檐柱,门扇安装在金柱位置,绝大多数为双扇板门,单扇极少,部分可见挡门石、门枕石、铺首、门环等。门有单檐单层、重檐单层和门楼三种建筑式样。从独立院门、门屋一体、门塾一体和门阙结合四种庭院大门结构来看,应以门阙结合式大门等级为最高,宫廷、衙署、官吏第宅大门可用此式。汉以后的第宅大门基本不立

---

① 刘泳含:《汉代建筑冥器及画像砖石中出现的合院建筑研究》,西安建筑科技大学硕士学位论文,2018年。

阙,世家大族在原院门前立阙位置立阀阅(类似华表的柱子)的做法延续下来,这也成为东汉及其以后门阀士族称呼的一种具象来源;其次是门塾结合的屋宇式大门,这种院门也是后世最常见的院门类型;独立院门在等级上要略高于门屋结合的大门,这两种均为普通民居常用的院门结构。

庭院主体建筑中,重檐厅堂式建筑数量较多,且等级要高于楼阁。规模较大的庭院图像中,正堂多为厅堂式,而所有图像及模型明器材料中以楼阁作为主体建筑的庭院规模则并无定式,且楼阁除了拜谒、燕乐之用外,还多见仓、库及作坊等,由此猜测,楼阁在庭院建筑中所代表的更多是主人的经济实力而非社会地位。

《后汉书·宦者列传》:"又今外戚四姓贵幸之家,及中官公族无功德者,造起馆舍,凡有万数,楼阁连接,丹青素垩,雕刻之饰,不可单言。"

附属建筑如回廊、庖厨、牲畜圈、作坊、厦房等多在院落主线外围或一隅,其防御设施则以围墙、哨亭、望楼、高台等为主,以庭院前后或四围分布较多见。附属建筑及防御建筑是庭院防卫的两道屏障。

(三)汉代庭院等级规模

住宅类庭院最高等级为甲第,乙第次之,皆立阙,不受里坊规划约束,院门出入直通大道,为列侯住宅。

列侯之下吏舍、士家根据其等级也有规制,高级官吏馆舍前可立阙,院门作门塾结合的屋宇式,受城市规划限制,多数不可直通大道。

普通百姓之住宅,在等级不僭越的前提下,则与经济实力和社会环境直接挂钩。大型如樊重将田、市、作坊、住宅等囊括其中的大型综合经济体式的庄园庭院;中型如在中原地区汉墓中出土的庭院模型,多为一进到三进庭院,独立院门或门屋结合的大门建筑式样,以生活所需为主进行功能规划,并无统一定式,带有防御性望楼和角楼的多为富足小家之宅院;小型如广州汉墓出土的陶院模型明器中,多见小型单进合院,且干栏式建筑多见,往往上层住人,下层或作牲畜圈、储物间及作坊等,院内天井极小,有些甚至不做大门,出入用楼梯。结合文献中提到的"民间之宅,与乡、亭比屋相属,接界相连",推测这种民居为统一管理规划的街巷中常见的小家之宅院。

目前对于汉代庭院的研究,仍有诸多问题尚未解决,如要了解不同等级规模庭院的基本规制及具体规模仍需更多遗址材料的积累,而且庭院等级与院门、屋顶、高台、楼阁的建筑式样之间的对应关系尚未有定论,笔者谨以此文抛砖引玉,力求为深入了解汉代建筑发展作出微薄努力。

西州回鹘佛教石窟寺院的营造

夏立栋

中国社会科学院考古研究所

唐贞元八年（792年），东天山地区局势危急混乱，吐蕃侵占西州并将大量官吏和高僧强制迁往河西[1]，至802年，西州又落入漠北回鹘之手[2]。840年，漠北回鹘汗国因为黠戛斯的攻袭迅速瓦解，其中一部西奔至东天山地带，并于866年以高昌为都城，建立回鹘汗国，史称西州回鹘。10世纪末至11世纪初，西州回鹘摒弃原本的摩尼教信仰，改宗佛教[3]，直至14世纪后期被迫改奉伊斯兰教。回鹘佛教前后延续四百余年，得到回鹘王室及以下各阶层的热烈信奉，胜光阇梨、迦鲁拏答思、脱印、安藏、合台萨里、斋牙答思、必兰纳识里、舍兰兰等义学高僧辈出[4]，先后将多部吐火罗语、梵文、汉文、藏文佛典编译为回鹘文佛典[5]，屡见同一经本反复修订或重译的现象[6]。太平兴国七年（982年）北宋使臣王延德至高昌时，见到"佛寺五十余区，皆唐朝所赐额，寺中有《大藏经》、《唐韵》、《玉篇》、《经音》等，居民春月多群聚遨乐于其间"[7]。

西州回鹘所辖疆域不断变化，全盛时期在天山南麓西抵阿克苏、乌什一带，天山北麓至伊塞克湖东南沿岸[8]，控制中心为唐伊、西、庭故地，这些地区都广泛分布有西州回鹘佛教遗

---

[1] 张广达、荣新江：《有关西州回鹘的一篇敦煌汉文文献——S.6551讲经文的历史学研究》，张广达：《文书、典籍与西域史地》，桂林：广西师范大学出版社，2008年，第153~176页。

[2] 荣新江：《摩尼教在高昌的初传》，荣新江：《中古中国与外来文明》，北京：生活·读书·新知三联书店，2014年，第333~348页。

[3] T. Moriyasu, "Chronology of West Uighur Buddhism: Re-examination of the Dating of the Wall-paintings in Grünwedel's Cave No. 8 (New: No. 18), Bezeklik", *Aspects of Reasearch into Central Asian Buddhism*, Silk Road Studies XVI, Brepols, 2008, pp. 191-228；《西ウイグル王国におマニ教の衰退と仏教の台頭》，氏著：《東西ウイグルと中央ユーラシア》，東京：名古屋大学出版社，2015年，第590~617页。

[4] 庆吉祥：《大元至元法宝勘同总录》卷一《奉诏旨编修执笔校勘译语证义诸师名衔》，影印《宋碛砂藏经》，上海影印宋版藏经会，1935年。

[5] P. Zieme. *Editions and Studies of Uigur Texts from Turfan and Dunhuangsince 1970*, Journalof Central Asia 6. 1, Islambad 1983, pp. 81-101；冯家昇：《刻本回鹘文〈佛说天地八阳神咒经〉研究——兼论回鹘人对于大藏经的贡献》，《考古学报》1955年第1期，第183~192页；耿世民：《佛教在古代新疆和突厥、回鹘人中的传播》，《新疆大学学报（哲学社会科学版）》1978年第2期，第69~76页；张铁山：《国外收藏刊布的回鹘文佛教文献及其研究》，《西域研究》1991年第1期，第135~142页；张铁山：《我国回鹘文及其文献研究概述》，《喀什师范学院学报》1988年第2期，第65~68页；杨富学：《西域敦煌回鹘佛教文献研究百年回顾》，《敦煌研究》2001年第3期，第161~188页。

[6] 付马：《两种回鹘语〈阿离念弥本生经〉写本比较研究——兼论西州回鹘早期的译经活动》，《西域研究》2018年第3期，第30~48页。

[7] 《宋史》卷四百九十《外国》"高昌"条，北京：中华书局，1989年，第14112页。

[8] 付马：《丝绸之路上的西州回鹘王朝——9~13世纪中亚东部历史研究》，北京：社会科学文献出版社，2019年，第153页。

址。本文研究对象主要限于高昌地区的西州回鹘石窟寺院遗址,这批石窟因其中许多遗留有特征明显的回鹘风壁画、回鹘供养人和回鹘文原始造像题记,而易于辨识。吐鲁番盆地现存西州回鹘时代石窟寺院遗址包括忙得古尔、吐峪沟、柏孜克里克、胜金口、伯西哈、七康湖、桃儿沟、雅尔湖等处。这些遗址多是沿用或改建早期石窟寺院中的原有洞窟,极大地改变了原寺院的形制布局和洞窟功能,较少重新选址、大规模营造独立寺院。洞窟多以土坯在崖面前平台垒砌,少数在山体中开凿,亦有洞窟主室于山体中开凿,前室以土坯接续垒砌的做法。

一、石窟寺院遗址的调查、发掘与研究

自19世纪末、20世纪初开始,外国探险家开始陆续进入吐鲁番盆地,调查佛教石窟寺院遗址。西州回鹘时期遗址因其保存较为完整,图像资料丰富,成为探险家重点关注的对象。克莱门兹(D. A. Klementz)、奥登堡(S. F. Oldenburg)分别于1898年、1909年考察了吐鲁番地区的大量石窟①,对部分洞窟进行记录、绘图,拍摄了一批洞窟照片②。1902~1903年、1904~1905年、1905~1907年,德国吐鲁番考察队先后三次考察吐鲁番地区的石窟③,格伦威德尔(A. Grünwedel)以壁画画风为标尺,将柏孜克里克石窟壁画分为"最古老者"、"回鹘人艺术风格"、"喇嘛教"三期,并开始注意到邻近洞窟在造像题材上的组合关系④。1908~1909年,大谷探险队第二次中亚探险派遣橘瑞超、野村荣三郎前往中亚,期间至吐鲁番考察石窟。1910~1912年,橘瑞超与后来赶到的吉川小一郎在吐鲁番发掘古物,同时造访了不少石窟遗址⑤。斯坦因(A. Stein)于1907年、1914年两次考察吐鲁番地区的石窟,拍摄的照片对于确定部分回鹘洞窟的组合、年代至为重要⑥。1931年,法

---

① 克莱门兹的考察简报为《1898年圣彼得堡俄国科学院吐鲁番考察报告》(Klementz D. A., *Nachrichten über die von der Kaiserlichen Akademie der Wissenschaften zu St. Petersburg in Jahre 1898 ausgerustete Expedition nach Turfan*, St. Petersburg: Akademiia 1899)。奥登堡的考察简报为《1909~1910年俄国突厥斯坦考察》(Oldenburg S. F., *Russkaya Turkestanskaya ekspeditsiya 1909-1910*, St. Petersburg: Akademiia Nauk, 1914)。

② 张惠明曾对俄罗斯艾尔米塔什博物馆的吐鲁番收藏品进行过较为系统的调查,共编号944个,详细梳理了这批藏品的收藏时间、新旧编号、类型、出土地点等信息。参看张惠明:《1896至1915年俄国人在中国丝路探险与中国佛教艺术品的流失》,《敦煌研究》1993年第1期;张惠明:《俄国艾尔米塔什博物馆的吐鲁番收藏品》,《敦煌吐鲁番研究》第十卷,2007年,第221~243页;张惠明、鲁多娃、普切林:《艾尔米塔什博物馆所藏俄国吐鲁番考察队收集品简目》,《敦煌吐鲁番研究》第十卷,2007年,第245~294页。

③ 德国探险队在吐鲁番的考察过程可参看[德]卡恩·德雷尔著,陈婷婷译:《丝路探险:1902~1914年德国考察队吐鲁番行记》,上海:上海古籍出版社,2020年。

④ [德]格伦威德尔著,赵崇民、巫新华译,贾应逸审校:《新疆古佛寺:1905~1907年考察成果》,北京:中国人民大学出版社,2007年,第412、413页。

⑤ 参看[日]香川默识:《西域考古图谱》,国华社,1915年;[日]上原芳太郎:《新西域记》,有光社,1937年;[日]小田义久:《大谷文书集成(壹)(贰)(叁)》,京都:法藏馆,1984年、1990年、2003年;日本关东局:《旅顺博物馆图录》,日本美术写真印刷所,1943年;日本西域文化研究会:《西域文化研究》,京都:法藏馆,1962年。

⑥ Stein M. A, *Serindia: Detailed Report of Explorations Westernmost China*, Oxford: Clarendon Press, 1921, 5 vols, rep, Delhi, 1980. Stein M. A., *Innermost Asia: Detailed Report of Explorations in Central Asia, Kan-su and Eastern Iran*, Oxford: Clarendon Press, 1928, 4 vols, rep, New Delhi: Cosmo Publishers, 1981. Andrews F. H., *Wall Paintings from Ancient Shrins in Central Asia*, London, 1948. 斯坦因的论著多已译为汉文,参看[英]斯坦因著,中国社会科学院考古研究所译:《西域考古图记》,桂林:广西师范大学出版社,1998年;[英]斯坦因著,巫新华等译:《亚洲腹地考古图记》,桂林:广西师范大学出版社,2004年。

国中亚考察团成员阿甘(J. Hackin)考察柏孜克里克石窟,刊布了柏孜克里克石窟寺8座回鹘洞窟的文字记录和图版资料,纠正了格伦威德尔部分洞窟的文字记录[1]。在众多的探险家考察报告中,俄国考察队的两次考察资料尚待披露,格伦威德尔1902~1903年、1905~1907年的考察笔记和斯坦因1914~1915年的考察报告记录最为系统、翔实,是当前研究西州回鹘石窟寺院的主要参考报告。

迄今,经过大规模考古发掘的西州回鹘佛教石窟寺院遗址包括柏孜克里克、胜金口和吐峪沟三处。1978年、1980~1981年、1984年,吐鲁番地区文物管理所对柏孜克里克崩塌的洞窟和部分崖下堆积进行了三次清理发掘,新发现部分崖下区地面建筑群,出土了一批壁画、塑像残块和木质建筑构件等遗物,并发现包括"高昌建昌五年"(559年)题记《妙法莲华经·观世音菩萨普门品》在内的800余件汉文、回鹘文、粟特文写本文书残卷[2],贞元二年(786年)至六年(790年)《杨公重修寺院碑》残碑[3]及《贞元六年造窟功德记》[4]。2009年,新疆文物考古研究所全面发掘了崖下区地面建筑群及山顶佛塔遗址,发掘者将崖下区遗址分为属于不同时期的上、中、下三层[5]。2012年,新疆文物考古研究所对胜金口石窟北部、中部和南部遗址进行较为全面的发掘清理,新发现中部大量僧房群遗址,出土一批包括陶器、木器、壁画残块、写本文书在内的遗物[6]。2010~2017年,中国社会科学院考古研究所、吐鲁番学研究院等对吐峪沟石窟遗址先后进行了八次全面、系统的考古发掘,新发现各类洞窟100余座,其中包括大量西州回鹘时期的洞窟和地面寺院,出土大量回鹘文文书、壁面题记、塑像与壁画残块、纺织品、陶器、木器等遗物[7]。此外,吐鲁番学研究院2017年、2019年对伯西哈石窟窟前遗址进行了清理发掘,对认为伯西哈石窟的洞窟形制布局及后期重修改建过程具有重要意义[8]。经过20世纪70年代末至近年来持续不断的考古发掘,新发现了一批全新样式的洞窟、地面建筑寺院遗址和回鹘文文书等遗物,为全面认识西州回鹘石窟寺院的洞窟类型与组合、壁画题材与布局、寺院整体形制布局与性质及日常管理运作提供了新的研究资料。

目前,对于西州回鹘石窟寺院的研究相对薄弱,主要集中于洞窟分期与年代和以造像题材辨识为主流的图像学研究两个方面。关于洞窟的分期与年代,虽然也曾尝试进行过洞窟碳十四测年研究[9],但因条件所限,当时在窟内采集的样本份数过少,有的样本误差

---

[1] J. Hackin, *Recherches archéologique au col de Khair Khaneh près de Kābul*, Pairs: Les Éditions d'Art et d'Historie, 1936, *Mémoires de la Délégation Archéologique Francaise en Afghanistan*, vol. 3.
[2] 吐鲁番地区文物管理所:《柏孜克里克千佛洞遗址清理简记》,《文物》1985年第8期,第49~65页。
[3] 柳洪亮:《柏孜柯里克新发现的〈杨公重修寺院碑〉》,《敦煌研究》1987年第1期,第62~63页。
[4] 柳洪亮:《高昌碑刻述略》,《新疆文物》1991年第1期,第60、61页;夏立栋:《〈贞元六年造窟功德记〉与唐西州宁戎窟寺》,《敦煌研究》2020年第2期。
[5] 新疆文物考古研究所:《新疆柏孜克里克千佛洞前遗址发掘简报》,《文物》2012年第5期,第32~62页。
[6] 新疆文物考古研究所:《新疆吐鲁番胜金口石窟发掘报告》,《考古学报》2016年第3期,第385~415页。
[7] 中国社会科学院考古研究所边疆民族考古研究室、吐鲁番学研究院、龟兹研究院:《新疆鄯善县吐峪沟东区北侧石窟发掘简报》,《考古》2012年第1期,第7~16页;中国社会科学院考古研究所边疆民族考古研究室、吐鲁番学研究院、龟兹研究院:《新疆鄯善县吐峪沟西区北侧石窟发掘简报》,《考古》2012年第1期,第17~22页。
[8] 吐鲁番学研究院:《吐鲁番伯西哈石窟发掘简报》,《吐鲁番学研究》2020年第1期。
[9] 中国社会科学院考古研究所实验室:《新疆吐鲁番和南疆地区部分石窟年代测定报告》,《考古》1991年第11期,第1039~1045页。

过大,未充分注意到洞窟的多次重修改建情况,导致所测样本代表的期别、年代意义不明,测年数据难以使用。更多的研究则主要基于壁画风格、供养人衣冠服制和历史背景的考虑,如常书鸿从壁画风格的角度推测了柏孜克里克石窟部分洞窟的营建年代[①]。阎文儒以壁画题材与风格的不同对柏孜克里克石窟进行的初步分期研究[②]。柳洪亮从供养人衣饰角度将柏孜克里克石窟分为麴氏高昌、唐西州、回鹘高昌、高昌王族东迁四个阶段[③]。贾应逸对吐峪沟、柏孜克里克、伯西哈等遗址中回鹘时代洞窟群进行过初步的分期或年代研究[④]。王玉冬从洞窟形制和壁画题材布局方面将柏孜克里克西州回鹘洞窟群分为9世纪中叶至11世纪中叶、11世纪中叶至13世纪初、13世纪初至14世纪末三期[⑤]。对于西州回鹘洞窟造像题材的图像学研究,主要集中于对单体洞窟部分壁画题材的辨识和某一类造像题材及风格的系统研究,少有对洞窟内造像题材组合关系及其与礼忏仪式关系的讨论。如承哉熹对柏孜克里克石窟誓愿画的造像题材、组合和分期进行过细致研究[⑥]。孟嗣徽辨识出柏孜克里克第18窟主室右壁造像题材为炽盛光佛与九曜十二元神图[⑦]。张惠明据俄藏柏孜克里克第49窟壁画残片,辨识出该窟左壁原绘壁画题材为"金光明最胜王经变"中的"忏悔灭罪"故事场面[⑧]。

二、洞窟类型

西州回鹘石窟寺院中的洞窟类型包括塔庙窟、佛殿窟、讲堂窟(?)、僧房窟、瘗窟和储藏窟。其中,塔庙窟和佛殿窟特征突出,佛殿窟数量最多,类型最为复杂,下文依次述之。

(一) 塔 庙 窟

塔庙窟根据是否由早期洞窟改建而成可分为两类。如果改建早期塔庙窟,则只能按照需要对原窟做出局部改动,呈现出两期规划设计方案的混杂,未能充分呈现西州回鹘时期的石窟营造理念;如果是重新开凿营建的洞窟,则可以按照既定的规划设计方案营造出全新的洞窟。

---

① 常书鸿:《新疆石窟艺术》,北京:中共中央党校出版社,1996年,第161~194页。
② 阎文儒:《新疆天山以南的石窟》,《文物》1962年第7、8期,第41~59页。
③ 柳洪亮:《柏孜柯里克石窟年代试探——根据回鹘供养人像对洞窟的断代分期》,《敦煌研究》1986年第3期,第58~67页。
④ 分别参看贾应逸:《新疆吐峪沟石窟佛教壁画泛论》、《柏孜克里克石窟初探》、《伯西哈石窟研究》,《新疆佛教壁画的历史学研究》,北京:中国人民大学出版社,2004年,第372~392、402~433、448~460页。
⑤ 王玉冬:《柏孜克里克佛教洞窟分期试论》,《中国佛教学术论典·87》,佛光山文教基金会,2001年,第404、405页。
⑥ 承哉熹:《柏孜克里克石窟誓愿画研究》,中国社会科学院研究生院博士学位论文,2010年。
⑦ 孟嗣徽:《文明与交汇——吐鲁番龟兹地区炽盛光佛与星神图像的研究》,《敦煌吐鲁番研究》第十五卷,上海古籍出版社,2015年,第181~200页。
⑧ 张惠明:《伯孜克里克石窟〈金光明最胜王经变〉图》中的〈忏悔灭罪传〉故事场面研究——兼谈艾尔米塔什博物馆所藏奥登堡收集品Ty-575号相关残片的拼接》,《故宫博物院院刊》2011年第3期,第55~70页。

1. 改建麴氏高昌国时期的洞窟

沿用麴氏高昌国时期的早期塔庙窟,但按照西州回鹘时期的需要对原窟进行局部改建。以土坯包砌原山体中心柱,并于中心柱左、右、后三面加开圆拱形龛。部分洞窟在后甬道后壁、正对左、右甬道的位置或后甬道两端加开两个大型圆拱形像龛。少数洞窟对原窟形制不做改动,只重绘部分壁画。包括吐峪沟沟东区第27[2]窟①、柏孜克里克第9[2]、18[2]、45[2]窟(图一),胜金口第6[2]窟(图二)。

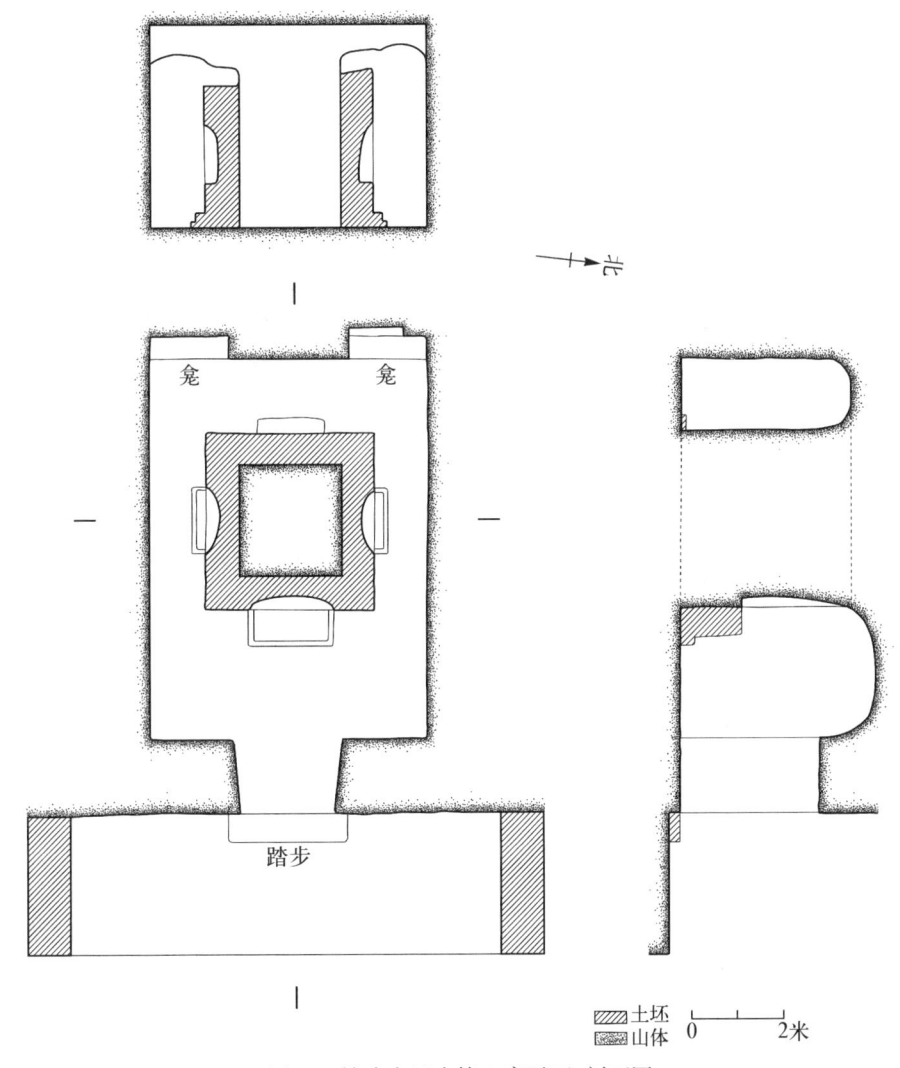

图一 柏孜克里克第9窟平面、剖面图

---

① 关于本文所用洞窟编号,吐峪沟石窟大部分使用中国社会科学院考古研究所与吐鲁番学研究院在近年考古发掘基础上重新发表的编号,对于少数尚未公布编号的洞窟,沿用吐鲁番文物局原有编号。其他石窟寺遗址皆使用吐鲁番文物局原有编号。对于经过多时期重修改建的部分洞窟,在洞窟编号后分别附加[1]、[2]、[3]表示洞窟第一、二、三时期的情况。

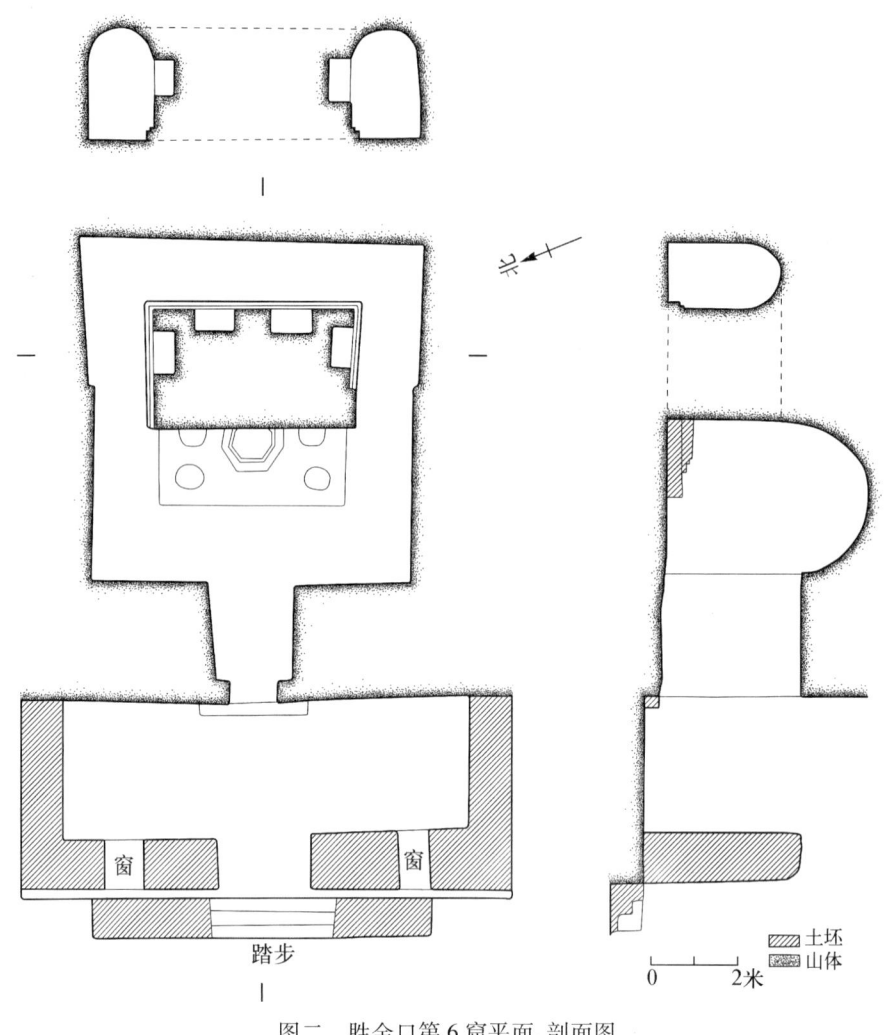

图二　胜金口第6窟平面、剖面图

2. 重新开凿营建的洞窟

重新选择山体，斩切崖面，营造出全新洞窟。此类洞窟于山体中开凿，由前室和主室组成，前室窄小，或与其他洞窟共用前室。主室宽于后室，横券顶或纵券顶。后室低窄，低矮纵券顶。部分洞窟在后甬道后壁、正对左、右甬道的位置或后甬道两端加开两个大型圆拱形像龛。中心塔柱面积较大，平面呈横长方形。塔柱正面凿出坐佛背光浅龛，其余三面开圆拱龛，包括吐峪沟沟西区第18窟、吐编第4、5窟（图三~图五），伯西哈第3窟，七康湖第9窟。

两类塔庙窟虽然洞窟形制有别，但窟内残存壁画所呈现出的造像题材与组合相同。各处塔庙窟壁画保存情况较差，难以确定洞窟整体壁画布局，但能看出塔庙窟壁画题材、布局形式多样，未形成成熟统一、程式化的图像配置体系，而是多借用流行于佛殿窟中的

空间与建筑

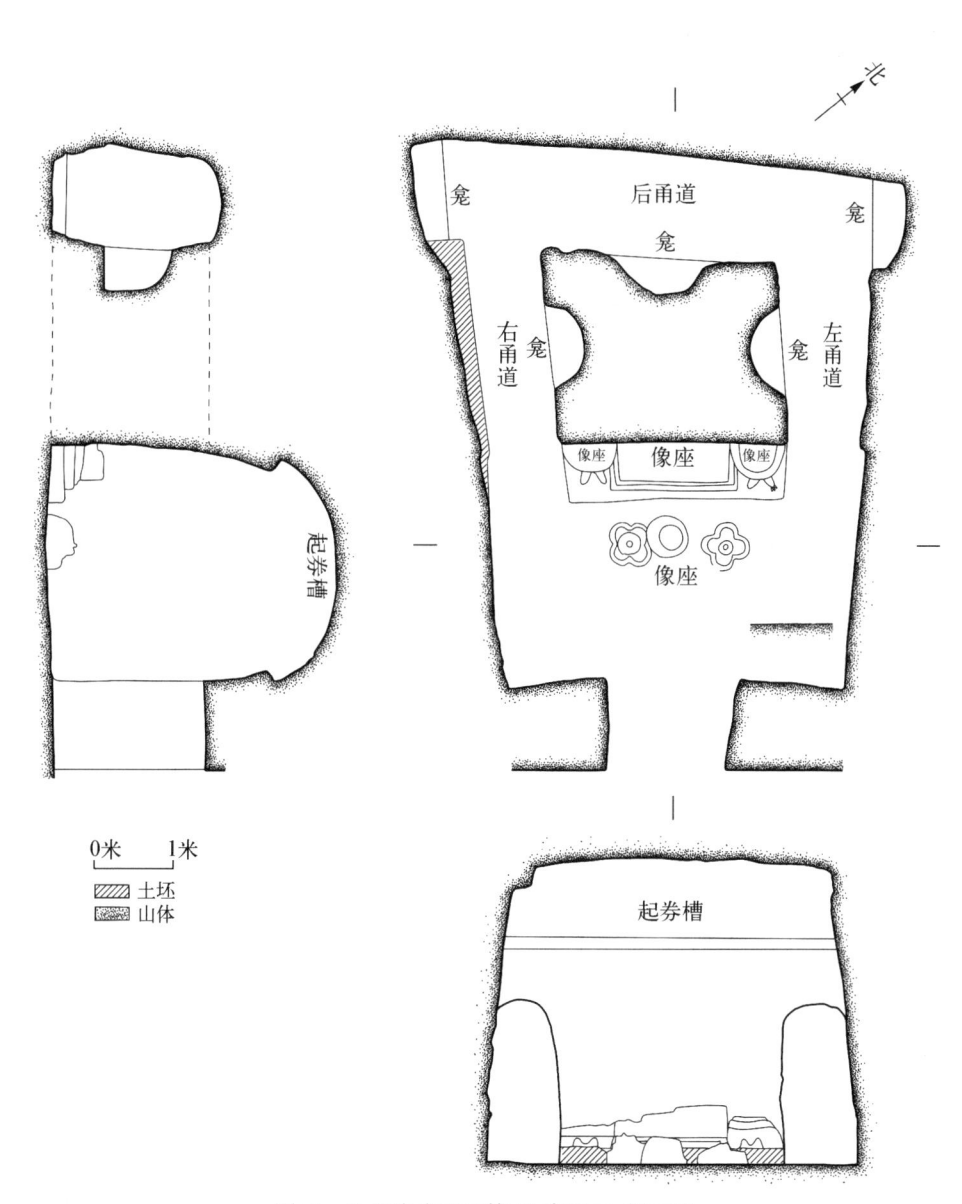

图三　吐峪沟沟西区第 18 窟平面、剖面图

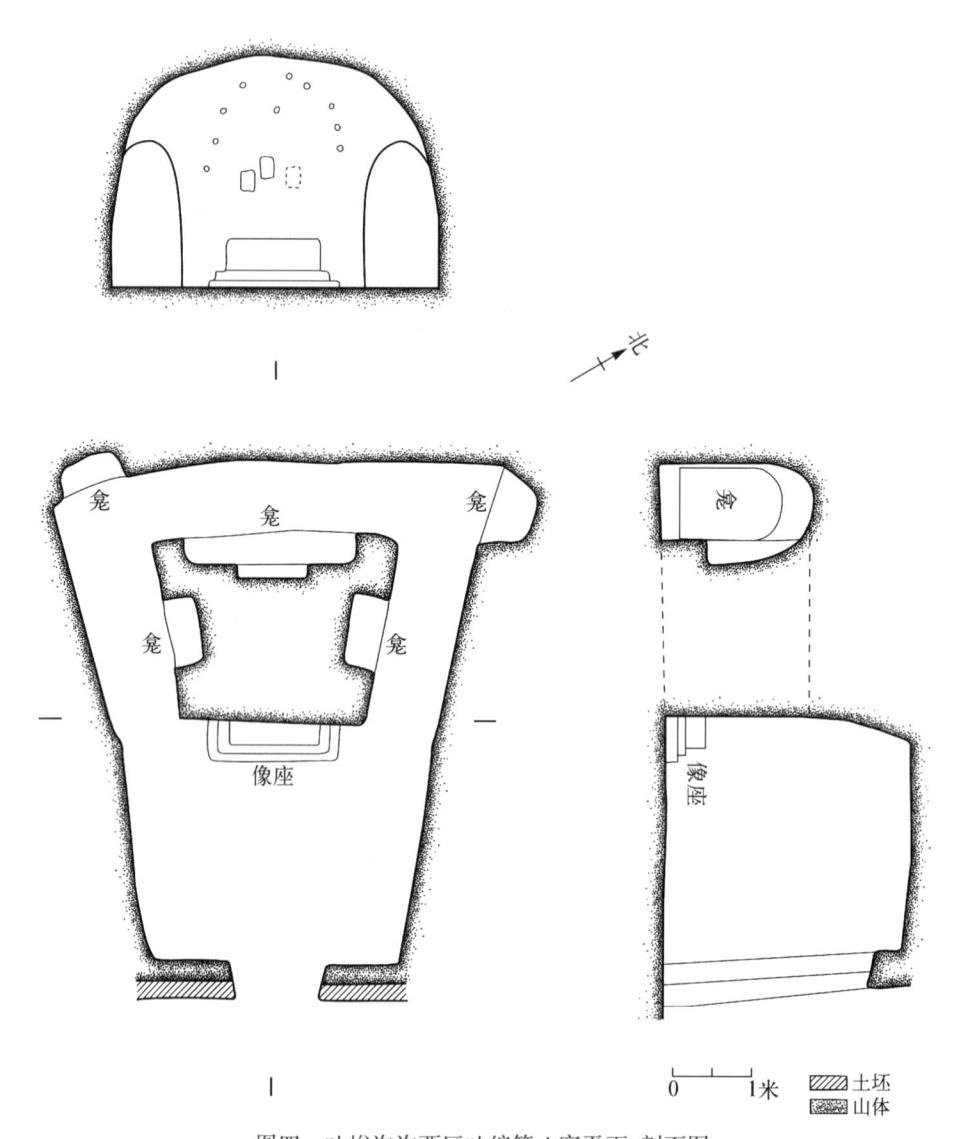

图四　吐峪沟沟西区吐编第4窟平面、剖面图

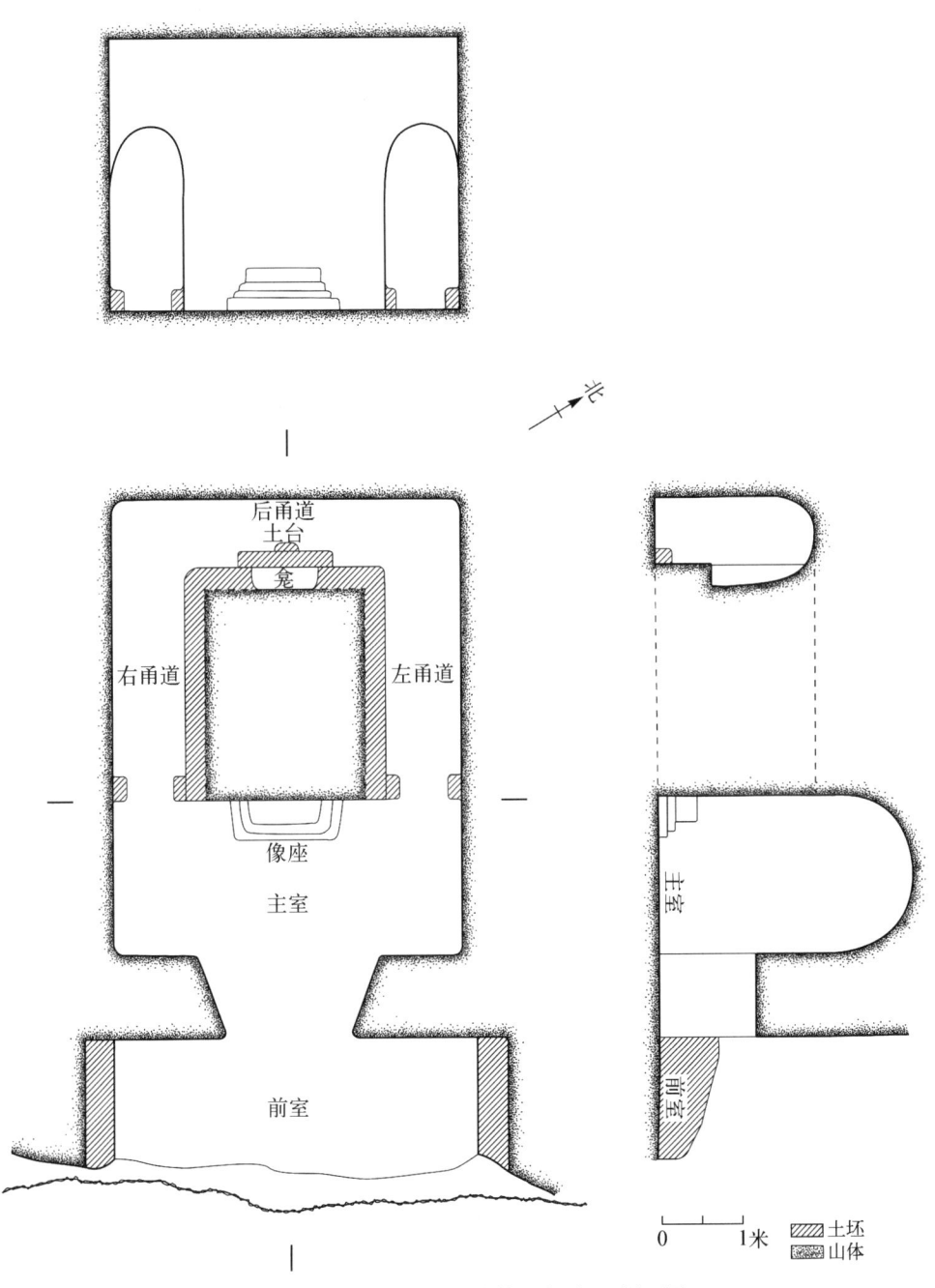

图五　吐峪沟沟西区吐编第 5 窟平面、剖面图

造像题材。现仅能确认主室正壁(中心柱前壁),原配置大型坐佛塑像,残存安置塑像的槽孔和须弥座,须弥座两侧各残存一座胁侍像台。前壁绘誓愿画及供养人列像;两侧壁绘经变画或千佛;窟顶绘千佛。左、右甬道外侧壁绘经变画或千佛,有的左、右甬道内侧壁绘誓愿画;后甬道窟顶绘天象图、大雁或花卉纹样。

(二)佛殿窟

佛殿窟是西州回鹘时期数量最多、类型最为多样的主体洞窟形式。根据洞窟形制和造像内容的不同,可分为四种类型。

第一类为带回廊式中心殿堂窟。洞窟中央为位置较高的方形、穹窿顶中央殿堂,左、右、后三侧环绕一周高大纵券顶回廊,右侧与一长方形、纵券顶配殿相连通。中央殿堂正壁绘大悲变相,左、右壁绘毗沙门天王行道图,前壁两侧绘供养人列像。正壁前垒砌长条形低矮供台,供台前方绘包含水波、乐器、水鸭、天鹅、游龙、鹿、山峦、植物等图案的方形地衣。回廊两侧壁绘成排分布的誓愿画,顶部绘宝相花和帷帐纹。包括柏孜克里克第15、20窟(图六、图七)。

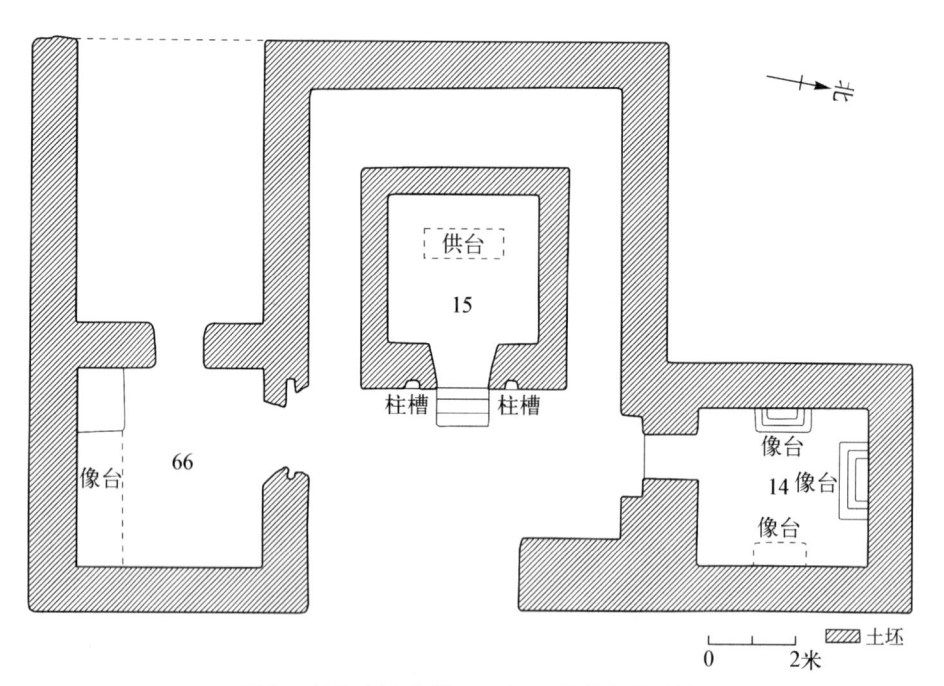

图六 柏孜克里克第14、15、16窟联合平面图

第二类为长方形、纵券顶洞窟。洞窟规模和内部像设情况复杂,包括以下几种类型。

A型:洞窟规模较大,正壁垒砌涅槃台,洞窟中后部砌方坛或佛塔。正壁绘塑涅槃经变,左、右侧壁绘成排分布的誓愿画,少数绘多身坐佛及其眷属,前壁绘供养人列像,顶部绘禅定千佛。包括柏孜克里克第16、31、33、42[2]窟(图八、图九)。

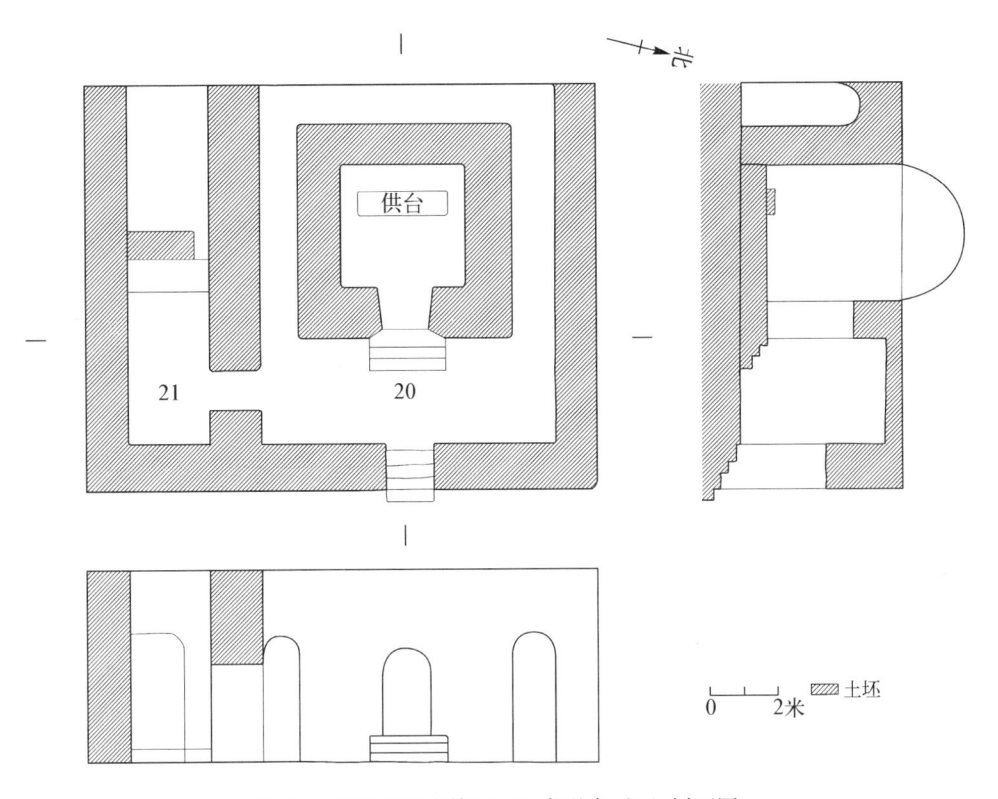

图七　柏孜克里克第20、21窟联合平面、剖面图

B型：洞窟规模较大，正壁砌像座，左、右侧壁各砌三像座。正壁塑观音或坐佛，左、右侧壁各塑绘三佛及其眷属，前壁绘供养人列像，顶部绘禅定千佛。包括柏孜克里克第17[2]、27[3]窟（图十）。

C型：洞窟规模较大，正壁浮塑山峦背光，洞窟中后部砌方坛或佛塔。正壁塑观音或坐佛，左、右侧壁绘誓愿画或菩萨列像及文殊、普贤，前壁绘供养人列像，顶部绘禅定千佛。包括柏孜克里克第34[2]、39[2]窟（图十一、图十二）。

D型：洞窟规模较小，正壁或近正壁处砌像座，有的不设像座。正壁塑说法坐佛或释迦、多宝并坐像，像座正面和前壁绘供养人列像，左、右侧壁绘誓愿画、经变画、菩萨群像或观音，顶部绘禅定千佛、太子逾城出家与五方菩萨，包括吐峪沟沟西区吐编第3、51窟（图十三），胜金口第2、7窟，柏孜克里克第20[2]、21[3]、22[3]、23[3]、24[2]、25[2]、29、34[2]、35[3]、36[2]、37[2]、38[3]、39[2]、40、41[2]、43、44、47[2]、48[2]、49[2]、50[2]、51[2]、70[2]窟（图十四~图十六），伯西哈第1、2、4、5窟，七康湖第3[2]窟，大桃儿沟第9窟，小桃儿沟第4、5[2]窟。

第三类为方形、穹窿顶洞窟。正壁及左、右壁垒砌像座，正壁绘塑西方净土变，左、右侧壁可能分别塑绘弥勒经变、观音经变，前壁绘供养人列像，窟顶为曼陀罗坛场。包括胜

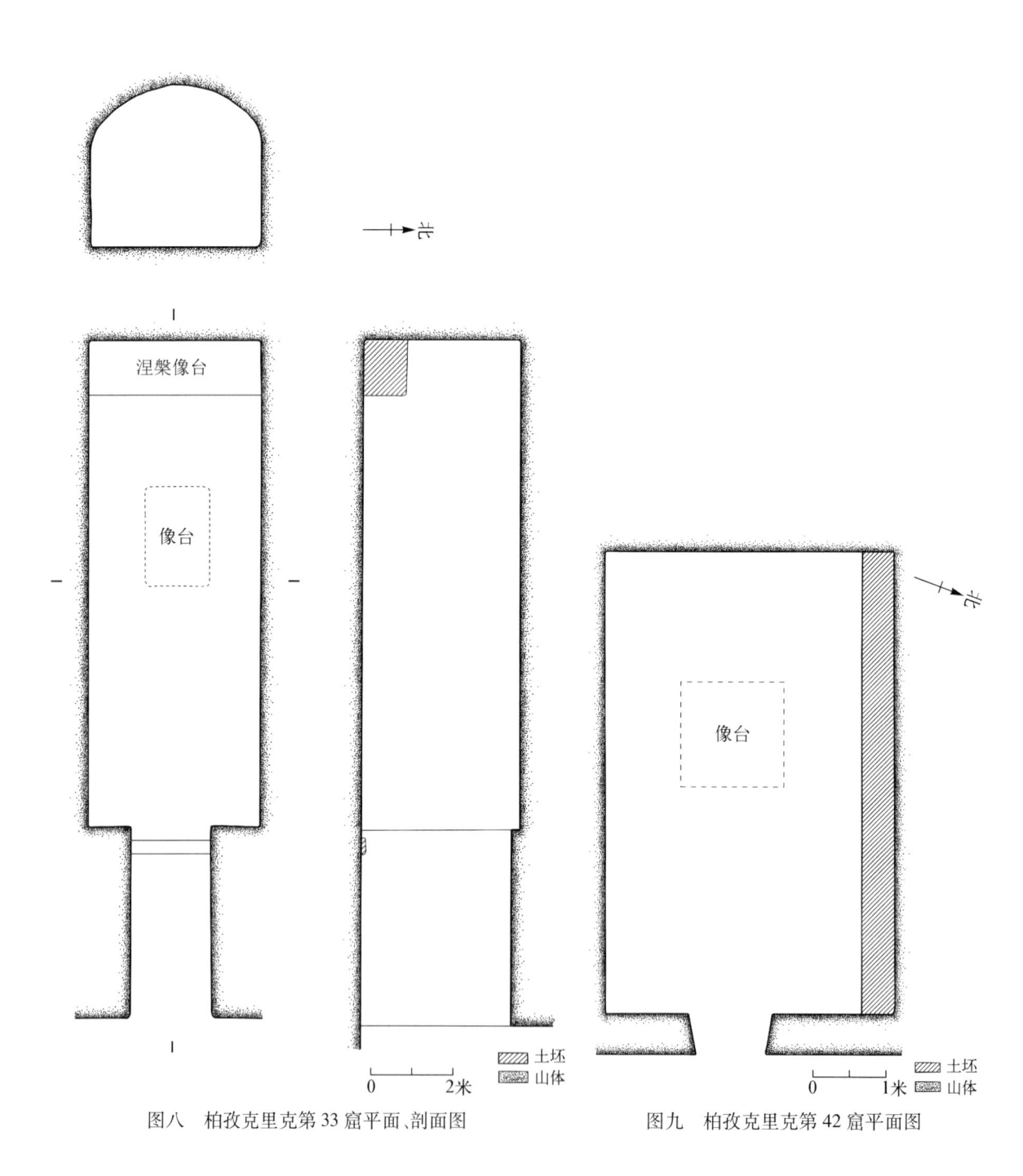

图八　柏孜克里克第 33 窟平面、剖面图　　　　图九　柏孜克里克第 42 窟平面图

空间与建筑

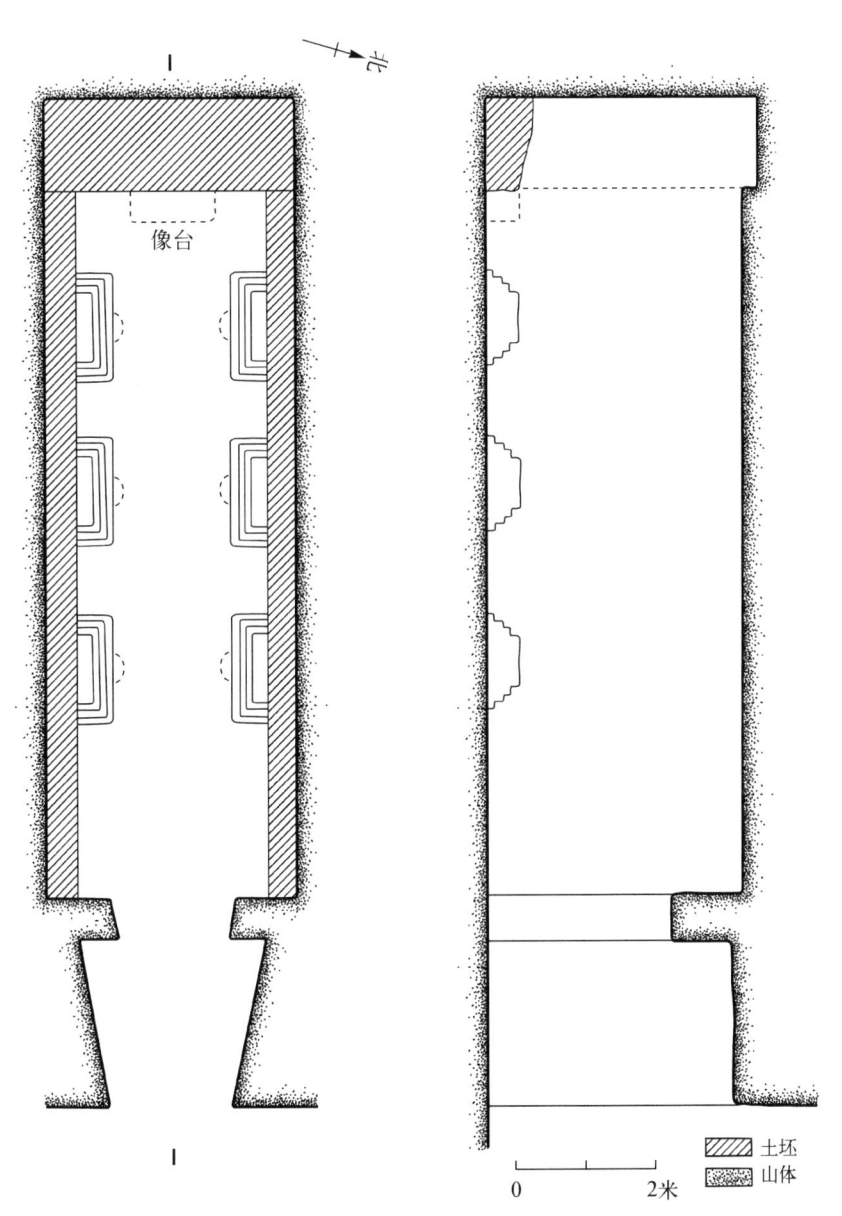

图十 柏孜克里克第 27 窟平面、剖面图

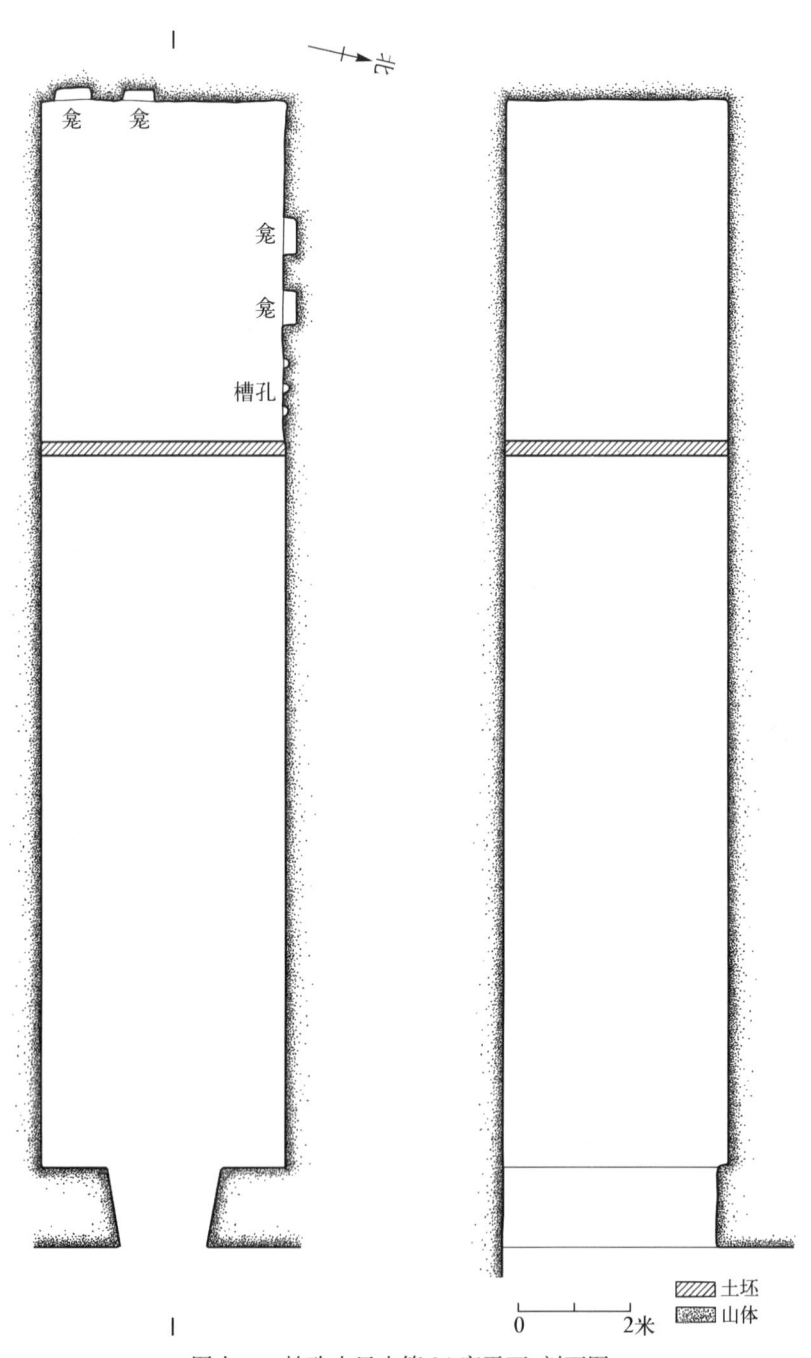

图十一　柏孜克里克第 34 窟平面、剖面图

空间与建筑

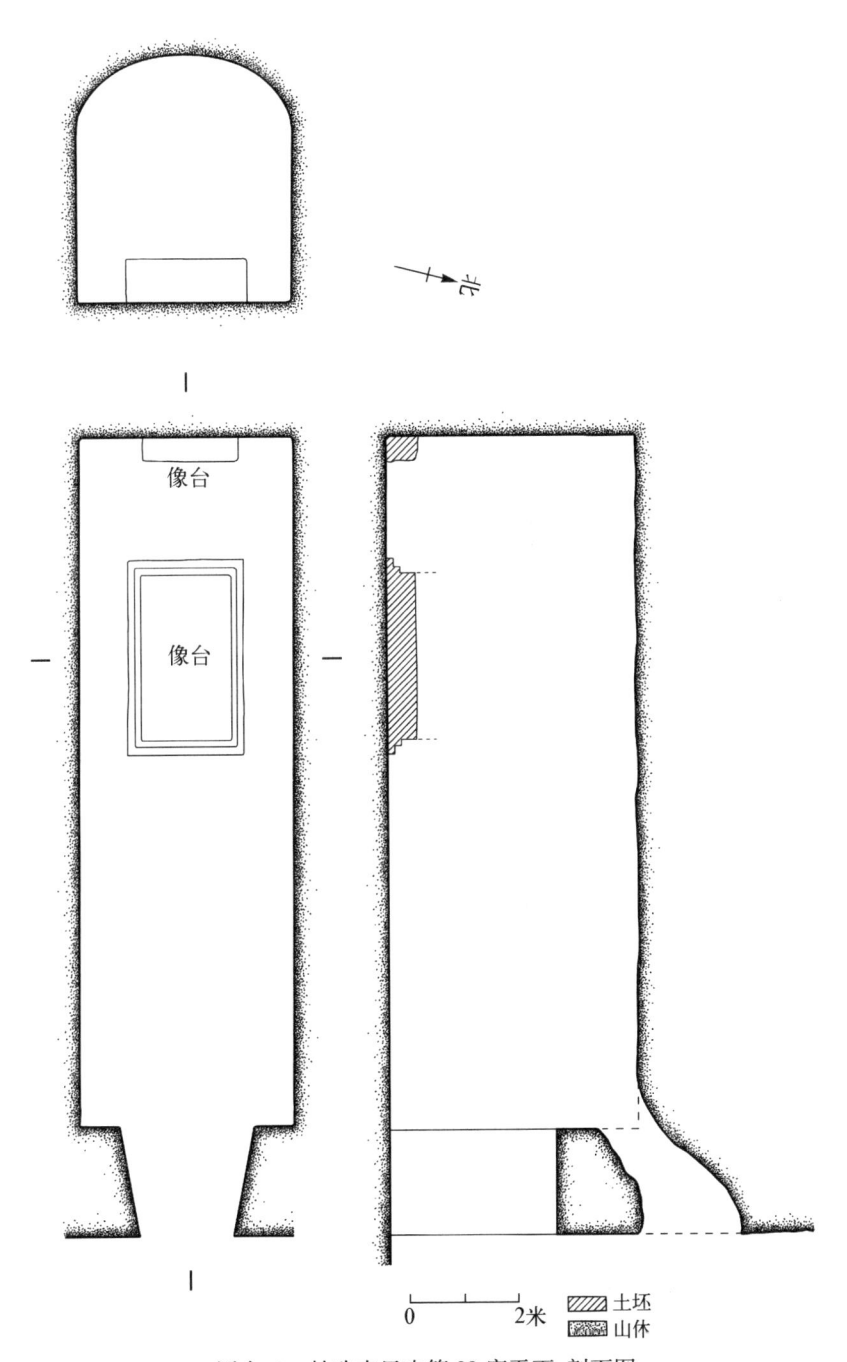

像台

像台

北

0 2米

土坯
山体

图十二　柏孜克里克第 39 窟平面、剖面图

图十三　吐峪沟沟西区吐编第3窟平面图

图十四　柏孜克里克第23窟平面图

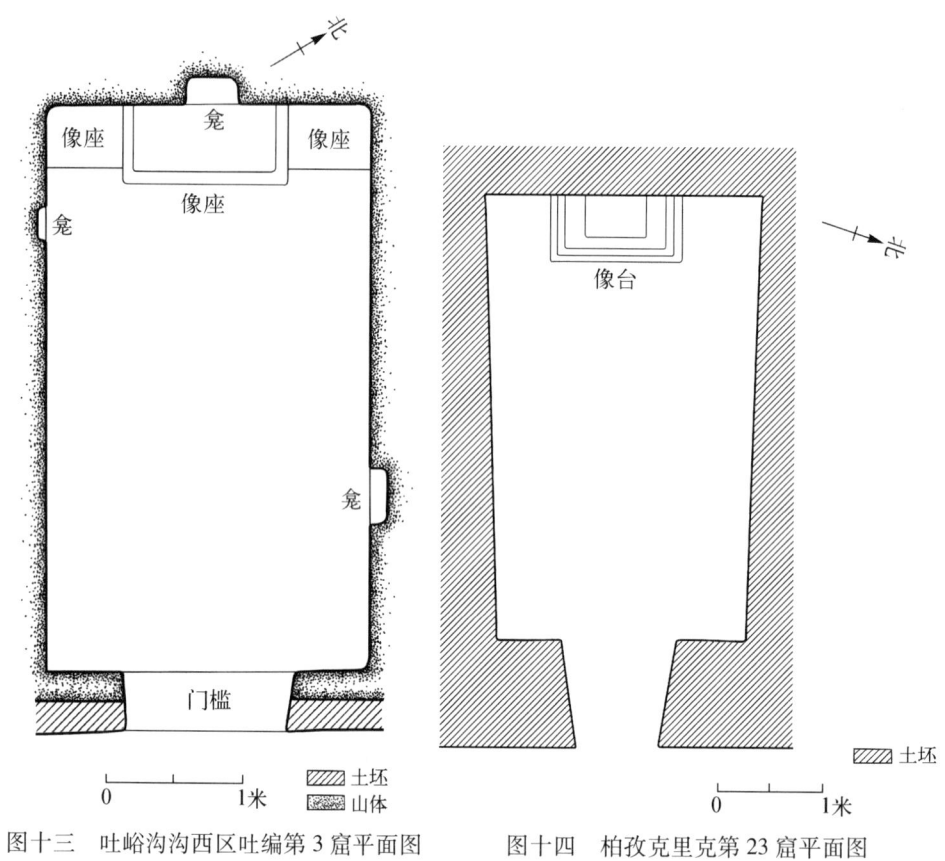

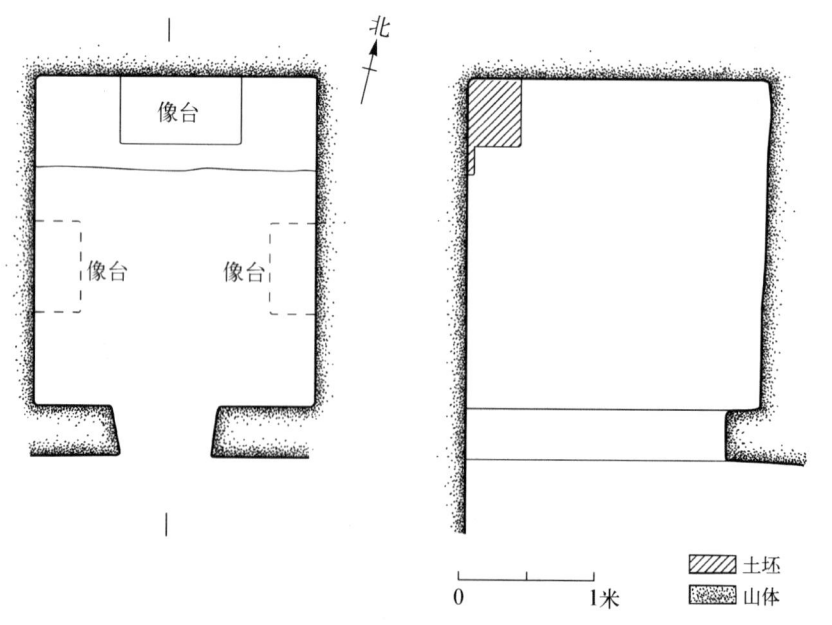

图十五　柏孜克里克第29窟平面、剖面图

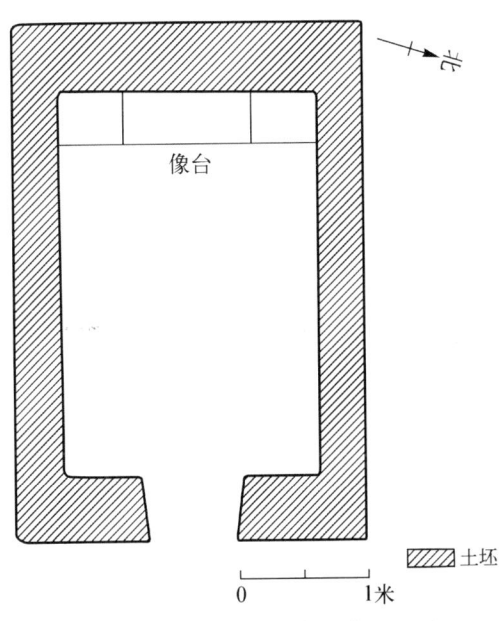

图十六　柏孜克里克第41窟平面图

金口第3窟，柏孜克里克第5、14、66、46、G33①、75、76、77窟（图十七、图十八），大桃儿沟第6、7、10窟。

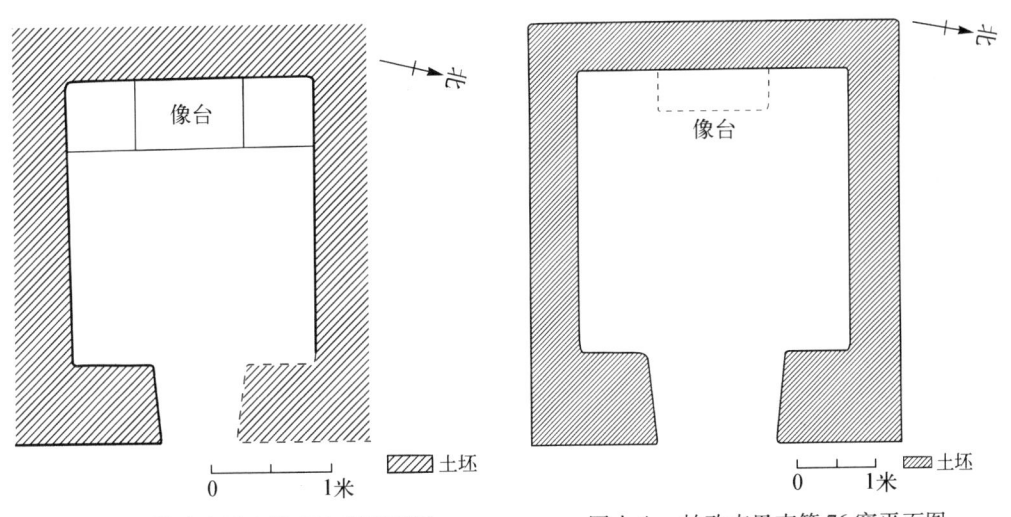

图十七　柏孜克里克第G33窟平面图　　图十八　柏孜克里克第76窟平面图

第四类由前室、主室组成，主室平面呈方形，近正壁处垒砌长方形低矮供台，窟顶为一面坡形。主室正壁中央绘主尊坐像，两侧对称分布供养人列像，左、右侧壁绘成排分布的菩萨坐像，前壁两侧各绘一身坐姿菩萨，门道两侧壁各绘一身立姿护法天神，窟顶原绘花

---

① 此窟吐鲁番文物局未编号，此处沿用格伦威德尔编号。

果纹样。包括吐峪沟沟西区第66窟①（图十九）。

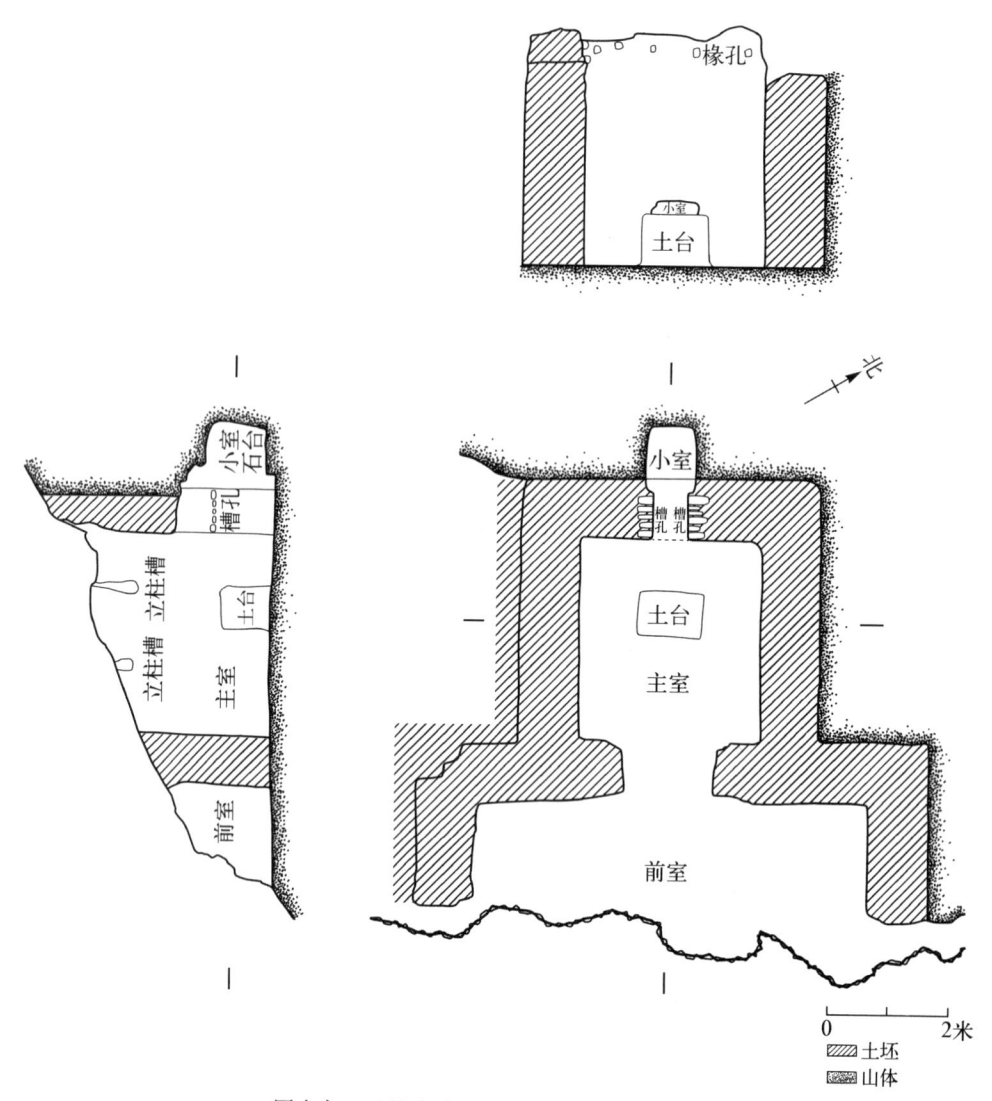

图十九　吐峪沟沟西区第66窟平面、剖面图

（三）讲堂窟（？）

讲堂窟规模较大，平面呈长方形，纵券顶，朝阳壁面开凿明窗，沿左、右、后三壁垒砌一周禅床，有的禅床立面塑绘阇门，窟内垒砌火塘。可能为僧众集会听法或布萨处。包括吐峪沟沟西区第24、62窟（图二十、图二十一）。

---

① 中国社会科学院考古研究所边疆民族考古研究室、吐鲁番学研究院：《新疆鄯善县吐峪沟沟西区中部回鹘佛寺发掘简报》，《考古》2019年第4期，第57~73页。

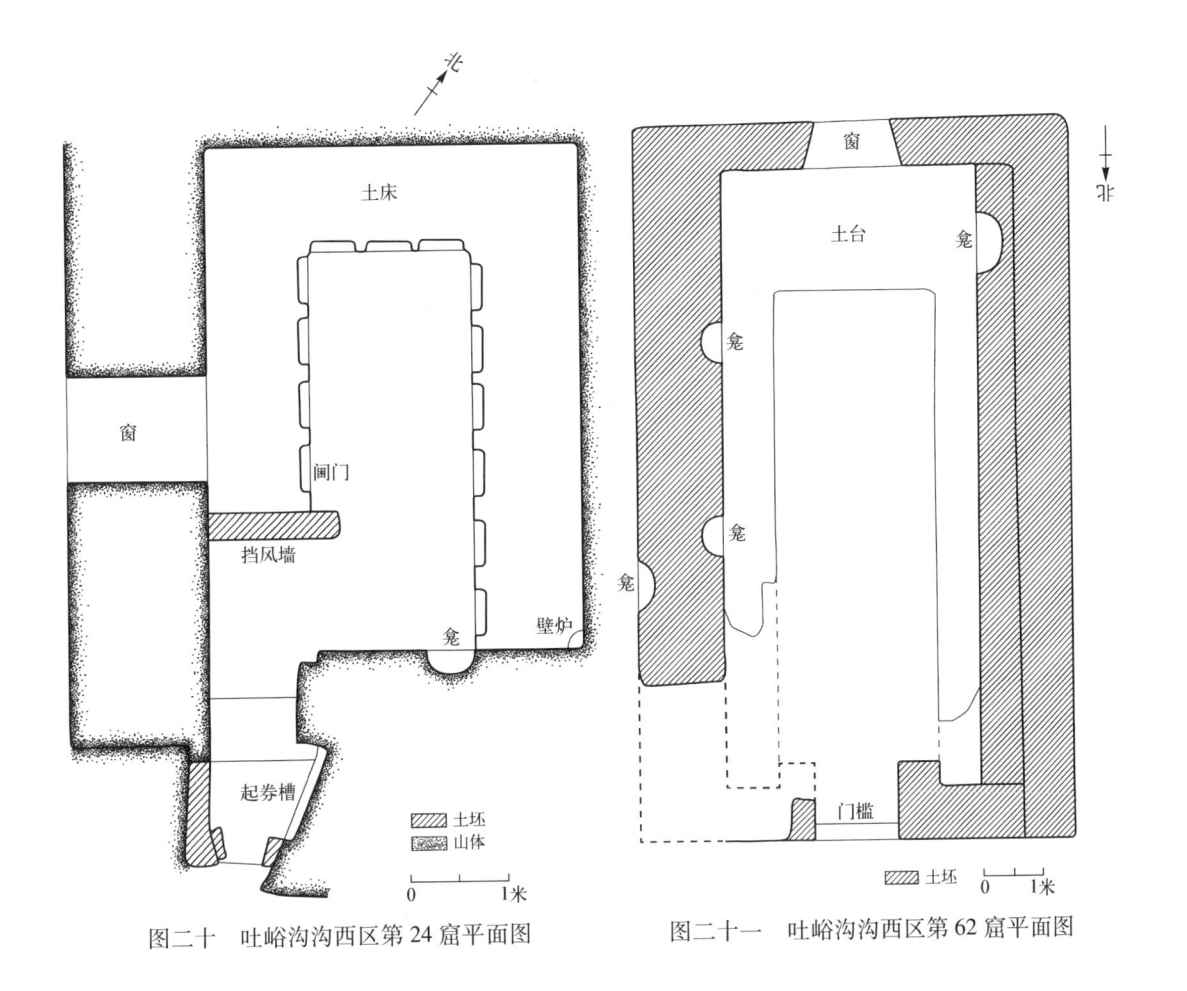

图二十　吐峪沟沟西区第 24 窟平面图

图二十一　吐峪沟沟西区第 62 窟平面图

（四）僧房窟

僧房窟规模较小，平面多呈长方形，纵券顶，窟内多以土坯垒砌土床、火塘、小龛等日常生活设施。包括吐峪沟沟东区第 14、16、39、40 窟，沟西区第 67 窟（图二十二、图二十

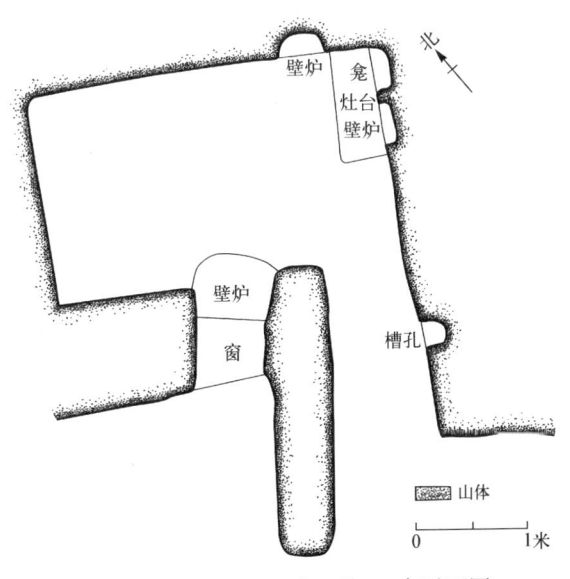

图二十二　吐峪沟沟东区第 14 窟平面图

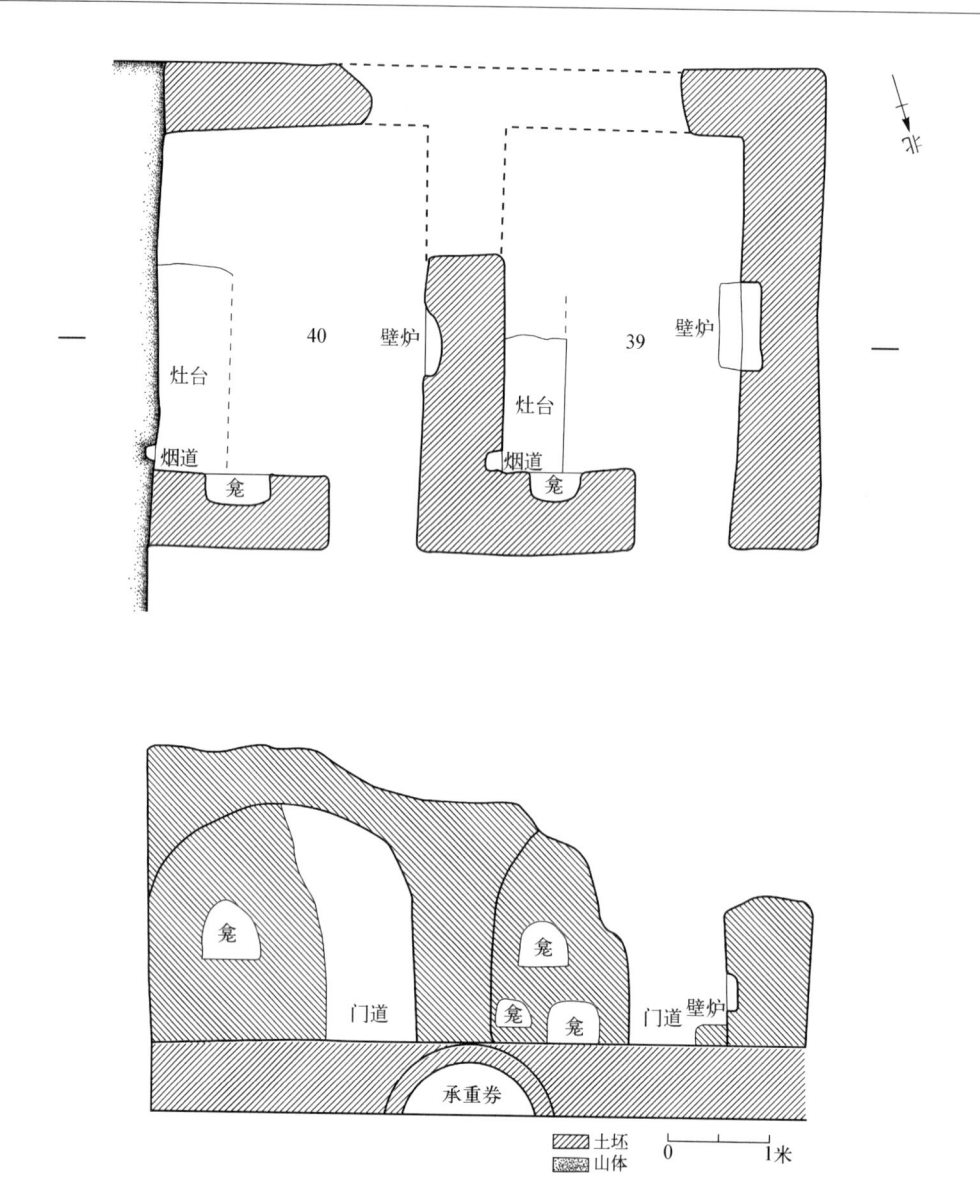

图二十三　吐峪沟沟东区第39、40窟联合平面图

三），胜金口中部僧房群。

（五）瘗　窟

瘗窟由地下和地上两部分组成，地上部分规模较小，平面呈横长方形，横券顶，正壁绘花木及禽鸟图案。正壁中部开设阶梯通道通往地下小室。地下小室平面亦呈横长方形，平顶。小室一端以土坯垒砌低矮土台，其上置放陶匣，内置僧人骨灰。目前发现数量较少，仅见于柏孜克里克第82、83窟[①]。

---

① 柳洪亮：《关于吐鲁番柏孜柯里克新发现的影窟介绍》，《敦煌研究》1986年第1期，第99~102页。

（六）储 藏 窟

储藏窟一般邻近僧房窟，规模较小，开凿粗率，平面多近长方形，少数呈"L"形，平顶或横券顶，有的壁面凿出小龛。此类洞窟数量较少，包括吐峪沟沟西区第67窟，柏孜克里克第7、18A、19窟。

三、洞窟组合与寺院类型

西州回鹘石窟寺院洞窟多以组合形式出现，类型多样，特征明显，不同时期的洞窟组合形式变化较大。具体可分为以下四类。

第一类为一座塔庙窟与一座或多座佛殿窟组合。多座佛殿窟以中央塔庙窟为中心，对称分布于两侧，各窟共用同一前室。如吐峪沟沟西区吐编第4窟塔庙窟与第3窟佛殿窟皆于山体中开凿，位置毗邻，前以土坯垒砌横长方形前室，前室内原绘壁画（图二十四）。伯西哈第3窟塔庙窟与第1、2、4、5窟佛殿窟成排分布，其前以土坯垒砌大型横长方形前

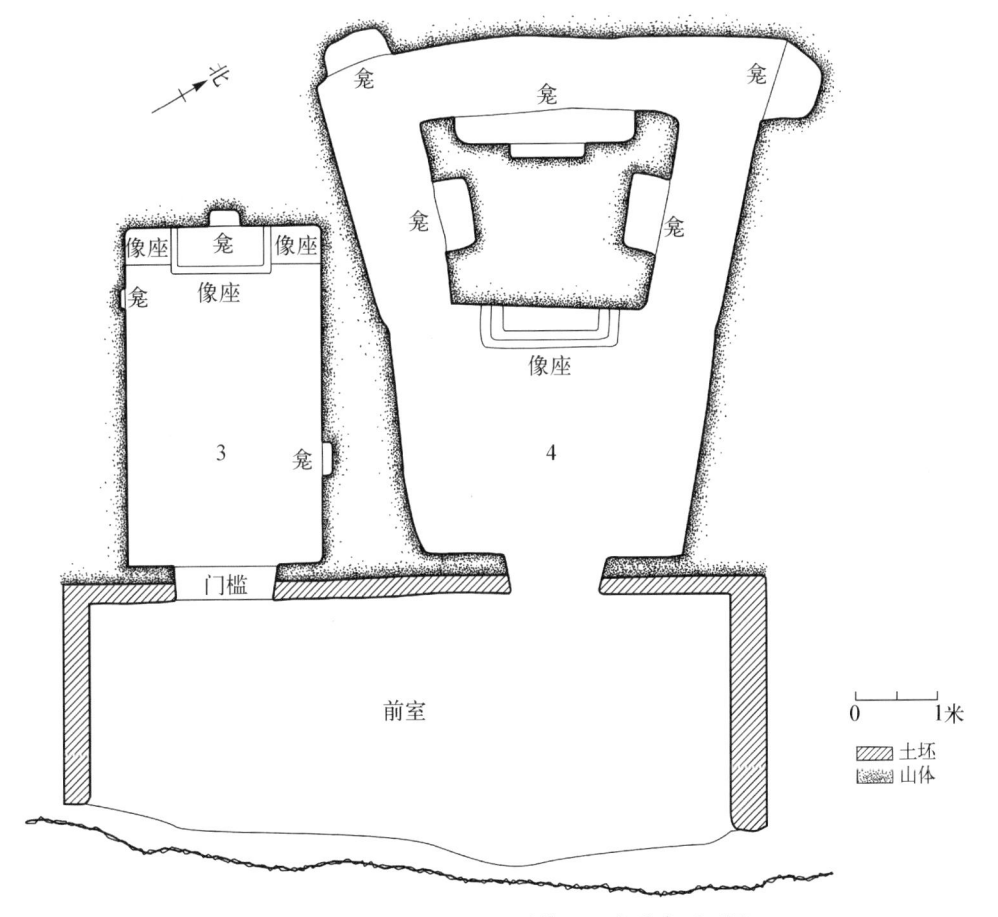

图二十四　吐峪沟沟西区吐编第3、4窟联合平面图

室,前室内原绘塑造像(图二十五)。七康湖第9窟塔庙窟与第8、10窟佛殿窟皆于山体中开凿,前以土坯垒砌大型横长方形前室①。

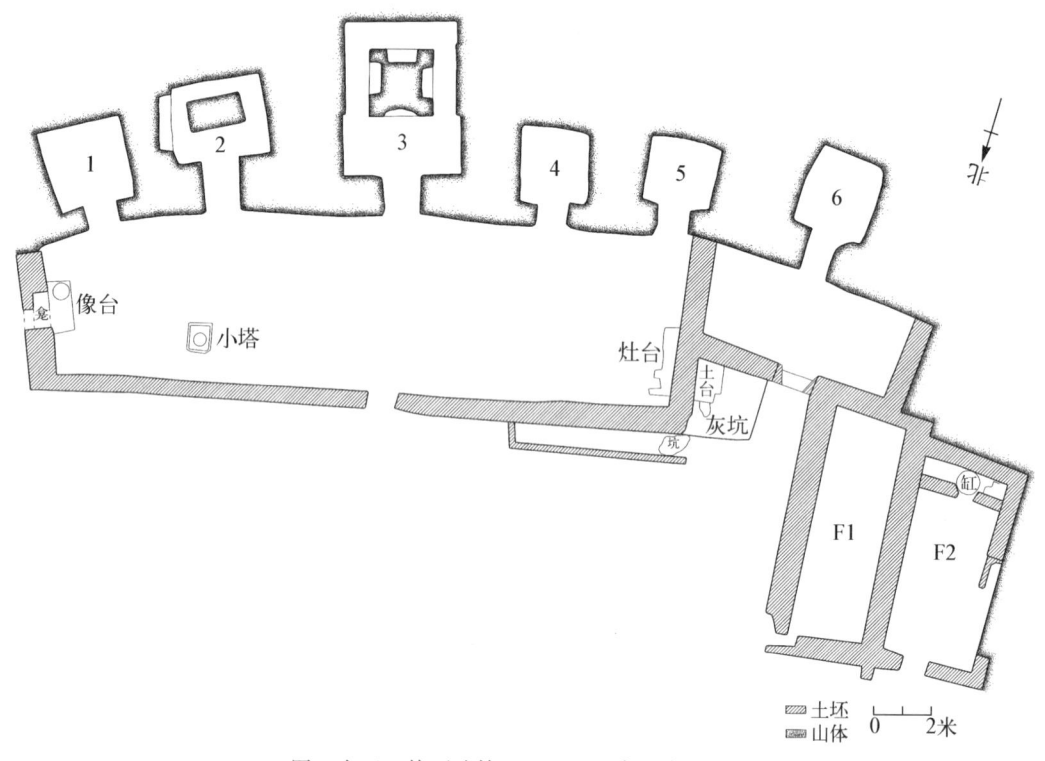

图二十五　伯西哈第1、2、3、4、5窟联合平面图

第二类为双佛殿窟或三佛殿窟组合。双佛殿窟洞窟形制相同,规模相近。三佛殿窟以中央大型佛殿窟为中心,两侧对称分布两座形制、规模相同的小型佛殿窟,各窟共用同一前室。如柏孜克里克第16、17窟皆以土坯垒砌,位置毗邻,两窟中央位置砌出一座圆拱形佛龛,两窟对称分布于佛龛两侧,窟前垒砌横长方形前室(图二十六)。第31、33窟皆于山体中开凿,位置相邻,其前原垒砌有横长方形前室②。第75、76、77窟皆以土坯垒砌,成排分布,第76窟为规模较大的方形、穹窿顶佛殿窟,第75、77窟皆为小型长方形、纵券顶佛殿窟,对称分布于第76窟两侧,三窟前垒砌大型横长方形前室(图二十七)。

第三类为塔庙窟、僧房窟与储藏窟或塔庙窟与储藏窟组合。如吐峪沟沟西区第18窟塔庙窟与第17窟僧房窟、第19窟储藏窟共用同一院落,是吐峪沟沟西区中部高台上一处较为独立的小型窟院。柏孜克里克第18窟塔庙窟与第18A、19窟储藏窟成排分布,第18

---

① 此外,在乌江布拉克石窟寺院遗址格伦威德尔编号H、I、K、E洞窟的上方,残存一处于山体中开凿的横长方形平台,平台两侧斩山崖面上端可见立柱槽,斩山崖面正壁下方皆被泥沙、碎石掩埋,笔者推测此处也存在一处与七康湖第8、9、10窟相类的洞窟组合。参看[德]格伦威德尔著,赵崇民、巫新华译,贾应逸审校:《新疆古佛寺:1905~1907年考察成果》,北京:中国人民大学出版社,2007年,第557页。

② 柏孜克里克石窟第31、33窟共用的前室遗迹现已残毁,此处据格伦威德尔考察笔记。参看[德]格伦威德尔著,赵崇民、巫新华译,贾应逸审校:《新疆古佛寺:1905~1907年考察成果》,第410页。

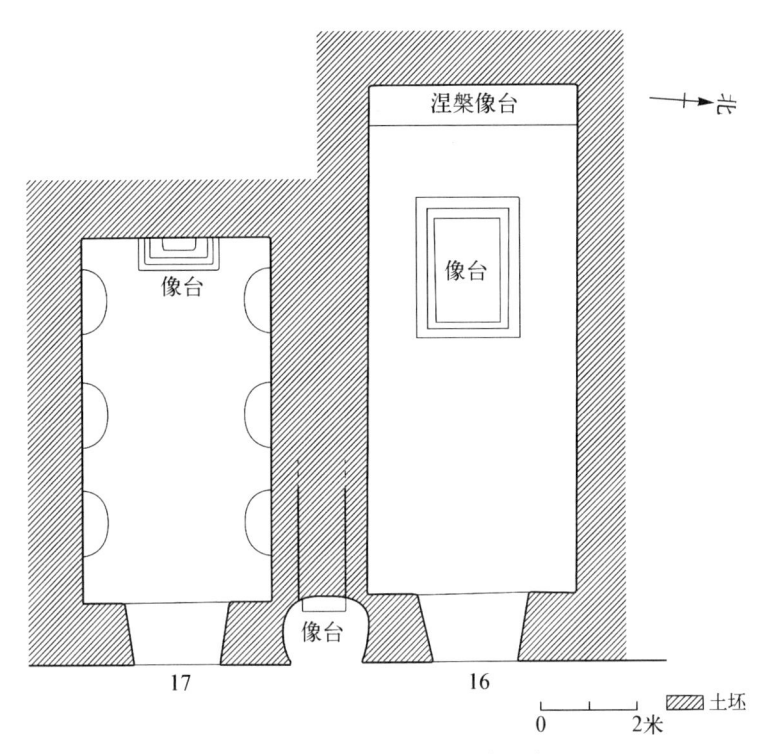

图二十六　柏孜克里克第 16、17 窟联合平面图

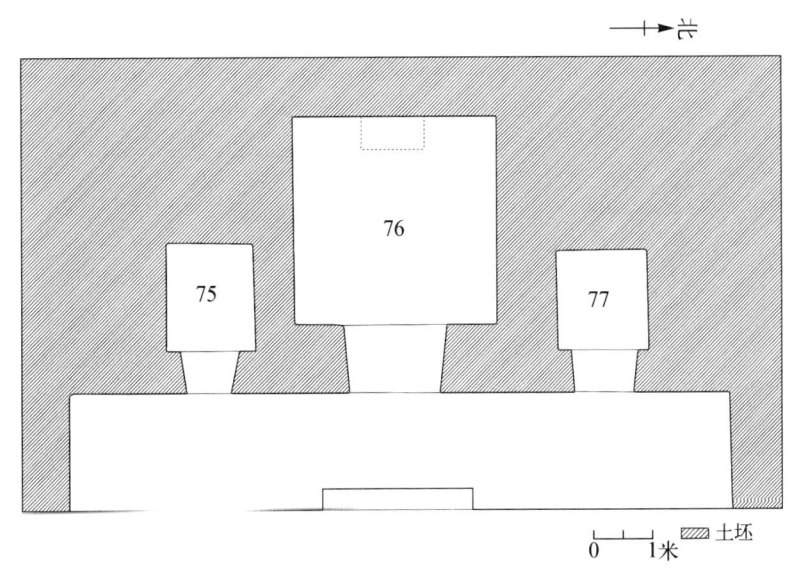

图二十七　柏孜克里克第 75、76、77 窟联合平面图

窟规模较大,两侧对称分布的第18A、19窟皆为小型横长方形券顶储藏窟,三窟前垒砌横长方形大型前室(图二十八)。

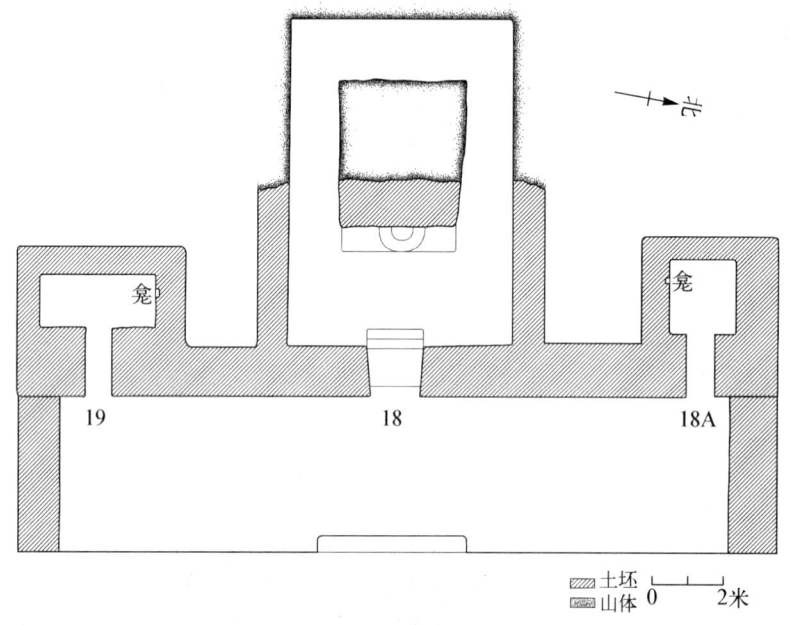

图二十八　柏孜克里克第18A、18、19窟联合平面图

第四类为佛殿窟或塔庙窟与僧房窟、储藏窟组成的小型独立寺院。如吐峪沟沟西区第66窟佛殿窟、第67窟僧房窟、第68窟储藏窟彼此毗邻,以廊道相互连通,以院墙围合,共同组合成一处小型寺院(图二十九)。

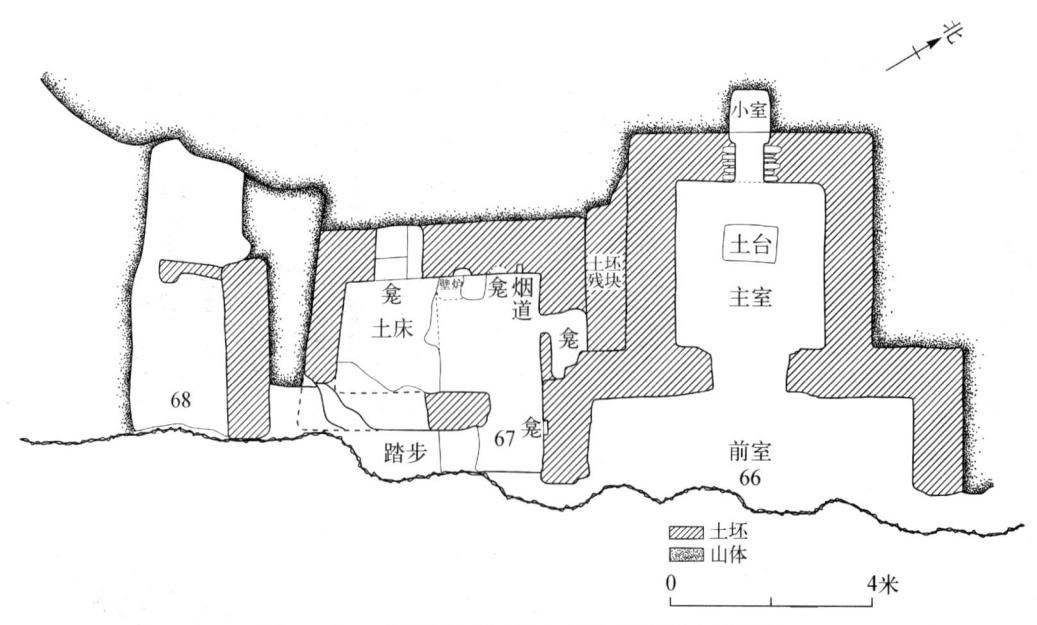

图二十九　吐峪沟沟西区第66、67、68窟联合平面图

以上不同的洞窟组合类型反映出西州回鹘石窟寺院两方面的营造特征。一是突出中轴对称的建筑格局。石窟寺院或以塔庙窟为中心，两侧对称分布小型佛殿窟；或以中央大型佛殿窟为中心，两侧对称配设小型佛殿窟；或营建两座规模、形制相类的佛殿窟，并于其中央位置配置大型佛龛。二是洞窟组合共用同一规模宏大的宽敞前室或院落，前室与其后方的洞窟相互连通，在功能上相互联属，反映出此时举行仪式活动时需要多人同时参与的仪式特征。

西州回鹘石窟寺院遗址因其性质的差异而呈现出两种不同的寺院形制布局，反映出不同的寺院规划设计思想和营造模式。

第一类石窟寺院规模较小，洞窟数量较少，不同功能的洞窟以组合形式构成一座独立完整的石窟寺。如吐峪沟沟西区第66、67、68窟组成的小型寺院临河而建，距吐峪沟其他洞窟群较远，位置相对独立，遗址规模较小，只包括一座小型佛堂、一座僧房和一座简易储藏设施。小型佛堂中将供养人绘于正壁主尊两侧，位置显赫，体量较大。第66窟主室正壁左侧第一身女供养人和右侧两身男供养人皆系在以细泥涂抹原供养人之后重绘而成，左、右两壁听法菩萨多处经过后期重绘，上、下两层壁画叠压关系明确，表明此窟经历过一次重修改建，反映出寺院供养功德主身份的变更。综合这些遗迹考虑，此佛寺遗址可能为一处回鹘贵族供养的家寺[①]。

第二类石窟寺院规模较大，洞窟数量较多，功能分区明确，由洞窟组合与地面建筑群共同构成寺院的两处不同功能区。洞窟多为佛殿窟和塔庙窟，以组合形式形成供养礼忏区。地面建筑群以僧房和储藏设施为主，供僧众栖止禅修。两处功能区位置邻近、界限清晰、关联密切，共同组成一处大型石窟寺院。如吐峪沟遗址南部，以吐峪沟河为界，河岸西侧崖面上开凿有吐编第3、4、5窟等礼拜性洞窟，与洞窟群隔河相望，于河岸东侧山麓和山顶平台上分别营建出1、2号地面建筑，两处地面建筑中各有一座小型佛堂，其余皆为僧房、禅室及仓储设施等，如此便形成一处供养礼忏和栖止禅修功能分区明确的石窟寺院。柏孜克里克西州回鹘时代寺院布局分为崖上、崖下两个区域，崖上区为用以供养礼忏的佛殿窟、塔庙窟群，崖下区为两处以僧房群为主体的地面建筑，用以生活起居。胜金口西州回鹘石窟寺院由北部、中部和南部组成，北部沿用麹氏高昌国时代的早期洞窟，并对其中的第5、6、7窟进行了大规模改建，形成禅窟、塔庙窟和佛殿窟群；南部重新营建出第2、3窟等一批佛殿窟，中部则集中营建出呈上、中、下三层分布的僧房窟，从而形成两侧高台为礼忏供养洞窟群、中部为生活起居僧房窟群的寺院格局。伯西哈中间以一条自然河沟将石窟寺院分为两部分，东南部集中营建五座成排分布的礼忏窟，北部正对礼忏窟群，为一处由多间僧房、储藏设施构成的地面建筑，从而形成礼拜区与生活区隔河相望的寺院布局形式。

---

① 中国社会科学院考古研究所边疆民族考古研究室、吐鲁番学研究院：《新疆鄯善县吐峪沟沟西区中部回鹘佛寺发掘简报》，《考古》2019年第4期。

四、余　　论

西州回鹘时期石窟寺院营造活动除上文所论洞窟类型、组合与寺院类型的诸多特征外,亦较为明显地呈现出不同时代石窟寺院营造中心在吐鲁番盆地不同河谷间的转移和在特定时段及历史情境下与龟兹系石窟的密切关联。

（一）石窟寺院营造中心的转移

高昌石窟寺院多集中分布于都城附近的数条河谷中,与都城及通往都城的重要交通线道关联密切。同时,石窟主要营造地点随着盆地政治中心的变化而不断转移。西州回鹘石窟寺院的营建大致可分为两个发展阶段。

第一阶段：以吐峪沟、胜金口和木头沟为中心,集中营建或改建了大量洞窟,出现了一批石窟寺院。同时,沿用其他各处河谷中的早期石窟寺院,并改建其中少量洞窟。

吐峪沟、胜金口和木头沟因其邻近盆地政治中心高昌城,自麴氏高昌国始,即为高昌石窟寺院集中营造地点。唐西州时期,"丁谷寺"（吐峪沟石窟）和"宁戎窟寺"（柏孜克里克石窟）成为大型石窟官寺,是西州最重要的两处核心石窟寺院,进行了多次规模浩大的石窟营建工程。进入西州回鹘时代,两处山寺仍为重要佛教圣地,如清信士佛弟子鄢耆镇牟虞蜜伽长史龙公、娘子温氏、男都典效达干及西州回鹘官员专于吐峪沟"山门胜地",为释法奖敬造舍利佛塔①。吐峪沟荒纪无主的寺院被安姓僧人和土都木萨里等人重新整修②。柏孜克里克在西州回鹘时代同样经历了规模浩大的营造工程,并成为由回鹘王室出资供养的王家寺院。麴氏高昌国和唐西州的早期僧房窟几乎全部被改建为佛殿窟,先前的摩尼教洞窟又被重新改建为佛教洞窟。同时,重新斩切修整早期崩塌崖面,封堵早期残破洞窟,在崖前平台上、与早期洞窟对应位置以土坯垒砌成排分布的佛殿窟及塔庙窟,并在崖下区营建出两处以僧房为主体的地面建筑及少量佛殿窟、瘗窟和佛塔。胜金口在麴氏高昌国时代是一处规模很小的石窟寺院,只包括第4、5、6、7、8窟。唐西州时期继续沿用,未做过多改建。但至西州回鹘时期,寺院出现大规模扩建工程,不仅重新改建了早期洞窟,而且中部成层分布的僧房和南部高台上的礼拜窟群都是此期的营建活动。同时,在石窟寺院南侧、河谷东侧的山麓地带,集中出现了一批规模宏大、形制布局相近的地面寺院群③,这些地面寺院与此石窟寺院关系密切。此外,又在木头沟中重新选址营建了伯

---

① 荣新江:《〈西州回鹘某年造佛塔功德记〉小考》,张定京、阿不都热西提·亚库甫:《突厥语文学研究——耿世民教授八十华诞纪念文集》,北京:中央民族大学出版社,2009 年,第 182～190 页;陈国灿、伊斯拉菲尔·玉苏甫:《西州回鹘时期汉文〈造佛塔记〉初探》,《历史研究》2009 年第 1 期,第 174～182 页。

② 吐峪沟出土的《土都木萨里修寺碑》记述了一位安姓僧人和名为土都木萨里的世俗人看到吐峪沟石窟寺"由于年代久远和教法的不定,寺院圮毁无主",重修寺院并施功德的事件。参看耿世民:《回鹘文〈土都木萨里修寺碑〉考释》,《世界宗教研究》1981 年第 1 集,第 77～83 页。

③ ［德］格伦威德尔著,管平译:《高昌故城及其周边地区的考古工作报告(1902～1903 年冬季)》,北京:文物出版社,2015 年,第 114～151 页。

西哈和七康湖北部石窟。不仅如此，忙得古尔早期石窟寺院中新开凿了僧房窟第1、9、10窟，改建了僧房窟第2窟。七康湖南部第5窟僧房窟被改建为佛殿窟，雅尔湖第4窟僧房窟被改建为佛殿窟。

第二阶段：开始以大、小桃儿沟为中心，重新营建石窟寺院，并沿用第一阶段寺院，在吐峪沟、胜金口和木头沟等地增建少量洞窟。

1209年，西州回鹘归附蒙古汗国，他们在元代汉文文献中被称为畏兀儿。伴随着天山以北察合台汗国的不断侵扰，吐鲁番盆地的政治中心逐渐由高昌城转移至盆地西部的安乐城(今吐鲁番市)，故而安乐城以北的大、小桃儿沟等沟谷开始被作为新的石窟寺营造地点，集中营建出一批时代较晚、藏传佛教风格浓郁的石窟寺院。另外，增建了柏孜克里克第5、29、G33窟及崖下区的数座多棱形佛塔，胜金口第3窟及大量多棱形佛塔和吐峪沟沟西区南部山顶上的数座方形带覆钵佛塔。

（二）西州回鹘石窟寺院与龟兹系晚期洞窟

西州回鹘重新营建的塔庙窟主室顶部为纵券或横券顶，中心塔柱呈扁方形，甬道低矮，呈纵券顶，甬道入口处做出门道式样，这些形制特征与龟兹库木吐喇、森木塞姆及焉耆锡克沁回鹘时期的中心柱窟[①]颇相类似，但洞窟中配置的经变画、千佛、佛教故事等造像内容则是此期主流洞窟类型佛殿窟中的常见题材，各窟造像题材布局差异较大，窟中所绘壁画是对佛殿窟造像题材的摹拟。

10世纪60年代以后，喀喇汗王朝逐渐崛起，龟兹以西地区未接受伊斯兰教的突厥诸部开始归附西州回鹘。但在1006年攻占于阗国后，喀喇汗王朝又开始从西、南两侧围攻西州回鹘，迫使西州回鹘疆界不断向东部收缩。约至11世纪70年代，西州回鹘的西部边界已退至轮台、焉耆一带[②]。此时在伊斯兰的巨大压力下，龟兹、焉耆地区大量信奉佛教的世家大族、佛教僧众和石窟营造工匠作人有可能东徙流亡至高昌地区，吐鲁番这批与龟兹晚期中心柱窟颇相类同的洞窟或许正与这样的历史背景相关[③]。另外，柏孜克里克第15、20窟带回廊与中央佛殿的佛殿窟形制与焉耆锡克沁A1、A5、A19c、B8、C5b、F3、K4a、K4c、K10b、K13、L7b2等佛殿窟[④]形制相近。柏孜克里克第16、17窟双佛殿窟组合中央位

[①] 马世长最早系统论证库木吐喇石窟的汉风洞窟，但未对唐风窟和回鹘风窟作进一步区分。参看马世长：《库木吐喇的汉风洞窟》，北京：商务印书馆，2014年，第124~164页。刘韬在马世长研究的基础上，将龟兹库木吐喇、森木塞姆、阿艾等汉风窟区分为唐风窟和回鹘风窟，所辨识出的回鹘风洞窟包括库木吐喇窟群区第9、10、12、22、24、37、38、41、42、43、45、46附1、53、56、60、61、62、62A、75、79窟，森木塞姆第40、44与46窟。参看刘韬：《唐与回鹘时期龟兹石窟壁画研究》，北京：文物出版社，2017年。焉耆锡克沁遗址中心柱窟第窟皆呈现出此种洞窟特征。参看俄罗斯艾尔米塔什博物馆、西北民族大学、上海古籍出版社：《俄藏锡克沁艺术品》，上海：上海古籍出版社，2012年。

[②] 付马：《丝绸之路上的西州回鹘王朝——9~13世纪中亚东部历史研究》，北京：社会科学文献出版社，2019年，第152、153页。

[③] 近年来，吐鲁番学研究院为配合伯西哈石窟加固保护工程，清理该遗址第1~5窟前室，所出壁画残块上出现身着焉耆式样衣冠服制的供养人列像，而遗址中塔庙窟第3窟正与文中提及的龟兹晚期中心柱窟形制相同，或可说明此类洞窟与焉耆地区的密切关联。

[④] 俄罗斯艾尔米塔什博物馆、西北民族大学、上海古籍出版社：《俄藏锡克沁艺术品》。

置开设佛龛、共用宽敞前室的做法与焉耆锡克沁第6、7、8窟相同。方形或八角形基座、带高大覆钵的佛塔也广泛分布于高昌故城和焉耆锡克沁佛寺遗址中。但高昌和焉耆遗址准确年代尚难确定,故而两地同类遗址的相互关系尚待讨论。

山西省文水县城址调查札记

王子奇

中国人民大学历史学院

　　文水县位于山西省中部,吕梁市东北隅。地处太原盆地西缘,吕梁山东麓。东隔汾河与祁县相望,东南与平遥县毗邻,西依吕梁山与离石县交界,县城位于县境中部。2011年8月,为进行宋代北方地区新建城址的考古学研究,笔者对山西省数座地方城址进行了田野调查,文水是其中的一座,现就调查所获结合有关文献资料撰此札记。时间所限调查未能十分充分,只能就文水县城城建的有关问题加以简述。

图一　文水城及其周边地区卫片(拍摄于1968年11月15日,采自美国地质调查局[USGS]网站)

---

* 本文为"2009年度国家社会科学基金项目《北方地区宋代新建城市的考古研究》(项目批准号:09BKG005)"和郑州中华之源与嵩山文明研究会重大课题"中国古代城市发展史——以中原地区为中心"(项目编号:ZD-5)阶段性成果。

一、文水沿革概况

《元和郡县图志》卷十三《河东道二》记载文水县沿革：

> 文水县，畿。东北至府一百一十里。开元户一万二千六百六。乡二十三。元和户本汉大陵县地，属太原郡，今县东北十三里大陵故城是也。后魏省，仍于今理置受阳县，属太原郡。隋开皇十年（590年），改受阳县为文水县，因县西文谷水为名。皇朝因之。天授元年（690年）改为武兴县，神龙元年（705年）复为文水县。城甚宽大，约三十里，百姓于城中种水田①。

明初《永乐大典·太原府》之《建置沿革》记载：

> 宋元丰七年甲子（1084年），为汾、文二水涨溢，城为隳坏，基址不存。元丰八年（1085年），邑宰薛昌构于西山之下十里南张陀村，据高阜处筑兹邑，周九里。元因之，属太原路。国朝仍旧，属太原府②。

同书《古迹》载：

> 故县城，在县东十里，周二十里，后魏建于此。子城二里二百步，唐天授二年（691年）修，宋元丰七年废。
>
> ……
>
> 文水城，隋开皇二年（582年）改西寿阳文水县，取文谷村为名。宋元丰间，城为汾水、文水所圮③。

光绪《文水县志》卷二《地理志·建置沿革》载：

> ……洎宋，县名仍旧。元符间避水患迁城于章多里之南④，即今县治也。金元仍旧，属太原路。明因之，属太原府，编户七十九都。我朝定鼎因之，康熙七年（1668年）并户七十都。

同书卷四《分建志》记载：

---

① （唐）李吉甫著，贺次君注解：《元和郡县图志》，北京：中华书局，1983年，第371页。
② 此揭《永乐大典方志辑佚》（马蓉等点校，北京：中华书局，2004年。以下简称《辑佚》）第95页。按李裕民点校明天启《文水县志》（太原：山西古籍出版社，1996年。以下简称《天启志》）附录一亦收录，但称之为"洪武《太原志》"。查是志下及永乐间事，应为明初时编纂。
③ 《辑佚》，第297页。
④ 关于宋代文水县城迁城的时间，前揭明初《永乐大典·太原府》及成化十一年《山西通志·城池》俱言城坏于元丰七年，八年县令薛昌期地筑新城；《天启志·舆地志》"沿革"及《规制志》"城池"则言迁城于元符间。查言迁城于元符间的已知最早记载，系弘治十五年《重修庙学记》（见《天启志》卷九《艺文志》）。此后《天启志》《康熙志》《光绪志》皆从此说。按据梁思成调查（后详），民国时文庙尚存元符三年碑，又《天启志》将迁城、创建文庙俱系元符间，不知是否据此。有关迁城两说孰是，俟考。

县城,宋元符间县令薛昌始建,筑土城,周围九里一十八步。高仅三丈二尺,厚亦如之。门、壕、马路粗备。明景泰初,守道魏琳重修,高增四尺。……万历五年(1577年)知县郭宗贤暨县丞韩登始砌砖石,围广如旧,高厚增之。计城高四丈五尺,基阔四丈,顶阔二丈五尺。重门四,东扁曰瞻太、表曰朝阳;南曰迎熏,表曰带汾;西曰靖隆,表曰环岫;北曰望恒,表曰拱辰。四门四隅为重檐高楼八,堞楼六十有四。濠深三丈,阔四丈。城外垣墙为蔽,高七尺,兀然雄固矣。……

国朝顺治十二年(1655年),知县刘乃桂补修北面雉堞十余丈,各门楼悬扁,东曰汾水环流,南曰南风熏阜,西曰商峰迭翠,北曰北拱紫垣。历年大雨圮坏。十八年(1661年)知县王家柱补修东南角楼一座,南面雉堞十余丈,凡大小楼俱为整饬。康熙十一年(1672年)南门外浮桥水冲,知县傅星修之,较旧加固。……光绪元年(1875年)春,西南角倾塌十余丈,知县吴超补休,又增修角楼若干座,凡破缺处皆修葺整齐,依然壮观,城上有碑记。

由上可略知文水城的沿革。元丰七年因汾水、文水坏旧城,文水县城遂迁新地,于元丰八年展筑新城。这座城,也就是沿用至今的文水老城。

二、文水城现状

文水县城驻地西部倚子夏山余脉,老城城关一带地势略呈西高东低的态势,较为平坦。原城垣与城门皆不存,但城垣在中国人民解放军总参谋部测绘局1959年3月航摄、同年10月调绘、1964年制图出版的文水县1∶5万地形图,以及1968年拍摄的航空照片(图二)上尚清晰可见。城垣呈规整的方形,城内主要道路十字交叉,通城垣、开四门。今文水县城的北环路东西一线,地势高出城内两到三米,即应是利用了原北城垣的遗迹修建的。

城内衙署、文庙等遗迹已被拆毁,相关碑刻亦未能保留下来。其原本的位置,见载于1994年出版的《文水县志》[①]第十编《城乡建设》第一章《县城建设》:

1971年,在西街文庙处,建县委大院,占地10 856平方米,建筑面积3 168.94平方米。

……

1978年以来,县城建设多为楼房建筑。1978年,在西街旧县衙前部与武陵书院旧址始建县政府四层办公楼。

1934年夏林徽因、梁思成等曾实地调查文水县文庙,当时庙内尚存清代重建

---

① 李培信:《文水县志》,太原:太原出版社,1994年。

图二　文水城卫片(拍摄于1968年11月15日,采自美国地质调查局[USGS]网站)

的大成殿和戟门,此外还保留有元符三年(1100年)县学进士碑及元明历代重修碑[①]。

根据上述记载,结合今天的现状图,即可以大体知悉文水城县衙署、文庙和武陵书院在拆除前,均位于老城西北,西大街以北,今县委、县政府一带(图二、图三),这与历代方志所记载的衙署与文庙的位置也是相符的(图四~图七)。

老城范围内,东、西、南、北四条大街十字相交,将城区分为东北、东南、西北、西南四个区。东南、西南两个区域,今天的道路格局所示每个区域又被"井"字街划分成九个小区域,东北、西北两个区域南部,仍可看出保存着这种道路格局;北部则因为近年来的城市建设,原有的道路格局已被破坏了(图三)。

三、文水城的布局

天启《文水县志》卷二《规制志》"街巷"条记载:

[①] 林徽因、梁思成:《晋汾古建筑预查纪略》,原刊《中国营造学社汇刊》第五卷第三期,收入《梁思成全集》第二卷,北京:中国建筑工业出版社,2001年,第297~354页。

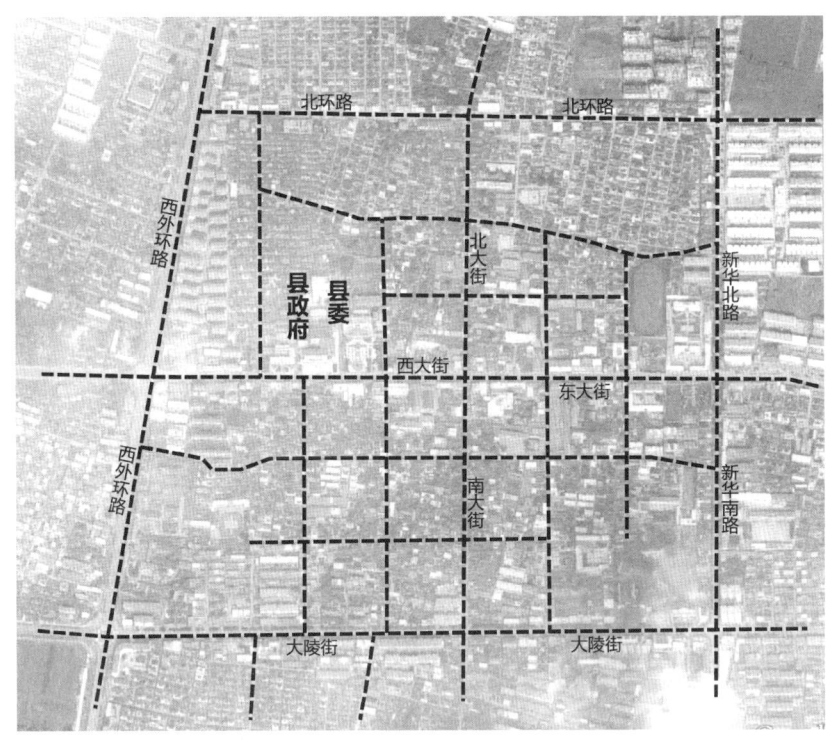

图三 文水城现状

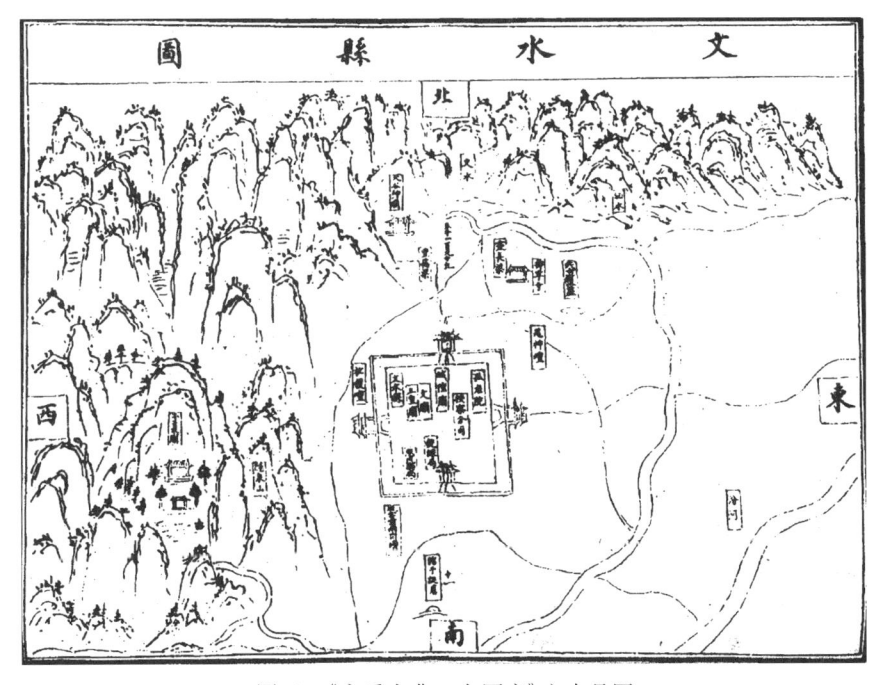

图四 《永乐大典·太原府》文水县图

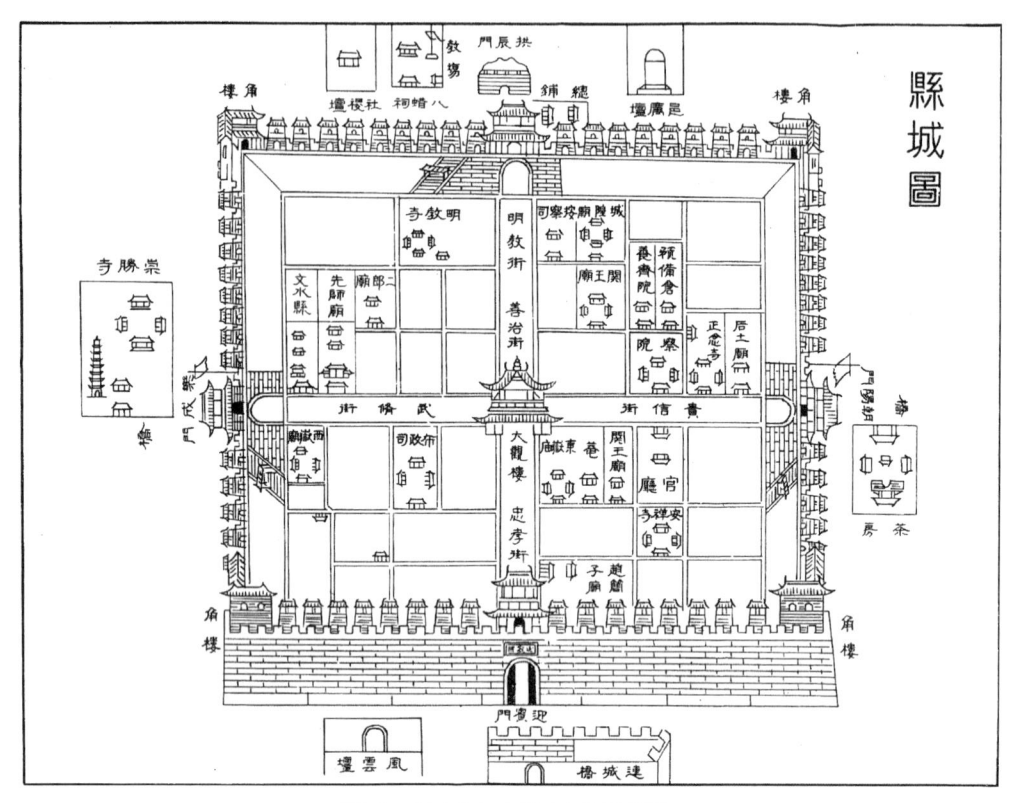

图五 天启《文水县志》县城图①

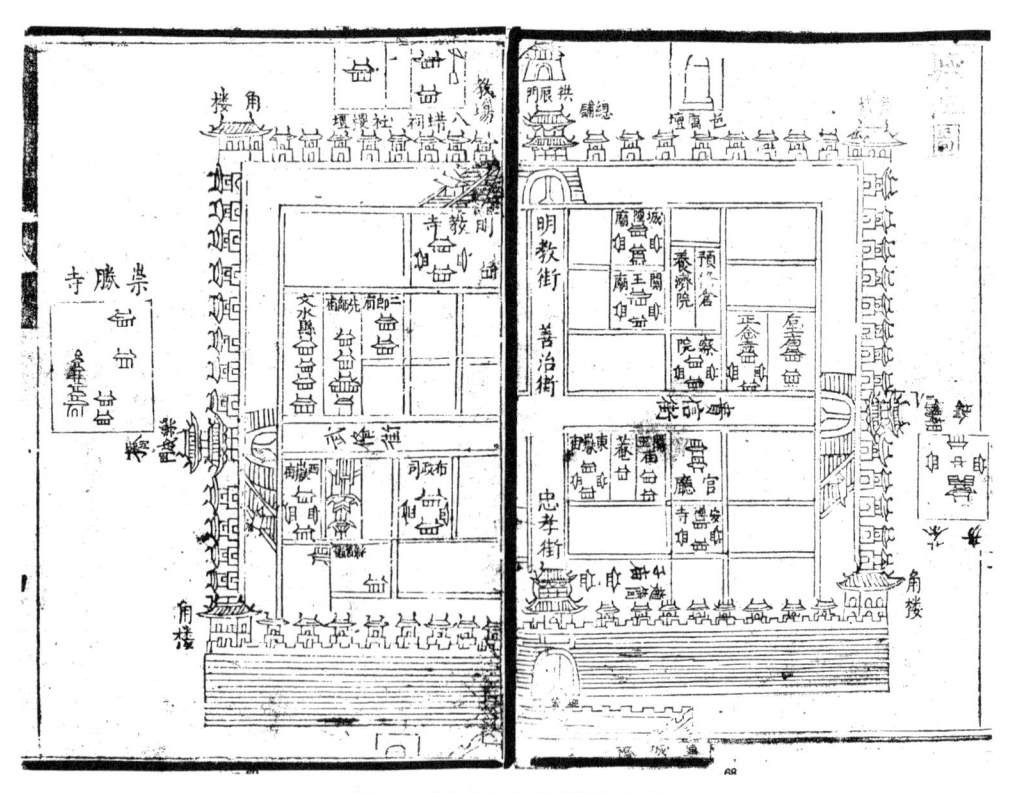

图六 康熙《文水县志》城池图

① 采自李裕民点校：《文水县志·明·天启五年》，太原：山西古籍出版社，1996年。

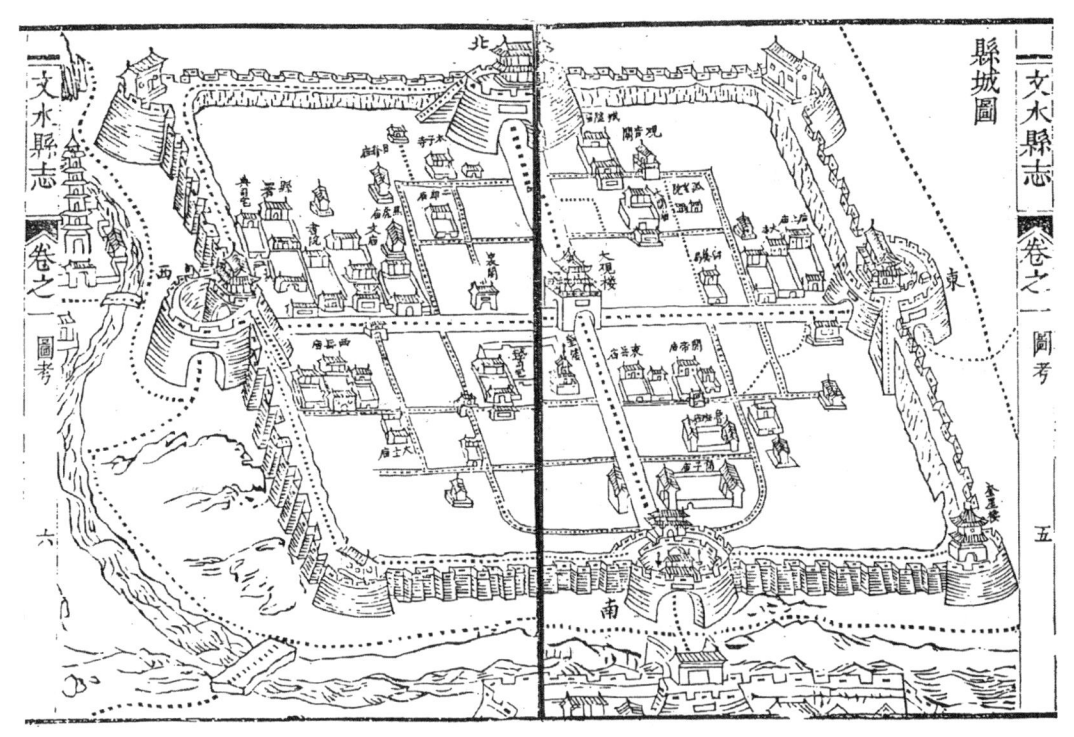

图七　光绪《文水县志》县城图

县城内中央大观楼一座,中分为四街,街各分为四巷。东北隅贵信街,巷四:郑家巷、草场巷、关王庙巷、城隍庙巷。东南隅忠孝街,巷四:马家巷、高家巷、成家巷、李家巷。西南隅武修街,巷四:向家巷、文魁巷、布政司巷、潘家巷。西北隅善治明教街,巷四:贾家巷、蔚家巷、田家巷、郭家巷。

大观楼光绪时尚在城内中央[①],今已不存,原即应在今天城中心十字街口的位置(图五、图七)。上引这段文献记载和光绪《文水县志》卷三《民俗志·民居》中所说的"中分为四街,街各分为四巷",指的应当就是东、南、西、北四条大街将县城分为四个区域,每个区域中又由二条横街、二条纵街将其以"井"字分割,其中尤以城内西南区域保存情况最为典型。

成化《山西通志》卷四《学校》记载:

> 文水县学,在县城内西北隅育英街,宋元丰八年建,元至正十四年(1354年)修。国朝洪武十九年(1386年)知县于鹏益、张羽重修,正统十一年(1446年)知县董茂、天顺二年(1458年)参政杨璇继修。

天启《文水县志》卷二《规制志·学宫》记载:

---

① 参光绪《文水县志》卷三《民俗志·民居》。

儒学在县治东,宋元符年间建。中为先师殿五楹,东西分列两庑各十七楹,前为戟门三楹。外有泮池,阔三丈余,旁为名宦乡贤祠各三楹。南为棂星门,殿后有明伦堂五楹。堂后有敬一亭,堂侧有神厨馔室,今俱废。……历稽建修年月大略自元符间,县令薛昌肇创。金天德三年(1151年)县令吕孝扬、元至正十四年(1354年)许继诚、明洪武二年(1369年)县丞贾惟明、四年(1371年)知县杨仲安张羽,正统十一年(1446年)董茂相继修饬。弘治元年(1488年)知县刘伟、六年(1493年)刑懋并重葺之,有碑记。嘉靖四年(1525年)督学使者王公麟檄于明伦堂后建号舍二十楹。……

同书卷二《规制志·县治》记载:

在城西街,中为堂,扁曰"承天司牧"。堂五楹,左一楹,贮黄册,右一楹,贮铺陈。赞政厅在堂左,会计厅在堂右,东西分列六曹。甬路中为戒石坊,前为仪门,三楹,中仪门,左右分角门。东角门为镜楼、火药库,又东为土地马神祠,为迎宾馆,角门下为东西廊房,里书于此收受钱粮。左有仓,右有狱。正南为谯楼,大门扁曰"文水县"。大门左旌善亭,右申明亭。堂之后,左为帑藏库,右为銮驾库,北曰后乐堂,其后为知县宅,楼榭亭厦塾圃俱备焉。知县宅东为马厩,厩东为县丞宅,右为主簿宅。典史宅在县丞宅南,吏廨在六曹之后。以上建修年月,详不可考,大略肇创宋元符间县令薛昌。国朝洪武四年(1371年)知县杨仲安、张羽,成化年高安,弘治年刘伟,嘉靖年李潮、樊从简,万历年马斯和重加修饬,厚下安宅,规制为之大备。

查康熙《文水县志》、光绪《文水县志》记载,大略与天启《文水县志》同而增加了明清时期修建的情况。由上,大略可知,文水县文庙自宋迁城修建以来,地址不曾更易,历朝屡有修葺。诸志所记的这些宋元以来修葺情况,当有碑记所本①。县署的情况大体一致。如前所述,1971年在原文庙地建县委大院、1978年在西街旧县衙前部与武陵书院旧址建县政府四层办公楼,结合图二至图七,即可以知道原文庙在今县委一带,县署在今县政府一带。

又,明初《太原志·祠庙》记:三皇庙,在县西北隅②。比照图四可知,明初时文水三皇庙尚存,文庙之西、县署之东,大约即清代武陵书院所在(图七)。三皇庙,元代时是全国通祀的专门祭祀医学祖神的祠庙建筑,地方官修建三皇庙是其任职的一项重要任务。明朝建立之初,尚诏全国通祀。后认为汉族的人文初祖被贬低为医学祖神有悖于传统,因而很快加以改建③。《永乐大典·太原府》所记载的三皇庙,应该就是明初尚未及改建的

---

① 除前引天启《文水县志》记录文水县文庙修葺历史之外,尚有元大德十年的《重建文庙记》,记录了大德七年(1303年)平阳地震时文水文庙遭到破坏的情况:"是岁秋八月上旬□□□□□邑民室□□庙宇,撼摇摧圮,扫地一空,俱为瓦砾,而民多伤其命。是时,人心□恐□□公□□李公□□□□□日□□与抚慰,未暇葺理,诸贤□皆为土木所覆,惟圣人像幸存焉。上构以棚厦,粗蔽风雨。"地震后,于大德八年(1304年)十月始重修文庙,九年(1305年)三月告成,十月立石。这也是现存有关文水文庙修建情况的较早记录。
② 《辑佚》,第221页。
③ 杭侃、彭明浩:《三皇庙铜祭器及其相关问题》,《古代文明》第8卷,北京:文物出版社,2010年;王子奇:《河北省定兴县城址调查及其相关问题》,《扬州城考古学术研讨会论文集》,北京:科学出版社,2016年。

三皇庙遗迹。这应是元代文水县城建所遗留下来的遗迹。

前引光绪《文水县志》卷四《分建志》记载了历朝修葺文水县城的经过，宋修土城，明万历始包砖，"围广如旧，高厚增之"，此后屡有修建。由此可知，明清时期的文水县城，当沿用自宋代土城。又据上文推定的城内重要建置和街巷布局，参考前述中国人民解放军总参谋部测绘局于1959年3月航摄、同年10月调绘、1964年制图出版的文水县1∶5万地形图，可进一步确定原文水城的范围：北垣当在今北环路一线；东垣当在今新华北路、新华南路一线；南垣当在今大陵街一线；西垣遗迹已非道路，当在今县政府以西的南北一线（图三、图八）。据此核查其周长，约4.6公里，和文献所记"九里一十八步"大体相合。

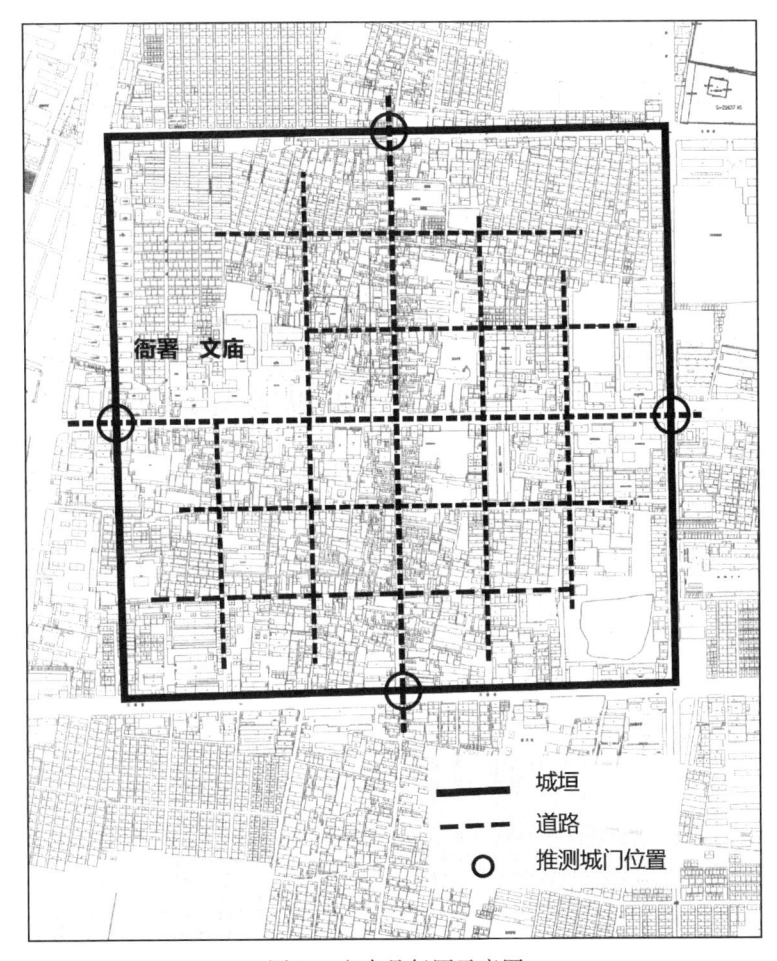

图八　文水县复原示意图

四、结　　语

第一，今天的文水县城旧城遗迹已基本无存，民国时期梁思成等调研过的文庙也已遭拆除。幸而通过实地调查，结合相关文献地志舆图等资料，尚可大略推知此前城市规模和格局的发展演变。一方面，目前尚存的旧城格局，是城市发展的重要印记，需要加以保护。同时，类似文水这类城址的情况，在笔者所调查的北方地区地方城址中普遍存在，需要引起学术界的重视并开展调查研究工作。

第二，文水县城总体仍属四门十字街型城址，这类城址在中原北方地区一直十分流行，笔者认为这与平原地区此类城址具有便利性有关①。但十字街下每个小区域又用"井"字形街道划分的街道格局，以往未见报导，是对宋代地方城市布局的新认识。

---

① 杭侃、王子奇：《宋代北方地区新建城市的考古学研究》，《2012 东北亚古代聚落与城市考古国际学术研讨会论文集》，北京：科学出版社，2014 年，第 333~362 页。

金代移里闵斡鲁浑猛安地望考

赵里萌

吉林大学考古学院

文璋

天津市文化遗产保护中心

移里闵斡鲁浑猛安系金代隆州路下猛安①,按《金史·完颜昂传》:"天德初,改安武军节度使,迁元帅右都监,转左监军,授上京路②移里闵斡鲁浑河世袭猛安。海陵曰:'汝有大功,一猛安不足酬也。'益以四谋克。昂受亲管谋克,余三谋克让其族兄弟。"③目前,学界对移里闵斡鲁浑猛安之地望研究尚少,张博泉认为该猛安系饮马河附近④,都兴智则更进一步,认为是在"雾开河或雾海河流域和饮马河中游一带"⑤。两位学者虽都指出了该猛安的大致位置,但并未给出明确的定点。本文试结合最新的考古调查材料,对这一问题进行深入探讨。

一、位 置 考 证

猛安谋克的命名多源自其始居的山川河泽。金代之移里闵河,元明称亦迷河、一迷河,清代称伊勒门河、伊尔门河,即今饮马河⑥。饮马河的主要支流有雾开河、双阳河和岔路河,尤以雾开河为大。雾开河在清代称乌苏图乌海河、雾海河。双阳河明代称苏完河、清代称刷烟河。岔路河清代称撒沦河。辽金以降,饮马河及其附近几条大河的名称虽有音转,但均差异不大,如辽金文献中的松花江作"宋瓦江"、伊通河作"益褪河"、拉林河作"来流河",如此看来,"移里闵斡鲁浑猛安"的"斡鲁浑"一词,当即雾海河之音转,舍此无它。

---

* 本文系吉林省高句丽研究中心课题项目"中国东北地区渤海与辽金城址的对比研究"(JG2020Y007)的阶段性成果。

① 金代山东东路也有同名猛安,应系从隆州侨置而来。
② 此应指包括隆州路在内的广泛意义上的上京路。
③ 《金史》卷八十四《完颜昂传》,北京:中华书局,1975年,第1887页。
④ 张博泉:《金史论稿》第一卷,长春:吉林文史出版社,1986年,第288页。
⑤ 都兴智:《辽金史研究》,北京:人民出版社,2004年,第228页。
⑥ 复旦大学历史地理研究所《中国历史地名辞典》编委会:《中国历史地名辞典》,南昌:江西教育出版社,1986年,第1页。

同时冠以两条河名的猛安谋克在金代十分少见,相比以一河、一山命名,两条交汇的河流蕴含了更多的地理信息,大大缩减了寻找其具体位置的难度。在20世纪80年代,考古工作者曾对饮马河、伊通河流域做过详细的文物普查,摸清了这一地区辽金城址的基本情况。此外,吉林省文物考古研究所在1987年、1998年先后发掘了德惠后城子城址①、德惠揽头窝堡遗址②,并在1998年、2017~2018年先后发掘了德惠城岗子城址③。以上发掘厘清了这一地区辽金遗存的基本面貌,使我们可以对出土、采集遗物进行准确的断代。2018年春,吉林省文物考古研究所联合吉林大学考古学院对这一地区的城址又进行了复查,对城址的规模、结构、年代等方面产生很多新的认识④。结合历次调查、发掘材料,我们试从这些辽金城址中寻找移里闵斡鲁浑猛安的具体位置。

首先,我们需要进一步缩小搜寻的范围。由于饮马河上游地区为双阳河、岔路河这两条支流,不属于雾开河的范围,因此该区域的城址可以排除。饮马河、雾开河均由南向北流淌,雾开河在饮马河中游与之并行,在饮马河下游汇入,旋即汇入伊通河、北流松花江。雾开河西侧为伊通河,饮马河东侧为沐石河,因此搜寻范围的西、北、东三界可以划定,即西以鲍家镇至天台镇一线的伊通河东岸二级台地为界,北以饮马河、伊通河交汇点为界,东以饮马河、沐石河分水岭为界。此外,雾开河的上源在长春石碑岭附近,此处有完颜娄室墓,其神道碑有"葬于济州之东南奥吉里"⑤之句,奥吉里应系济州路(隆州路)下奥吉猛安⑥,可知雾开河河源地区应属其辖地,因此我们将搜寻范围的南界定在卡伦湖水库附近。根据以往调查,在上述圈定的区域内共有金代城址20余座⑦(图一),基本情况如下(表一)⑧:

表一 饮马河、雾开河流域内的金代城址

序号	名　　称	周长(米)	出 土 遗 物
1	德惠市边岗双城子	总 2 855	北城皆为金代,南城兼有辽金
2	九台市大城子	1 677	金代及元代
3	九台市和气古城	1 659	金代

---

① 吉林省文物考古研究所、长春市文物管理委员会办公室:《吉林省德惠县后城子金代古城发掘》,《考古》1993年第8期。
② 吉林省揽头窝堡遗址考古队:《吉林德惠市揽头窝堡遗址六号房址的发掘》,《考古》2003年第8期。
③ 吉林省文物考古研究所:《吉林德惠市城岗子金代古城发掘简报》,《北方文物》2000年第3期;吉林省文物考古研究所等:《吉林德惠市城岗子城址2017~2018年发掘简报》,《考古与文物》待刊。
④ 赵里萌、孟庆旭:《吉林省伊通河、饮马河下游地区辽金时期城址的调查》,《边疆考古研究》第29辑,北京:科学出版社,2021年。
⑤ 王新英辑校:《全金石刻文辑校》,长春:吉林文史出版社,2012年,第222页。
⑥ 《金史》卷七十二《谋衍传》,第1654页。
⑦ 除表中所列,还有德惠市天台镇小城子、十三家子前城子、孙家塘坊古城、朱家城子等四座小型城址已经被毁,无法查明其具体情况。德惠市杏山堡古城周长仅151米,地表遗存皆为辽代陶片,性质应为辽代戍堡,故此城也不在统计之列。
⑧ 其中边岗双城子分南北两城,北城周长1 443米,南城周长1 412米,表中所列为合计周长。

续表

序号	名　称	周长(米)	出土遗物
4	德惠市孟家古城	1 600	金代
5	德惠市边岗丹城子	1 555	皆为金代
6	德惠市朱家村后城子	1 540	辽金时期
7	德惠市向阳古城	1 376	辽金时期
8	德惠市马家古城	1 363	以辽代为主,兼有金代
9	九台市吴家城子	1 290	金代
10	九台市榆树岗子古城	1 260	金代
11	德惠市刘家城子	1 240	辽金时期
12	德惠市榆树林古城	1 200	金代
13	农安县双马架古城	1 200	辽代
14	九台市靰鞡草城子	1 200	金代
15	九台市偏脸城	1 000	金代
16	德惠市城岗子古城	968	以辽代为主,兼有金代
17	德惠市黄花城子	963	金代
18	德惠市后城子	926	金代
19	九台市小城子	860	辽金时期

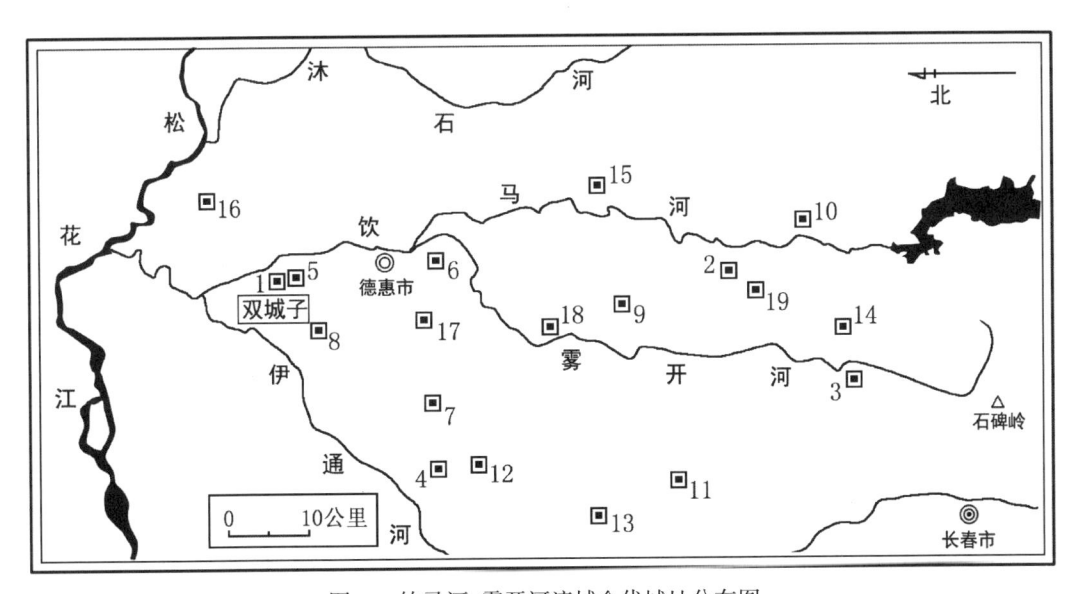

图一　饮马河、雾开河流域金代城址分布图

1. 德惠市边岗双城子　2. 九台市大城子　3. 九台市和气古城　4. 德惠市孟家古城　5. 德惠市边岗丹城子　6. 德惠市朱家村后城子　7. 德惠市向阳古城　8. 德惠市马家古城　9. 九台市吴家城子　10. 九台市榆树岗子古城　11. 德惠市刘家城子　12. 德惠市榆树林古城　13. 农安县双马架古城　14. 九台市靰鞡草城子　15. 九台市偏脸城　16. 德惠市城岗子古城　17. 德惠市黄花城子　18. 德惠市后城子　19. 九台市小城子

需要指出的是,根据2018年春的调查,边岗双城子古城的南北两城均存在大量金代遗存,在金代应属共存关系,且两城间距仅10余米,可视作一体看待。我们将上述城址按城墙周长来划分等级:第一级为900米左右,共5座;第二级为1300米左右,共8座;第三级为1600米左右,共5座;第四级为3000米左右,仅1座。在金代,该区域内除猛安谋克的城寨之外,并无其他州县之设①,作为该地区最高行政建制的移里闵斡鲁浑猛安,其城寨理应最大。按照等级排序,则整体规模最大的德惠市边岗双城子古城最有可能是其治所。需要指出的是,由于史料的缺失,目前学界对金代猛安谋克城寨的等级规模尚不清楚,可供比较的如上京扎木猛安之治所可能在宾县仁合、常安、陆凤三座城址之内,其周长在1000~1300米之间②。又如蒲与猛安在克东县金城古城,周长在3000米左右③。再如讹里骨山猛安在富锦市霍吞吉里古城,周长在3000米左右④。首先,边岗双城子古城合计周长2855米,在猛安城的合理区间之内。其次,该地区的第一、二、三级城址尽管也在猛安城的规模区间内,但在该区域内存在等级上的递增关系,且同一级内的城址均有数座,因此将双城子古城定为移里闵斡鲁浑猛安的治所最为合理。

二、遗址基本情况

边岗双城子古城位于德惠市边岗乡郑家窝堡村西侧200米左右,坐落在饮马河左岸台地上,东距饮马河3公里,南300米处为一条由西南向东北流淌的小河。城址由南、北两城组成,最近处仅距十余米。南城南侧与揽头窝堡遗址相接,正南1公里处即为丹城子城址。双城子、揽头窝堡遗址、丹城子三者共同构成了一处超大型的金代遗址群(图二)。这种三城相连的情况在辽金时期的东北地区十分少见。

双城子北城平面呈梯形,方向66°,东开一门,外设瓮城,瓮门右开。城墙夯筑,高约2米,墙外设一道城壕。四隅设角台。北墙等距设马面三座。地表散布大量瓦砾、陶瓷片,陶器多见大卷沿口沿,瓷器见有金代定窑、钧窑瓷片以及东北窑口化妆白瓷。城中心有一处高包,但瓦砾较少,中南部有一处明显的方形院落遗迹,边长约70米,瓦砾较多。

南城平面呈长方形,方向177°,开南、北两门,未见其他设施。城墙夯筑,保存较差,残高0.5米。从卫片来看,城内由南至北共有七排建筑,南北主街贯穿其中,城中部偏北有一处明显台基,高约0.5米。城址地表采集有金代东北窑口化妆白瓷、定窑白瓷、耀州窑青瓷、青白瓷,还见有少量辽代篦纹陶片、平折沿陶片。

双城子北城地表遗存相对较少,时代皆为金代,建筑遗迹也不多。双城子南城地表遗存相对较多,包含辽、金两期,以金代为主,建筑遗迹十分密集。从调查结果来看,北城的

---

① 金代隆州路统二州,一为隆州,在农安县城,一为信州,在公主岭秦家屯古城。
② 刘丽萍:《上京扎木猛安考略》,《北方文物》1994年第2期。
③ 吴国言、张学群:《黑龙江北安市发现"曷苏昆山谋克之印"》,《北方文物》1990年第1期。
④ 陆国亮、宋智光:《讹里骨山猛安考》,《黑龙江史志》1996年第4期。

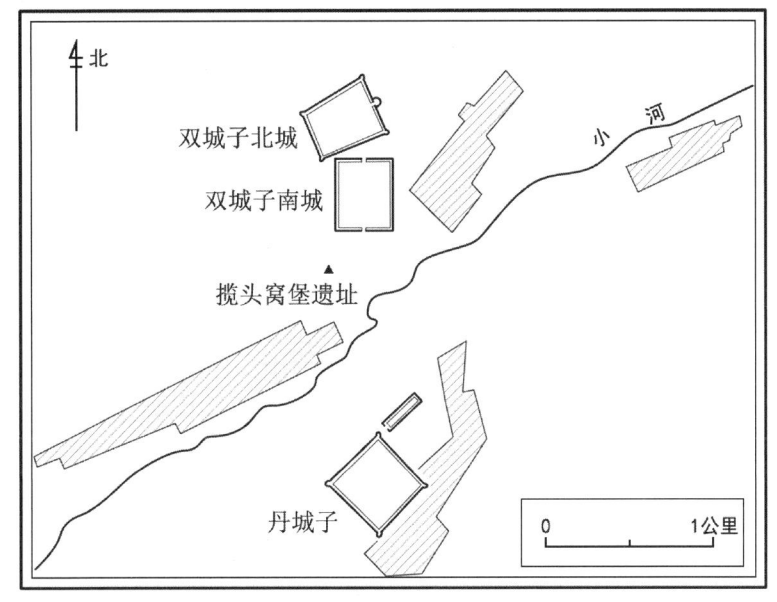

图二　德惠边岗双城子古城及周边遗址分布图

营建很可能晚于南城,应为金代新建,南城的时代可能早到辽代,金代沿用。揽头窝堡遗址与南城的南门相连,时代以金代为主,元代沿用,与南、北城存在共时关系,其性质应属于南城的关厢聚落,与双城子实属一体。

丹城子古城由主城和附属小城组成。主城平面呈方形,方向134°,西墙、北墙各有马面三座。门址不清,东墙北段有疑似瓮城痕迹。城墙为夯筑,高约2米,南墙破坏无存。北墙、东墙外存在两道城壕。城址中心有两座台基建筑,相距百米,南北排列分布,此处地表瓷片十分密集。附属小城位于城外东北隅,平面呈长方形,方向与主城东西轴线平行,东西长275米,南北宽75米,周长662米,西开一门,城墙夯筑,残高1米。小城内嵌套一处小型院落,西开一门,地表散布较多砖瓦和少量陶瓷片。丹城子地表遗存十分丰富,陶器多为素面、大卷沿,瓷器以金代东北窑口化妆白瓷为主,次为定窑白瓷,还见有一定数量的金代同时期的高丽青瓷,整体面貌与揽头窝堡遗址出土的陶、瓷器一致。

三、余　　论

前文中我们已经将移里闵斡鲁浑猛安考定在双城子古城,并且可知丹城子古城与其关系也十分密切。从遗址情况来看,形成这种三座城址紧邻排布的原因一定是复杂的,或许是本地衍生,或许是外地迁移,或者二者兼有。这与《完颜昂传》中提到的"益以四谋克"之事不谋而合,与"移里闵斡鲁浑"这种少见的以两河命名的猛安谋克名称也似乎有所关联。是否此地先有"移里闵"或"斡鲁浑"一寨,随后另迁一寨于此,合并为同一猛安,其后再有四谋克新迁于此,因此形成了这种三城相邻的局面? 以上虽为推测,但无论如何,双城子—揽头窝堡—丹城子遗址群的复杂性与移里闵斡鲁浑猛安建制沿革的复杂性是较为贴合的。

最后,移里闵斡鲁浑猛安在金末很可能升为移里闵州。据哀宗正大元年(1224年)的《女真进士题名碑》①所载,有策试进士名撒合烈兀忽者,为"移里闵州路□河猛安人"。对于此处地名的解读,张博泉认为"金时无移里闵州,此称'州路'可能是当时隆州路的代称"②。并将其单独列入隆安府路下的独立猛安,即"移里闵州路□河猛安"。姜维东则认为,金末曾升移里闵猛安为州③。笔者赞同后者观点,首先"州路"在文法上并不通顺,如指代隆州,则应置于移里闵之前更为合理,且正大元年之时,隆州路已经升为隆安府路,同碑刻文中即有"完颜脉忒厄,隆安府路失剌古山猛安"之句,可知"州路"非指隆州路。此处断句应以"移里闵州"、"路□河猛安"为妥。宣宗迁汴之后,东北地区的局势陡转直下、几近失控。为了应对蒙古、耶律留哥、蒲鲜万奴等多方势力的威胁,金朝曾对东北地区的行政体系进行过较多调整,如贞佑年间升隆州为隆安府、升化成县为金州、复升肇州为节镇等。考虑到金末的特殊局势,升猛安为州、升谋克为猛安的情况大有可能,而关于猛安谋克建制的文献十分稀少,于此失载也正常不过。

---

① 开封市博物馆藏。
② 张博泉:《金史论稿》第一卷,第290页。
③ 姜维东、黄为放:《金代黄龙府猛安谋克考》,《东北史地》2014年第1期。

走兽与蹲兽：文献、图像与实物的矛盾与辨析[*]

彭明浩

北京大学考古文博学院

提到走兽，多指明清时期建筑屋角施于仙人之后的龙、凤、狮等脊兽（图一），但在北宋《营造法式》中，记载有走兽和蹲兽两类脊兽：其中蹲兽施于屋角嫔伽之后，与明清"走兽"有承继、对应关系；而走兽则为另一类瓦件，其形式和施用位置，都与蹲兽和明清所称的"走兽"完全不同。走兽名称的早晚混淆[①]，容易造成对早期作法理解的偏差，导致《营造法式》所载走兽、蹲兽之别并未得到足够关注，对与其相关的建筑图像和考古出土实物的整理和分析也较少。本文试图从走兽与蹲兽的辨析入手，探讨早期建筑屋脊形象问题，并注意到文献、图像和考古实物所反映的历史内容存在矛盾，而考察这种矛盾并思考其生成原因，有助于理解不同史料的侧重和局限。

图一　故宫太和殿走兽

---

[*] 本文为国家社会科学基金重大项目"医巫闾山辽代帝陵考古资料（2012~2017）整理与研究"（项目批准号：18ZDA226）与国家社会科学基金重大项目"两宋建筑史编年研究"（项目批准号：19ZDA199）阶段性成果。

[①] 本文主旨在讨论走兽、蹲兽之别，而晚期名称混同是造成其理解讹误的主要原因，为便于讨论，后文特指清代屋角走兽，均加引号称"走兽"，一般情况下，均延续宋《营造法式》所载，称作"蹲兽"。

一、《营造法式》所载走兽与蹲兽

《营造法式》①卷第十三《瓦作制度》载"结瓦"、"用瓦"、"垒屋脊"、"用鸱尾"、"用兽头等"五条,分别记载屋顶所用各类瓦件的规格和施用位置。

其中,走兽载于"垒屋脊"条下,根据条文和其他相关记载,屋脊由下至上由当沟、线道瓦、条子瓦和合脊筒瓦垒砌②,走兽施于合脊筒瓦之上:

> 其殿阁于合脊筒瓦上施走兽者,[其走兽有九品:一曰行龙、二曰飞凤、三曰行狮、四曰天马、五曰海马、六曰飞鱼、七曰牙鱼、八曰狻猊③、九曰獬豸,相间用之,]每隔三瓦或五瓦安兽一枚。[其兽之长随所用筒瓦,谓如用一尺六寸筒,即兽长一尺六寸之类。]④

而蹲兽载于"用兽头等"条下,与套兽、嫔伽、滴当火珠并列。条文中分别记载了不同规格建筑所用各类瓦件的数量和大小,如:

> 四阿殿九间以上,或九脊殿十一间以上者,套兽径一尺二寸;嫔伽高一尺六寸;蹲兽八枚,各高一尺;滴当火珠高八寸。[套兽施之于子角梁首;嫔伽施于角上;蹲兽在嫔伽之后,其滴当火珠在檐头华头筒瓦之上,下同。]⑤

由《营造法式》瓦作制度的条文设置和具体规定,可见走兽和蹲兽有着明显的区别。但由于走兽仅载施于合脊筒瓦之上,而蹲兽在屋角嫔伽之后,也可施于合脊筒瓦之上,则两者施用位置的差别并不明确。更重要的是,"嫔伽在清代称'仙人',蹲兽在清代称'走兽'"⑥,且清代"走兽"也有龙、凤、狮子、麒麟、天马、海马、鱼、獬、吼、猴十品⑦,与《营造法式》"走兽"所载多有对应,因此,学界多将明清"走兽"形象带入对《营造法式》的理解,重视蹲兽与明清"走兽"的关联,把走兽品类纳入蹲兽一体考察,并不明确区分。虽后来有所纠正,分述走兽、蹲兽⑧,但由于走兽在清官式建筑中已不用,两者的差别并没有引起足够关注,至今仍存在将蹲兽和走兽混淆的现象。

而在瓦作制度外,《营造法式》瓦作功限、瓦作料例也载有屋面安设瓦件所需的人工和材料;同时窑作功限中,也涉及烧制走兽、蹲兽所需的人工。将这些文献对读,可更为全

---

① 本文所引《营造法式》文字,均据梁思成:《营造法式注释》,《梁思成全集》第七卷,北京:中国建筑工业出版社,2001年。
② 潘谷西、何建中:《〈营造法式〉解读(修订版)》,南京:东南大学出版社,2017年,第161页。
③ 《营造法式注释》作狻狮,据故宫本、四库本改作狻猊。
④ 《营造法式注释》,第258页。
⑤ 《营造法式注释》,第259页。
⑥ 《营造法式注释》,第260页。
⑦ 梁思成:《清式营造则例》,北京:清华大学出版社,2006年,第52页。
⑧ 徐振江:《〈营造法式〉瓦作制度初探》,《古建园林技术》1999年第1期,第6~8页;潘谷西、何建中:《〈营造法式〉解读》,南京:东南大学出版社,2005年,第163页。

面地了解走兽与蹲兽之别,表列如下:

表一 《营造法式》所载走兽与蹲兽之别

《营造法式》	瓦作制度	瓦作功限	瓦作料例	窑作功限
涉及内容	瓦件铺设的位置、类型和等级	安卓瓦件所需人工	安卓瓦件所需材料	制作瓦件所需人工
走兽	施于合脊筒瓦之上,有九品,长随所用筒瓦	未载	未载	行龙、飞凤、走兽之类,长一尺四寸,五分功①
蹲兽	施于嫔伽之后,按建筑规格等级高低,所施数量、高度递减	蹲兽,[以高六寸为准,]每一十五枚;[每增减二寸,各加减三枚](计一功)②	蹲兽,每一支:[以高六寸为率。]石灰,二斤。[每增减一等,各加减八两]③	蹲兽,高一尺四寸,二分五厘功。[每减二寸,减六厘功]④

首先,走兽均以长计,而蹲兽均以高计,则走兽整体当横向造型,蹲兽当竖向造型,这也与其"走"和"蹲"的命名对应,反映两者所表现动物的形态有所区别。关于其具体形象,《营造法式》瓦作制度中虽无直接记载,但走兽在石作⑤、彩画作中也是高规格作法所采用的装饰元素,特别是在彩画作制度"五彩遍装"条下,记花纹中间绘行龙、飞禽、走兽,其中:

> 走兽之类有四品:一曰狮子[麒麟、狻猊、獬豸之类同];二曰天马[海马、仙鹿之类同];三曰羚羊[山羊、华羊之类同];四曰白象[驯犀、黑熊之类同。其骑跨、牵拽走兽人物有三品:一曰拂菻;二曰獠蛮;三曰化生。若天马、仙鹿、羚羊,亦可用真人等骑跨]⑥。

所载走兽品类与瓦作中多有重叠,在卷三十三《彩画作制度图样上》⑦中还绘有与各品类对应的图像⑧,从中可以看到它们的形态,皆呈飞翔和奔跑的动势,横向伸展(图二)。而蹲兽,亦可参考卷三《石作制度》的相关记载,其勾栏望柱"柱头上狮子高一尺五寸"⑨,与瓦作蹲兽一样,也是以高度计其规格,对应的图样中,还画有蹲狮形象⑩。卷十二《雕作

---

① 《营造法式注释》,第345页。
② 《营造法式注释》,第342页。
③ 《营造法式注释》,第352页。
④ 《营造法式注释》,第345页。
⑤ 《营造法式》卷三《石作制度》,"或于华文之内间以龙凤狮兽及化生之类者,随其所宜分布用之",见《营造法式注释》,第48页。
⑥ 《营造法式注释》,第268页。
⑦ 《营造法式》现存各版本图样,以"永乐人典残本"和"故宫本"最接近宋刊原貌,但"永乐大典残本"仅有一部分大木作、栱眼壁彩画,"故宫本"图样更为完整,而《营造法式注释》选用"丁本"附图,传抄改动较大,故本文所引《营造法式》图样,均据"故宫本",参见故宫博物院编故宫博物院藏清初影宋钞本《营造法式》,北京:故宫出版社,2017年,后引文均记为(故宫本)《营造法式》。
⑧ (故宫本)《营造法式》,第890、891页。
⑨ 《营造法式注释》,第62页。
⑩ (故宫本)《营造法式》,第740页。

制度》中亦载雕混作之制有凤凰、狮子等多品,狮子条下小注"狻猊、麒麟、天马、海马、羚羊、仙鹿、熊、象之类同,以上并施之于勾栏柱头之上或牌带四周"①,对应的卷三十二《雕木作制度图样》中绘有坐龙、狮子、鸳鸯、凤等柱头形象,亦为竖向蹲坐造型②(图三)。以上述走兽、蹲兽图样为基础,在现存宋代石雕中也可见相关实例,尤其是北宋皇陵石刻,各陵园南门外均设走狮,而东西北三门外均设蹲狮,可明显看出两者的差异③(图四)。

图二 (故宫本)《营造法式》彩画作走兽图样

图三 (故宫本)《营造法式》柱头蹲兽形象
1、2. 石作望柱头狮子 3~6. 雕木作勾栏柱头凤凰狮子

其次,瓦作功限、料例未载走兽,并非走兽被忽略或可并入蹲兽,而实与其安卓方式相关。按《营造法式》所载,蹲兽同屋角的嫔伽、套兽等一样,均单独制作,需要在铺瓦后另外安卓,因此才单计人工和材料费用。而走兽未载这方面内容,则说明其与合脊筒瓦相连

---

① 《营造法式注释》,第247页。
② (故宫本)《营造法式》,第861页。
③ 张广立:《宋陵石雕纹饰》,北京:人民美术出版社,2003年,第25~151页。

图四　宋陵石狮

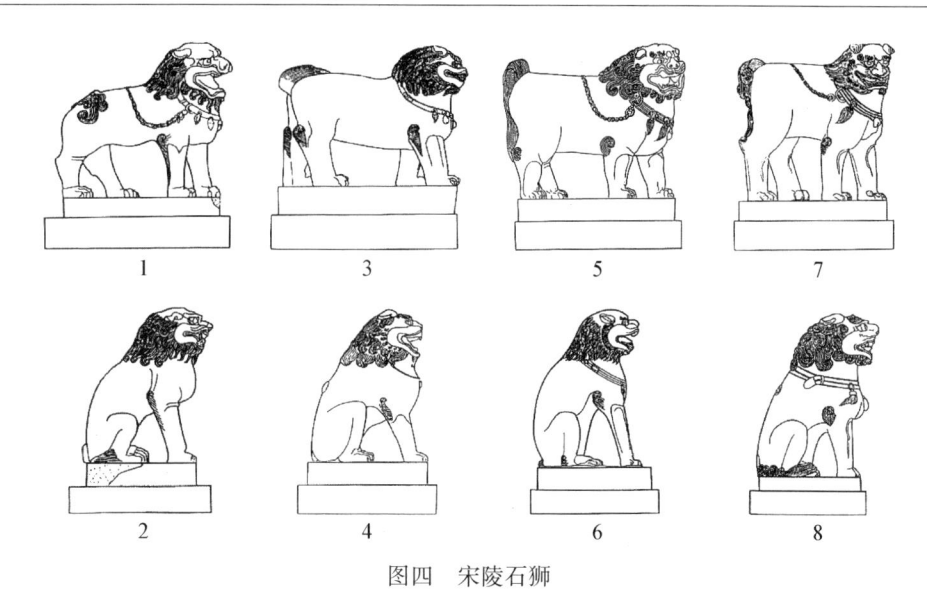

1. 永昌陵南门狮　2. 永昌陵北门狮　3. 永熙陵南门狮　4. 永熙陵北门狮　5. 永裕陵南门狮
6. 永裕陵西门狮　7. 永泰陵南门狮　8. 永泰陵东门狮

接、一体制作,其铺设时的功限、料例就计入垒脊之中,不需要另计。当然,一体制作有利于屋面施工,更为方便快捷,这也正是明清屋角蹲兽也普遍与合脊筒瓦一体烧造的原因。因此,《营造法式》不载走兽在屋面施工中的功限、料例,反说明走兽作法更为先进,而蹲兽作法当时并未完全成熟。

再者,走兽每隔三瓦或五瓦安设一枚,较为稀疏,若将其理解为角部蹲兽,则以制度规定,其在"四阿殿九间以上或九脊殿十一间以上者"用八枚蹲兽,即便每隔三瓦设一枚,则角部至少需设三十枚瓦左右,按该等级建筑所用筒瓦长度一尺四寸计①,则垂脊前端的长度至少为 42 尺,约 12 余米,这是极不合理的。

综上可知:

1. 走兽与蹲兽并非同一类瓦件,规格计量一按长、一按高,对应的是兽的动作形态不同,一是动态的奔走状,一是静态的蹲坐状;

2. 走兽与合脊筒瓦结合制作,不需要安卓,功限料例并入垒脊之中;蹲兽单独制作,需要安卓;

3. 走兽当施于正脊和垂脊上,相间设置,各有一定距离,蹲兽施于角部嫔伽之后,紧凑排列。

二、文献与图像的矛盾

虽然《营造法式》中明确有屋脊走兽,但同一时期的宋画材料中,却难觅走兽的踪影,

---

① 《营造法式注释》,第 256 页。

而蹲兽则较为常见。

其中有代表性的,如北宋张择端《清明上河图》,所绘衙署、酒楼、店铺、住房等各类建筑的屋顶上,都不见走兽。特别是画面左侧的城门楼,规格较高,为面阔五间单檐庑殿顶建筑,其屋脊上也无走兽,而在垂脊前端屋角嫔伽之后,设四枚前后相接的蹲兽(图五,1)。又如宋徽宗赵佶《瑞鹤图》所绘北宋宫城正门宣德门,门楼屋顶也无走兽设置,屋角前端不施嫔伽,列四枚上翘的小兽头,与角梁端头所施套兽类似,较为特别(图五,2)。而南宋绘画,如李嵩所绘《月夜看潮图》、《水殿招凉图》和马麟所绘《秉烛夜游图》、《楼台夜月图》,均屋脊素平,无走兽装饰,只于垂脊翘角兽头前施嫔伽和蹲兽,几成一种定式(图五,3、4)。

图五 宋代建筑画中所表现的屋脊形象
1.《清明上河图》局部 2.《瑞鹤图》局部 3.《水殿招凉图》局部 4.《秉烛夜游图》局部

再看唐、西夏时期石窟壁画中的建筑图像,如敦煌莫高窟、榆林窟所见,也都没有走兽的表达,但屋角多有特殊设置。这一时期不设蹲兽,而多以几枚瓦头斜翘向上的筒瓦装饰,可称为"翘瓦"①。这种屋角的装饰,从北朝以前的建筑模型看,可追溯至两汉时期②,实际上是在平直的屋角端部,通过瓦件的设置,形成翼角起翘的效果(图六)。则由图像

---

① 祁英涛:《中国古代建筑的脊饰》,《文物》1978年第3期,第66页。
② 鲍鼎、刘敦桢、梁思成:《汉代的建筑式样与装饰》,《中国营造学社汇刊》第五卷二期,1934年。

可知：唐代以前，屋角多流行翘瓦作法；北宋以后，蹲兽才逐渐出现并替代屋角翘瓦①，《营造法式》所载蹲兽以及嫔伽等设置，当为这种转变已完成的标志；明清时期，广泛可见的屋角蹲兽，也是宋代蹲兽自然的发展。

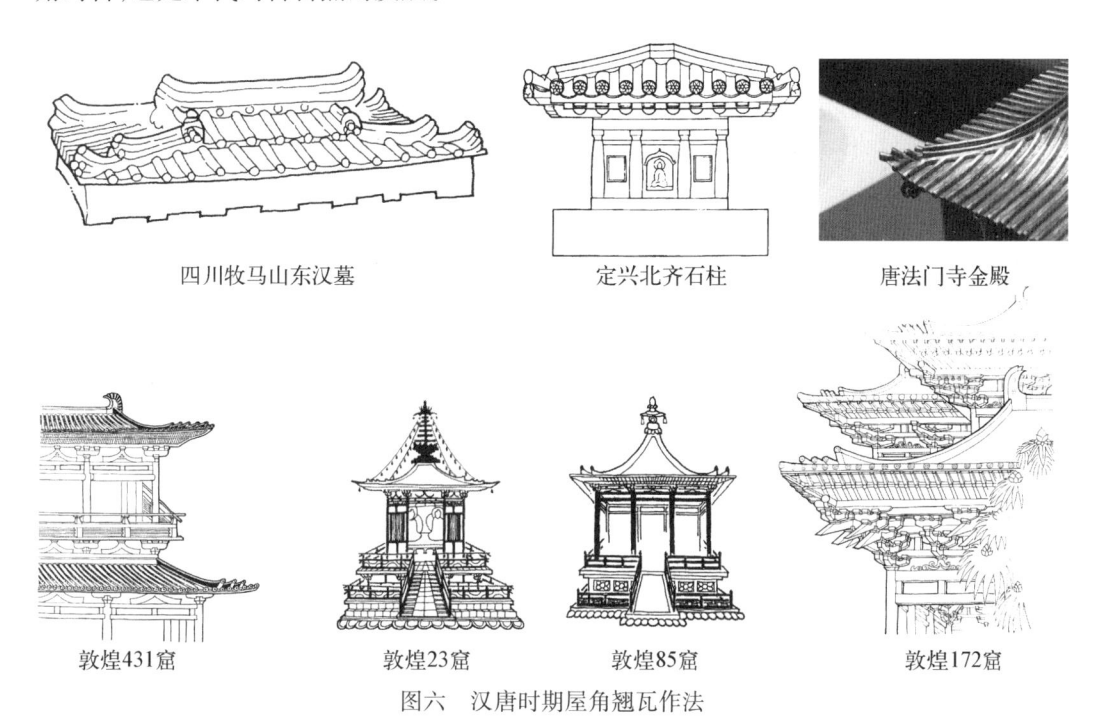

四川牧马山东汉墓　　定兴北齐石柱　　唐法门寺金殿

敦煌431窟　　敦煌23窟　　敦煌85窟　　敦煌172窟

图六　汉唐时期屋角翘瓦作法

与翘瓦、蹲兽在唐宋建筑画中的普遍表达对比，走兽的完全缺失使人怀疑它是否实际存在。但如若再往前看早期的建筑图像材料，如战国铜器上所錾建筑图像中，屋脊即立有凤鸟②。在汉陶楼和画像石上，建筑走兽就更为普遍，以山东地区表现最为丰富，如长清孝堂山石祠③、嘉祥武氏祠等地出土的画像石④所见楼阁图中，屋脊除常见凤鸟外，还有鱼、虎、猴等动物类型（图七）。需要说明的是，这些飞禽走兽造型生动形象，没有固定的规格，其相较于屋脊尺度明显较大，且屋身柱额、门窗上也多有此类图像，因此并不一定是真实的瓦件，而更具象征意义⑤。其位置和类型与墓室祠堂屋顶所刻祥瑞图像有对应关系⑥，

---

① 国庆华：《唐时期瓦作新识——渤海上京筒瓦和兽头之启示》，《中国建筑史论汇刊》第拾辑，北京：清华大学出版社，2014年，第286~289页。
② 傅熹年：《战国铜器上的建筑图像研究》，《傅熹年建筑史论文集》，北京：文物出版社，1998年，第82~102页。
③ 蒋英炬、杨爱国、信立祥、吴文祺：《孝堂山石祠》，北京：文物出版社，2017年，第36、37页。
④ 杨爱国：《中国画像石精粹》，济南：山东美术出版社，2019年。
⑤ 孙机：《汉代物质文化资料图说（增订本）》，上海：上海古籍出版社，2008年，第198页。
⑥ 蒋英炬、吴文祺：《汉代武氏墓群石刻研究》，济南：山东美术出版社，1995年，第94~100页；巫鸿著，柳扬、岑河译：《武梁祠：中国古代画像艺术的思想性》，北京：生活·读书·新知三联书店，2006年，第91~103页。

与羽人等升仙题材也有组合①，反映了人们祈求生者吉祥、亡者升仙的思想观念②。而正是此思想的长期影响，结合走兽所处建筑屋顶沟通天地的空间属性，才逐渐形成了屋脊上的特类装饰瓦件。

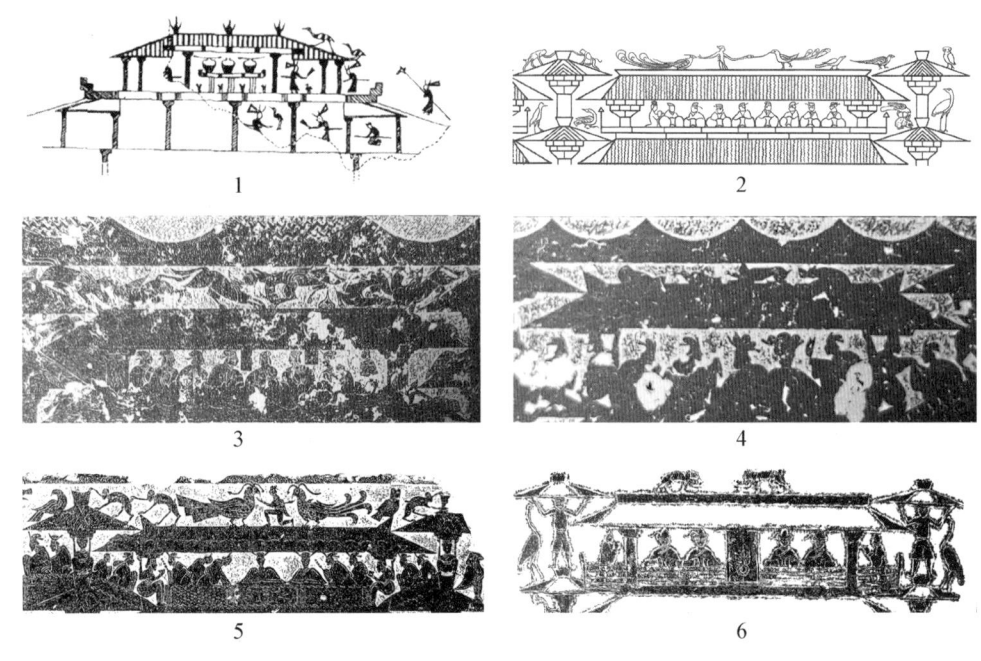

图七　战国、汉代建筑图像所见屋脊走兽
1. 山西长治分水岭战国墓铜匜残片上的建筑图　2. 山东长清孝堂山石祠　3. 山东东平后魏雪出土
4. 山东嘉祥武氏祠　5. 山东嘉祥宋山出土　6. 山东嘉祥五老洼出土

从北朝时期的建筑图像可见，这一时期屋脊走兽已基本定型，并引入了许多佛教题材。如北魏云冈石窟第9、10、12等窟壁面所雕建筑，其屋脊正中多设金翅鸟，两侧还有凤鸟、三角饰、火焰宝珠等设置③（图八，1、2），它们尺度适中、规格统一，图案也有一定制式，已非概念化装饰，而是明确的脊瓦构件。龙门皇甫公窟与唐字洞石质窟檐上也有金翅鸟和火珠的表现（图八，3）。由于佛教的影响，这一时期建筑图像中，还见有纯粹设置多枚火珠的作法④（图八，4），有学者认为邢窑出土的尖桃形器物即为此类火珠实物⑤。

至于唐宋以后现存的地上实物，由于屋瓦易毁，早期遗存极少，但至少在金元时期，已可见走兽于屋顶应用的实例：如佛光寺文殊殿为金初悬山顶建筑，现垂脊之上间隔分布3

---

① 贺西林：《汉代艺术中的羽人及其象征意义》，《文物》2010年第7期，第46~55页。
② 李发林：《山东汉画像石研究》，济南：齐鲁书社，1982年，第36~41页；信立祥：《汉代画像石综合研究》，北京：文物出版社，2000年，第143~160页。
③ 梁思成、林徽因、刘敦桢：《云冈石窟中所表现的北魏建筑》，《中国营造学社汇刊》第四卷第三、四期，1933年；张华：《云冈石窟的建筑脊饰》，《敦煌研究》2007年第6期，第13~19页。
④ 张庆捷等：《山西忻州市九原岗北朝壁画墓》，《考古》2015年第7期，第51~74页；夏名采：《青州傅家北齐线刻画像石补遗》，《文物》2001年第5期，第92、93页。
⑤ 王飞峰：《忻州九原岗北朝壁画墓门楼图建筑用瓦考略》，《北方文物》2018年第3期，第50页。

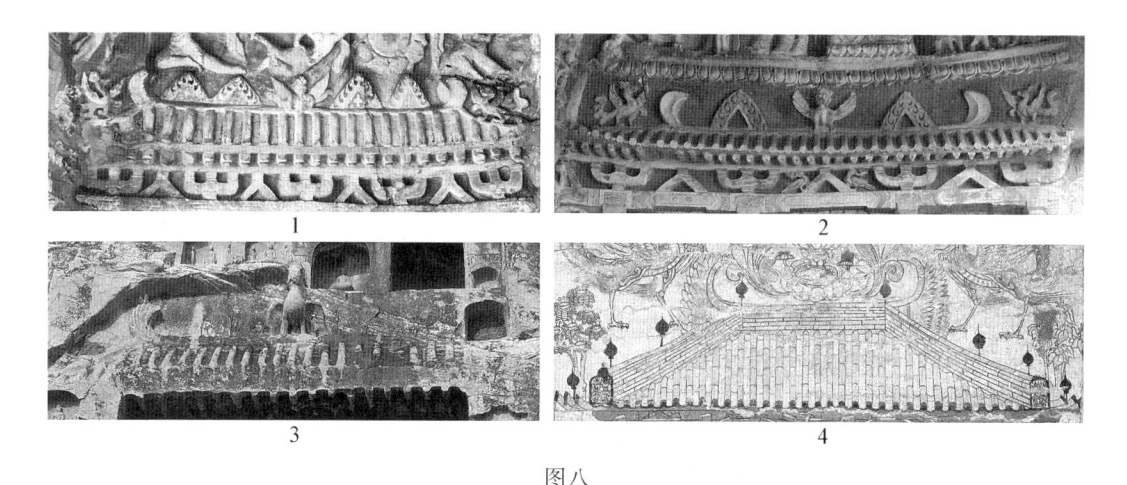

图八
1. 云冈石窟第10窟西壁　2. 云冈石窟第12窟东壁　3. 龙门石窟唐字洞　4. 忻州壁画墓门楼图

枚走狮,并在垂脊前端也设类似走兽,延伸至屋角(图九,1、2);又如高平定林寺雷音殿,为金代创建的歇山顶建筑,其屋顶脊刹原有"泰和四年十一月造"题记,垂脊上飞马"体形劲秀,急驰如飞"①,胎、釉均与脊刹相似,是金元时期较为确凿的脊兽构件(图九,3)。而至明清时期,由于建筑屋瓦保存较多,各地屋脊走兽的案例,均较为常见②,北方如山西平遥城隍庙大殿、介休关帝庙大殿、洪洞广胜寺毗卢殿、陕西留坝张良庙大殿所见,还基本延续传统的走兽品类(图十,1);而南方尤其是闽粤地区,如广西百色粤东会馆、广东佛山祖庙、广州陈家书院、德庆龙母祖庙、福建泉州通淮关帝庙等,屋脊装饰极为繁密,为表现连续、复杂的游龙走凤等题材,发展出陶塑、灰塑作法,突破了传统屋瓦的材料和规格③(图十,2)。

图九　金元时期建筑屋顶走兽实例
1、2. 佛光寺文殊殿　3. 定林寺雷音殿

---

① 柴泽俊:《山西琉璃》,北京:文物出版社,2012年,第11页。
② 吴庆洲:《中国古建筑脊饰的文化渊源初探》,《华中建筑》1997年第2期,第28~36页,同刊1997年第3期,第16~21页;同刊1997年第4期,第6~12页。
③ 刘淑婷:《中国传统建筑屋顶装饰艺术》,北京:机械工业出版社,2008年,第31~41页。

图十 明清时期建筑屋顶走兽实例
1. 洪洞广胜寺 2. 泉州通淮关帝庙

综上,联系早期图像和晚期实例,结合《营造法式》对中间空白时期的补充,可知走兽的设置,当是一直延续的作法。在战国秦汉建筑图像中,屋脊上即绘有飞鸟走兽,但可能还是祥瑞等思想观念影响下的概念化表达,并未定型为真实的屋瓦。而至少在北魏时期,走兽作为一类脊饰,连同火珠等其他装饰构件,已经基本确定,历唐宋至明清,其形成的龙、凤、鱼、虎等品类,虽不同朝代有所改易,但基本内涵没有太大变化。而蹲兽出现较晚,是北宋时期才逐渐出现并取代屋角翘瓦的作法,与《营造法式》详记走兽有龙、凤、狮、马等九品对比,蹲兽仅载设置数量、尺寸,并没有具体品类,且在宋代绘画中,各蹲兽也无明显差别,特别如《瑞鹤图》所绘,还以类似套兽的兽头表达,反映出北宋时期蹲兽样式尚未完全成熟。至明清屋角蹲兽,虽已发展为形态各异的十品,但实际上仍基本延续《营造法式》走兽类型。由此可推知,屋角蹲兽的设置,并非自成体系,而是借鉴了屋脊走兽历来的品类,反映了屋顶脊兽施用位置由屋脊向屋角发展的过程,即蹲兽实则为走兽在屋角的衍生。另如前述北朝图像多有表现的屋脊火珠,至北宋《营造法式》所载滴当火珠,即与嫔伽、蹲兽并列,施于屋角檐头筒瓦之上,也反映了屋顶装饰由脊部向角部发展的这一历时过程。以上所论,还只是将走兽理解为完整动物形象的狭义概念,如果考虑走兽作为图像元素的广义概念,则不仅屋角蹲兽,正脊端头鸱尾、垂脊端头兽头,以及晚期屋脊两侧雕饰的各类飞走,实际上都是走兽图像元素的不同表现,则屋顶脊饰似可以走兽形象在屋脊的发展衍生为视角,作进一步的整合研究。

三、考古实物的线索——西夏三号陵所见脊兽考

唐宋时期建筑图像与文献的矛盾,主要在没有这一时期的实物证据。由于现存建筑屋顶难以保存唐宋时期瓦件,即使存在也很零散,更难以明确构件年代。因此,要解决以上问题,唯有赖于考古出土材料,以笔者所见,现有讨论条件的,是西夏三

号陵①。

三号陵位于西夏陵区中部偏南,"是9座帝王陵中茔域面积最大、保存最好的一座陵园"②,结合六号陵、七号陵及其他相关遗址的发掘,推测可能是景宗李元昊之泰陵③。陵园从南至北分布中轴线上(或以中轴线对称)分布有阙台、碑亭、月城门、陵城门、献殿、陵塔等建筑。其中献殿和陵城南门,是组群的核心建筑,出土瓦件类别也最多,除其他建筑均可见的屋面筒、板瓦和屋角套兽、嫔伽外,还出土了命名为"摩羯"和"海狮"的两类脊兽(图十一)。它们多为琉璃构件,发掘报告较为谨慎,统称其为"脊饰"④,论者多将它们视为屋角嫔伽之后的蹲兽。而在意识到走兽与蹲兽之别后,似可作进一步的辨析。

图十一 西夏三号陵出土海狮、摩羯
1. 南门出土海狮 2. 南门出土兽首摩羯 3. 献殿出土鱼首摩羯

首先,它们的形式,海狮作腾空奔走状,摩羯作向前游走状,均具有动态的纵长造型,与《营造法式》走兽按长度计量对应,海狮的形象也与图样中所绘走兽狮子类似。此外,三号陵所出摩羯还可细分为鱼首和兽首两类⑤,而《营造法式》所载走兽中与鱼类相关的有牙鱼与飞鱼两品,其图像还用于衣冠饰物,规格较高,北宋即有禁制⑥,南宋岳珂《愧郯录》卷六"牙鱼不可服用"条亦载:"近世中都阛阓鬻冠饰者,率为物象螭,一角而两足,鸟翼而鸥尾,通国服之,谓之牙鱼"⑦。结合三号陵所出两类摩羯都有相同的翼、尾,仅首部不同,或正反映牙鱼、飞鱼之别主要在牙鱼首部"象螭",那么三号陵所出兽首摩羯称为"牙鱼"或更为合适,而鱼首摩羯则为"飞鱼"。

其次,兽与瓦通过空心柱柄相连,不需要单独安卓,附属于合脊筒瓦垒脊,这也可与

---

① 宁夏文物考古研究所、银川西夏陵区管理处:《西夏三号陵——地面遗迹发掘报告》,北京:科学出版社,2007年。后文简称为发掘报告或《西夏三号陵》。
② 《西夏三号陵》,第13页。
③ 韩兆民、李志清:《关于西夏八号陵墓主人问题的商榷》,《考古学集刊(5)》,北京:中国社会科学出版社,1987年,第316~326页;杜玉冰:《关于西夏陵的几个问题》,《西夏陵》,北京:东方出版社,1995年,第148-150页;余军:《关于西夏陵区3号陵园西碑亭遗址的几个问题》,《宁夏社会科学》2000年第5期,第72~77页。
④ 《西夏三号陵》,第321页。
⑤ 《西夏三号陵》,第321页。
⑥ (仁宗景祐三年八月1036)己酉,诏:命妇许以金为首饰,及为钗、簪、钏、缠、珥、镮,仍毋得为牙鱼、飞鱼,奇巧飞动若龙形者;其用银毋得涂金。李焘:《续资治通鉴长编》卷一百十九,北京:中华书局,2004年,第2798页。
⑦ 岳珂:《愧郯录》卷六,北京:中华书局,2016年,第74页。

《营造法式》未列走兽安卓功限、料例对应。而作为对比,该遗址所出原当安设于屋角的嫔伽就明显不同,报告将其按冠式分为了五角花冠嫔伽和四角叶纹花冠嫔伽两型:前者器座方形或长方形,中空,底部和后方开口,有的前部和上部还留有固定用的方孔(图十二,1);后者器座抹角方形,中空,向下开口①(图十二,2)。从两类嫔伽的器座开口可知,其均需要与下方或后方的瓦件相接,内填以灰浆黏合,并用瓦钉加固,则这类瓦需要单独安卓。而在《营造法式》中,嫔伽与其身后的蹲兽一样,都载有安卓的功限与料例。当然,如前所述,是否一体制作,并不能作为判断走兽和蹲兽的绝对标准,因为明清建筑所见,屋角蹲兽也多一体制作。但西夏陵脊兽和嫔伽在安卓方式的明显差别,可与《营造法式》对应,一定程度表现出当时屋角瓦件并未完全成熟。

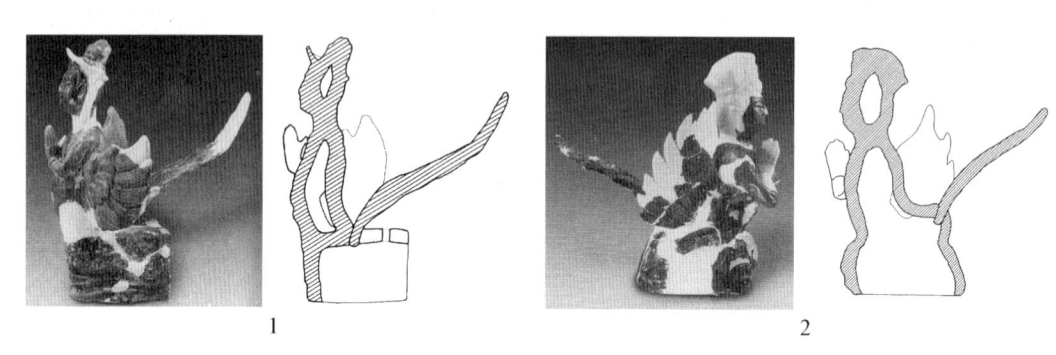

图十二 西夏三号陵出土嫔伽
1. 南门出土五角花冠嫔伽 2. 陵塔出土四角叶纹花冠嫔伽

再者,脊兽下部所接筒瓦,有无瓦舌和有瓦舌两类②,其中有瓦舌的标本,可通过瓦舌的方向,判断其上兽头的朝向(图十三;表二)。若铺设于屋角,瓦前后顺接,瓦舌当朝上,而兽头若朝下冲向翼角,两者的方向当相反;但南门和献殿出土的脊兽,反是兽头方向与瓦舌方向一致的居多,则其若安设于屋角,兽头当朝上冲向屋脊,与嫔伽朝向相反,这与同

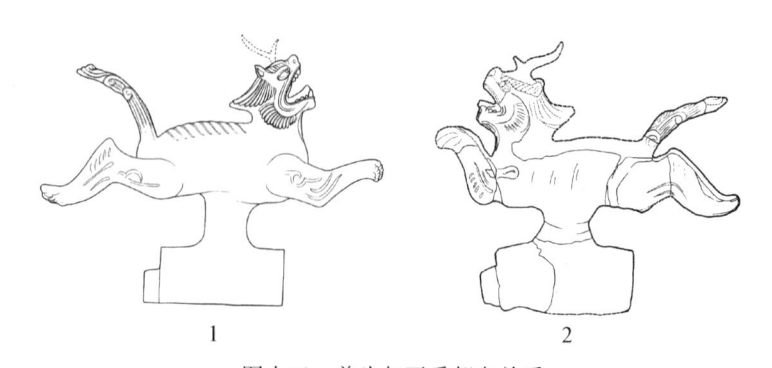

图十三 兽头与瓦舌朝向关系
1. 南门出土海狮 T0611②:12 2. 献殿出土海狮 T1211②:30

---

① 《西夏三号陵》,第 319 页。
② 根据报告,摩羯、海狮下筒瓦,无瓦舌标本共 14 个,有瓦舌标本 10 个,无瓦舌标本多,但并不一定反映原始情况,因为兽下部筒瓦残损较大,无明显特征点,不易拼对,在无根据情况下,多复原为无瓦舌。

时期图像和后代实例所示蹲兽朝向都不同,且南门还有兽头与瓦舌一致和相反两种情况,这在角部是难以统一布置的。而若理解为屋脊走兽,则在垂脊,兽头可朝上设置,这时瓦舌与兽头方向一致;在正脊,脊刹两侧走兽可对称设置,则会同时出现与瓦舌方向相反和一致两种情况。这种假设,能较好地解释瓦舌与兽头的朝向关系问题,同时,也与两建筑的屋顶形式对应:南门为长方形平面且出有鸱吻,说明建筑设有正脊,才会出现正反两种情况;献殿为多边形平面且没有鸱吻,则当为攒尖屋顶,则脊部走兽只有一致朝上一种情况。

表二 西夏三号陵出土脊兽兽头与瓦舌朝向关系表

建 筑	类 型	标 本 号	兽头与瓦舌方向是否一致
南门	兽首鱼身摩羯	T0608②:8	一致
南门	兽首鱼身摩羯	T0708②:8	相反
南门	海狮	T0611②:12	相反
南门	海狮	T0708②:2	相反
南门	海狮	T0708②:25	一致
南门	海狮	T0712②:33	一致
南门	海狮	T0711②:36	一致
献殿	兽首鱼身摩羯	T1011②:13	一致
献殿	海狮	T1211②:30	一致
献殿	海狮	T1011②:34	一致

最后,脊兽的出土数量,也能一定程度说明问题。以南门为例,兽首鱼身摩羯共出土残片68片,"至少代表14个摩羯个体",能完整复原的标本就有8件;而海狮共出土残片67片,"至少可代表9个海狮个体",均能完整复原为标本①。由此可见,南门原使用的脊兽数量较多。而南门两侧贴墩台,从地面起门殿,其合理的结构,是做楼阁架高至与两侧墩台保持高度一致,但下层若出屋檐,会与墩台相抵触,其层间当只设平坐而不出檐。因此,门楼只有顶部单层屋顶的可能性更大,则不论屋顶做庑殿还是歇山,均只有四角,若这些脊兽瓦件为屋角蹲兽,其用量不会很大。但即使按照现存的出土残瓦估算,其每角至少得施用4枚摩羯、3枚海狮,原使用数量势必更大,而《营造法式》所载规格最高的九间四阿顶建筑才用8枚蹲兽,五间四阿顶只用4枚,远少于现有出土量。更何况,按报告公布,每枚脊兽约长40~45厘米,体量惊人,正常屋角脊端也不可能容纳如此多枚脊兽铺设。

以上四方面,均说明三号陵出土的摩羯、狮子等瓦件更可能是屋脊走兽,而非屋角蹲

---

① 《西夏三号陵》,第108~119页。

兽。若此，该遗址所出嫔伽之后当另有安排，而这在遗址中也有对应的瓦件出土。

如前所述，汉唐以来，建筑屋角流行以起翘的圆筒瓦装饰，而三号陵发现有多枚特殊的筒瓦，其瓦当所接瓦身为完整的圆筒（图十四）。发掘报告并没有将此类瓦件单列，而计入筒瓦或瓦当中①，若将其统计出来（表三），虽只能略见大概，但从标本分布位置，可见其在陵城各建筑中均有使用，也见于出土脊兽的南门。同时，这些筒瓦瓦身前端，还多有固定用方孔，南门标本 T0611②：4 下皮还保留有定位线（图十五），说明其安卓手段较为复杂。更主要的是，该标本及陵塔标本 T2012②：8 身后，还有二次加工痕迹，留有斜向的斫口，正反映瓦起翘设置的角度（图十六）。

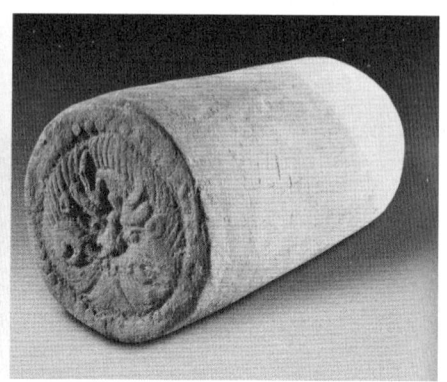

图十四　西夏三号陵西门所出圆筒瓦

表三　《西夏三号陵》报告中涉及圆筒瓦的标本

建　筑	标　本	报告图版出处
月城	T0516②：5	图四七，3，第 85 页
南门	T0611②：4	图五九，1，第 101 页；图版三〇，3
西门	T1818②：1	彩版二六，2
	T1717②：10	彩版二六，3
	T1717②：9	图九三，1、3，第 152 页
	T1418②：3	图九三，2，第 152 页
东南角阙	T0701②：5	图一二四，2，第 190 页
西北角阙	T2417②：10	图一六三，1，第 239 页
陵塔	T2213②：30	图版一一二，1
	T2012②：8	图一九五，4、5，第 288 页；图版一一二，2
不明		图版一一九，2

---

① 报告认为这类瓦可能用于屋角檐口处，《西夏三号陵》，第 150 页。

图十五　西夏三号陵南门出土圆筒瓦标本 T0611②∶4

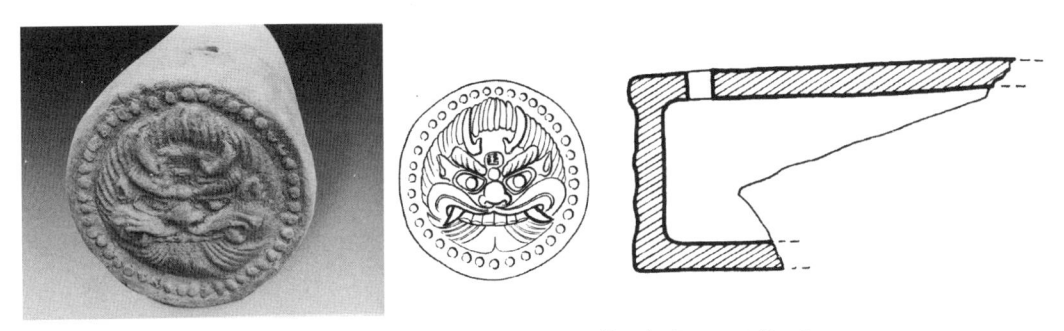

图十六　西夏三号陵陵塔出土圆筒瓦标本 T2012②∶8

由此更可明确，三号陵建筑屋角当普遍施用嫔伽和翘瓦组合①，而在南门和献殿这两座核心建筑上，特别使用海狮、摩羯做屋脊走兽（图十七）。整体而言，三号陵建筑虽施用嫔伽，较唐代屋角作法更为进步，但翘瓦和走兽等作法，仍延续早期传统，反映出向《营造法式》瓦作制度过渡的状态，则其年代相对《营造法式》可能更早，这也符合三号陵为元昊陵的推断。

当然，要从零散的倒塌堆积中明确脊兽原来的施用位置，说明走兽的存在，西夏三号

---

① 西夏三号陵未发现兽头，但三号陵外六号陵及北端建筑均有兽头出土，则三号陵垂脊端头如何配置，存在疑问。考虑到三号陵嫔伽有两种类型，其中五角花冠嫔伽向后的接口，与兽头接脊方式类似，而四角叶纹花冠嫔伽接口向下，与一般的嫔伽一致，怀疑五角花冠嫔伽做兽头的可能性较高。

图十七　西夏三号陵献殿脊兽施用位置示意图（两类嫔伽位置不确定，以虚线表示）

陵一个案例还不够。虽西夏陵北端建筑遗址，也曾发现类似的摩羯、海狮、立鸽，但数量很少①，同样全面发掘的六号陵，甚至没发现一枚嫔伽、海狮、摩羯②。而宋辽金时期其他遗址所出的脊兽，更多的还是与屋角嫔伽、蹲兽相关：如山西博物馆所藏断为宋代的两枚蹲兽，均与瓦身相连一体制作，较《营造法式》的规定更为进步③；又如观台磁州窑，不仅出土屋角嫔伽，也见摩羯、海狮等脊兽，或接器座需单独安卓，或与瓦身相连一体制作，兽的动作与西夏陵所见明显不同，或蹲坐，或俯冲，整体呈竖向造型，体量也较小，更可能为蹲兽④；另如近年发掘的北宋西京⑤、东京⑥、辽乾陵⑦、金宝马城⑧、太子城⑨、南宋兰若寺墓园⑩等遗址，也有嫔伽、凤鸟出土，均与屋角所设更为相关（图十八）。因此，西夏三号陵所出脊兽还是特例，尚需结合以后的发现进一步审视。

---

① 宁夏文物考古研究所：《西夏陵园北端建筑遗址发掘简报》，《文物》1988年第9期，第57~77页；许成、杜玉冰：《西夏陵》，第89~99页。
② 宁夏文物考古研究所、银川西夏陵区管理处：《西夏六号陵》，北京：科学出版社，2013年，第410~414页。
③ 柴泽俊：《山西琉璃》，第65页。
④ 北京大学考古学系等：《观台磁州窑址》，北京：文物出版社，1997年，第370~382页；叶喆民《中国磁州窑（下卷）》，石家庄：河北美术出版社，2009年，第74~96页。
⑤ 中国社会科学院考古研究所：《隋唐洛阳城：1959~2001年考古发掘报告》，北京：文物出版社，2014年，图版120、147。
⑥ 河南省文物考古研究院等：《河南开封北宋东京城顺天门遗址2012~2017年勘探发掘简报》，《华夏考古》2019年第1期，第13~41页。
⑦ 辽宁省文物考古研究院：《辽宁北镇市新立遗址一号基址2015~2018年发掘简报》，《考古》2020年第11期，第44~71页。
⑧ 吉林大学边疆考古研究中心：《吉林安图县宝马城遗址2014年发掘简报》，《考古》2017年第6期，第66~81页。
⑨ 河北省文物研究所等：《河北张家口市太子城金代城址》，《考古》2019年第7期，第77~91页。
⑩ 黄昊德、罗汝鹏：《浙江绍兴兰若寺墓地》，《大众考古》2018年第5期，第14~17页。

图十八　宋辽金建筑屋角脊兽

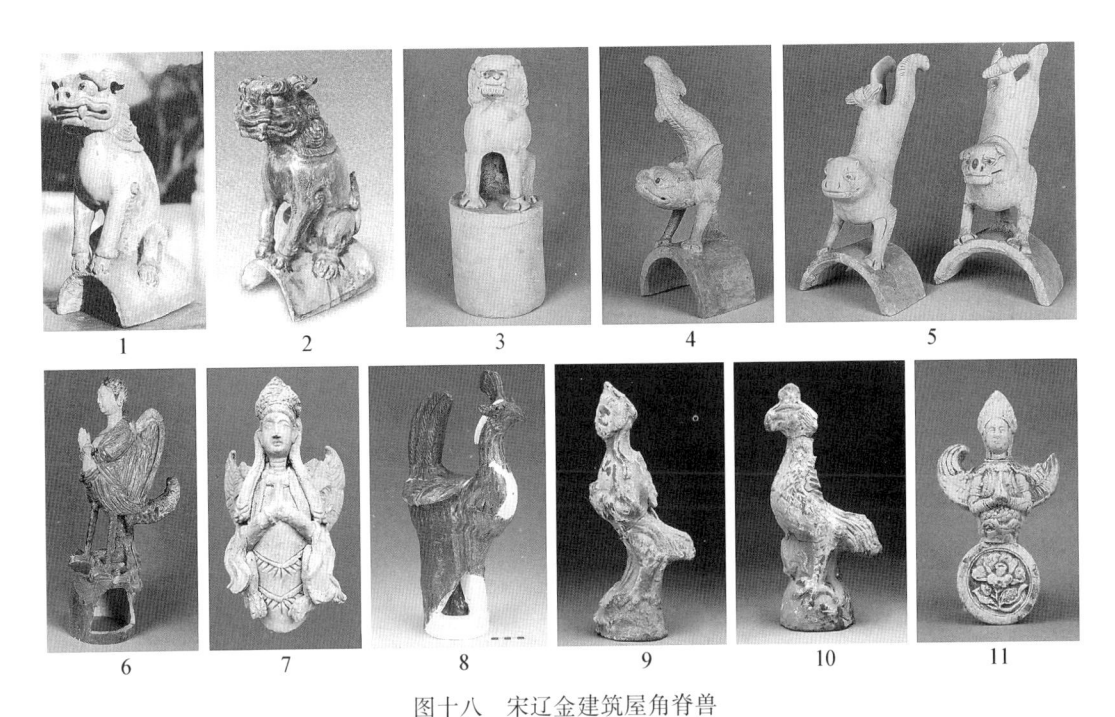

1、2. 山西博物馆藏　3~6. 观台磁州窑出土　7. 北宋东京顺天门出土　8. 辽乾陵出土
9、10. 金太子城出土　11. 南宋兰若寺墓园出土

四、余　　论

屋角蹲兽，亦即明清所称"走兽"，因为在建筑中普遍施用，受重视程度较高，但北宋《营造法式》除载蹲兽外，还载有走兽，是施于屋脊上呈奔走形态的瓦件，其在唐宋建筑图像中难觅踪影，而在早期建筑图像和晚期实例中却普遍存在。文献、图像与现存实例存在的矛盾，提醒我们更有意识地关注考古出土材料，分析瓦件出土的位置、数量、形式与搭接关系，区分走兽与蹲兽。这关系到屋顶的整体形象，以及脊饰从屋脊到屋角的发展过程，而西夏三号陵出土的相关脊兽，提供了屋脊施用走兽的重要线索。

上述所论仅是建筑屋瓦的一个小问题，但反映出历史时期考古可能会遇到的情况，即文献、实例和图像不一定能完全对应。若执着于多重材料的互证，不一定能解答所有问题。本文认为，材料间出现矛盾并非不合理或不正确，相反，以尊重各类史料为前提，在寻找共通性的基础上，也需要注意不同材料的区别，因为文字、图像和实物，只是从一个侧面对历史事实的反映，各有偏重，也有其自身体系，其出现的矛盾现象，反而有利于说明不同史料的属性，深化对历史的认识。

如本文所讨论的屋瓦中两类脊兽，蹲兽的使用虽明显比走兽普遍，但《营造法式》记载了走兽作法，早期图像和晚期实例也说明了走兽的存在，则唐宋建筑画中虽找不到走兽的任何线索,但在文献和实物对历史事实一步步确认的情况下,或可转换思考另一个问题,即唐宋绘画为何不表现屋脊走兽?这也同时让我们意识到一个平常不易发觉的问题,即明清时期南北方大量建筑实例均设有走兽,但绘画中仍罕有表现[1]。尤其是明清北京、沈阳、承德的皇家建筑实例中,也几乎不见屋脊走兽,清工部《工程做法》也无载,仅故宫雨花阁和承德须弥福寿庙妙高庄严殿的攒尖屋脊上,设有巨大的金龙装饰[2](图十九)。若宽泛地将脊筒两侧装饰也考虑进来,在明清民间建筑屋顶日渐繁复的龙凤、花鸟雕饰的对比下,皇家建筑通脊两侧却只有叠涩线脚,不施任何图案装饰[3]。

图十九　故宫建筑屋顶及特殊的雨花阁

由此可见,至少在明清时期,皇家建筑虽以严格的琉璃制度规定等级次序,但其屋脊装饰却并不浮华,存在明显的观念选择和审美取向,这很大程度受到了我国古代一直延续的"卑宫室"思想的影响[4]。此现象,或对探讨更早的唐宋绘画与文献、实物的矛盾,提供

---

[1] 就笔者所见,大量明清建筑画中,如明代谢时臣、仇英、沈周、安正文、周文靖、王谔、朱瑞等,清代李寅、袁江、袁耀、戴应宏、姚文瀚、黄应谌、冷枚、丁观鹏、徐扬、王云等画家的作品,另如康熙、乾隆《南巡图》、《胤禛临雍图卷》、《万笏朝天图》等长卷,其中建筑屋脊上均无走兽。唯明朝郭诩《江夏四景图》中城门楼的屋脊上,粗略落有几点,与城内外建筑有所区别,或可能表现走兽。

[2] 金龙属于建筑金顶的一部分,并非传统屋瓦,即便视为走兽也极为特殊。两者均营建于乾隆时期,且与藏传佛教密宗殿堂的功能直接相关,具有特殊性,参看王家鹏:《故宫雨花阁探源》,《故宫博物院院刊》1990年第1期,第50~64页。

[3] 与此类似,在斗栱、梁架等大木方面,民间也多做日益繁复雕花装饰,而官式仍一直延续传统和相对简化的结构。

[4] 王贵祥:《卑宫室、人伦至善与建筑的形而上》,《中国建筑史论汇刊》第一辑,北京:清华大学出版社,2008年,第494~519页。

了一个切入点：唐宋建筑画中不设走兽，是否与当时皇家建筑的选择有关？有没有可能受到了文人画家审美风尚的影响？进而影响到画院粉本的拟定？西夏帝陵为何又使用走兽？这有助于对图像与实物史料的生成过程做进一步思考。

图书在版编目(CIP)数据

春山可望：历史考古青年论集.第三辑／赵俊杰主编.—上海：上海古籍出版社，2021.10
ISBN 978-7-5732-0124-9

Ⅰ.①春… Ⅱ.①赵… Ⅲ.①考古学—中国—文集 Ⅳ.①K870.4-53

中国版本图书馆 CIP 数据核字(2021)第 230660 号

春山可望
——历史考古青年论集
（第三辑）
赵俊杰 主编
上海古籍出版社出版发行
（上海市闵行区号景路159弄1-5号A座5F　邮政编码201101）
(1) 网址：www.guji.com.cn
(2) E-mail：guji1@guji.com.cn
(3) 易文网网址：www.ewen.co
浙江临安曙光印务有限公司印刷
开本787×1092　1/16　印张19.75　插页3　字数421,000
2021年10月第1版　2021年10月第1次印刷
ISBN 978-7-5732-0124-9
K·3070　定价：118.00元
如有质量问题，请与承印公司联系